CAHIER DE L'HERNE

Julien Gracq

Ce cahier a été dirigé par
Jean-Louis Leutrat

L'HERNE

Julien Gracq

Julien Gracq est probablement l'un des auteurs les plus secrets de la littérature française contemporaine. Et aussi l'un de ceux dont la notoriété est la plus grande et la plus indiscutée. Son œuvre et son personnage fonctionnent d'ailleurs comme des quasi-mythes dans l'imaginaire d'aujourd'hui.

Julien Gracq, de son vrai nom Louis Poirier, a vu le jour un 27 juillet de 1910, à Saint-Florent-le-Vieil, dans le Maine-et-Loire. A la fin de ses classes secondaires, il s'installe à Paris, au lycée Henri-IV, pour suivre les cours de Lettres supérieures. Puis, en 1930, études de géographie à Normale supérieure, et de sciences politiques, à l'Ecole libre des Sciences politiques. Agrégé d'histoire en 1935, après un court passage au lycée clemenceau, il est nommé à Quimper en 1937. Cette année-là il écrit son premier roman, *Au château d'Argol,* et le présente chez Gallimard, où il est refusé. Quelques mois plus tard, en 1938, l'ouvrage sort à compte d'auteur chez un petit libraire, José Corti. Julien Gracq vient de naître. Une œuvre commence. Marquée du sceau de l'originalité : une langue parfaitement ciselée, des personnages complexes, extrêmement travaillés, une nature omniprésente, majestueuse. C'était un souffle nouveau donné à la littérature du temps.

Paraîtront ensuite *Un beau ténébreux* (1945), *André Breton, quelques aspects de l'écrivain* (1948), le pamphlet *La Littérature à l'estomac* (1950) et surtout, en 1951, *Le Rivage des Syrtes* qui obtient le Prix Goncourt, prix que Julien Gracq refuse, créant ainsi le scandale : c'était la première fois qu'un auteur récusait son couronnement.

A ce jour, de nombreuses études ont été consacrées à l'œuvre de Gracq. Aucune, cependant, n'a égalé cet exceptionnel *Cahier de l'Herne.* Les thèmes forts sont mis en perspective de manière systématique : rôle du paysage, de la forêt, de la nuit, du temps perdu, de la nostalgie, de la mémoire, etc. Les aspects de l'écriture, la structure des romans, les personnages sont soigneusement étudiés. Toujours par des spécialistes prestigieux. L'ensemble de ce cahier est désormais classique.

Sommaire

L'ŒUVRE

LES AGES, L'HOMME

TEXTE DE JULIEN GRACQ

Nous tenons à remercier tout d'abord M. Julien Gracq de l'accueil bienveillant qu'il nous a toujours réservé, quelles que soient les questions que nous avions à lui poser. Nous lui sommes aussi redevable, et les lecteurs avec nous, de nous avoir autorisé à publier un texte qui demeurait jusqu'alors difficilement accessible.

Que tous ceux qui, d'une manière ou d'une autre, ont aidé à la réalisation de ce Cahier trouvent ici l'expression de notre reconnaissance, et il nous est particulièrement agréable à ce propos de mentionner le nom de Wolfram Brunner.

Enfin, rien n'aurait été possible sans le dévouement amical et l'aide très précieuse de Jacques De Decker, que nous avons plaisir à désigner comme co-auteur de ce Cahier. Que le lecteur sache du moins que la responsabilité des erreurs et des maladresses n'incombe qu'à nous seul.

J.-L. L.

A NOIR

Jean-Louis Leutrat

Cependant qu'en lui demeure
L'adorable mot noir
Renvoyé par le miroir blanc
De la page où il sut écrire

André Pieyre de Mandiargues.

Le lecteur qui peut encore avoir la faiblesse d'éprouver un sentiment d'exaltation (charmante vieillerie pour certains des plus subtils et des plus savants de nos contemporains), devant telle page inspirée, a certainement de grandes difficultés à assouvir le vice impuni et inavouable qui le point : la page inspirée se fait rare de nos jours. Il reste donc à ceux qui considèrent comme par trop anémiée la littérature composée sur mesure (et quelle !) qui leur est proposée, d'aller voir ailleurs. Il serait alors bien étonnant que, dans leur solitude, ne leur ait point fait signe, d'une manière ou d'une autre, le ténébreux *solitaire* qui a nom Julien Gracq.

En 1948 était publié chez José Corti un livre dont on ne se lassera jamais de dire combien il est admirable : tout enveloppé de noir dans son édition originale, il s'ouvre sur une page de la même couleur, sur le fond de laquelle se détachent des lignes magiques dont Hans Bellmer a voulu qu'elles s'ordonnassent pour offrir l'image du visage d'André Breton. Le noir, le mot noir que dans la première partie de son essai Gracq désigne à l'attention dans l'œuvre de Breton, comme chez tous les surréalistes, *« on se sent même l'envie de nommer exceptionnellement "épithète de nature" un adjectif qui révèle si ouvertement le tréfonds sensible, le tréfonds moral, ou plus exactement cette inclination, cette pente, cette prédestination fatale, qui oriente toutes les manifestations de l'être, toutes ses projections, et qui ne peut prendre sa désignation pleine et entière qu'avec l'intervention départageante de la notion de sacré... »*, comment ne pas comprendre que ce mot, et ce qui en est dit, s'applique aussi à celui qui parle ?

Il suffit d'ouvrir *Lettrines* et de lire la plupart des descriptions essaimées dans ce livre : la « *conque funèbre* » qu'est « *l'admirable fond de vallée de Valfroide* », le vert noir de l'eau d'un petit lac, les « *aspects noirs* » de Venise, Montségur, « *phare mystérieux de lumière noire* », et « *le bois le plus étrange* » que l'écrivain ait jamais vu : « *Quand on se glisse dans ce sous-bois, à trois mètres à peine de la lisière, l'obscurité est complète, nocturne — une nuit méphitique, immobile, imprégnée d'une odeur submergeante de caveau mortuaire, de champignon et de bois pourri, qui semble reculer dans les âges, et qui parle en nous à une âme très ancienne à la fois des bois de cyprès "titanesques, hantés des goules" d'Edgar Poe, et des futaies écrasantes du carbonifère. Quiconque a traversé ce petit bois — il n'a pas deux cents mètres de large — s'est fait une fois pour toutes une idée des puissances maléfiques de l'Urwald.* »

Au centre du mot Gracq, trône une voyelle unique (redoublée dans graal) que Rimbaud a bien voulu imaginer d'ébène. Nous la retrouvons à l'initiale de trois prénoms masculins, ceux des personnages essentiels des premiers récits (Al/bert, Al/lan — notons que Gérard est l'anagramme d'Edgar —, Al/do) et, coïncidence, à la finale de Percev/al. Dans *Au Château d'Argol* et *Un beau ténébreux* nul A n'est accordé aux protagonistes féminins. En revanche, dans *Le Rivage des Syrtes*, Vanessa rayonne par ce A qui doublement la couronne (que la vanesse soit un papillon diurne richement coloré importe peu), et dans *Un balcon en forêt* Mona fait pendant à Grange, avec lequel le « a » abandonne définitivement jusqu'au plus récent ouvrage le sexe réputé fort. Simon attend Irmgard, enfin, que ne tirerait pas du nom de Cophetua un critique très averti ? Que fais-tu A, prosterné devant la mendiante, que fais-tu là, visiteur, auprès de cette « gisante énigmatique », et si évidemment nocturne ? Divagations sans doute, mais ne signalent-elles pas à leur manière une modification de l'œuvre de Gracq de part et d'autre du *Rivage des Syrtes* ?

Rapprocher ce qui ne peut l'être. Comme, écoutant un orchestre de jazz, l'on devine très vite le musicien inspiré, celui qui marquera la soirée, dans le concert de la littérature française contemporaine, le ton de l'écrivain Gracq, reconnaissable entre tous. L'attaque nerveuse d'un Miles Davis, la beauté des phrases qui s'ensuivent, comme le chant gracquien, une musique très prenante. Deux mondes très éloignés et pourtant nôtres.

Julien Gracq s'est servi à plusieurs reprises du mancenillier comme image *(« le mancenillier abondant des lustres de Venise »)*. Cet arbre, on le sait, passait pour être fatal à ceux qui venaient s'abriter sous son ombrage. Il n'est guère douteux que s'exprime dans les récits de l'écrivain cette humeur noire de nos ancêtres. Si l'expression de guetteur mélancolique s'applique admirablement à quelqu'un, c'est au personnage gracquien flanqué de son soleil noir. Inutile d'insister, c'est trop évident. Mais Gracq est aussi un mancenillier à la manière de Wagner : « *Wagner est un magicien noir — c'est un mancenillier à l'ombre mortelle — des forêts prises à la glu de sa musique il semble que ne puisse plus s'envoler après lui aucun oiseau.* » La sorcellerie évocatoire de l'enchanteur Gracq, comment lui échapper ? Comment résister à cette rhétorique dont on a dit qu'elle est une arme du solitaire ? Combien décourageantes ces pages qui interdisent désormais bien des routes.

Il y a la dame blanche et la dame noire, sur l'échiquier comme sur le « *théâtre d'or et de pourpre* » gracquien : en ce lieu, l'une et l'autre essentielles. Aux géomètres de l'échiquier, Allan préfère les fakirs, en quoi il est « *comme tous les joueurs qui sentent ces relations secrètes de case à case qui sommeillent sur l'échiquier, cette puissance explosive latente qui dort dans chaque pièce* ». Dans la partie qu'il joue avec la Mort, Gracq avance ses pièces à lui, « *vignettes obsédantes* » et mots riches d'un « *dynamisme explosif* », d'une « *force électrisante* ». Chaque coup par lui est soigneusement calculé, sans que soit méconnue la part que se réserve le hasard.

Gracq ne néglige pas la part obscure qu'il y a en toute chose, son activité d'écrivain la lui rappelle constamment. A la fin du *Rivage des Syrtes* est posée la question essentielle reprise de *Nadja* : « *Qui vive ?* », cri du guetteur jeté aux ténèbres qui l'enserrent. Le sens de l'interrogation parvient au lecteur, mais il n'appartient pas à celui-ci de répondre. Il peut du moins *faire acte de présence*, c'est entre autres la raison d'être des pages qui suivent, rester à l'écoute, et alors c'est « *l'inoubliable lever de rideau valéryen : M. Teste accoudé au bord du gouffre rouge, d'où le sortilège dans un instant va monter* ».

JEAN-LOUIS LEUTRAT.

PRÉSENCES

LETTRES ET IDÉOGRAMMES
NOTES SUR LE JAPON

Ernst Jünger

à Julien Gracq

Quand nous nous bornons à frôler un pays comme le Japon, à le caresser au passage, ainsi qu'il est de coutume dans les voyages à notre mode d'aujourd'hui, nous devrions nous attacher, comme au premier coup d'œil jeté sur un manuscrit, plus au tracé de l'écriture qu'au texte et à son contenu — aux pleins et aux déliés bien plus qu'aux lettres. C'est de cette manière que l'on voit dans les songes, et l'on voit plus fortement que leurs interprètes. Car ce qu'on n'interprète pas contient la vertu propre des signes.

Pour en donner un exemple : dès Hong-Kong, j'avais été surpris par la robustesse des idéogrammes. En ce lieu, du moins dans les centres urbains, la traduction en majuscules romaines les accompagne presque toujours. Au regard dont on embrasse une telle association, elle présente l'aspect d'une combinaison de fleurs et de branchages : fleurs pour les caractères, branches pour les lettres européennes. Ce qui mène loin, dans le champ des différences entre la vision et les concepts — jusqu'à des distinctions inépuisables. Chaque écriture recèle, sinon plus, du moins autre chose que le seul contenu de la communication.

Si donc je me mettais en peine de me faire expliquer tel ou tel caractère, ce ne serait là qu'une réduction de ce qui, en lui, élude l'interprétation. J'y songeais en regardant du train les grands écriteaux peints dressés devant les rizières. Ces beaux caractères, certains semblables au lys des Bourbons, d'autres au chrysanthème, d'autres encore à de petites cabanes de roseaux, parlaient d'eux-mêmes. Qu'aurais-je gagné à apprendre qu'ils vantaient une limonade ou une marque d'automobiles ?

Si l'on voulait aller plus outre, il faudrait y consacrer sa vie entière, comme un lettré chinois. Nous avons, en compensation, d'autres domaines — mais toujours nous revenons par le détour du savoir à la beauté de l'origine. Enfance et vieillesse se conjoignent pour fermer l'anneau.

Il en va de même avec le langage : dans les ports étrangers, à demi étourdis, nous apprenons de sa musique propre non pas moins, mais plus que si nous en comprenions le contenu : car ses caractères généraux effacent alors les particularités.

Les physionomies nous offrent le type. Il agit dans l'indistinct plus fortement que dans la différence. Il peut s'accuser — et prend alors un sens plus éloquent. Il se rapproche, comme si, examinant une seule et même figure, nous mettions des jumelles au point. Devant un commissariat de police, à Kyoto, j'ai vu une série de mandats d'amener affichés et me suis demandé quel sens pouvaient avoir de telles recherches dans un pays où les visages se ressemblent comme deux gouttes d'eau. Pourtant, les services de l'identité judiciaire y font leur travail, et j'avais succombé à l'illusion d'optique propre au voyageur.

Le grouillement fébrile accentue encore cette impression. Il fait songer au hall de gares immenses où tournoient des masses d'apprentis boulangers et maçons. Réflexion d'un compagnon de voyage : « A Tokyo, on dirait que toutes les séances de tous les cinémas se terminent en même temps. »

Le type exhibe à la fois plus et moins que le détail

individuel. Nous percevons les visages comme sur la toile d'un peintre qui sait que l'abstinence est l'un des principes recteurs de son art. J'en fus particulièrement frappé à Kiyo-Také, une ville de province, dans les environs de Nikko, où nous nous étions rendus entre amis pour voir la danse de la mi-été.

Cette danse, à laquelle n'importe qui pouvait prendre part, se mouvait dans un vaste rond-point, autour d'une chapelle en forme de tour, haute et étroite. Les musiciens qui y jouaient répétaient, des heures durant, sur des tambours voilés et un instrument au son clair, une cloche, je suppose, un simple motif de quatre notes :

ti-tín --- ta-tám.

Les danseurs et danseuses portaient des kimonos d'été à dessins en damier et tenaient dans la main de larges chapeaux de paille tressée. Ils tournaient lentement, en mesure, chacun pour soi, brandissant parfois leur chapeau, l'ouverture tournée vers le ciel. Il pleuvait : nous nous trouvions parmi les rangs serrés des spectateurs, sous des parapluies plats de papier.

Ici, les visages, et surtout ceux des jeunes filles, se simplifiaient encore, à mesure qu'ils se rapprochaient de l'extase : ovales blêmes au nez minuscule, presque sans sourcils, levés, les yeux mi-clos, et souriant, comme en un songe heureux, tandis que les vêtements mouillés collaient aux corps et que les gouttes de pluie ruisselaient sur les joues pâles. Étang à minuit, où flottaient des nénuphars et des lotus en train de s'épanouir.

Un second rond-point touchait au premier, et semblait presque son reflet. Dans l'un et l'autre, on dansait sans arrêt, jusqu'à épuisement, cependant que les orchestres se relayaient. Sans doute n'y avait-il presque pas d'étrangers sur cette place : je le conclus du fait qu'on nous invita à monter sur une terrasse couverte et qu'on nous y régala de mets sans prétention, bière et fèves grillées, mais offerts avec une exquise courtoisie. A ce que j'appris, c'étaient des mineurs qui s'étaient rassemblés ici pour célébrer leur fête.

En tout lieu où l'on danse ainsi, la terre est amie, et

moindre le danger qu'elle ne se mette à élever la voix, à proclamer son vouloir.

Autre réussite, dans la moindre de ses figures : les passes d'escrime sur lesquelles je tombai en flânant à travers l'immense parc du temple de Riou-No-Yi. Deux ponts, l'un praticable et l'autre barré, y mènent depuis Nikko, enjambant la rivière Dalya. Le pont clos est réservé aux messagers que l'empereur envoie au temple. D'un élan de son arc en bois peint de laque rouge, garni de ferrures dorées, il enjambe le miroir d'eau verte, en un somptueux contraste. A ce qu'on raconte, c'est là que le moine bouddhiste Shodo-Shonin, le fondateur du temple, passa la rivière sur le dos d'un serpent blanc docile à ses ordres. Une allée de cryptomerias vétustes mène du pont à l'enceinte du temple. Elle aboutit au monument de ce moine, une statue colossale de bronze doré, érigée en 1955 — seule faute de goût évidente que j'aie d'ailleurs rencontrée en ce lieu.

Les jeunes escrimeurs étaient vêtus de jaquettes bleues, longues et bien capitonnées ; ils portaient des plastrons, des masques et des gants. Les épées de bambou, à la garde ronde, se maniaient des deux mains. Trente paires environ se mesuraient sur une plate-forme ; un jeune maître d'armes, qui tenait son épée à deux mains en travers de sa cuisse, les observait, assis. De salles proches, on entendait le vacarme d'autres équipes.

Les passes étaient brèves et brutales : d'abord l'approche, le corps ramassé sur lui-même, l'épée agitée en éventail, pour égarer l'adversaire, puis la botte, accompagnée d'un cri féroce ; elle était suivie de deux ou trois quartes qu'on parait, jusqu'au moment où l'un des deux réussissait à porter sur le crâne de son antagoniste un pesant coup de prime, souvent redoublé avec énergie. J'eus beau m'attarder auprès des escrimeurs : je ne vis pas le moindre arrêt dans ce jeu épuisant. Le maître d'armes tournait autour des duellistes : une seule fois, il s'accroupit à terre, les genoux croisés — il ferait sans doute sa critique à la fin de l'assaut.

En général comme en détail, je fus frappé par l'union

de la discipline à une souplesse de chats sauvages : les mouvements étaient brusques, et néanmoins stylisés. Ils ne rappelaient pas le déroulement d'un film, mais bien plutôt la succession rapide d'images nettement distinctes dans une lanterne à projections.

« Ken » signifie « l'épée » et « do » « la voie » — « kendo », par conséquent, « la voie de l'épée », dont la quintessence est « l'art de savoir tuer et mourir ». Comme tous les arts chevaleresques, celui-ci ne tardera guère à s'abolir, ou à se fondre parmi les sports, passant ainsi dans la sphère de l'exercice soumis à la mesure et pratiqué pour lui-même, sans arrière-plan moral.

L'étudiant japonais exècre aujourd'hui la guerre plus violemment peut-être que la jeunesse du reste du monde, celle de Chine exceptée. Les raisons en sont évidentes. Ce mot est soumis, depuis Hiroshima et Nagasaki, au plus puissant des tabous : ce qui tient moins au terme lui-même qu'aux circonstances. Ainsi, à supposer que l'on tombe dans la société de cannibales, le mot de « chair » prendrait un sens scabreux. On y soupçonnerait que depuis toujours, on s'est nourri de chair humaine, et il y a du vrai là-dedans.

Au Japon comme ailleurs, durant la Seconde Guerre mondiale, on a exigé et obtenu des sacrifices ultimes — tant des garnisons des îles, qui se sont battues jusqu'à l'extermination, que des femmes dans les usines ou des aviateurs au front ceint d'un bandeau blanc. La rechute dans l'extrême du scepticisme ne pouvait tarder. Nous en connaissons les symptômes : l'exécration de l'uniforme, du drapeau, de l'hymne national, du code de la noblesse d'épée. Et, en outre, le sentiment d'une faute — ici, à l'égard des Chinois : le raidissement impuissant dans une prosternation morale.

L'empereur, lui aussi, a subi cette dégradation, qui atteint sa substance plus que son prestige, auquel les communistes eux-mêmes ne s'en prennent pas. Il faut dire que sa conduite est autre que chez nos détenteurs du pouvoir. Il ne pouvait faire plus que de sanctionner les décisions du gouvernement, et n'a pas engagé la guerre, mais y a mis fin de sa propre autorité. Lorsque la question d'un procès à sa charge fut posée, il se déclara prêt à s'y soumettre, mais sans entrer dans les détails — en tant que porteur d'une responsabilité totale et indivisible.

La situation spirituelle de la jeune génération, la guerre une fois perdue, est semblable à celle des jeunes Allemands : tandis que les pays vainqueurs, l'Amérique, la Russie, et même la France connaissent encore des « héros », par exemple de l'Armée Rouge, de la Libération, de la Résistance, les vaincus sont, à cet égard, « plus avancés ». Ce qu'il subsistait encore de tradition et d'exigences éthiques a été aboli, dans un immense effort. Et sur les débris s'assemblent les mouches à cadavres.

Le pays a été plus profondément atteint encore que le nôtre : ce qu'explique la situation mondiale. Tandis qu'en Europe, les différends étaient placés sous le signe de la guerre civile à l'échelle planétaire, le Japon menait en outre une véritable guerre nationale, encore aggravée par les différences de race. En outre, l'adoption de l'appareillage technique, donc du vêtement et de l'équipement propres à l'archétype du Travailleur, inaugurée en 1869, sous la restauration de l'ère Meiji, a tranché bien plus brutalement dans l'histoire qu'aux pays des dolichocéphales, Européens du Nord, où cet appareillage a été conçu. L'idiome universel de la technique a dû être appris ici, sans aucune transition, comme une langue étrangère.

La souffrance de l'esprit cultivé devant ces destructions, lors même qu'il en comprend la nécessité, est semblable ici et chez nous, mais toutefois atténuée en Occident par un optimisme que le plus hâtif des progrès n'a pu altérer. En Europe, point de rupture dans les grandes lignes, depuis les temps où furent imaginés l'arc gothique et le mouvement d'horlogerie, jusqu'à l'ère des fusées et des horloges à cristaux de quartz.

Quant à la souffrance, il faut bien dire qu'elle n'est épargnée à aucun pays ni à aucune génération. Ses sources sont plus profondément cachées que dans les objets et dans l'histoire : elle jaillit de la pure perception du temps sans contenu. La lumière des origines pâlit : tout mouvement se solde par une perte. Le temps incite à trois attitudes fondamentales qui se mêlent et varient, même en politique. On peut les distinguer selon que c'est le passé, le présent ou l'avenir que l'on approuve. S'y ajoute l'approche de l'absolu dans les cultes, les arts, la métaphysique. Tout cela se retrouve ici, avec des ruptures énergiquement accentuées.

Tokyo est la ville la plus grande et la plus laide du monde entier. Le sentiment de pêle-mêle sans règle organique, de style du Klondyke, est avivé par les nuages de poussière. Partout, c'est le danger énorme, intégré à l'entreprise, qui vous guette. De temps à autre, l'œil se voit accorder le droit de se reposer sur de longues allées de gingkos.

Au centre, le Palais impérial, caché dans son parc colossal, protégé par des douves et des murailles archaïques, mais déjà rongé par le progrès, traversé d'une autoroute. En y roulant, je songeais à un mot de Guillaume II, qui disait un jour, dans un accès de mauvaise humeur politique, qu'il allait se replier loin des querelles des partis et les observer par les meurtrières de son château, à Berlin. C'est plus facile à dire qu'à faire.

Rien de plus reposant que la visite aux temples de Tokyo, surtout au sanctuaire du Meiji, ceint d'un bois enclavé dans le plan de la ville. L'avenue d'accès traverse le plus grand portail shintoïste de tout le pays ; deux énormes troncs de cyprès soutiennent l'arc audacieux de la porte. Rien qu'à la voir, on se convainc qu'ici, une réussite a été obtenue et n'est plus surpassable — impression qui, le plus souvent, ne nous surprend qu'à la vue de spectacles naturels.

Un portail isolé, au milieu du paysage, fait écho à la religion naturelle : le divin, le *kami*, n'est pas localisé. Il peut tout au plus se concentrer : dans les arbres, les bêtes et les gens, les figures et les idées. Il peut aussi se désagréger, comme il est à peine besoin de le dire, aux temps où nous vivons.

« Au Japon, tout le monde naît shintoïste » — disait le professeur Schinzinger, excellent spécialiste du pays, qui nous consacra deux jours à Nikko. Soit : à cet égard, je puis me considérer comme Japonais, et cela vaut sans doute de tout homme né de femme. Le baptême n'est qu'une réduction, et c'est à bon droit que nos ancêtres disaient :

> Heureux trois fois heureux l'homme
> Qui échappe à l'eau bénite.

Voir des temples étrangers — non pas seulement en ruine, comme ceux dont Schiller mène le deuil dans son poème *Les Dieux de la Grèce*, mais d'autres, où le culte est encore vivant — cela présente avant tout l'avantage qu'ils offrent des points de comparaison. On ressent les limites de sa propre foi, et aussi, naturellement, de la foi étrangère. L'expérience de la pluralité est en elle-même utile, car elle mène à des carrefours où nous voyons mettre en doute, ou bien l'absolu, ou bien la manière dont on l'incarne. L'identité des « trois anneaux » de Lessing se discerne dès le premier regard. L'œil est bien plutôt égaré par la multiplicité, ainsi que je m'en suis aperçu devant les temples hindous.

Il n'en faut pas moins reconnaître que ce sont les religions universelles de l'Extrême-Orient qui laissent à l'esprit le plus de libre jeu — conclusion à laquelle aboutit Glasenapp, lui aussi, après une étude approfondie des religions du monde. Liberté à laquelle conduit aussi la conception gœthéenne de la « Nature ».

Le surprenant, dans l'arche du Meiji, est la fraîcheur de l'architecture ; elle est encore rehaussée par l'éclat du rouge au sein des masses de feuillage. Il est vrai que ce sanctuaire, édifié en l'honneur du cent vingt-deuxième empereur du Japon, ne fut achevé qu'en 1920 ; détruit durant la Seconde Guerre mondiale, il n'a été restauré que tout récemment. En quoi du reste il partage le destin de la plupart des édifices dans ce pays, limités dans leur existence par les flammes et les tremblements de terre. En outre, le shintoïste tient pour vénérables, non les pierres dégradées par les siècles, mais la fraîcheur de l'origine, qu'il s'efforce de préserver. Le pilier de bois peut être remplacé ; il ne s'agit pas de son antiquité, mais de la perspective qu'il contribue à encadrer. Et celle-ci doit subsister, « magnifique comme au premier jour ». Aussi, rien de mort, même pas la dépouille mortelle de celui qu'on veut honorer, n'est admis dans le sanctuaire.

Donc, on copie soigneusement les modèles antiques. Ces reproductions me parurent réussies, et pour juger du résultat, il faudrait les comparer, non à nos vieilles cathédrales, mais à leurs imitations néo-romanes ou néo-gothiques.

Parmi les arbres, quelques-uns, plus bas que les autres, me semblèrent tout enguirlandés de lichens, qui, à l'examen, se révélèrent bandes de papier entortillées autour des branches, et pour la plupart fort abîmées par les intempéries.

Mlle Sho, notre guide, dit que le peuple tente de conjurer ainsi les oracles funestes qu'il a reçus, écrits sur ces bouts de papier. Elle me conseilla aussi d'aller me placer sous un cèdre particulièrement majestueux : les vœux qu'on y formait en silence devaient s'exaucer.

Comment expliquer que rien ne me soit venu à l'esprit, quand je fus à l'endroit favorable ? Suis-je heureux ? Sans désir, en tout cas. Nous disons : « heureux, car exempt de désirs » — cette indifférence doit donc être l'une des possibilités, un attribut du bonheur. Au reste, les vœux différencient : ils ne requièrent qu'une partie du bonheur. Leur exaucement peut même être fatal. Soit — rien ne se présenta à mon esprit que le mot de « confirmation ».

Tokyo est pauvre en temples ; ni en nombre, ni par leur ancienneté, ni par leur splendeur, ses sanctuaires ne sauraient soutenir la comparaison avec ceux de Kyoto, de Nikko et de Naga. Nous y visitâmes encore le temple bouddhiste d'Asakousa ; le soir tombait déjà.

Les parvis étaient animés ; un dragon de bronze crachait l'eau nécessaire aux purifications. Dans d'énormes chaudrons remplis de sable, des bâtonnets d'encens se consumaient, voilant cette place de brumes aromatiques. Une fois faite l'offrande d'un bâtonnet, on pouvait s'en servir pour encenser un membre en mal de guérison. Mais j'eus ici le même sentiment que sous le grand cèdre : je ne souffrais de nulle partie de mon corps. Aussi plaçai-je mon bâtonnet sous le nez du Taurillon[1], en guise de remède à l'allergie.

L'affairement, l'atmosphère de ces parvis avaient leur magie particulière : présence miraculeuse, saisie au vol et savourée par la conscience. Dans les temples, les fidèles étaient figés dans les prières à une ou plusieurs incarnations du Bouddha. Contre le mur d'enceinte, l'une de ses sandales tressées pendait au pignon du temple : elle avait les dimensions d'un canot à rames. Ce qui correspond à l'empreinte de son pied et à sa dent, qu'on vénère en d'autres lieux. Les dieux sont grands.

A l'entrée, comme devant la plupart des temples, un tronc invitait à l'offrande. Il avait la forme d'une crèche, dans le fond de laquelle une fente s'ouvrait. Un grillage recouvrait la boîte. Avant de prier, on y jette des piécettes par ses ouvertures, puis on tire la corde d'une cloche où bat un tambour de bois.

Mlle Sho nous raconta qu'on avait rallongé cette crèche, à cause de la concurrence des mendiants, toujours nombreux en de tels endroits, et qui ne manquent jamais de ramasser les pièces tombées à côté. Je lui dis :

« Quand une pièce tinte gaiement, c'est sans doute là un bruit agréable aux oreilles sacerdotales ?

— Les prêtres préfèrent ne pas l'entendre tinter. Car alors, ce sont des billets qu'on jette.

— Je peux le comprendre. Chez nous, en haute Souabe, ils aiment mieux trouver dans le tronc des pièces blanches que de la menue monnaie jaune. »

Nous traversâmes ensuite diverses cours latérales, plantées de gingkos. Je remarquai parmi eux une variété où les deux lobes de la feuille étaient, à leur tour, découpés en éventail. On n'aurait guère de mal à les classifier parmi les ancêtres des plantes actuelles. Mais à quoi bon ? La réduction et la multiplication sont deux principes immanents qui se succèdent et se confondent comme le flux et le jusant. Il en est des feuilles comme des mains, qui tantôt s'écarquillent et tantôt se serrent : ici, l'organe s'étale en aile ; là, il s'arrondit en nageoire ; là, il commence à s'atrophier ; ailleurs, il s'épanouit. Plus nous épions de près le temps et la succession, et plus l'ensemble qui les meut et les maintient nous échappe.

Comme nous avions trouvé en Mlle Sho le plus aimable des guides, nous la priâmes de nous conduire prendre le dîner dans un restaurant que les étrangers ne fréquentent point. Elle le fit sans réticences, après s'être assurée que nous avions vraiment décidé de manger « à la japonaise ».

Nous partîmes donc en auto à travers un labyrinthe de rues et de pâtés de maisons tous semblables entre eux, ce qui nous permit d'admirer le sens de l'orientation du chauffeur, et descendîmes dans un restaurant *soushi*. Le personnel s'y affairait derrière un comptoir bordé d'une bande de marbre large comme la main. C'était sur elle que l'on servait, sans assiette ni couvert. On nous présenta des tranches minces de poisson cru, pêché tôt dans la matinée. Elles étaient roulées autour d'une pincée de riz. Chaque plat consistait en une bouchée, et, pour changer le goût[2], on servait entre elles de petits tas de gingembre et des rondelles d'algues, en guise d'épices et de divertissement.

Une minuscule coupe de soupe servit de conclusion au repas ; il était arrosé de thé et de vin de riz. Des serviettes humides, destinées à nous rafraîchir et à nous laver les mains, furent renouvelées à plusieurs reprises, et Mlle Sho ne voulut pour rien au monde manquer de nous éventer, car il faisait extraordinairement lourd.

Je vis se confirmer ici l'avis des connaisseurs de ce pays, selon qui le dégoût du poisson cru est l'un des préjugés occidentaux. La saveur en est exquise, l'origine maritime ne fait que s'esquisser ; qu'on s'imagine une combinaison de chair d'esturgeon et de filet de saumon. Les poissons avaient été pris de bonne heure et étaient d'espèces diverses, mais ici encore, l'impression première s'opposait à la perception de la multiplicité. Ce qui témoigne d'ailleurs en faveur de la retenue du maître dont l'effort vise à la simplicité : « Avec une pomme, je veux étonner Paris[3]. »

C'est justement ce que le docteur Schinzinger trouvait

à louer, après des dizaines d'années au Japon : l'affinement du goût des choses simples et de leur qualité : le thé, le riz, la disposition d'un bouquet ou de quelques idéogrammes.

Les choses simples ont depuis toujours suscité chez les Japonais une vive tendresse. Un exemple ancien en est le *Livre de l'oreiller* de la dame d'honneur Sei Shônagon. Il a presque mille ans : mais à le lire, on sent encore que les doigts les plus déliés et les plus sensibles qui soient ont tenu le pinceau. Les flocons de neige sur les fleurs de prunier y ont déjà leur poids.

Parmi les modernes, on mentionne Saïto, qui vient d'être enterré en grande cérémonie : ses romans passent pour des modèles d'atmosphère allusive. Une nuit d'amour se devine aux froissements de l'oreiller : il est bien clair qu'une telle finesse est contraire au goût de notre époque. Je fus surpris de l'entendre dire, ne connaissant de cet auteur que le roman *La Clef*, où la sexualité déborde de toutes parts. Mais il paraît que Saïto a seulement voulu y démontrer qu'il est un maître en ce genre, et qu'il s'y est donc écarté de sa ligne habituelle.

L'étude que requièrent les choses simples, j'ai pu en prendre la mesure devant le célèbre jardin de rocaille que nous avons visité dans le parc d'un temple zen, à Tokyo. Sur quoi pouvait bien se fonder la réputation de ce lieu, son accord particulier avec la méditation ? L'empereur en personne y fait retraite de temps à autre, lorsqu'il ressent le besoin de méditer.

J'y vis une plaque de sable, cernée de murs bas et grande comme une salle rectangulaire quelconque, avec cinq petits groupes de pierres disposés irrégulièrement. Le sable était soigneusement râtissé en longueur, ou en cercle, mais seulement autour de ces pierres.

Certes, cela fait songer à des nuages, des îles, ou plus généralement des formes issues de l'indifférencié. Mais ces échos eux-mêmes disparaissent, dit-on, lorsqu'on passe des heures ou des jours entiers devant cet arrangement. Ce qui importe, en de tels instants, ce n'est pas de penser, mais d'effacer toute réflexion, afin de libérer le sol d'où s'élèvent les pensées. Notre idée de la concentration est toute différente ; nous y saisissons le point, et non la cible en toute son extension. D'ailleurs, notre mot de « but » le dénote : il désignait à l'origine le centre de la cible.

Nous en resterons à ces indications sur l'attitude contemplative — que le contemplateur pourrait adopter devant n'importe quel arrangement simple — ainsi devant une allée où sont tombées quelques feuilles d'automne, ou un étang sur lequel se déploient des nénuphars.

D'où vient donc la vertu propre de ce groupe de pierres ? Je ne pus le deviner. Peut-être aussi la branche de cèdre qui dépassait le mur et le crissement monotone des cigales y étaient-ils compris. Quoi qu'il en fût, il devait régner ici un sens des mesures et des nombres, une sensibilité aux plus délicates pesées, qui me restaient inaccessibles. Cependant, on pouvait croire qu'ils existaient. L'adhésion intime en témoigne déjà. Peut-être parvient-on plus près de la Nature et de son secret lorsqu'on le cherche, non pas à grands frais, mais par la voie du dénuement.

L'économie des moyens me frappa aussi dans les peintures du palais shogounal, à Kyoto, l'ancienne ville du couronnement. Je ne songe pas ici aux œuvres célèbres dont sont ornés les appartements — ni aux paysages peuplés de tigres et de paons, ni aux panneaux peints de cèdres, de chrysanthèmes et de pivoines, ni non plus aux raffinements des bois ouvragés. Mais on trouve à côté d'eux, dans les corridors, des motifs d'une simplicité extrême — des côtes, par exemple, où la mer est indiquée par quelques crêtes de vagues, la terre par un semis de petits carrés. Sur l'un de ces panneaux, j'ai vu une vague représentée par une combinaison très simple de lignes. Je dus passer la main sur le bois pour me convaincre que le peintre s'était contenté d'un dessin à plat.

S'y ajoute, dans ce palais construit en 1603, où le shogoun recevait les grands féodaux, l'action du temps. Les couleurs et les motifs percent à travers l'atmosphère d'un voile subtil. Ils exigent du visiteur un effort particulier, les tâtonnements de la divination, mais en même temps aussi la quiétude contemplative, ouverte à des influx très lointains, comme dans le jardin de rocaille.

Heureusement, ce château tout entier bâti de bois et ses trésors ont été épargnés par l'incendie : les larges douves dont il est ceint contribuèrent à l'en préserver. Je ressentis en ce lieu une tendance toute contraire à notre « pathétique de la distance » — la représentation du pouvoir et la préservation de la dignité dans l'espace le plus étroit. Ce qui suppose l'imprégnation parfaite des objets menus et proches, et que la matière à portée de main soit chargée et imbibée de puissances spirituelles. Un tel affinement incombe avant tout à l'homme cultivé et à l'artiste, qui se fonde sur l'arsenal de formes créées, durant des générations, par une race d'artisans virtuoses.

La matière première, le bois de cèdre, par exemple, est saisie jusque dans ses structures les plus délicates et intégrée à l'harmonie de la pièce. Architecte et charpentier, peintre et sculpteur n'ont pas seulement à éprouver en elle leurs talents divers : elle n'agit pas uniquement par son odeur et sa teinte, mais remplit aussi le rôle d'une caisse de résonance.

L'acoustique est méditée jusque dans son moindre détail. Ainsi, pour ne mentionner qu'un de ces traits, les pièces centrales du château sont ceintes d'un corridor : le « couloir des Rossignols ». Les lames de plancher y sont si bien jointoyées qu'à peine y pose-t-on le pied qu'il en part un gazouillement. Ce son était inévitable, si légers que fussent les pas, et une telle curiosité me surprit, non seulement à cause de la délicatesse du travail qu'elle a requis, mais aussi par le nombre des siècles auxquels elle a survécu. Fait plus surprenant que jamais en notre temps, où la brutalité dans le bruit est de règle.

Le « couloir des Rossignols » était à la fois un amusement esthétique et un système d'alerte pour les oreilles des gardiens, car le palais contenait aussi le trésor des shogouns. Nul amant, nul voleur aux pieds nus ne pouvait se glisser assez subtilement pour que son pas n'éveillât point un concert de sons.

Dans un espace aussi restreint, il faut bien que le pathétique du pouvoir agisse au moyen d'autres signes que la pure et simple distance : par la manière dont le prince est assis, dont ses vassaux s'agenouillent en cercle, dont son écuyer porte l'épée, par des nuances de vêture, d'attitude, de mouvement des mains dans la conversation et à table — bref, en vertu d'un cérémonial élaboré jusque dans ses moindres détails et de son langage symbolique. Dans les cas où l'architecte prodigue l'espace, il s'agit du tracé des voies d'accès et des rampes, avec leurs avenues, ainsi que des parvis. La densité, et la sérénité avec elle, croissent à mesure qu'on approche du centre — à travers l'inétendu et l'inexprimé, on tend vers l'inexprimable.

A notre époque, la représentation suit d'autres principes. C'est ainsi, pour n'en citer qu'un exemple, qu'on vantait naguère le cabinet de travail de Mussolini. Le visiteur avait un long chemin à parcourir avant d'atteindre son bureau. C'est là, pour le définir d'un mot, la différence entre le centre et la centrale, et l'une des transitions indispensables, bien que payée de lourdes pertes, jusqu'au monde du travail.

On ne saurait donc douter que le choix qui mena à la restauration du Meiji ait été justifié — à condition que l'on considère le nécessaire comme juste. Quand je lis, dans la description japonaise du sanctuaire du Meiji, cette phrase : « Les quarante-huit ans de règne de l'empereur du Meiji furent la période la plus glorieuse dans les deux mille ans de l'histoire japonaise », c'est là un jugement qui s'incline devant la nécessité. Quiconque pensait autrement, sentait autrement, ne pouvait aller qu'en pensée et en sentiments jusqu'au bout de sa voie — et non dans ces actions qu'exige l'histoire.

L'image se complique du fait que l'empereur ne représentait pas seulement le centre de la légitimité, mais aussi celui du sacré. Une telle mutation eût donc dû plutôt être attendue du shogounat — sous la forme d'une révolution imposée au bénéfice de la couronne, ou contre elle, conformément aux modèles occidentaux, celui, par exemple, d'un Richelieu, d'un Mirabeau ou d'un baron de Stein.

C'est donc à bon droit que les Japonais appellent ce coup d'État une restauration, et non une révolution. « Réforme » serait plus juste encore. Les cent années qui la suivirent ont prouvé que cette mesure était grave, mais également inéluctable. Une seule personne se voyait contrainte de mettre en balance le gain et la perte : ce qui naissait de neuf devait être provoqué par elle, et arraché à la substance, en sacrifice, en appauvrissement. Le gain de pouvoir réel exigeait que l'empereur risquât une part de son pouvoir métaphysique.

En tout ceci, le destin individuel reflète avec une netteté particulière celui de tous les contemporains — dans le sort d'une personnalité, et grandiose, et tragique.

Pour en revenir une fois encore au jardin de rocaille : si l'on veut ramener la conception orientale et occidentale de la concentration au même dénominateur, on y parviendra le plus aisément à l'aide du terme d'« économie ».

Dépenser son capital en grosses coupures ou en petite monnaie — il y a là une différence qui n'est pas seulement quantitative. Nous pouvons songer à un concours de tir à l'arc, où l'arme gagne d'autant plus en souplesse qu'on la laisse plus longtemps au repos.

Le conducteur d'une automobile se concentre et se détend en staccato — il doit, dans un bref trajet, venir à bout d'une foule d'obstacles changeants et mobiles. S'y ajoutent les cigarettes, la conversation, l'attention aux cadrans, la radio. C'est le vide qui l'attend à destination ; son capital est épuisé.

La méditation devant le jardin de rocaille, bien au contraire, commence par le vide ; la tension croît de minute en minute ; le principe de vie amoncelle un capital. Il prend conscience de son pouvoir — non en agissant, mais par la méditation. Celle-ci peut ensuite produire ses effets.

C'est ainsi qu'Ulysse, pénétrant en mendiant dans la salle de banquet, la quitte en roi. Son arc s'était longtemps reposé.

L'ameublement japonais est simple ; je pus m'en convaincre durant l'après-midi que je passai dans une villa, près du lac de Chouzenayi : une cabane de roseaux, dont la fenêtre était largement ouverte, et qui plongeait presque dans l'eau.

Une table basse, quelques nattes sur le sol, une niche, en guise de recoin des ancêtres — c'était là tout le décor. On dort sur le sol ; dans la journée, la literie se range dans un placard. Du thé, à peine un échange de paroles ; on regarde le lac, sur le miroir duquel une barque de pêche est posée. Une grande libellule revient constamment se percher sur la boiserie de la fenêtre : elle semble être son lieu de prédilection. Pas de livres, pas de tableaux, rien que des roseaux et des bambous — quelle différence avec nos pensoirs et cabinets de travail qui, peu ou prou, ressemblent toujours à celui de Faust ! Dès son temps, « le Royaume des esprits était clos » ; de nos jours, le mécanisme de l'abrutissement tisse de nouveaux rideaux.

Dehors, un voisin de quatre-vingt-dix ans est au travail : un pêcheur, qui avait capturé de bon matin une carpe gigantesque. Il la découpait en morceaux, sur une planche, pour les gens de sa famille. Son visage avait l'air d'un masque ; les rides avaient buriné dans la peau jaunie un dessin archaïque. Je lui demandai par signes s'il avait pêché le poisson à la ligne ; en réponse, il avança le pied gauche et brandit le bras droit : il avait percé la bête au javelot.

Son geste eût convenu au théâtre *kabuki* ; car celui-ci dispose d'une réserve de signes classiques, d'idéogrammes traditionnels de l'art scénique. Je vis présenter à Tokyo une sorte d'initiation à ce langage, jouée par le mime Kouroemon Onoé, fils et petit-fils d'acteurs illustres. Un ensemble de gestes aussi disciplinés que ceux-ci, à la fois aussi simples et aussi convaincants, ne saurait s'acquérir par le seul exercice, même lorsque l'entraînement commence dès les premières années. Il faut que s'y ajoutent la tradition et l'héritage. Le savoir-faire n'a pas plus d'importance que l'éthique, telle qu'elle se transmet dans les familles d'artistes, les castes d'artisans, les lignées de noblesse d'épée, savoir muet, attitudes innées, d'une génération à l'autre, jusqu'au moment où elle vous entre dans la chair et le sang. L'un ne peut se passer de l'autre.

Chacun de ces idéogrammes se répétait d'innombrables fois. Il devient ainsi expression d'une seconde nature, épurée. Ici, la conscience professionnelle va de soi ; l'entraînement ininterrompu est plutôt comparable à la respiration. C'est ainsi qu'un peintre peut s'exercer jusqu'à la perfection à exécuter des contours et des personnages, qu'il finira par réussir les yeux fermés. C'est ainsi que l'archer atteint son but, même dans le noir.

Le maître joua toute une série de signes, sans aucun assaisonnement. Il était en costume de ville, non en kimono. Et aussi un peu parti, car il venait, nous dit-il, d'un repas où l'on avait vigoureusement poculé. Puis il devint grave, se concentra. De même que la respiration, une telle virtuosité accompagne sans doute tous les degrés de la conscience. Comment l'appeler ? Des caractères ? Des psychogrammes ? Empreintes est peut-être le mot qui convient. Toute expression serait alors l'impression laissée par un estampage immatériel. Il montra des sentiments : le rire, la crainte, le deuil, l'éveil du désir. Des façons d'être : la dignité, l'humilité, l'orgueil, la vanité. Des perceptions : la neige, le soleil, la pluie, l'orage, le vent. Des mouvements : le rameur, l'escrimeur, la chute des pétales de cerisier, la manière de boire le saké.

Il y avait tout autant de simplicité, mais une simplicité cossue dans l'ameublement de la petite auberge où j'ai dîné avec le Taurillon. Elle était située dans une ruelle de Kyoto, où nous étions tombés par hasard ; de toute évidence, elle n'était fréquentée que par des Japonais, probablement de passage. Nous eûmes l'impression d'en être les seuls hôtes, et le patron, d'ailleurs, nous demanda tout de suite qui nous avait envoyés.

Le luxe se montrait dans les proportions et l'élégance abstraite des pièces, et aussi dans leur silence — on eût dit qu'elles avaient été préparées à notre intention et nous attendaient. Une entrée où l'on se déchaussait, un corridor étroit, une grande salle avec une table basse et une niche décorée — telle était la suite des appartements.

Devant, une large véranda, avec deux chaises et une aiguière ; une cloison de verre la séparait d'un jardin miniature tout illuminé.

Le patron nous demanda si nous voulions seulement dîner ou passerions aussi la nuit. Il entra à genoux, de même que la serveuse en kimono, qui déposait les plats et nous présentait les morceaux. Service insolite — mais le seul qui convienne à des clients accroupis sur le sol.

Je me demandai quel rôle joue, en de telles circonstances, l'étranger qui ne veut pas se contenter de glaner des curiosités culturelles. Jusqu'où peuvent aller sa compréhension, son approche ? Moins loin, bien entendu, que celles des habitués de longue date qu'on trouve encore ici. Mais plus loin, peut-être, que celle des innombrables Japonais à la nouvelle mode qu'on voit dehors courir les rues en chemises à manches courtes, d'une blancheur immaculée, ou conduire leur auto, et qui probablement se moquent tout autant des vieux qu'on le fait partout ailleurs. Car ce qui importe, ce n'est pas le goût du pittoresque, mais d'avoir préservé, dans son rôle de voyageur, le sens du cosmos et du rite. Sinon, le spectacle devient franchement grotesque, lorsqu'on se fait servir de cette manière.

Ce n'est qu'ainsi, à partir de sa mesure propre, de sa culture personnelle et, pourrait-on ajouter, de sa dignité que le visiteur peut séparer la tradition demeurée intacte, bien que purement isolée en îlots, et la représentation dans le goût du musée Grévin, calculée pour répondre à son attente. Car ce spectacle, arrangé en vue de son appareil photographique et de son programme de *sight-seeing*, demeure une copie creuse et mécanique, quoiqu'elle observe peut-être plus scrupuleusement les règles de style. Mais ce scrupule trahit déjà l'éloignement : il crée des décors qui paraissent par trop authentiques. C'est pourquoi le téléviseur — j'avais oublié de le mentionner — ne me sembla point déplacé dans cette pièce : j'y vis bien plutôt un signe de ce que les objets y servaient encore à un usage ingénu.

Lorsqu'on visite les temples, il importe aussi de se

soustraire tant au pittoresque de bazar qu'à l'atmosphère de musée, ce qui de nos jours, pour maintes raisons, est à la fois plus difficile et plus simple qu'il y a cent ans. Plus difficile pour la seule raison qu'en fait, dans le monde entier, églises et temples se transforment de plus en plus en lieux de spectacle. Je ne songe pas seulement aux nuées de touristes, mais aussi aux réflexions d'histoire des religions, ou de l'art, dont ni les unes, ni les autres n'atteignent le contenu réel du sanctuaire. De même pour les prêtres, dont l'office devient un emploi de gardien de musée. On lève encore bien haut l'ostensoir, mais la transsubstantiation n'a plus lieu. Certes, les temples furent de tout temps lieux de spectacle : mais de nos jours, le regard est historique, et non plus direct. Puis surviennent les puristes : Huysmans se plaint qu'on falsifie la farine de l'hostie et le vin de la communion. Sa *Cathédrale* laisse l'impression d'un moulage de formes vivantes : Léon Bloy était encore capable de voir plus de choses dans une simple église de village.

Les transports d'aujourd'hui contribuent, eux aussi, à ce nivellement. Le pèlerin qui se rend en avion à La Mecque ne se distingue plus guère du vulgaire touriste : ce n'est plus un pèlerinage. Les temples sont ceints de parkings et pris d'assaut par les visiteurs, jour après jour ; ce qui rabote le rythme annuel des fêtes. L'obole que l'on verse est moins une offrande que le prix d'une entrée.

Un élément favorable, au contraire, est l'éloignement croissant des divinités. « Dieu se retire[4] » — la grande lumière, celle du soleil, s'affaiblit alors, mais les étoiles n'en ressortent que plus clairement. Et, parmi elles, le soleil, lui aussi, devient étoile. Il en est ainsi des sanctuaires et de leur splendeur. Si seulement le voyageur lui est encore sensible, bien des traits s'imposeront même à lui plus fortement qu'auparavant — surtout s'il vient des pays où règne depuis des siècles la tradition monothéiste. Qu'il dispose encore du sens de l'inqualifié, de l'inconnu, de l'intouché, et c'est l'indifférencié qui s'adressera à lui par l'intermédiaire des temples et des hommes. La rencontre avec les dieux étrangers n'est pas ce qui importe, mais bien ce qui s'est concentré en eux et derrière eux. Les aïeux du shintoïsme sont tout d'abord visibles, sur les images et les tablettes ; puis la forme et le nom perdent leurs contours, et la voie qui passe derrière eux mène à de grandes distances. C'est seulement à son terme qu'il devient indifférent que l'image ait été une photographie, une reproduction d'art, ou un chef-d'œuvre. Les temples sont portails et entrées.

Lorsque l'esprit se sent détaché des dieux et de leurs cultes, mais a préservé son respect du ciel et de la terre, une gaieté jointe à la liberté peut s'emparer de lui — non pas l'ironie de Lucien ou de Voltaire, ni le bel esprit de gamins qui font l'école buissonnière, mais une joie profonde devant la Nature et sa puissance inépuisable, une gaieté semblable à celle de Gœthe ou d'Omar Khayyam. On assiste alors à de grandes redécouvertes — comme, par exemple, dans *Patmos* ou *Les Dieux de la Grèce*[5].

Les villes aux sanctuaires célèbres, où les cultes voisinent et coexistent, font songer aux relations des voyageurs de l'Antiquité qui passaient par la Syrie ou l'Égypte. Ici, ce sont des animaux ou des démons, là, des ancêtres, des hommes divins ou des dieux que l'on vénère, soit dans leurs images, soit selon tous les degrés de l'abstraction, jusqu'à l'inexprimé. La voie mène par la porte aux dragons, le long des files de terribles gardiens, jusqu'au bouddha immobile, et au-delà de lui. Le naïf paysan planteur de riz y trouve aussi bien sa place que l'esprit le plus cultivé ; chacun a le droit d'interpréter le monde à sa façon.

La tolérance est conforme à la nature du polythéisme ; les dieux admettent « des dieux » à côté d'eux-mêmes. Les mondes polythéistes, tout comme les molécules organiques, peuvent proliférer à volonté. Tout pays, toute ville, aussi loin que l'on voyage, peut avoir sa divinité, à laquelle on offre un sacrifice prescrit par la coutume locale. Il suffit de demander aux prêtres ce qu'ils voudraient avoir.

La possession a plus d'importance en tout ceci que la mission. Qui connaît les dieux, peut compter leurs noms ? L'exubérance des systèmes de mythes est aussi inépuisable que celle de la Nature vivante. Un petit dieu veille dans une niche sur le tournant dangereux d'une autostrade, comme je l'ai vu près de la pente raide qui mène à Nikko.

Un autre rêve dans une cabane, sous un figuier. Il a dans son giron des fleurs fraîches.

Dieu et les dieux. Une pluralité de dieux solaires adorés dans les diverses contrées renvoie à la transcendance du Dieu « qui éclaire tout être terrestre ». Un coup d'une dialectique incroyablement audacieuse, ce fut le discours de Paul à la tribune de l'Aréopage[6]. *Un dieu inconnu* du polythéisme reçoit la dignité d'Unique. Les Athéniens ne savaient pas ce qu'ils attendaient. Coup de maître porté à travers une armure qui semblait sans défaut.

L'oracle fait partie du vieil arsenal religieux. Les doctrines monothéistes ne connaissent qu'un Dieu ; de même, il devrait n'y avoir au fond qu'une prophétie : la promesse du monde de la transcendance. Dans le Nouveau Testament, c'est à peine si l'on découvre, auprès d'elle, des allusions relatives au temps. Des expressions telles qu'« encore un peu de temps... », ou aussi « mille ans » ne doivent pas être interprétées chronologiquement, bien qu'on ait toujours tenté de le faire, même de nos jours.

Dans l'enceinte des temples, certains arbres sont piqués de papiers portant des oracles, comme si un essaim de papillons s'y était posé. Nous vîmes, dans l'un des parvis, un petit oiseau, un pinson, dressé à rendre l'augure : de son bec, il tirait la corde de la cloche, dans un temple miniature. Puis il y pénétrait en sautillant et en rapportait le papier porte-bonheur. Ce seul spectacle valait l'offrande. Les prêtres se sont même approprié les avantages de l'automation — dans le temple du Bouddha endormi, à Penang, on voyait un appareil semblable à une caisse enregistreuse : il calculait les chiffres bénéfiques. A côté de la porte de Karamon, à Nikko, je vis un distributeur automatique du même genre, juste au moment où un prêtre, l'air bonasse, en vidait les deux casiers — l'un contenait des pièces, et l'autre des demandes inscrites sur des bandes de papier.

Je me divertis de cet intermède, auquel je lançai un regard furtif, tout en examinant le célèbre « chat endormi », une sculpture d'Hindari Jingoro, surnommé « le gaucher ». On raconte que les rivaux de ce maître l'assaillirent un jour et lui tranchèrent la main droite, jaloux de ne pouvoir l'égaler. Même si ce n'est là qu'une légende, elle définit parfaitement la nature de l'envie entre artistes et hommes de lettres. En même temps, elle confirme la maxime de Lessing : ce n'est pas avec la main que l'on peint.

Tout à côté, sur l'autel de Toshougo, je fus surpris de retrouver, sculpture enchâssée dans le coffre, le célèbre groupe des « trois singes » que j'avais pris jusqu'à présent pour une plaisanterie anonyme ; elle n'a pas gagné à être diffusée dans le monde entier sous forme de bibelots et de breloques pour chaîne de montre. Je découvris ici l'original, qui représente concrètement les trois principes fondamentaux de la secte tendaï : ne rien voir, ne rien entendre, ne rien dire de mal. Je le note également ici comme exemple de l'affadissement de l'original par la reproduction.

La vaste et magnifique forêt des dieux, à Nikko, avec ses pagodes, ses temples, ses mausolées, ses colonnes et ses statues de bronze, est appelée de nos jours « le parc national ». Mais on vénère toujours dans le plus vaste de ses sanctuaires, le Sanboutsou-do, les trois « manifestations divines » : une statue luxueusement dorée de Bouddha couché ; à sa droite une Kwannon hippocéphale, à sa gauche une Kwannon aux mille bras sur des trônes de lotus, avec les statues de douze disciples à l'arrière-plan. Partout, dans le vert des arbres à feuilles caduques et des conifères, éclate le bois peint de rouge, orné d'incrustations des temples, dont la pagode à cinq étages, dédiée vers 1650 par Tadakkatsou Sakaï, un seigneur féodal. Elle brûla entièrement en 1815 et fut rebâtie par la même famille.

Elle se dresse au sein d'un groupe de cryptomerias. Les quatre étages inférieurs sont de style japonais, le cinquième dans le goût chinois. Sa beauté insolite est troublante pour l'esprit ; si nous ne la voyions pas, jamais nous ne soupçonnerions, même dans nos rêves, que de telles formes soient possibles. D'autres conceptions de la statistique se sont réalisées en elle, et aussi une musicalité différente de la nôtre. La pure et simple hauteur semble ne pas suffire, si elle n'est pas harmonieusement contrebalancée par l'épanouissement. L'idée de la tente s'est déployée et consolidée. Je ne pus m'empêcher de songer au palais de Turandot. Ses toits peignent le vent ; un carillon le caresse au passage. Le pilier en bronze de Sorinto est, lui aussi, couronné de franges de clochettes ; dix mille soutras y sont dissimulées.

Nous vîmes les mausolées, les trésors, les bibliothèques du clan de Genji et d'autres lignages, des sources sacrées, des stupas, le dieu des vents, sous la forme d'un démon vert pliant, comme Éole, sous le faix de son outre, partout des dragons, des boiseries sculptées et dorées, des statues de bois, de pierre et de métal. Le parc se fond, après des jardins d'agrément, dans des forêts au feuillage dense, où brillent à nouveau des temples rouges. On n'en vient à bout qu'en marchant comme en songe. Pas une vie humaine ne suffirait à en épuiser l'étude. Je m'en allai, comme à Karnak, en proie à une sorte d'étourdissement.

Les vastes parvis sont beaux, et belle aussi l'idée de la porte, de l'arc shintoïste sans ornement jusqu'aux constructions luxueuses, rutilantes de laque, d'or et d'ivoire. Parfois, je me croyais devant un temple superbe, qui s'avérait ensuite n'être qu'un portail menant vers le suivant, plus somptueux encore.

Le mot japonais qui signifie magnifique est *kekko*, et un proverbe dit : « Qui n'a pas vu Nikko ne peut dire *kekko.* » La splendeur toute chinoise de la porte du Yomeimon, ou du Coucher de Soleil, surpasse tout ce que j'ai jamais vu d'opulence massive. Elle suscite une impression d'étalage exubérant, de présence sans voiles, presque voluptueuse, et telle que des voyageurs du siècle dernier, le père Huc par exemple, la décrivent, comme caractéristique principale des « monstruosités païennes ». Il est vrai que l'exhibition de grands trésors, surtout d'or pur, extrême concentration de la puissance matérielle, peut inspirer en elle-même la crainte.

Ces bâtiments témoignent de la « vague des chinoiseries », qui, chez nous, déferle dans l'ère baroque. C'est de cette même époque que datent les offrandes des commerçants portugais, exposées non loin d'ici, et parmi elles un lustre de bronze gigantesque — où s'entre-pénètrent fort heureusement des formes occidentales et orientales.

La « simultanéité » des formes propres aux styles chinois et occidental a trop souvent été soulignée par les historiens de l'art et les sinologues pour que nous ne soupçonnions pas quelque connivence secrète, bien que le système de Spengler ne permette pas de l'interpréter.

D'après la chronologie spenglerienne, le « gothique » et le « baroque » chinois devraient être fort éloignés des nôtres ; la « simultanéité » devrait donc être lue sur divers cadrans, et non sur le même. Cependant, il existe à côté d'une simultanéité relative une simultanéité absolue. Certes, les civilisations humaines sont, à vue superficielle, autonomes ; mais, en même temps, profondément enracinées dans l'événement biologique et cosmique. En lui aussi, tout évolue.

On peut surtout l'étudier là où le biologique se fige en architecture, comme dans le règne des mollusques. Ainsi dans l'histoire des ammonites : cornes droites, crosses, spirales plus ou moins enroulées, puis à nouveau des formes sobres, allongées, classiques — une succession d'involutions et de déroulements.

Mêmes mutations dans les coquillages et chez les colimaçons — ce n'est pas par hasard que l'architecture et la grammaire des styles ont tant de noms empruntés à ce domaine. Des formes apparentées entre elles reviennent toujours dans la structure des escaliers, des piliers, des tours, des ornements. Aussi, quand nous parlons du baroque « chinois », la parenté peut aller plus loin que la seule histoire des civilisations.

On peut concevoir aussi des influences qu'il faut attribuer, non à la sphère du biologique, mais à la Terre, sans intermédiaire. Ce qui s'exprime dans l'unité interne des époques et des paysages, dans l'accord des hommes et de leurs œuvres avec les fleuves, les montagnes, les plantes et les animaux de leur contrée. Ainsi, pour n'en citer qu'un exemple, on est frappé ici par l'harmonie des arbres avec les temples. Souvent, ce sont les mêmes, ou presque les mêmes essences que chez nous : et pourtant, elles en diffèrent, dans leur stature, d'une manière plus perceptible pour l'artiste que pour le botaniste.

Il faut également prendre en considération cette influence immédiate de la terre, voire même, peut-être, du cosmos, quand des parentés se manifestent dans des pays éloignés les uns des autres, et que nulle généalogie ne saurait les expliquer. On pourrait songer ici à l'apparition des États, de l'écriture, voire de l'homme lui-même, en des lieux séparés par de vastes distances dans l'espace — mais cela restera toujours sans doute une question de croyance, ou l'affaire de la spéculation. Celle-ci est mise en branle quand, en voyage, on reconnaît dans l'étranger ce qui vous est propre.

La situation des temples dans un écrin de grands jardins, où ne manquent presque jamais les sources, les étangs et les vieux arbres, produit un effet d'apaisement. Souvent, l'espace circonscrit avoisine, par transitions insensibles, la libre nature, et même, à Nikko, des forêts de montagne primitives.

De telles dispositions me touchaient comme le retour à une patrie ancienne, antérieure au christianisme. Ici, ce n'est pas un Dieu unique qui s'est fait sa demeure dans les pierres amoncelées. Ici habitent des dieux dont je n'ai pas besoin de connaître les noms, et ils se perdent, comme les arbres dans la forêt, dans le Divin pur et simple. Bois sacrés et forêts aux arbres protecteurs, sources et lacs — la Mère n'a pas encore été frôlée par le moindre attentat. La vénération pénètre jusqu'à des couches plus profondes que les concrétions monothéistes et polythéistes ; elle est suscitée par des souvenirs qui montent du fond de l'innommé. L'arbre est frère, et terre natale la forêt.

Le soin apporté à ces jardins s'efforce de créer une seconde nature, entièrement ordonnée, où le hasard esquisse un thème, plutôt qu'il n'est autorisé à agir à sa guise ; son caprice est favorisé en un lieu, réprimé en tel autre. Ce qui crée, même dans les parcs, l'impression de jardins miniatures qu'on aurait agrandis, et tels qu'ils n'eussent sans doute guère plu au prince Pückler[7]. Je vis des jardiniers armés de petites faucilles, dont ils se servent moins pour trancher que pour supprimer des brins d'herbe importuns dans les pelouses et les capitons de mousse. D'autres arrachaient les aiguilles desséchées des branches des cyprès. D'autres encore traçaient au râteau des dessins dans le sable. On aime aussi ériger dans une sorte de boîte à sable un modèle stylisé du Fouji, qui ne manque jamais de visiteurs.

L'art des jardins s'abolit presque insensiblement dans le parc d'Okazaki, à Kyoto. Il ceint l'autel d'Heïan, consacré aux esprits protecteurs des empereurs Kammou et Komeï ; il y a entre eux deux une distance d'onze cents années. Les bâtiments rattachés à l'autel constituent un modèle réduit du premier palais impérial, celui de 794. Ce fut l'année où Charlemagne ouvrit sa seconde campagne contre les Saxons.

Le parc est célèbre par ses cerisiers en fleur et ses iris ; mais le temps des uns et des autres était passé. En compensation, nous y vîmes des nénuphars blancs, bleus et roses épanouis sur les étangs. L'érable, dont les branches retombaient loin au-dessus des rives, portait déjà ses premières mouchetures rouges.

L'un des lacs s'étend devant l'autel : nous le passâmes d'abord sur une rangée de colonnes torses dont les piliers dépassaient la surface d'un travers de main, puis par un pont rouge et couvert, le « corridor » de l'autel. S'y tenait un vendeur avec des pains blancs, dont la consistance mousseuse et dure rappelait celle de nos meringues ; nous nous divertîmes à en nourrir les animaux qui nageaient sur l'eau ou en remontaient : les canards mandarins blancs, les tortues, les poissons rouges, de taille et d'apparence diverses. Il y en avait un surtout, long d'une main et comme taillé dans la nacre la plus fine, avec des mouchetures noires comme l'obsidienne et des nageoires dorées ; j'espérais toujours qu'il viendrait à la surface et, en effet, il me fit ce plaisir.

Au reste, cette heure sur le pont rouge fut la plus belle de celles que j'ai passées dans ce pays. Les poissons d'or, les oiseaux d'argent, les nénuphars sur l'eau verte — harmonie de paix et de mouvements onduleux. Puis, sur la rive, les cèdres, les érables, le lotus, le bambou aux hampes jaunes — sur les feuilles duquel crissaient les cigales brunes, qui prenaient leur essor à notre approche comme des oiseaux.

Lieu de délices, non seulement pour les hommes, mais pour les esprits — aucune erreur n'était possible : en pleine nature, ils goûtaient réciproquement leur présence.

Quand nous quittâmes le Japon, à Kobé, je n'ai pas jeté de piècette dans la mer, comme j'en avais souvent, et non sans heureux exaucements, offert en sacrifice aux fontaines et aux ports. Tout bien considéré, à côté d'une foule de grandes et belles images, les impressions fâcheuses n'avaient pas manqué. Et leur nombre devait croître rapidement.

Je m'y étais attendu, étant convaincu que la destruction du mythe et du *nomos* n'est pas seulement inévitable, mais aussi nécessaire, et voyant se confirmer cette conviction dans tous les pays du monde — mais elle s'accompagne toujours d'une impression de vide, comme lors d'une interminable partie, à minuit, quand on mêle une fois de plus les cartes. Ce que nous avons vécu de manière concentrée dans la bataille de la Somme, où nous avons payé notre billet d'entrée, se reproduit, à de longs intervalles. Mais le sentiment subsiste qu'un obus est tombé, et toujours la conscience d'un danger proche et de nature vile.

Tokyo est considéré aujourd'hui comme la plus grande ville de la planète ; il est vrai que la notion de ville commence à se brouiller, devant les agglomérations et les interpénétrations diffuses. L'urbanisation recouvre des régions entières, des côtes, des provinces. Vers la fin de ce siècle, si l'on en croit les urbanistes, il aura poussé, le long de la ligne de Tokkaïdo, qui déjà traverse des paysages surpeuplés, une *œcuménopolis* comprenant de quatre-vingts à cent millions d'habitants.

La modernisation, c'est-à-dire l'adaptation au *western style*, est la grande affaire, à laquelle on s'adonne avec une extrême alacrité et les plus grandes chances de succès. Comparé à la restauration du Meiji, ce progrès ne vise plus à un déploiement de puissance nationale, mais bien à trouver sa place dans le grand raz-de-marée de la révolution planétaire. Ce que je vis, ce que je m'étais attendu à voir, c'était l'une des modifications par lesquelles se réalise l'archétype du Travailleur. Et comme c'est d'abord la suppression des différences qui impose sa loi, ma récolte ne pouvait être que maigre. La pêche restait médiocre, mais le filet a fait la preuve de sa robustesse.

Je me demandai si les idéogrammes japonais pourront garder leur place dans un tel tourbillon — leur structure contredit les principes auxquels on vise. Au milieu du trafic actuel, l'œil voudrait moins s'informer au moyen de ces signes que s'y reposer, comme sur des fleurs. Il est vrai qu'on trouve à tous les points de concentration leur transcription en lettres romaines.

Beaucoup de nos mots n'ont pas d'équivalent en japonais. Lorsqu'il s'agit de désigner des objets, par exemple des pièces de machine, cela n'a peut-être pas grande importance. Il en est autrement des concepts fondamentaux — et c'est pourquoi les exposés des Japonais qui discutent des systèmes occidentaux se font remarquer par une singulière circonspection. Les concepts ne sont pas utilisés ni modifiés à la hâte, mais posés successivement, comme les pièces d'un jeu de construction.

De temps à autre, je m'informai de la signification de caractères qui me frappaient. L'idéogramme qui veut dire « grand » est simple et beau — j'aurais plutôt songé à « haut » quand je l'aperçus. Il semble qu'il ne se prête guère à exprimer la grandeur de gratte-ciel, de navires, de ponts, de barrages, ni non plus la vitesse de trains par lesquels on tente de dépasser les Américains.

Il faut bien convenir que l'appareillage technique et le confort sont irréprochables. L'ordre, les bonnes manières, la ponctualité sont à peine surpassables, surtout lorsqu'on pense aux masses mises en mouvement. Quand un rapide a plus de vingt minutes de retard, on rembourse le supplément au voyageur. Le long de la ligne de Tokkaïdo, les poteaux télégraphiques volent au rythme de l'aiguille des secondes. Quand on descend du train, les femmes de charge et les hôtesses remercient d'une révérence chacun des passagers.

J'avais déjà entendu parler de ce rapide comme d'une gloire nationale. Il est vrai que j'eusse souhaité rouler plus lentement, pour jouir du paysage, en dehors des districts urbanisés, alors que ses thèmes défilaient devant moi comme une suite d'images prises sur une bobine, illuminées d'éclairs successifs : les collines avec leurs cèdres et leurs bouquets de bambous, les étangs couverts de lotus, les stèles dédiées aux aïeux parmi les cultures, les jardins d'arbustes à thé sur les pentes et les champs de riz dans la plaine.

Les hôtels : des dés de pierre, tels qu'on en rencontre partout dans les grandes villes européennes et américaines, avec climatisation, portes qui s'ouvrent et se referment automatiquement, ascenseurs aux tableaux de structure inquiétante. Les chambres à coucher sont excessivement rafraîchies, par rapport aux températures estivales du dehors ; l'eau contient tant de chlore qu'elle fait larmoyer.

On vous sert à l'européenne, poliment et avec attention. De gros autocars amènent les caravanes de voyageurs qui, au petit déjeuner, échangent leurs impressions et leurs expériences, ou se montrent les uns aux autres les résultats de leurs photos et de leur *shopping* — et parmi eux, trois quarts au moins d'Américaines d'âge mûr et plus que mûr, toutes optimistes et de la meilleure humeur du monde.

Un hôte qui ne se mêle pas à cet optimisme et qui, par exemple, a l'habitude de réfléchir en silence le matin, tombe facilement dans une atmosphère de quarantaine volontaire, rendue plus pesante encore par la musique. Plus généralement, cette manière de voyager a quelque chose d'artificiel, de stérilisé — comme si l'on se mouvait à travers un système de tubes en verre hermétiquement clos aux influences de l'extérieur. Ce qui provoque une impression de pur mouvement, comme si l'on était assis dans le métro entre les stations Concorde et Stalingrad. Les nations portent encore des noms divers — mais au fond, on ressent aussi peu de différences que si l'on traversait un cabinet de miroirs. Leur caractère propre s'abolit, ou se réduit au style d'affiche. Ce qui amoindrit les images — ainsi, au Caire, devant le cercueil de Tout-Ank-Ammon, j'eus cette impression : « Je l'ai déjà vu, et mieux qu'ici. »

Pour la masse des touristes, ces problèmes n'existent pas. Ils sont entièrement satisfaits de leur manière de se mouvoir, et si on leur offrait de retourner à l'époque des diligences, ou seulement à celle où l'aéronautique était ignorée, ils refuseraient sans une seconde d'hésitation.

Pour prévoir l'évolution des choses dans un pays, point n'est besoin d'un regard d'augure — elle est en plein essor, et constitue l'une des opérations partielles qui mènent à l'avènement de l'État universel.

La Seconde Guerre mondiale a, tout à la fois, justifié et dépassé la restauration du Meiji. Justifié par les énormes efforts du soldat japonais, qui ne furent possibles qu'à partir d'un tel antécédent. Dépassé en ceci que, tout comme en Allemagne, la défaite montra que pour de telles querelles, le cadre national ne suffit plus. Ce qui vaut de la morale, et non pas seulement de la puissance matérielle.

Il faut se souvenir que la restauration du Meiji et les sacrifices qu'elle entraîna avaient été suivis de près de quatre-vingts ans passés dans l'ère de l'impérialisme et de ses règles du jeu — jusqu'à Tsoushima et au-delà.

Modernisation et tradition s'équilibraient. On pourrait comparer cette phase à l'ère des conflits en Prusse, à cette différence près qu'au Japon, c'étaient les conservateurs qui boudaient, tandis que Bismarck eut maille à partir avec les libéraux, et, à dire vrai, non seulement avec eux, mais avec les princes de la Confédération, le clergé, les royalistes du genre d'Arnim, son propre roi — en un mot, avec la masse des résistances qui se font jour dès que le nouveau doit être créé dans de telles dimensions.

Bismarck obtint le poste de commandement alors que la solution de la Grande Allemagne avait déjà perdu la partie. Pour la restauration du Meiji, il se posa, et c'est l'un des avantages de la situation insulaire, non une question de lieu, du moins en ce sens, mais bien de temps. Après l'intervention des « navires noirs », il s'agissait, ou bien de mobiliser à l'occidentale, ou bien de se plier à un statut colonial plus ou moins prononcé. On l'avait vu par l'exemple des Philippines.

Personne ne pouvait prévoir qu'on montait ainsi sur un tapis roulant. Car les Occidentaux eux-mêmes ne connaissaient pas leur destin. En adoptant leur technique, on en admettait aussi les axiomes métaphysiques. On entra donc dans la sphère où l'archétype du Travailleur fait sentir son influence. Ce qui ne se pouvait concilier que pour un certain temps avec le respect de la tradition.

De tout temps, le conservateur a été pris en fourchette entre l'optimum de la politique intérieure et celui de la politique étrangère. L'ordre ancien ne se peut conserver que si les conditions qui l'ont fait naître subsistent, ou si du moins leur climat se maintient.

Mais si l'on ne veut tenir aucun compte, en politique intérieure, de ce qui se transforme dans le monde, on finit par se trouver à court de temps, et à la traîne des événements historiques. Pour éviter les catastrophes, il faut établir une harmonie nouvelle entre l'extérieur et l'intérieur, le monde et le pays. Ce qui ne se peut sans sacrifices. La couronne et le clergé doivent se dépouiller du mythe et du karma ; le chevalier et le samouraï mettent pied à terre. Au Japon, le passé s'est maintenu à un point surprenant après la réforme et la nouvelle constitution.

Cette dilatation se fait surtout aux dépens de la classe paysanne, dont le rétrécissement lui est inévitablement lié. La Rome impériale en offre un exemple classique. Commerce mondial, grands espaces, greniers coloniaux, travail servile, vastes propriétés, passage de la culture à la pâture, programmes de constructions navales, « plans », extension des vieilles capitales et de villes programmées qui poussent d'un jour à l'autre comme des champignons, manie des voyages, décadence des temples, à moins qu'on ne les exhibe comme des curiosités — tout cela se jouera encore, du premier au dernier acte, avant la naissance de l'État universel. Et dissimule l'événement réel : le remplacement des différences traditionnelles par des caractères secondaires de travail, au service du maître du monde : l'archétype du Travailleur. Plâtre, feu, radiations, décombres, vacarme et poussière de chantiers colossaux. Suivent la spiritualisation et une hiérarchie nouvelle.

La désagrégation de la famille, au sens large du terme, avec son organisation patriarcale, l'émigration des fils et des filles, des servantes et des valets vers les villes et les districts industriels, le remembrement rural, les moteurs, les tracteurs, l'électrification, les travaux de canalisation et de terrassement, l'avènement de nouvelles méthodes de culture, de fermage, de conservation et de nutrition — une mesure en entraîne une autre, et agit à son tour sur la formation et l'éducation des jeunes couches.

Le cheval est contraint de céder la place, et avec lui le cavalier ; le chevalier s'en est allé bien avant lui. Le soldat se transforme en travailleur, mutation que j'ai subie sur la Somme et en Flandre, avant de la décrire sans le moindre plaisir. La voie mène de la caste militaire à l'armée populaire de l'âge bourgeois, puis aux combinats anonymes de la mobilisation totale.

Dans l'enseignement aussi, la personne, celle du maître comme celle de l'élève, doit rétrograder : il ne s'agit plus de rencontre ni de formation de caractères, mais bien de la transmission exacte d'une manière scientifique. Ce qui peut, de plus en plus, se faire au moyen de machines.

Selon la pédagogie confucéenne, le maître est tout d'abord le modèle qui se manifeste dans l'être, puis dans le savoir, et qu'il convient d'imiter. Il n'est pas seulement le savant, mais aussi le sage : c'est sur quoi se fonde le respect qu'il inspire.

Si la science croissait aux dépens de la sagesse, elle pourrait devenir ambiguë, voire dangereuse, et nul maître ne pourrait à bon droit requérir le respect. L'éthos et l'Éros de l'enseignement disparaissent : il devient une fonction parmi d'autres. La sagesse chinoise l'avait prévu de bonne heure.

Les peuples d'Extrême-Orient ont commencé, voici cent ans, à participer passionnément au destin de l'Occident. Nul ne pouvait soupçonner jusqu'à quel point ils seraient entraînés dans le mouvement, lorsque l'empereur décida sa réforme.

Ce processus se poursuivra avec une force accrue. L'Occidental qui visite aujourd'hui la Chine, le Japon et même les petits royaumes d'Orient, s'y voit confronté à son propre destin. Bien des mouvements qui, chez lui, se sont formés au courant de l'histoire, puis se sont ramifiés, se reproduisent là-bas, dans ces pays lointains, sous la forme de cataractes. Au contraire, l'éclat des images familières à l'étranger depuis son enfance, et semblables à des miniatures peintes sur soie, a pâli. Il ne les retrouve plus qu'effacées, ou déployées artificiellement en son honneur.

On touche ainsi aux splendeurs et aux misères du voyageur moderne. Il vole à travers le monde sous la forme de deux frères siamois : un *homo faber* et un *homo ludens*, un homme épris de plans et sans histoire, et un ami des Muses, avide d'images, tantôt orgueilleux de son titanisme, tantôt déplorant les destructions qu'il provoque. Plus les ailes lui poussent et sont fortes et puissantes, et plus il a du mal à trouver un but qui réponde aux désirs de son cœur.

Plus il est simple contemporain, et moins il ressentira ce que notre temps a perdu : la centrale du Cuanza, les derricks du Sahara, la station météorologique du pôle Sud, la vitesse sur la ligne de Tokkaïdo lui confirment le sentiment de la vie qui lui est propre. Où qu'il porte le regard, tout est divisé : on lui montrera d'abord avec orgueil ce que sa technique, sa science permet d'offrir, puis seulement après ce qu'il reste de la tradition : les tombeaux, les villes des grands sanctuaires, les forêts et les jardins, les masques et les danses populaires.

Il est vrai que nul n'est si uniquement contemporain qu'il ne ressente en quelque mesure les rapts commis par la planification, tant aux dépens des réserves vierges que de la perfection. Il s'inquiète : le monde ne répond plus du fond de son essence.

A cet égard, le voyageur rappelle aussi le supplice de

Tantale. Nous percevons l'écho de mélodies qui se sont tues, et poursuivons des mirages sur une piste de la soif. Ce ne sont pas là de pures illusions : car même un mirage reflète une réalité lointaine. Nous la cherchons tantôt dans l'avenir, et tantôt dans le passé.

Au sein de cet énorme effritement des civilisations, des éléments, de l'Univers lui-même, nous voyons ce qu'il a jadis pu exister d'images et de culture. Ce qui nous donne des repères, même pour le présent. Nous sommes encore surpris de rencontrer dans les forêts l'un des vieux chênes, sapins ou frênes — robuste solitaire ; il a déjà survécu à bien des coupes et bien des forestiers. Lui aussi tombera ; mais il peut encore, pour une heure méridienne, nous offrir son ombre, et plus que l'ombre : une certitude.

ERNST JÜNGER.
Traduit par Henri Plard.

NOTES

1. C'est ainsi que Jünger appelle familièrement sa seconde femme. *(N.d.T.)*

2. En français dans le texte. *(N.d.T.)*

3. En français dans le texte. *(N.d.T.)*

4. En fançais dans le texte (Léon Bloy). *(N.d.T.)*

5. Le premier de ces poèmes est de Hölderlin, l'autre de Schiller. *(N.d.T.)*

6. Actes 17, v. 22-31. *(N.d.T.)*

7. Hermann, prince de Pückler-Muskau, 1785-1871, grand seigneur esthète, voyageur fastueux, amateur de jardins — il traça autour de son château de Muskau de célèbres parcs à l'anglaise, les plus grands de toute l'Europe. *(N.d.T.)*

LETTRE

José Corti

Je vous remercie de votre offre de collaboration, mais permettez-moi de demeurer en retrait pour la raison que j'ai refusé, systématiquement, de faire, officiellement, autre chose que mon métier.

Mon dévouement à la cause s'est manifesté par ces trente années au cours desquelles j'ai servi Gracq de mon mieux — sans mérite particulier puisque je le tiens pour le premier écrivain de notre temps — et ce n'est pas assez dire.

Aussi ne puis-je rien faire, cher Monsieur, en votre faveur — sauf des vœux, bien entendu.

le 28 juin 1969

José Corti.

UN SEIGNEUR

Robert Margerit

C'était juste après la Libération, me semble-t-il, lorsque les ouvrages publiés à Paris recommencèrent à parvenir dans l'ex-zone dite non-occupée. Je n'avais jamais entendu ni vu le nom de Julien Gracq. Dans une librairie de Limoges, un petit volume arrêta mon regard. Couverture violet-mauve, cartouche blanc, de style baroque, et au centre ce titre noir : *Au Château d'Argol*.

Ainsi ce fut en tant qu'objet, objet insolite au milieu de brochages ordinaires, que ce livre me saisit immédiatement — j'entends par là : sans intermédiaire. Choc visuel, étonnement, séduction du regard. Mais déjà l'imagination est mise en mouvement, excitée par ces mots mystérieusement suggestifs : *château* toujours et diversement évocateur, *Argol*, Argos, Argolide ; et jusqu'au nom, au prénom de l'auteur : *Julien* comme Julien Sorel, *Gracq* où résonne dans son unique, sa claquante syllabe, un écho tout ensemble hellénique et romain. Je ressentais confusément ces impressions, ou du moins des impressions de ce genre. Plus tard je vis combien tout cela était merveilleusement de nature à provoquer un choc.

Je n'ouvris pas le livre pour « fouiner » de page en page, comme on le fait parfois. Je l'emportai et attendis avec impatience d'être de loisir afin d'en commencer la lecture. De cet instant date mon admiration pour Julien

Gracq, laquelle n'a cessé de se confirmer, ainsi que mon adhésion à son œuvre.

Sans doute pourrais-je en déterminer les causes. Je n'y incline guère. Certaines choses, il faut les tenir à l'écart des indiscrètes investigations de l'intelligence raisonnante. A quoi bon me démontrer en dialecticien pourquoi j'aime si fort l'*Iliade* et l'*Odyssée* ou les *Métamorphoses* d'Ovide, ou Malherbe ou Valéry, ou Proust ou Gracq ? L'intelligence subconsciente, celle qui sent et n'a pas besoin de raisonner, le sait. Cela suffit. Je dirai de la façon la plus banale : je suis attaché à l'œuvre de Julien Gracq parce qu'elle comble de profondes aspirations que je n'ai pu satisfaire dans mes propres écrits. Il existe entre nos esprits des affinités, — plus essentielles que notre commun souvenir du surréalisme.

Quelle ne fut pas, néanmoins, ma surprise lorsque je lus dans un fameux numéro d'*Empédocle* ce que Julien Gracq déclarait à propos de *Mont-Dragon*. Je reconnaissais bien ce qui avait pu l'intéresser, dans ce roman, mais j'avais peine à croire qu'un écrivain si parfaitement maître de son expression et de son art n'ait pas été rebuté par une gaucherie dont j'avais amèrement conscience.

Quoi qu'il en soit, cette appréciation m'a suivi tout au long d'une déjà longue carrière. Pour les rédacteurs de notices, je demeure ce romancier dont Julien Gracq a dit : « ... ... ». Et naguère une jeune fille m'apprenait que sa génération avait connu mon nom en lisant *La Littérature à l'estomac* dans Le Livre de Poche, et découvert de la sorte le *Mont-Dragon* cité, ainsi que d'autres ouvrages ultérieurs.

Donc je dois beaucoup à Julien Gracq et j'ai à son égard infiniment de gratitude. Mais ce sentiment est tout indépendant de mon admiration pour ses vertus d'écrivain. Je veux saluer en lui un seigneur de nos Lettres, tel qu'il m'apparut dès les premières pages du *Château d'Argol* et tel qu'il reste à mes yeux après vingt-cinq années où il ne s'est jamais manqué à lui-même.

Un seigneur, avec toute la supériorité, mais aussi toute la réserve, la simplicité, que ce terme implique.

ROBERT MARGERIT.

JULIEN GRACQ
OU LE BRILLANT INTÉRIEUR

Joyce Mansour

Le sommeil la veille la nuit future
Domaines de Gracq
Serpents d'étincelles dans le sous-bois d'Arnhim
Silex
Le ciel réfléchit la houle du sommeil levant
Gracq ou le faucon Solitude
Loin dans la forêt d'un au-delà gothique
Feu clos dans le brouillard
Dessiccation de la haine
L'homme hait l'homme
Celui qui le précède et celui qui le suit
Et surtout celui qui fuyant
Le poursuit
La haine lie aussi fortement que l'amour
L'homme mange le vers Reste la nuit
Et le poème armé comme un cheval sauvage
Plus flamme que la flamme de la plus haute magie
Dévore les branches mortes du temps jauni
Demain sera noir chevelu
Gracq comme le cri du fouet
Qui claque sur le dos de l'imbécillité biscornue

Les arpenteurs de l'esplanade aux blessures bleuettes et
Aveuglément font le beau [haleines d'usine
Leurs tombes immortelles les suivent pas à pas
Printemps d'Octobre
Le rêveur éveillé dans l'ombre
Évanouie
Brûle l'horizon par les deux bouts
Foule les grandes plaines du Jour
Les montagnes
Les montagnes qui devant la mer
Ondulent
Les châteaux volcaniques perdent leurs arceaux dans
L'heure glisse l'eau passe [l'azur
Gracq demeure

Paris, automne 1970.

JOYCE MANSOUR.

A JULIEN GRACQ

Olivier Perrelet

Reconnaissance à Julien Gracq d'avoir été un de ceux qui ont provoqué le véritable *appel d'air* dont nous souffrions le manque depuis trop longtemps. Saluons en lui un esprit libre et hautain : n'a-t-il pas délibérément choisi *son* vol, *son* lieu, *son* aliment, un peu à la manière d'un échassier qui, ayant tourné très haut dans le ciel brusquement s'abat, avec un grand froissement d'ailes, sur son domaine de reflets ? (Le style anguleux, lourd et froidement passionné des livres de Julien Gracq me pousse à cette comparaison.)

N'a-t-il pas pris possession et à nouveau exploité des terrains laissés en friche jusqu'ici ? Des terrains cernés de marais et de bois épais, inaccessibles, insolites, dangereux — des terrains dont on se méfiait un peu, des terrains dont personne ne voulait plus : c'est qu'on les jugeait incommodes, épuisés, sans rapport. Souvent même hantés de feux inassouvis. Et puis, tels s'y étaient aventurés qui n'étaient pas revenus, happés par on ne sait quels sortilèges. Ou bien on les avait revus portant sur leurs faces les marques terribles du combat avec l'Invisible.

Julien Gracq, lui, a suivi quelque temps leurs brisées puis s'est frayé son propre passage ; de retour, il nous apprend que l'air y circule plus mystérieux, plus enivrant qu'en tout autre lieu. Et cet air, dont les bouffées magiques à de longs intervalles viennent nous frapper au visage, sachons-lui gré de nous apporter, au cœur de notre indigence, le parfum des forêts ou le relent des syrtes.

OLIVIER PERRELET.

LA RELECTURE DE JULIEN GRACQ

Marcel Béalu

Dans l'*Avis au Lecteur* qui précède le *Château d'Argol*, son premier livre, Julien Gracq soulignait l'appartenance de ce récit au Surréalisme. Rapprochement qui pourrait paraître étrange : si *Au Château d'Argol* est surréaliste, si les poèmes de Benjamin Péret sont surréalistes, voilà bien un mot dont il est fait un usage démesuré ! C'est qu'il y a deux manières de concevoir le surréalisme dans le sujet et dans le langage. Cette dernière tendrait à ne rien dire. L'autre au contraire, qui est celle de Julien Gracq et de quelques autres, tend à dire davantage. Et ce que j'écris là du Surréalisme est valable pour le « fantastique » comme pour la littérature en général. Il y a deux littératures : l'une que son expression ne tourmente pas parce qu'elle a quelque chose à dire, et l'autre qui, n'ayant rien à dire, devient pur souci d'écriture, problèmes de syntaxe, décalcifiante recherche de l'originalité dans la forme qui, de l'exaltant Dada, aboutit fatalement aux dérisoires lettrisme, situationisme, spatialisme, etc., etc.

Après avoir défini ses affinités électives, Julien Gracq nous dit dans une seule phrase — longue il est vrai — ses intentions profondes. Avant tout elles excluent l'ironie et il n'est en effet aucune place, dans cette œuvre, réservée à l'humour. (Max Jacob disait de l'ironie qu'elle rapetisse sans fin, sans faim, ce qui était, disons-le en passant, une sévère condamnation de ce poète, tout d'ironie cruelle et d'humour violet...) Voici cette phrase :

> « *Il restait peut-être à éclairer de cette lumière nouvelle* (le surréalisme) *certains problèmes humains mal définis, mais durablement passionnants, si l'on en juge d'après l'insistance qu'ont mise la plupart des religions à les pousser à la première place dans leurs théodicées, — et en tout premier celui du salut ou, plus concrètement — l'intercesseur à juste titre n'ayant jamais paru devoir être laissé tout à fait de côté sous peine de retirer toute efficacité à la grâce obtenue — celui du sauveur, ou du damnateur : les deux déterminations n'étant dialectiquement pas séparables.* »

Rarement au seuil de son œuvre un auteur ne fut aussi assuré de ses intentions ! Ce n'est d'ailleurs pas dans *Au Château d'Argol* que, à le relire, j'en trouve clairement manifestée la volonté. La froideur qui se veut inhumaine (Gracq avait alors vingt-huit ans) nous paraît aujourd'hui presque affectée et, pour tout dire, assez livresque dans un récit dont une passion justement purement humaine est le seul mobile. Les images « somptueuses », rochers escarpés, branches tordues en fantastiques arabesques, nuages naviguant avec lenteur au-dessus des espaces de la mer, etc., malgré ce qu'elles ont de juste, remarquez-le, nous semblent surcharger un peu le fil, qui se voulait acéré, du récit. Balzac, Poe, Wagner, les romantiques allemands sont ici présents pour nous charmer et nous donner avec plus de vérité que l'auteur ses réelles origines. De même dans *Un beau ténébreux*, que je préfère néanmoins, et où se pose nettement la question de la damnation-salut ou du salut-damnation, aucun éclaircissement ne nous vient sur l'objet de ce salut lui-même. C'est dans *Le Rivage des Syrtes*, qui pour moi est non seulement le chef-d'œuvre de Gracq, mais un des plus grands livres de la littérature contemporaine, que ces intentions lointaines et, dirait-on, prémonitoires enfin explosent et, sous le couvert du symbole, apparaissent clairement. Livre d'une brûlante actualité, à notre époque où la querelle des générations devient si virulente et le problème n° 1 de l'existence, semble-t-il. La conversation entre le jeune Aldo et le vieux et tout-puissant Danielo, aux dernières pages, est hautement significative. Ce salut ne saurait être ailleurs que dans la conscience lucide de la vérité du futur, que le vieillard pressent et devant laquelle recule le jeune homme, mais de laquelle tous les deux se font obscurément complices, comme d'une chose qui n'est pas pressée, qui s'engraisse toute seule, qui peut attendre, qui sait qu'elle profitera de tout :

> « *Il ne s'agit pas d'être jugé. Il ne s'agissait pas de bonne ou de mauvaise politique. Il s'agissait de répondre à une question — à une question intimidante — à une question que personne au monde n'a jamais pu laisser sans réponse, jusqu'à son dernier souffle.*
> *— Laquelle ?*
> *— Qui vive ?* »

Jean-Louis Leutrat nous a très bien montré, dans son étude parue aux Éditions Universitaires, que l'attente était le thème central de ces récits. Et le silence, de la part de Gracq, qui a suivi la publication de *Un balcon en forêt* (si nous exceptons les notations critiques qui sont un autre versant de son œuvre) nous fait pressentir avec plus d'acuité encore la qualité, l'anxieuse sincérité de ce silence.

Si j'aime les admirateurs de Julien Gracq alors que m'irritent souvent ceux d'Antonin Artaud, par exemple, malgré tout le respect que m'inspire ce dernier, c'est que ceux-ci manquent de discrétion alors que ceux-là, au contraire, tendent à l'effacement. Le rapprochement n'est pas si singulier qu'il le semble. Nous sommes bien en présence de deux des plus grands écrivains français de notre temps. Disons que l'œuvre d'Artaud est inimaginable avant Rimbaud, avant Baudelaire, alors que celle de Gracq aurait pu être écrite au siècle de Benjamin Constant. Un contemporain de Stendhal aurait pu concevoir *Le Rivage des Syrtes. Un beau ténébreux* aurait pu paraître aux environs de 1925. Ces livres n'ont pas d'âge. Il semble pourtant qu'après *Le Rivage* une coupure ait eu lieu dans l'inspiration de Gracq. *Un balcon en forêt*, qui est le dernier récit publié, est situé dans un temps très précis.

Qui vive ? Si nous ramenons plus humblement cette angoissante question sur le terrain de l'esthétisme, on peut affirmer que notre époque sera ce que ses poètes l'auront chantée et la poésie de notre époque ce que ses poètes, et non ceux qui les jugent, l'auront faite. Il ne saurait y avoir en effet de dictature du langage puisqu'il est, dans chaque homme, l'expression même de la liberté.

Je dois ajouter à ces réflexions un peu précipitées que la relecture des livres de Julien Gracq m'ont suggérées et qui n'ont d'autre but que d'attirer le jeune lecteur vers les méandres de cette œuvre envoûtante, qu'aucun écrivain ne saurait m'être plus fraternel, lui qui a mieux que personne évoqué en quelques pages de ses *Lettrines* la Sologne et la Bretagne qui furent de toujours mes plus chers pôles d'attraction.

Et pour évoquer l'œuvre *critique* de Julien Gracq (mais comme ce mot lui va mal, c'est l'œuvre *intime* qu'il faudrait écrire, car n'est-ce pas dans ces jugements et réflexions, de *Préférences* à *Lettrines*, que se révèle le mieux le cœur mis à nu ?), je dirai seulement qu'elle a ce détachement indispensable à tout jugement inaltérable.

Quand l'outrecuidance et la mauvaise foi de nouveaux venus ou d'attardés ignorants, m'étouffent et que l'envie me tenaille de crier mon indignation, je me dis toujours que je ne peux pas être le seul à penser de la sorte, que d'autres le pensent aussi et sans doute le diront mieux que moi. Parmi ces autres, en tout premier lieu : Julien Gracq.

MARCEL BÉALU.

LE CHATEAU ARDENT

André Pieyre de Mandiargues

Quand je pense à Julien Gracq (ce que jamais je ne fais, je le confesse ou m'en vante, sans un sentiment d'exaltation cordiale qui est aussi singulier qu'agréable), je me trouve ramené, d'une manière presque obligatoire, *Au Château d'Argol*. Le roman de ce nom, que je suis fier de posséder en premier tirage, l'ayant acquis lors de sa publication, a été relu par moi plus de fois qu'aucun autre récit contemporain, et je sais qu'il gardera sur moi toujours la même puissance de fascination dont j'eus la bonne surprise dans la lointaine époque qui précéda la guerre. Selon ma façon de sentir, son titre fait corps avec le pseudonyme qui le signe plus vivement et plus intimement que ne font ceux de tous les autres livres qui sous la même signature ont paru après lui. Gracq d'Argol, est-on (suis-je) tenté de dire ou d'écrire, pour parler du poète-narrateur qui vint en 1938 s'abattre dans la littérature comme un très grand oiseau, marin sans doute, mais d'une espèce inconnue... Ses superbes coups d'ailes n'ont pas fini de remuer l'air autour de lui, réjouissons-nous-en ; félicitons-nous aussi que ce grand voilier ait été capable de rendre au mot « émotion » sa signification la plus rigoureuse !

Insensible à la condamnation prononcée par les surréalistes (qui ne faisaient, d'ailleurs, que reprendre à leur compte un manque de sensibilité de Valéry), j'ai toujours aimé les récits d'un amour pareil, ou presque, à celui que je ressens pour les poèmes. En France, après Proust, à la veille de la guerre, où donc en était la narration ? Le public bourgeois, plus assuré qu'aujourd'hui, donnait son audience surtout à certains écrivains de chez Bernard Grasset que l'on appelait les quatre « M », à cause de la lettre initiale de leur signature. Ces « M »-là, est-il besoin de dire qu'ils ne furent jamais pour moi de bien princiers donateurs ? A l'esprit un peu trop parisien (pour mon goût) de Giraudoux, je ne crois pas avoir été beaucoup plus sensible. Mais j'étais immodérément enchanté, comme je suis toujours, par les romans et par les nouvelles de Pierre-Jean Jouve, auxquels les lecteurs viendraient en foule s'ils se trouvaient moins intimidés par la gloire poétique de l'auteur ; je lisais avec ivresse André Malraux, dont les trois ou quatre premiers romans ont ouvert aux hommes de ma génération des portes qui ne pourront plus, le voudrait-on, être refermées ; je faisais mes délices du singulier, inquiétant et précieux algèbre affectif des récits de Marcel Jouhandeau ; j'avais une dilection particulière pour Georges Limbour... L'année 1938, qui vit paraître *La Nausée* et *Au Château d'Argol*, peut être considérée, la chose fut observée déjà, comme une saison météorique, et l'on a justement observé que ces deux grands récits de littérature avaient suivi et proposaient des directions contraires. Si j'en fais la remarque à mon tour, c'est uniquement pour marquer que le livre de Gracq, malgré l'« espèce » de beaucoup de ses admirateurs, malgré le ton de sa préface, en laquelle je crois voir une sorte de bravade ou de mystification plus ou moins volontaire, est tout à fait étranger à l'esprit de réaction et qu'il va même tout à l'opposé de cet esprit-là. Exception faite pour *Melmoth* et pour *Otrante*, les romans noirs de la littérature anglaise sont assez décevants ; le respect que l'on n'ose plus leur refuser n'est qu'un poncif surréaliste, aussi désuet que le mépris de l'art du récit, et si l'on voulait, à tout prix, voir du « réactionnaire » quelque part, c'est plutôt de ce côté que l'on devrait regarder. Par bonheur, *Au Château d'Argol* n'est pas l'imitation d'un roman noir, et, en contradiction avec sa préface, c'est un roman tout neuf autant qu'incomparable.

Pour souligner encore l'erreur des lecteurs et des critiques qui, pris au piège sournois de la préface, ont loué ou blâmé la nostalgie du passé qu'ils avaient cru apercevoir dans notre merveilleux *Château*, je me plais à souligner ici que les personnages du premier roman de Julien Gracq sont tellement *modernes* qu'ils nous paraissent beaucoup plus *actuels* en 1970 (spécialement après le printemps de 1968) qu'ils ne l'étaient en 1938. Heide est inimaginable autrement qu'en maxirobe ou nue. Albert et Herminien sont deux jeunes intellectuels contestataires qui jouent avec l'amour et la révolution, la nature et l'artifice, l'ascétisme et le luxe, la tentation de vivre et celle de mourir, comme on ne fait qu'après être passé par les cours de philosophie à Nanterre. Quant aux descriptions du livre, elles s'emparent du lecteur attentif et le captivent par quelque chose de dialectique plutôt que de réaliste, d'impressionniste ou d'expressionniste. En fait, Hegel est partout et toujours présent dans le *Château d'Argol*, et il ne cesse de mettre Wagner en balance à l'autre extrémité d'un long fléau très remuant, très aigu, très lucide. Que tel couple de forces Hegel-Wagner soit d'origine romantique, cela va de soi, mais cela met en lumière aussi combien le romantisme est moderne aujourd'hui, combien il s'enchaîne au présent, combien il organise le futur.

Ce qui est surréaliste, particulièrement, au sens où l'entendait André Breton, dans *Argol*, est une recherche de la beauté poussée jusqu'au plus absolu paroxysme, une constante volonté, chez le narrateur, de se maintenir à tout prix dans les dimensions de la beauté. Que sais-je de plus beau, au fil de tant de romans que j'ai lus, que cette phrase : « Ils se dévêtirent parmi les tombes », et les sept pages qui suivent, jusqu'au saisissement de la fin du chapitre ? Julien Gracq, en ces pages-là, jouit évidemment de la fortune rare qui est le très grand bonheur d'écrire, il évolue sans aucun effort qui soit perceptible, dans la plus haute splendeur à laquelle puisse atteindre l'écrivain ; il est en ce que certains nommeraient l'état de grâce. Inventer, raconter ainsi par l'opération de l'encre jetée sur le papier, est en quelque sorte marcher sur la mer. Et l'attraction du puissant pôle hégélien ne détourne pas *Argol* d'être aussi un roman mystique.

Tous les romans, récits, nouvelles, poèmes narratifs, publiés par Julien Gracq dans la suite, ont en commun le caractère d'être des écrits à haute tension et de ne viser à rien d'autre ou presque, semble-t-il, qu'à faire ressentir au lecteur la présence de pareille tension derrière les mots de l'écriture. Ainsi comprise et pratiquée, la littérature prend l'apparence d'une magie désintéressée, qui se contenterait de charger son objet sans prétendre de la charge qu'elle produise aucun résultat prodigieux ou surnaturel. Je me rallierais assez volontiers, quant à moi, à cette conception orgueilleusement modeste de la littérature, sans pourtant dissimuler qu'elle va à l'encontre des ambitions surréalistes, qui étaient de charger les mots pour les faire servir à changer le monde. André Breton, d'ailleurs, considérait fort mal la littérature et je ne crois pas me tromper en disant ici que le seul de ses amis dans l'œuvre duquel il en ait admis la présence et l'ait même approuvée fut Gracq, précisément.

Or de cette tension sublime, en laquelle je me plais à voir l'essence même de la littérature selon Julien Gracq, aucune de ses œuvres, certainement, n'est chargée à tel point que la première : *Au Château d'Argol*, dont je voudrais n'avoir parlé ici que pour en faire briller à tous les yeux le fulgurant modernisme. Et je vais abandonner le rôle de critique, que je n'accepte qu'à contrecœur, parfois, dans le seul but d'éclairer ou d'illustrer ce que j'aime, pour revenir à celui du lecteur, qui me rendra illico à l'un des objets de ma plus vive dilection, ce corps glorieux de la littérature, le château ardent, *Argol*...

ANDRÉ PIEYRE DE MANDIARGUES.

LES ŒUVRES

[illegible] d
[illegible] elle
[illegible] le pl
[illegible]
[illegible] dans
[illegible]
[illegible]

[illegible]
[illegible] a p
[illegible]
[illegible]
[illegible]
[illegible]
[illegible]
[illegible]
[illegible]
[illegible]
[illegible]
[illegible] fair
[illegible]

AU CHATEAU D'ARGOL ET LE MYTHE HÉGÉLIEN

Jean-François Marquet

Rien de plus léger, en règle générale, que le poids d'une philosophie sur une œuvre littéraire : c'est qu'en effet celle-là n'intéresse jamais, en celle-ci, que l'élément le plus superficiel, c'est-à-dire l'auteur. Dans tout livre, c'est toujours l'auteur, et lui seul, qui lit ou qui a lu ; là, donc, où il parle en son propre nom (réfléchissant, en quelque sorte, cette surface qu'il est lui-même), il est normal, mais sans intérêt, qu'il importe naïvement ses lectures[1] ; et là où, apparemment, il donne à lire à son héros, il ne peut jamais s'agir que d'un livre emprunté à sa propre bibliothèque. D'où un effet de *court-circuit* qui n'est pas, d'ailleurs, sans éveiller un certain malaise. Lorsque le consul Buddenbrook découvre, chez lui, un exemplaire « oublié » du *Monde comme volonté et comme représentation* qui lui dévoile brutalement le mystère de la mort, cette lecture n'est pour lui bouleversante que parce qu'elle le fait entrer, un instant, dans l'arrière-pensée de son propre metteur en scène : les deux univers parallèles de l'auteur et de l'acteur connaissent alors un fulgurant contact sans avenir comme sans précédent, et qui ne pourrait durer sans abolir l'œuvre elle-même ou la faire retomber dans l'insignifiance de la « confession ». La « pensée » de Schopenhauer appartient ici à l'arsenal des pièges, des traquenards et des chances où Thomas Mann aime à puiser dans ce jeu ironique et périlleux avec le héros qu'est pour lui tout roman ; chez un auteur moins doué, elle n'aurait été qu'un rappel comiquement prétentieux de sa propre personnalité. Et ainsi d'une manière ou d'une autre, il semble bien que, dans un récit, seul l'auteur ait des « idées ».

Le paradoxe de l'« idée » hégélienne — dans son aventure française — : c'est qu'elle seule, apparemment, ait pu franchir cette barrière qui tient séparés le plan de l'auteur et celui du récit — qu'elle ait passé « de l'autre côté du miroir » et resurgi non plus comme idée, mais comme mythe, comme personne, comme figure désormais autonome : et, obstinément, cette figure a toujours été celle d'une femme — l'Isis de Villiers de l'Isle-Adam, l'Hérodiade de Mallarmé, jusqu'à la figure fatale de Heide. Il y a là une constance qui invite à la réflexion : ces trois textes sont (à notre connaissance) les seuls, dans la littérature française, à se réclamer explicitement de l'hégélianisme, et, simultanément, c'est la même *histoire* qu'ils racontent — l'oblation, *l'humiliation* d'une virginité jusque-là orgueilleusement réservée, et (chez Mallarmé au moins et chez Gracq) le châtiment sanglant du *profanateur*, innocent ou non. Cette convergence est trop profonde pour qu'on puisse l'expliquer seulement par le jeu banal des amitiés et des influences[2] ; il faut que ses racines plongent plus loin, dans cet en-deçà de la dramatisation littéraire et de la formation philosophique qu'est *l'expérience* nue, ou dans « la vigueur d'elle-même convaincante de ce qui est donné comme dit si magnifiquement la métaphysique[3] ».

Notons d'abord que, de ces trois tentatives, l'*Isis* de Villiers apparaît comme la moins convaincante — et cela à cause du statut perpétuellement ambigu de l'héroïne. Sans doute, Villiers se plaît à citer Hegel (ou plutôt « la belle traduction de M. Vera, l'un des monuments philosophiques de ce siècle[4] ») : mais tout ce qu'il semble en avoir retenu, c'est l'identité de l'être et du néant, considérés dans leur *en soi* vide et indéterminé — la réduction de toute *chose*[5] à une vague indifférence nocturne et maternelle dont la *nuit* constitue sans doute la rencontre privilégiée (« Et leurs corps s'atténuaient jusqu'au fantôme ; ... le relief de toutes choses s'effaçait graduellement comme lorsqu'on meurt ; la vision devint ombre et fluide, et tout disparut dans l'empire du Nirvanah[6] ! »). Dès lors, si l'Idée ainsi indéterminée entre en scène, nul nom ne lui conviendra mieux que celui d'Isis — la *déesse noire* de Saïs, l'insondable et protéiforme puissance qui, d'Apulée à Novalis et Nerval, hante si curieusement l'inconscient mythologique de la littérature occidentale. Mais la Nuit n'est pas un personnage de récit, d'où la nécessité romanesque, pour Villiers, de lui attribuer par surcroît une identité parfaitement *gratuite*, celle de la marquise Tullia Fabriana, née à Florence « le 13 décembre 1761, vers minuit[7] ». Il en résulte une étrange et continuelle instabilité : tantôt la marquise *est* la Nuit, c'est-à-dire n'est Rien (« La partie où devait être Tullia Fabriana roulait des reflets d'ombres ; c'étaient des vagues d'obscurité, lourdes et surtout comme lointaines[8] »), tantôt elle est elle-même, et, si elle représente l'Idée, c'est seulement (et fort platement) dans la mesure où elle a des idées « hégéliennes » — avec cinquante ans d'avance. « Et, perdue dans la pensée, j'observais un point fixe de la Notion à laquelle j'étais déjà parvenue. Je méditais sur la correspondance de l'Universel, du Particulier et de l'Individuel avec l'Identité, la Différence et la Raison d'être, antérieurement présupposées et reconstituées en moi par l'Esprit[9] » : tel est le langage de cette contemporaine de Marie-Antoinette. Bref, l'inadéquation du personnage à son rôle est ici choquante et, à la limite, comique — parce que le rôle est trop vague et le personnage au contraire, trop individualisé. La même contradiction se retrouvera dans la scène finale du livre, où, à la place du viol rituel qu'évoqueraient Mallarmé et Gracq, nous trouvons à la fois l'évocation d'une passade style Crébillon (« Ce soir-là le comte de Strally-d'Anthas s'annuita chez la marquise Tullia Fabriana ») et une hiérogamie nuageuse où le sublime dévoile enfin son ridicule (« ... il entra chancelant, dans les vastes ombres... Une forme aux blancheurs radieuses attirait son front vers elle... et ce fut l'essaim des pâles infinis, le tremblement des rêves divins, le supplice[10]... ! ! »).

Au lieu de ce languissant mysticisme (ou de cette psychologie burlesque de l'*hégélienne amoureuse*), Mallarmé et Gracq vont aller *droit au fait*, c'est-à-dire, ici, au crime. Si Hegel est présent dans *Au Château d'Argol*, c'est avant tout, on le sait, par les deux lignes finales (et intentionnellement soulignées) d'une citation : « La main qui inflige la blessure est aussi celle qui la guérit[11] »... Laissons de côté, pour l'instant, l'interprétation plus poussée de ce « philosophème », et retenons seulement l'évocation de la *blessure*. Comme nous le verrons bientôt, peu importe ici de savoir qui a blessé et qui a subi : du bourreau à la victime, il y a *réversibilité absolue* : ce qui est proprement donné, ce qui constitue le centre scandaleusement présent de la scène, c'est la plaie elle-même (« La plaie est affreuse. On dirait une bouche qui mâche une écume de sang noir. Les lèvres bougent[12] »). Les notes hâtives et entrecoupées de Mallarmé vont ici plus loin, peut-être, que ne l'aurait fait aucun texte achevé (comme le sera, plus tard, le poème de Valéry) :

Quand le sang coule, il est un incendie
quelque part
libère
suinte
viole[13]

« libération » et « violence » dont nous découvrons bientôt la victime :

— *idée*
saigne — sang sur ses cuisses
pourpre des cuisses
et leur royauté[14]

Le sang qui *marque* ici les cuisses d'Hérodiade, c'est celui qui dégoutte de la tête tranchée de saint Jean — la tête aux « yeux révulsés » dont le regard éteint, « chaviré en une idée », *fixe* par-delà la mort la nudité enfin offerte de l'*épouse*. Les *noces* qu'annonce le titre même du « mystère », seul un mort peut y accéder — et, effectivement, les consommer ; ou plutôt, la blessure symbolique qui

« divise » la virginité d'Hérodiade est la même que celle qui tue réellement saint Jean. Or, c'est un *transfert* semblable que nous propose *Au Château d'Argol.* « L'objet atroce et ineffable[15] », c'est ici, tout d'abord, la plaie même qui témoigne du viol bien réel de Heide, « la blessure de son ventre » (« Du sang tachait, éclaboussait comme les pétales d'une fleur vive son ventre et ses cuisses ouvertes[16]... ») ; mais c'est tout aussi bien, au flanc d'Herminien, « la blessure hideuse où le sabot du cheval avait porté, noire et sanguinolente, et cerclée d'un cerne de sang caillé[17] ». Reste que « de longs jours[18] » séparent le viol de Heide et la blessure « accidentelle » d'Herminien : c'est dans cet *intervalle* qu'il faut chercher le principe même de la catastrophe finale.

Ce qui, en effet, élève au tragique le rapport d'Herminien et d'Albert à Heide, c'est qu'aucun des deux hommes ne peut recevoir Heide que comme un *don* de l'autre. Dès le soir de son arrivée à Argol, Herminien pressent que s'il a « lui-même amené (Heide) à Albert », c'est pour qu'elle lui devienne, par ce dessaisissement même, « plus inséparable et plus proche que le battement même de son propre sang[19] » ; et, inversement, la violence faite à Heide par Herminien est vécue par celle-ci comme un « rite de passage », comme une nouvelle naissance au terme de laquelle elle peut « vivre en Albert comme son enfant de dilection » : « Elle voyait encore comment il (Albert) vint à elle dans le rayon de la lune, avec le calme de ses yeux, la simplicité inexplicable de ses gestes comme retrempés dans la nageante pureté originelle, et comment il la lava, la baisa, la vêtit, la soutint de ses deux bras passés autour d'elle, et comment elle se sentit alors plus délicieusement cernée que par une légion d'anges du ciel, éprouva..., à jamais remise à lui dans une pure et délirante confiance, l'absolu abandon d'elle-même au-dessus d'un abîme où ne pourraient à jamais l'ensevelir que ses bras[20]. » Or Herminien (« la main qui inflige la blessure ») n'est rien d'autre que l'« âme damnée[21] » d'Albert (ici, « la main qui guérit ») — « le fantôme à la fois de son double et de son contraire[22] » ; leur rapport, initialement, nous est présenté comme un rapport « infini » au sens hégélien du mot, dans la mesure où chaque terme y « réfléchit » la mort (la négation) de l'autre, c'est-à-dire y pose l'autre comme différence simultanément reprise. Du fait de cette neutralisation réciproque, seul est alors posé *pour soi* le rapport lui-même, c'est-à-dire la position (et) l'abolition d'un intervalle : ce que Hegel identifie au *concept* ou à la *conscience.* C'est pourquoi, alors, « les présents de la vie et de la beauté, les expériences les plus exaltantes n'avaient plus de valeur pour eux qu'elles n'eussent été amenées dans la pleine lumière de ce réflecteur qui les pénétrait alors de lueurs magiques[23] », comme si toute chose n'accédait à sa vérité (à son concept) que dans l'entre-deux de ces feux croisés. Qu'il y ait néanmoins entre ces deux *pôles* apparemment identiques une différence secrète, c'est ce que va précisément mettre en évidence l'apparition dans leur *champ magnétique* de ce révélateur qu'est Heide : à ce moment, l'aimant est brusquement orienté, son positif et son négatif apparaissent comme tels, et nous obtenons les deux figures désormais nettement fixées de l'agresseur et du sauveur. Dès lors, le « rite de passage » que nous avons évoqué pourrait sembler se ramener à une parabole hégélienne typique : l'esprit étant à la fois ce qui détruit et divise la vie dans son immédiateté, dans son « innocence enfantine[24] » et ce qui la reprend, l'élève en soi « comme son enfant de dilection ». Heide est la vie elle-même (le sang) — Herminien est la face obscure de l'esprit, l'*action* (ce qui, en lui, séduit, c'est « un maintien constamment aisé, un aplomb ferme sur la terre, le génie des intrigues humaines »), comme Albert en représente la face lumineuse, la contemplation « angélique et méditative ». Ainsi ramené à ce schéma très simple — trop simple — le récit semble, il est vrai, échoir tout entier à l'insignifiance du « symbolisme » ; mais c'est compter sans cette « part envahissante de contingent que recèle toujours la vie[25] » et qui, ici, va se manifester de la manière la plus imprévue : la blessure, comme nous l'avions déjà noté, bien loin de *guérir*, va au contraire manifester un inquiétant pouvoir de *contagion*, et persistant dans son *scandale*, elle frappera de vanité tout espoir de « rétablissement » ou de « concorde » spirituelle.

La découverte, au rond-point de la forêt, du corps à son tour stigmatisé d'Herminien, vient donc faire éclater aux yeux d'Albert ce que celui-ci pressentait obscurément durant les « longs jours » qui ont précédé : à savoir que l'acte imprescriptible par lequel Herminien lui a passé Heide est un acte qui, lui-même, ne saurait *passer*. La « magnifique dialectique » qu'admirait le lecteur de la *Logique* se bloque ici à son premier moment et ne peut se reprendre de la violence qui l'inaugure : « *Quelque transport de haine, quelque degré d'horreur qu'eût pu enfermer cette scène, bien au-delà de la haine et de l'horreur, Heide et Herminien maintenant devaient vivre à jamais ensemble, scellés l'un à l'autre dans la clarté de foudre de l'incomparable événement. Jusqu'à la consommation du temps ensemble, inséparables, plus complices que la victime et le couteau, unis et justifiés dans la fécondité de leur miracle, dans la lumière inconfondable de l'instantané unique qu'ils avaient enfanté*[26]. » La rédemption de Heide ne peut donc être qu'irrémédiablement *superficielle* : ce n'est qu'une ombre d'elle-même — une ombre de plus en plus pâle et exsangue — qui aborde « l'autre rivage » où l'attend l'adoption salvatrice d'Albert, alors que sa vraie vie reste à jamais engagée dans la répétition incessante de la *scène capitale* qui l'a liée une fois pour toutes au Séducteur. Que la blessure ouverte de Heide resurgisse au flanc d'Herminien (comme à celui d'Amfortas), ce n'est là que le signe visible qui vient révéler ces noces de sang et rendre inévitable la catastrophe.

Puisqu'en effet le rédempteur ne peut agir qu'à la surface (et de manière totalement inefficace), le plan profond du crime et de la plaie, de la blessure donnée et rendue va apparaître comme ressortant d'un monde absolument autre, comme déroulant son « féroce mystère » « au sein d'un univers situé à tout jamais hors des atteintes (du Sauveur)[27] ». Bien loin de *transmettre* Heide à Albert, l'acte profanateur d'Herminien l'enferme plutôt, avec sa victime, dans une complicité indénonçable dont Albert se trouve rigoureusement exclu, ce qui éveillera tôt ou tard, chez lui, la tentation féroce d'en forcer l'entrée, au prix de sa propre « damnation[28] ». Quelle est, au juste, cette tentation ? Que fait Albert durant ces « longues heures » nocturnes, entre le moment où il sort de sa chambre et celui où l'on découvre le suicide de Heide ? à ces questions, où le mystère prend ironiquement la forme de l'*énigme* policière, le récit n'apporte aucune réponse, se bornant à disperser, comme dans un mauvais rêve, les « machines de guerre » du roman noir — l'escalier dérobé et le « poignard aux précieuses ciselures » (celui-là même sans doute, qui, à la dernière page, se coulera entre les épaules d'Herminien). Mais l'essentiel, néanmoins, est dit : la blessure, en s'obstinant à rester béante, condamne paradoxalement le médecin au crime, et le sauveur à la damnation.

Mais cette blessure toujours ouverte, ce sang versé qui ne cesse d'affirmer sa terrifiante vitalité, nous ramènent au mythe même qui sert explicitement de canevas au récit — le mythe du Graal. Que Gracq ait défini *Au Château d'Argol* comme une « version démoniaque[29] » de *Parsifal*, qu'il ait proposé ensuite, avec *Le Roi pêcheur*, une seconde version (théâtrale celle-là) du même « chef-d'œuvre » — c'est là une insistance qui doit avoir pour nous valeur de symptôme. Le Graal, en effet, n'est rien d'autre que la commémoration et comme l'*éternel retour* d'une blessure — celle que la lance du centurion a ouverte au flanc du Christ. Or Heide, dès le début du récit, apparaît comme un tel vase de sang — comme un Graal vivant dont Herminien, tel Amfortas, serait l'équivoque *gardien* : *« Tout son sang bougeait et s'éveillait en elle, emplissait ses artères d'une bouleversante ardeur, comme un arbre de pourpre... Elle devenait une immobile colonne de sang, elle s'éveillait à une étrange angoisse ; il lui semblait que ses veines fussent incapables de contenir un instant de plus le flux épouvantable de ce sang qui bondissait en elle avec fureur... et qu'il allait jaillir et éclabousser les arbres de sa fusée chaude*[30]. » La blessure (ici, celle de la défloration) ne fait donc qu'accomplir le destin même du sang, en lui ouvrant une voie[31], en lui permettant de devenir nourriture, instrument et véhicule d'une *communion*[32] (« Et, les yeux clos, il (Albert) collait sa bouche à cette fontaine rouge, et, goutte après goutte, il en faisait ruisseler sur ses lèvres le sang mystérieux, délicieux[33] »). Herminien apparaît donc, là encore, comme l'intermédiaire ou l'*entremetteur* obligé grâce auquel le

« Saint-Sang » devient participable — comme le prêtre à la fois et le profanateur de la vivante hostie qu'est Heide[34] : or ce rôle est précisément le même que celui d'Amfortas, et l'un et l'autre en portent au flanc le même et sanglant stigmate.

Rien de plus mystérieux, en effet, dans *Le Roi pêcheur*, que l'origine de la plaie d'Amfortas. Dans l'opéra de Wagner, on le sait, c'est Klingsor qui blesse, avec la « lance sainte », Amfortas endormi dans les bras de Kundry[35]. Chez Gracq, toute référence à la lance disparaît et la responsabilité de Kundry est évoquée de façon singulièrement ambiguë (« Kundry ne soigne que les blessures qu'elle a faites[36] », dit Amfortas à Perceval, en parodiant bizarrement la formule hégélienne) ; et, quelques pages plus loin, c'est la fonction sacerdotale d'Amfortas qui est rendue directement responsable : « Le Graal n'est pas fait pour la terre, Kundry... Le Graal est lumière, et une lumière trop vive les (= les hommes) effraie... A leur soleil, il faut des taches. Je suis la tache dont ils ont besoin... Le Graal est un fer rouge, et on ne prend pas un fer rouge dans la main nue... Je suis le gant. Tu sais ce qu'il m'en coûte[37]. » Qu'en conclure, sinon que Kundry et le Graal ne sont originellement qu'une seule et même chose, qu'ils représentent les deux fragments disjoints (les deux « symboles ») d'une même réalité : celle qu'*Au Château d'Argol* concentre dans la « radieuse et absorbante » image de Heide ? Et que signifie à son tour ce fait, sinon que l'équivalencc de la femme et du Graal ne vaut que pour la vierge — pour celle qui maintient dans la réserve et le refus ce sang impatient de jaillir dont elle est la dépositaire et le vase d'élection ? Une fois le viol accompli et la communion (la communication) permise, la femme n'a plus qu'à mourir d'une lente, mais inexorable hémorragie (celle-là même qui ronge Heide dans les « longs jours » d'avant la catastrophe) — ou, si elle survit (comme Kundry), c'est d'une existence désormais vide et impure qui n'est plus que la retombée de l'élan soudainement brisé. L'usage du Graal est donc lié à une agression (à un viol), qui, paradoxalement, aboutit à détruire ou du moins à *compromettre* l'objet même qu'elle a à communiquer — et qui, d'autre part, se retourne contre l'agresseur en suscitant en lui la même blessure qu'il a infligée : ainsi s'explique le caractère féminin de la plaie d'Amfortas (et d'Herminien) — caractère que le naïf Perceval ne craint pas de souligner crûment (« le sang pourri de la femme malade... le sang d'Amfortas[38] ! »)

Il semblerait donc qu'après être passé du scénario philosophique au plan plus profond du mythe, nous nous trouvions ici en présence d'une couche encore plus archaïque — celle du rite. On a tout dit depuis longtemps sur l'ambiguïté des prémices et leur caractère « sacré » (au sens à la fois bénéfique et maléfique du terme) ; et on sait que la défloration a pu apparaître comme une transgression à ce point dangereuse que seul un personnage déjà « à part » (le roi, le prêtre, le roi-prêtre) aurait le droit d'en assumer le risque : privilège ambigu et qui ressemble fort, en l'occurrence, à une condamnation. Ainsi, nous n'aurions échappé à Hegel que pour retomber à Freud — et nous n'aurions fait qu'échanger un schéma contre un autre. En effet, on sait que le rêve comme le mythe associent étroitement l'image de la *vierge* à celle du *phallus* — lien qu'avaient déjà signalé les mythologues romantiques (tel Creuzer) à partir de rapprochements sans doute discutables (*virgo* et *virga*, *Pallas* et *Phallos*) : et nous-mêmes avons noté plus haut l'identification de Heide à « l'arbre de pourpre » et à la « colonne de sang ». D'autre part, Ferenczi (dans une thèse reprise par Freud) a pu montrer que la défloration était vécue par sa victime comme une répétition de la castration primitive, et qu'elle impliquait en retour, sur le plan du fantasme, un danger analogue pour son auteur[39]. Nous comprenons mieux, dès lors, la nature réelle de la « blessure » d'Herminien[40] (ou d'Amfortas) ; nous pressentons aussi, quoique de loin, ce que peut signifier le Graal en tant qu'objet absolu du désir, « objet foncièrement perdu », « fantasme inconscient des impossibilités du désir mâle, trésor où s'épuise l'impuissance infinie de la femme[41]... »

Mais la grille psychanalytique — tout comme la grille hégélienne — n'en laisse pas moins subsister un résidu inassimilable. L'article de Freud (du reste si éclairant) sur *Le Tabou de la virginité* s'achève, non sans humour, par une apologie des secondes noces où la femme peut enfin s'affirmer « épouse heureuse et tendre » après avoir dépensé sur son premier séducteur tout son « venin » virginal : ainsi, « les charmeurs de serpents laissent d'abord les serpents venimeux mordre dans un mouchoir pour pouvoir ensuite les manipuler sans danger[42] ». Or, dans notre récit, la transgression initiale crée au contraire entre ses protagonistes une complicité indénonçable en les initiant au partage d'un « secret » qu'il leur est ensuite impossible d'oublier — ou de transmettre : et cela parce qu'elle est événement absolument *unique*, non susceptible de répétition[43], événement qui ne sera « jamais plus », et dont nul *étranger* par conséquent ne peut assumer la reprise. Il n'est pas nécessaire, d'ailleurs, que cette transgression se matérialise par une agression physique : le choc d'Allan sur Christel (dans *Un beau ténébreux*), le « scandale » qu'il aura été pour elle la marqueront à tout jamais autant que l'aurait fait une *séduction* réelle[44]. Ici, à vrai dire, les termes de la situation, tout en restant les mêmes, se trouveront comme inversés : Allan ne meurt pas *parce qu'il* a été choc et scandale — c'est au contraire parce qu'il va mourir qu'il peut scandaliser. Mais c'est le même « couple atroce et obsédant[45] » qui se noue autour du même *traumatisme* — couple dont tout sauveur éventuel est *a priori* exclu comme un intrus (cette exclusion se manifestant « techniquement » par l'élimination de la voix du narrateur au moment où les événements commencent à se *précipiter* : « Ici finit le journal de Gérard[46] »).

Or, assez curieusement, c'est cet exclu qui va devenir, par la suite, le véritable héros de l'œuvre entière de Gracq. Albert, Gérard, Perceval, Aldo (du *Rivage des Syrtes*), Grange (du *Balcon en forêt*) ont tous ce trait commun d'être, ou de devenir à un certain moment, des intrus — fût-ce, comme Albert, dans leur propre demeure — et de se trouver mis en présence d'un rapport (de guerre ou d'amour : la différence, à ce niveau, n'existe plus) qui poursuit solitairement son propre *destin* en les ignorant, en les rejetant ou en les broyant. Dans les premiers textes, les éléments de ce rapport se présentent comme des personnages bien individualisés (Herminien et Heide, Allan et Christel, Amfortas et Kundry ou le

Graal) ; dans *Le Rivage des Syrtes*, il ne s'agit plus que d'entités collectives, encore fortement caractérisées (Orsenna et Rhages) ; enfin, dans *Un balcon en forêt*, l'abstraction atteint sa perfection et il ne reste plus que le rapport lui-même, la *guerre*, dont les protagonistes supposés (France et Allemagne) sont rejetés en coulisse. Seule demeure stable et inchangée la fonction du *visiteur*, de l'intrus : c'est elle que nous voudrions examiner de plus près pour finir.

L'avant-dernier chapitre d'*Au Château d'Argol* nous offre une scène remarquable, où se reproduit « en abîme » le sens profond du récit tout entier. Albert s'introduit à la dérobée dans la chambre d'Herminien (comme ailleurs Gérard dans celle d'Allan) et y découvre une miniature représentant « les souffrances d'Amfortas » ou, plus précisément, Parsifal touchant « de la lance mystique le flanc du roi déchu[47] ». Deux bizarreries retiennent l'attention d'Albert à l'examen de cette gravure : tout d'abord, ce fait que « la figure du divin sauveur (= Parsifal) pâlissait en présence de la blessure secrète de laquelle il avait pour jamais tiré son charme et son ardeur » ; et, d'autre part, « il était clair que l'artiste... avait tiré du sang même d'Amfortas, qui tachait les dalles de ses flaques lourdes, la matière rutilante qui ruisselait dans le Graal ».

Nous savons maintenant ce que signifie cette dernière équivalence ; mais ce qui doit nous retenir, c'est la position marginale du Sauveur et le rôle nouveau dévolu, entre ses mains, à la « lance sainte » : loin de fermer, comme chez Wagner, la plaie d'Amfortas, elle ne fait au contraire, ici, que « raviver à jamais l'éclat de l'incomparable blessure » (comme Aldo, autre « naïf chevalier », *ravivera* cette blessure oubliée, mais mal fermée, qu'était, au flanc d'Orsenna, la guerre des Syrtes). C'est du côté de la blessure qu'est l'essentiel — qu'est le sacré, c'est-à-dire le salut et la damnation : d'où « l'humiliation » du Sauveur au terme des « douloureuses et incertaines vicissitudes » de sa quête, lorsqu'il découvre qu'il n'a rien en réalité à *donner*, et que c'est lui au contraire qui a à devenir participant de la Grâce, en se vouant à cette plaie, à cette béance qu'il s'imaginait naïvement venir fermer. Les dernières paroles du drame wagnérien (« Rédemption au rédempteur ») reçoivent ici une signification inattendue : ce n'est plus le Graal (le sang du Christ) qui attend un restaurateur, c'est au contraire ce dernier qui se voit contraint, finalement, de demander sa part du mystère d'iniquité — au risque (presque inévitable) de se voir opposer d'ailleurs une fin de non-recevoir.

Chez Mallarmé, le « mystère » d'Hérodiade s'achevait, de manière toute hégélienne, par l'union de la vérité enfin dévoilée *(« de l'un et l'autre sein / laissant glisser tout voile*[48]*... »)* et d'un regard, mais d'un regard « chaviré » — celui d'un mort, c'est-à-dire celui de personne : et cette conciliation elle-même, dont l'unique témoignage est une tache de sang, la dernière danse d'Hérodiade l'abolissait en quelque sorte *(« Elle jette la tête par la fenêtre — en / le bassin — coucher / au loin elle se réveille / — rien de tout cela est-il arrivé / et danse un moment / pour elle seule — afin d'être à la fois ici et là — et que / rien de cela ne soit arrivé*[49] *»).* C'est qu'au niveau du savoir, toute union est regard, et tout regard blessure ; mais là où le savoir s'absolutise, où ce qui connaît est la même chose que ce qui est connu, l'intervalle se referme, « rien n'a eu lieu » et seule demeure l'Idée — qui n'est plus idée de personne, qui est pure « explosion » d'elle-même — qui est *nature*[50]. Chez Gracq, au contraire, ce qui est arrivé ne passe pas, et le réel (si légèrement exclu par Mallarmé) retrouve d'un seul coup sa terrible opacité ; car qu'est-ce que le réel sinon le *contingent*[51], c'est-à-dire exactement le heurt, le choc, la blessure ? Mais qui au juste se heurte ? C'est là une question qui n'importe qu'au philosophe — c'est-à-dire qui importe peu, les noms donnés aux partenaires dans tel ou tel lexique (la nature et l'esprit ? Eros et Thanatos[52] ?) représentant toujours le même « appauvrissement bouffon ». Mais la plaie, elle, est irréfutable, et le désir : conserver comme Perceval le regard fixé sur cette fascinante déchirure, telle est peut-être la plus haute humilité de l'esprit — telle est du moins, à coup sûr, la condition qui assure à l'œuvre de Gracq son *réalisme* souverain.

JEAN-FRANÇOIS MARQUET.

NOTES

1. Ainsi, le narrateur inconnu (ou trop connu) des *Nourritures terrestres* ne nous laisse pas ignorer qu'il lit Fichte, et celui du *Paysan de Paris* le *Système de l'idéalisme transcendantal.*

2. Il est néanmoins probable que Villiers et Mallarmé ont exploré ensemble (vers 1865-1866) les mystères de l'hégélianisme. Notons que les brouillons de Mallarmé pour *Les Noces d'Hérodiade* n'ont été publiés qu'en 1959 (par Gardner Davies) — c'est-à-dire bien après la parution d'*Au Château d'Argol.*

3. *Au Château d'Argol*, préface, p. 10.

4. *Isis* (Bruxelles, Librairie internationale, s.d.), p. 133, n. 3.

5. *Ibid.*, p. 138.

6. *Ibid.*, p. 263.

7. *Ibid.*, p. 81.

8. *Ibid.*, p. 264.

9. *Ibid.*, p. 232.

10. *Ibid.*, p. 265.

11. Cette citation est reprise presque textuellement dans *Un beau ténébreux* (dernier entretien d'Allan et de Christel, p. 199) : « La main qui fait la blessure peut aussi la fermer. »

12. *Le Roi pêcheur*, p. 21.

13. *Les Noces d'Hérodiade*, p. 107.

14. *Ibid.*, p. 138.

15. *Au Château d'Argol*, p. 131.

16. *Ibid.*, p. 126.

17. *Ibid.*, p. 149.

18. *Ibid.*, p. 129.

19. *Ibid.*, p. 67 ; *cf.* aussi p. 81 (« celle qu'il avait amenée pour en comprendre le prix lorsqu'elle lui serait enlevée »).

20. *Ibid.*, p. 135.

21. *Ibid.*, p. 182.

22. *Ibid.*, p. 46, où Hegel est précisément invoqué.

23. *Ibid.*, p. 45.

24. *Ibid.*, p. 41.

25. *Ibid.*, préface, p. 9.

26. *Ibid.*, p. 133.

27. *Ibid.*, p. 164.

28. *Ibid.*, p. 178.

29. *Ibid.*, préface, p. 8.

30. *Ibid.*, p. 74.

31. *Cf. Un beau ténébreux*, p. 134 : « Si compliqué, si ramifié, si bien anastamosé que soit le système des vaisseaux, tout le sang des veines peut néanmoins s'écouler par une seule blessure — si grande son envie, dans sa prison de ténèbre, enfin de voir le jour — de *tirer l'affaire au clair* ».

32. On sait l'importance érotique de cette communion sanglante dans certains textes majeurs du romantisme allemand — les *Fragments* de

Novalis et la *Penthésilée* de Kleist notamment. Julien Gracq a publié une adaptation de cette dernière œuvre.

33. *Au Château d'Argol*, p. 132.

34. Rappelons au passage l'importance — soulignée par Gracq — de « l'hostie poignardée » dans la mythologie surréaliste.

35. *Parsifal*, trad. Beaufils, pp. 76-77.

36. *Le Roi pêcheur*, p. 103.

37. *Ibid.*, p. 109.

38. *Ibid.*, p. 92.

39. *Cf.* là-dessus l'article de Freud sur *Le Tabou de la virginité* (tr. fr. *in La Vie sexuelle*, P.U.F., 1969), pp. 66 *sq*.

40. Dans un rêve d'Albert, qui suit la découverte du corps d'Herminien, la blessure de ce dernier est expressément identifiée à une décollation (*Au Château d'Argol*, p. 153). Commentant, dans l'article cité plus haut, la tragédie de Hebbel, *Judith et Holopherne* (où il voit « la plus puissante description, sous une forme dramatique connue, du tabou de la virginité »), Freud souligne au passage que « la décapitation est le substitut symbolique de la castration » (*op. cit.*, p. 79).

41. *Cf.* J. Lacan, *Écrits*, p. 715.

42. *Op.* cit., p. 78.

43. *Cf.* sur l'idée du « premier » les admirables analyses de Kierkegaard *in Ou bien... ou bien*, pp. 374 *sq*.

44. L'idée du viol physique (constamment présente à l'arrière-plan d'*Un beau ténébreux*) n'apparaît néanmoins que de manière indirecte, dans l'évocation d'un canular de jeunesse d'Allan — canular dont la signification sexuelle est suggérée de la manière la plus crue (*cf.* p. 55).

45. *Au Château d'Argol*, p. 175.

46. *Un beau ténébreux*, p. 153.

47. *Au Château d'Argol*, pp. 162 *sq*.

48. *Les Noces d'Hérodiade*, p. 137.

49. *Ibid.*, p. 139.

50. Nous avons développé ailleurs ce thème central de la philosophie hégélienne (*Revue de métaphysique et de morale*, 1968, pp. 175 *sq*).

51. *Au Château d'Argol*, préface, p. 9.

52. A moins qu'on n'y reconnaisse, comme le fait plus ironiquement (plus profondément ?) Mallarmé, l'agression de l'écriture *noire* sur la page blanche, « *virginité* qui solitairement, devant une transparence du *regard* adéquat, elle-même s'est comme *divisée* en ses fragments de candeur, l'un et l'autre, preuves *nuptiales* de l'Idée » (*Œuvres complètes*, éd. de la Pléiade, p. 387. C'est nous qui soulignons).

LE MYTHE DE SOI DANS *AU CHÂTEAU D'ARGOL*

Leo Pollmann

Albert Camus appelle le roman une « philosophie mise en images », et cette définition est juste si l'on considère le terme philosophie non dans le sens d'une philosophie en tant que discipline, ni dans celui d'un enseignement existant préalablement au roman, et d'une vision du monde conceptualisée, mais tout simplement comme l'expression de l'être-dans-le-monde, la manière dont l'homme se voit. Cette autoconception de l'auteur, dont il n'a pas forcément conscience (car ses racines sont plus profondes), trouve son expression dans le mythe, dans les « images » du roman. Le roman est une projection de cette conception, une projection qui est souvent plus fidèle que sa formulation et son articulation théoriques. Car la pensée s'éloigne de la simple réalité présente, de la vie, et construit un contexte ayant ses propres valeurs et ses propres lois, alors que le roman est presque directement la pensée au premier degré du pensant ; il produit ce champ d'expérience phénoménologique de la réalité que Husserl avait déjà vu dans la fiction et dont les possibilités extrêmes sont mises à l'épreuve aujourd'hui par un auteur comme Philippe Sollers. Mais dans le fond, comme va le montrer l'exemple du *Château d'Argol* de Julien Gracq, et comme on pourrait même le voir avec un roman comme *Drame*, le roman est « en mesure », même sans ou contre la volonté exprimée de l'auteur, d'être phénoménologique, et de laisser entrevoir ce à quoi l'auteur n'a pas du tout pensé ; et cela sur la base de puissances qui sont inéluctablement libérées par le langage. Cette loi propre à l'expression mythique de soi, presque autonome par rapport à la volonté de l'auteur, est particulièrement valable lorsque le romancier n'a rien voulu dire de particulièrement précis quant au contenu, comme c'est le cas pour le *Château d'Argol* et *Drame* ; il est d'ailleurs secondaire de savoir quel but l'auteur poursuit avec cette évidation de sens, s'il pense à la transmission de simples tensions magnétiques, comme ce fut le cas de Gracq, ou s'il veut libérer le texte de toute attribution à un système de signification extérieur. C'est justement en évitant une signification dirigée et en se remettant du roman à la langue que sont libérées ces forces qui échappent au contrôle de l'auteur, et que la parole acquiert une force d'expression qui pénètre jusqu'à la pensée dirigée. La langue devient alors prépondérante, ce qu'elle est toujours entre autres dans le roman, médium de la pensée prérationnelle (peut-être postrationnelle dans le cas de Sollers), elle devient autonome par rapport à la direction voulue.

Il arrive ainsi par exemple dans *Drame*, comme je l'ai montré par ailleurs (dans *Étapes du roman français au vingtième siècle. Projet d'une Histoire de la conception de soi mythique de notre temps, Stuttgart, 1970*), que la langue se venge pour ainsi dire de la volonté de l'auteur de n'en faire « que » un texte : elle se permet la liberté de devenir quand même œuvre et expression du sens, et ce en tant que représentation d'un processus conscient qui lui-même reflète la création. Il en va de même pour le *Château d'Argol,* sauf qu'on ne peut parler de vengeance, car Gracq ne voulait pas faire violence au roman, sous prétexte de lui procurer la vraie liberté. Ainsi Julien Gracq m'écrit le 23 octobre (1969) après que je lui eus demandé s'il était conscient de créer une formule mythique de la connaissance de soi avec le *Château d'Argol* : « *Je n'ai aucunement conçu le* Château d'Argol *comme une formule mythique de la connaissance de soi-même. Je ne prêtais à ce récit, en l'écrivant, ni symbolisme, ni même signification.* » Et pourtant ce roman vise pour ainsi dire de prime abord, dès le titre, une signification globale complète qui fait l'unité du roman. Car si le roman *Au Château d'Argol* porte un titre, il porte avec le mot « *château* » une signification polyvalente, qui part entre autres dans deux directions, qui sont d'une grande importance pour trouver cette signification globale possible du roman, d'une part le château du Graal dont nous allons encore parler, et d'autre part une œuvre que Julien Gracq a lue quand il était étudiant (communication dans la lettre citée), *Le Château de l'âme* de Thérèse d'Avila. En fait beaucoup de choses font penser qu'il faut comprendre le *Château d'Argol*, par analogie à tout cela, comme une sorte de château de l'ego, dans lequel le moi s'est retiré, et dans lequel se joue maintenant une « psychomachie » entre les forces de l'âme et le monde ramené dans le moi en tant qu'objet. C'est comme si le moi effrayé s'était retiré de la confrontation avec un monde sans issue (puisque l'auteur Julien Gracq ne veut exprimer de rapport constructif avec le monde) pour y voir clair avec les forces magnétiques d'attraction et de répulsion agissant en lui. Ce qui apparaît ainsi, c'est un dramatique désaccord, un « drame intérieur », dont *Au Château d'Argol* « raconte » les péripéties en tant que roman surréaliste. De ce point de vue, le *Château d'Argol* se trouve dans la tradition de ce « chef-d'œuvre intérieur » qui se dessinait déjà comme but à Valéry dans *Soirée*, c'est un « drame intérieur romancé ».

Prélude et « orientation constructive »

En fait le *Château d'Argol* est un « drame intérieur » (« *caractère purement intérieur du drame* », lisons-nous dans le texte même[1]), qui, en tant que roman, se présente comme l'être-en-chemin raconté vers la totalité perdue. Le « chapitre » d'introduction, « *Argol* », prend ainsi la fonction de prélude dramatique. C'est un prélude aux accents wagnériens et faustiens. Albert, dont les yeux fascinent tant que lorsqu'il regarde de côté on n'en voit plus que le blanc, ce qui laisse entrevoir en lui « *le signal inhumain et brusque d'une demi-divinité* » (p. 17[2]), cet Albert, dont le regard qui voit derrière les choses acquiert le poids d'une « *immense rêverie intérieure* » *(ibid.)*, a été saisi par le « *démon de la connaissance* » (p. 16). Sa « *figure angélique et méditative* », qui porte un « *air venu de régions supérieures* », semble lui permettre d'explorer les « *arcanes les plus subtils de la vie* », aussi s'adonne-t-il également à l'étude de la philosophie.

C'est pourquoi on pourrait prétendre que cet Albert, malgré ces attributs à moitié divins, est justement une sorte de Faust, un individu possédé du démon de la connaissance ; mais d'autre part beaucoup de choses tendent à nous faire voir en lui un prototype inconscient, reflétant justement cette conception de soi mythique, et à expliquer son contexte également dans ce sens. Le caractère de ce contexte, l'intérieur du château en tant que réalité caractérisée par la « *disponibilité* » et « *l'irrégularité* », ainsi que par l'absence d'étages, qui présente donc des propriétés qu'on pourrait attribuer à la multiplicité comme unité d'une psyché (Bergson), les nombreux renvois à une pure intériorité et l'abstention qui y est paradoxalement liée de toute pensée située dans l'espace, ainsi qu'un passage du texte où il est dit que les carreaux « *interprètent* » la lumière du soleil qui arrive de l'extérieur (p. 28), et enfin et non des moindres le parallèle déjà évoqué avec *Le Château de l'âme* de Thérèse d'Avila, tout cela semble indiquer suffisamment, sinon obligatoirement, que ce « château » signifie l'inconscient. A ce titre c'est le lieu d'une action dans laquelle Albert est tout yeux (« *regard* », « *regarder* » et « *œil* » reviennent comme un leitmotiv), il représente une sorte de personnification de l'imagination, une perception méditative magique au sens phénoménologique, tournée vers soi, ne tournant plus vers l'extérieur que le blanc de l'œil. Cette « anima intellectualis », comme on pourrait appeler Albert d'une manière un peu plus traditionnelle, cette « anima interior », qui ne semble aucunement si abstraite qu'on ne puisse la considérer aussi comme un individu, entend à la fin du prélude un orage gronder dans la forêt de

Storrvan. Et quand Albert se dit que quelque chose doit être arrivé et qu'on lui tend à ce moment-là un télégramme où il est écrit : « *Je viendrai à Argol vendredi*[3]. *Heide viendra avec moi — Herminien* », c'est, sur le plan de la connaissance mythique, l'ouverture du drame de la connaissance réfléchie : Herminien, l'« anima vegetativa », l'« anima exterior », la perception sensitive, comme nous pourrions dire pour simplifier, annonce qu'elle rentre chez elle d'une excursion dans le monde avec son butin, avec Heide dans laquelle on peut voir par conséquent l'objet perceptible de la connaissance, réduit dans l'acte de connaissance à un phénomène, disons « la chose ».

« *Le cimetière* », en tant que « retour constructif » tout à fait normal dans le sens du roman, dans lequel viennent s'ordonner les fils de l'action, (Catégorie d'après E. Lämmert, *Bauformen des Erzählens*, Stuttgart, 1968), apporte la confirmation de la possibilité de cette interprétation. C'est là qu'Albert tire de son philosophe préféré, Hegel, de sa *Logique*, les prévisions théoriques de ce qui va se passer au Château d'Argol. Il lit un passage dans lequel Hegel réfléchit sur la chute de l'homme et qui dit :

> « *Le spirituel est distingué du naturel, et plus spécialement de lc vie animale, en ce qu'il s'élève à la connaissance de lui-même et d'un être à lui propre. Cette division doit à son tour s'évanouir et être absorbée, et l'esprit peut s'ouvrir à nouveau une route victorieuse vers la paix. La concorde alors est spirituelle, c'est-à-dire que le principe du rétablissement est trouvé dans la pensée et dans la pensée seule.* La main qui inflige la blessure est aussi celle qui la guérit » (p. 40).

Ainsi sont définis l'enjeu et le genre de combat que nous allons vivre dans *Au Château d'Argol*. Le « spirituel », ce que j'ai appelé « anima interior », se différencie du naturel, d'Herminien en tant que « anima exterior », en ce qu'il peut s'élever à la connaissance de soi. Si on arrivait cependant à lever la séparation entre « anima interior » et « anima exterior » en une connaissance totale dans laquelle les deux forces de l'âme trouveraient l'unité, alors le chemin vers la paix serait ouvert. Et puis il est écrit, comme pour préciser encore une fois expressément ce qu'on veut dire[4] :

> « *Certes, la seule connaissance, et non un amour humiliant et naturel qu'Albert avait toujours su tuer par le défi, pouvait à jamais le mettre en repos avec lui-même [...] « Vous serez comme les Dieux, connaissant le bien et le mal », c'était là la cause de la chute, mais c'était aussi la seule possible rédemption* » (p. 40).

Nous avons là la raison de l'attitude hautaine d'Albert envers les femmes (une attitude qu'on pourrait expliquer aussi comme une partie d'un rite d'initiation) : il n'attend pas grand-chose de la connaissance acquise par l'amour particulier dirigé sur un être humain (de même que le Gide du tournant du siècle), il veut la connaissance totale comme connaissance de soi dans la connaissance, il veut réaliser l'unité de son moi pensant dans cette connaissance qui seule peut libérer, mais qui a déjà apporté la mort dans le jardin d'Eden, il veut atteindre la totalité perdue de son moi identifié à lui-même.

Dans cette mesure, « *Le cimetière* » est aussi un « retour constructif » dans le sens décrit ci-dessus, lorsque Herminien entre dans le champ de vision et qu'Albert réfléchit à ses rapports avec Herminien en un « discours indirect libre », si bien que nous avons de nouvelles données pour comprendre pleinement le drame qui commence. Et la possibilité de l'interprétation proposée est à nouveau confirmée. Herminien apparaît en effet comme le double ennemi-ami d'Albert, qui est en constante tension magnétique avec lui. Il invite sans cesse Albert aux « *jeux extravagants de l'esprit et du cœur* » (le « cœur » n'étant pas pris au sens pascalien, mais plutôt comme l'image « germanique » du siège des sentiments). La nature d'Herminien tournée vers le sensible s'exprime en ce qu'il entraîne toujours Albert dans un « *tourbillon d'intrigues passionnées* » tout en ayant fondamentalement les mêmes goûts et la même manière de voir et de parler que lui (p. 42) ; et cette nature se révèle encore lorsqu'il est dit de sa « *démarche merveilleusement naturelle* » qu'elle dévoile constamment son insignifiance aux yeux d'Albert. La personnification d'Herminien et d'Albert en tant que forces de l'âme prenant part à la connaissance devient encore plus claire, encore plus évidente, lorsqu'il est question plus loin du « *foyer humain* » et du « *commun repaire* », où les choses sont rassemblées et éclairées par un « *double réflecteur* », lorsqu'il est dit qu'aucune pénétration (aucune connaissance, donc) n'est possible sans que l'autre prête l'écran de sa « *redoutable et intime hostilité* » (p. 45). Albert et Herminien sont ces réflecteurs, qui doivent réaliser ensemble cette connaissance, et le Château d'Argol est le « *commun repaire* » de l'ego dans lequel elle a lieu.

Ainsi le retour théorique, que le drame intérieur de la connaissance réfléchie rendait nécessaire, est terminé. Nous approchons de l'événement propre, celui du regard totalement « *blanc* », tourné vers l'intérieur, et du « *plus insoutenable des problèmes* » (p. 48). Et lorsque Albert se rend à cheval au bord de la mer la veille de l'arrivée d'Herminien et de Heide, qu'il contemple sur la plage le « *sablier horrible du temps* », et lorsqu'il écrit le nom de Heide sur la croix d'un cimetière, « *emblème de la rédemption* », mais aussi de la mort, alors ce drame s'annonce comme une tragédie, indépendamment de l'allusion mentionnée auparavant à « *l'arbre de la connaissance* » (dont les fruits apportent la mort).

Connaissance et mort

En fait le « drame intérieur » qui se déclenche alors se trouve en relation très étroite, souvent réalisée au niveau du mythe, avec la mort, le fruit de la connaissance, mais aussi avec le désir d'être comme Dieu en la connaissance. Comme dans un rêve les mythes changent, se superposent avec une clarté surréaliste. Ce qui prédomine, c'est le mythe de la « connaissance » sexuelle qui se joue dans les relations en triangle d'Albert, Herminien et Heide. Heide et Herminien (chap. 3 et 4) représentent, du point de vue de ce mythe, la courbe montante de l'action ; ils apportent l'entrée en contact magnétisante de Heide et Albert (« *Alors Heide, avec un frisson de toute sa conscience (sans doute en tant que femme elle était moins invinciblement timide et sans doute Albert ne l'aimait-il pas), posa sur la main d'Albert une main froide comme le marbre et brûlante comme le feu* », p. 64) ; ils apportent les promenades extatiques avec Heide dans les forêts des environs. Puis le bain (chap. 5), comme point culminant, signifie le don de l'unité entre Herminien, Albert et Heide et l'inévitable élan vers cette « connaissance ». Un deuxième mythe apparaît alors au premier plan, se superposant par moments avec l'ambiguïté d'un rêve[5] au mythe érotico-sexuel, celui de l'eau, qui sous la forme de la mer pourrait symboliser le médium de l'être-en-chemin vers la rive de la dernière connaissance, mais aussi celui de l'identité recouvrée[6], mais qui dans le chapitre suivant « *La chapelle des abîmes* », après cet élan et le retour dans le temporel, devient en tant que miroir le médium de la dissociation intérieure, de la séparation d'avec soi-même, en ce que Albert, penché sur le fleuve, Narcisse adonné à lui-même, aperçoit Herminien, son alter ego, mais trouve aussi dans le miroir de l'eau l'accès à une sorte de vision ambivalente de son essence obtenue par cette fissure : « *Il avait découvert le sens réel de cet inconcevable paysage, qu'il n'avait jusqu'alors considéré qu'à l'envers* » (p. 102). Il lui semble découvrir dans le miroir de cette eau un spectacle en comparaison duquel ce qu'il a vu jusqu'à présent n'est qu'un envers. C'est par exemple Herminien qui apparaît dans l'eau comme une « *finalité sans représentation* », comme dit Gracq se référant à Kant (p. 103), et qui, reflet courant de l'autre côté du fleuve, invite Albert à un « *pèlerinage sans but* » (p. 104) et le conduit dans une « *chapelle des abîmes* » dont les fenêtres, contrairement à ce qu'on voit d'habitude, semblent être faites pour que le regard pénètre de l'extérieur, une chapelle qui rappelle le château du Graal (p. 109), un château vide avec une « *lance inutile* ».

A ce mythe de l'eau reliant les deux moitiés reflétées du Château d'Argol[7], et celui de l'immortalité, mythes de la connaissance sexuelle et du désir de l'immortalité dans la connaissance de soi, vient s'ajouter un troisième mythe qui part de la perte, qui a suivi l'accord muet du « *bain* » comme son envers, un mythe qui implique tension, émerveillement et quête. La suite et en même temps inversion reflétée du développement des chapitres 3 et 4, c'est lorsque, dans « *La forêt* » et « *L'allée* », la volonté de connaissance dégénère en violence (Heide est violée par Herminien) et qu'il est dit d'Albert qui voit Heide violée dans la source (comme Narcisse dans le moi) en langage direct : « *déjà il savait* » (p. 126). Albert a mangé de l'arbre de la connaissance (expressément p. 130) à l'insu d'Herminien, et il se dit que l'« *ange de la chute* » qui apporte la mort va maintenant menacer Herminien, son alter ego. En effet Herminien est sur le point de mourir, atteint par le sabot de son cheval préféré (le cheval étant compris comme symbole de la sexualité et de la mort), si bien qu'Albert et Heide le trouvent grièvement blessé sur le chemin.

Le finale

On pourrait penser qu'ainsi l'issue mortelle du fait d'avoir mangé de l'arbre de vie est scellée, mais il y a encore un riche finale prolongé dans les chapitres « *La chambre* » et « *La mort* », conformément au prélude et à l'« orientation constructive » du début du roman. « *La chambre* » a la fonction de la tension paroxystique avant de déboucher définitivement sur la catastrophe. Herminien, dans la chambre duquel Albert pressent un secret et découvre une gravure du roi Amfortas comme une confirmation mythique, trouve finalement la guérison, mais tous deux, Albert et Herminien, sont maintenant remplis d'un tel désir de connaissance, qu'on ne peut plus arrêter la catastrophe finale. Ils découvrent un passage secret dont ils supposent qu'il conduit hors du château, mais au lieu de cela ils arrivent dans la chambre de Heide. Là ils contemplent, Herminien avec un sourire aigu et conscient de sa « *maîtrise imperturbable* », Albert avec une excitation inexplicable, « *l'empreinte toute récente d'un corps de femme*[8] » (p. 173) qui se dessine sur le lit. Au bout du passage qui devait mener au dernier secret de leur besoin de connaissance, Herminien et Albert se voient confrontés avec l'objet de ce besoin, avec l'objet formel pour ainsi dire, qui offre encore toujours suffisamment de points de repère à l'« anima exterior » pour un « *sourire aigu* ». Et c'est comme si avec cette confrontation, avec cette réalisation réfléchie de la connaissance, comme on pourrait l'expliquer, la catastrophe était définitivement et inévitablement déclenchée. Heide se suicide la nuit même. Il n'est plus possible d'empêcher Herminien de quitter le château, et à peine a-t-il commencé à mettre ce projet à exécution qu'il entend dans la nuit ses propres pas qui viennent (Albert n'est autre qu'Herminien), et un couteau pénètre dans son dos.

Le *Château d'Argol* comme représentation mythique de la connaissance de soi

Beaucoup de choses donnent donc à penser qu'*Au Château d'Argol* signifie la représentation mythique de la connaissance de soi, beaucoup de choses font supposer que la pensée qui se pense elle-même, qui apporte la mort et est en fin de compte condamnée à sombrer, trouve sa forme, la rencontre entre une « anima exterior » et une « anima interior » mises en présence de l'objet de la connaissance que l'« anima exterior » a ramené comme butin au château de la psyché à la suite d'une incursion dans le monde. Dans cet objet de la connaissance, elles s'expérimentent et se reconnaissent d'abord comme unité d'un acte, mais cette « concorde » du « spirituel » et du « naturel » (*cf.* la citation de Hegel) est suivie de près de la division ; cette connaissance de soi « divine » de la connaissance acquise quand on s'y adonne rejette immédiatement après les deux forces de l'âme sur le rivage de la mortalité ressenti d'autant plus douloureusement comme un déchirement. Elles peuvent bien sûr essayer de regagner l'unité perdue par l'imagination, la « violence » et finalement la quête magique, mais au fond ce n'est plus qu'une question de temps, jusqu'à ce que la pendule du temps éclate définitivement pour eux, et que la mort leur advienne comme fruit d'une connaissance qui ne leur revenait pas. Un vieux mythe biblique, celui de l'arbre de vie, dont les fruits apportent la mort, un mythe qui est redevenu actuel par la crise de la pensée et de la connaissance au vingtième siècle, trouve ici son renouvellement. Et on peut dire de ce renouvellement dans *Au Château d'Argol* (dans lequel on voit avec raison le meilleur roman surréaliste français) qu'il ne se limite en rien au thème, que par exemple le fondement en images reflétées de ce roman jusque dans sa forme est déjà l'expression de cet inexorable devenir d'être-rejeté vers lui-même. Les chapitres 1 et 10 se correspondent l'un l'autre comme exposition et finale, les chapitres 2 et 9 comme « *indications constructives* » et déclenchement de la catastrophe, les chapitres 3/4 et 7/8 comme les données de l'action conduisant à la catastrophe, c'est-à-dire à la transcendance verticale, les chapitres 5 et 6 comme points culminants, si bien que nous rencontrons également dans la construction le phénomène de la division, du reflet et de l'opposition, et ainsi de la réflexion :

5 Le bain	6 La chapelle des abîmes
4 Herminien	7 La forêt
3 Heide	8 L'allée
2 Le cimetière	9 La chambre
1 Argol	10 La mort

En ce qui concerne le langage même, c'est dans l'ensemble l'expression de la rencontre sans issue du moi et du monde, de leur existence sans contact. Et cela, ne serait-ce qu'à cause du vocabulaire absolu, souvent purement géométrique, qui évite toute pensée située dans l'espace. Lorsque nous « rencontrons » dans *Au Château d'Argol* des fleuves qui restent invisibles, d'autres qu'on peut voir mais qui « *coulent sans bruit avec une clarté étonnante* », que nous sommes conduits dans un château où manque « *toute notion d'étage* » (p. 23), lorsqu'il est dit des salles qu'elles sont « *dépourvues de toute destination précise* » (p. 26), que les cloisons sont décrites comme

« *immatérielles* » et « *mouvantes* », que nous lisons que la pelouse est « *totalement rase* » (p. 25) et qu'en général dominent des termes désignant des surfaces ou même des termes unidimensionnels, aussi bien techniques qu'absolus, comme « *horizontal* », « *vertical* », « *quadrangulaire* », « *dénudé* », « *nu* », et « *net* », alors nous n'avons aucune prise pour une représentation plastique et pour une pensée ordonnée, nous ne pouvons nous organiser dans le sens du texte. Mais ce n'est pas seulement le sens des mots, mais avant tout leur agencement dans la phrase qui nous force à penser un monde dans lequel l'horizontale et la verticale sont posées l'une sur l'autre comme les barres d'un T. C'est ce vocabulaire abstrait, avec ses métaphores synesthétiques glissantes qui donne souvent aux phrases cette tournure labyrinthique, en fait des voies sans issues dont les miroirs nous trompent. Une phrase suffit à l'illustrer :

> « *Les ouvertures basses et longues, si anormales, qu'Albert avait pu remarquer dans la façade, donnaient lieu ici à un emploi d'un effet particulier ; chaque chambre était éclairée par une longue rainure horizontale, large de trois pieds, et qui s'ouvrait à un pied à peine du sol, courant tout au long d'une des faces de la muraille où s'appuyait le lit, de sorte que le dormeur à son réveil plongeait son regard malgré lui dans le gouffre des arbres, et pouvait se croire un instant balancé dans un vaisseau magique au-dessus des vagues profondes de la forêt* » (p. 32).

LEO POLLMANN.
Traduit de l'allemand par Yanna Kornell.

NOTES

1. *Au Château d'Argol*, José Corti, 1945, p. 72. — Les indications de pages dans le texte se réfèrent à cette édition.

2. *Cf.* p. 48 où l'on rencontre encore une fois l'image du globe de l'œil

entièrement blanc « *dont la surface eût tout entière* regardé, *et posé à l'âme le plus insoutenable des problèmes* ».

3. Comme dans le cas de *La Nausée*, le vendredi est le jour décisif ; ici c'est certainement le « vendredi du mythe du Graal wagnérien » (comme le dit justement E. Leube dans son essai *Le Roman moderne*, p. 168 et suite).

4. Je reconnais volontiers que je ne comprends pas très bien comment mettre ensemble cet énoncé exprès du thème et le fait que Julien Gracq me dise dans sa lettre qu'il n'a pas pensé du tout à cette problématique. Est-ce que même les énoncés conceptuels d'un auteur peuvent être de nature inconsciente ? Sur ce problème de structuration inconsciente du roman, voir également mon petit livre *De l'atelier du roman*, Stuttgart, 1969.

5. Voir également Enea Balmas, « *Julien Gracq overo il mito dell'ambiguita* », *Situazioni e profili*, Milano-Varese, 1960, pp. 113-145.

6. L'eau acquiert une signification semblable dans *La Peste* de Camus, où Tarrou et le docteur Rieux, après avoir survécu à la peste, expérimentent leur unité avec le monde en nageant dans la mer (voir mon livre *Sartre et Camus*, Stuttgart, 1968, p. 156).

7. Pour l'analyse de l'image reflétée, voir plus loin.

8. On pourrait aussi très bien, en partant d'ici (et non de l'exposition), expliquer le « drame intérieur » du *Château d'Argol* comme celui du moi et de la connaissance sexuelle, tel qu'il se reflète ici dans le rêve.

9. En ce qui concerne l'aspect géométrique de Gracq, *cf.* aussi J.-L. Leutrat, *Julien Gracq, Classiques du XXe siècle*, Ed. univ., 1966, p. 60 et suite. Dans *Hauptmotive im Werke Julien Gracqs*, Munich, 1966, B. Boie est trop absorbée par les motifs au sens thématique, pour être suffisamment consciente de la modernité de Gracq, parfaitement présente en plus de « l'être-là qui nous arrive fraîchement ravivé du naturel » (p. 196). Et qu'est-ce que cela peut faire si Julien Gracq est peut-être « moderne » « malgré lui » ?

LE BEAU TÉNÉBREUX
A L'OMBRE DU CHÂTEAU D'ARGOL

Léon S. Roudiez

Combien curieuse est l'alternance entre les fictions successives de Julien Gracq, qui, jusqu'à ce jour, lui a fait reprendre par deux fois des sujets analogues en en transposant chaque fois la nature du décor. C'est ainsi qu'en passant du *Château d'Argol* à *Un beau ténébreux* le manoir d'une Bretagne de légende s'est trouvé remplacé par un banal hôtel de station balnéaire ; du *Rivage des Syrtes* au *Balcon en forêt* la forteresse délabrée de l'Amirauté dominant le rivage désert d'une région mythique a été métamorphosée en la « maison forte » des Hautes Falizes, perdue dans une vraie forêt des Ardennes. Le cycle de ces quatre ouvrages mène finalement d'une forêt irréelle à une forêt réelle par l'intermédiaire du rivage de la mer, dont la première représentation peut passer pour réaliste, la seconde pour fantaisiste. Mer et forêt se répondent du reste de manière confuse dans les deux premiers livres et à l'intérieur de chacun d'eux, plus clairement dans les deux derniers, et dans chaque cas le passage d'un décor à l'autre s'opère sans qu'il y ait de modification importante de l'ambiance de vacance d'abord, dans le sens plein de ce mot, de guerre imminente ensuite. D'une manière plus générale, on passe de la préoccupation de la mort ou du salut individuel dans *Au Château d'Argol* et *Un beau ténébreux* à la notion de cataclysme dans *Le Rivage des Syrtes* et *Un balcon en forêt.*

Il semblerait qu'après l'avoir laissé se développer dans un univers fabuleux, Gracq ait eu besoin d'apprivoiser son thème, de le mettre en jeu — ou à l'épreuve — dans un monde plus ordinaire, de faire en sorte que le merveilleux devienne quotidien. D'autre part, quand il effectue ce déplacement qui conduit du romantisme noir et somptueux (pour employer un adjectif qui revient souvent sous sa plume) du manoir d'Argol à la vulgarité d'une plage de villégiature, il permet de mettre en relief les aspects les plus caractéristiques de sa fiction. Il va de soi qu'il faudrait étudier également les deux autres livres avant de pouvoir conclure quoi que ce soit : qu'il me soit permis cependant dans une étude limitée aux deux premiers de poser au moins quelques jalons et de risquer des observations qui seront à confirmer par la suite.

Il faut bien dire qu'à confronter les deux textes ce sont à première vue les différences qui frappent : elles existent sans aucun doute et je me garderai de les minimiser. C'est en premier lieu le contraste entre une histoire racontée à la troisième personne par un auteur omniscient mais qui se dissimule mal derrière le personnage d'Albert, et une narration hybride faite d'abord par Gérard dans son journal intime puis par un narrateur qui connaît Gérard mais reste étranger à l'action — le tout présenté par un deuxième narrateur qui ressemble fort à l'auteur mais dont l'existence éloigne celui-ci de ce qui est raconté. Cet auteur, semble-t-il, se sent bien plus chez lui à Argol, pendant les « *journées glorieuses de l'automne* », que dans la petite ville balnéaire au cours des « *journées glissantes, fuyantes, de l'arrière-automne* »[1]. Quel rapport peut-il y avoir, par ailleurs, entre un château isolé, pratiquement inaccessible puisque le sentier qui y mène est « *impraticable à toute voiture* » (A, 9) et l'hôtel des Vagues, au nom à la fois suggestif et écœurant, situé sur une plage fréquentée ? N'y a-t-il pas entre les deux la même distance que celle qui sépare la forêt de Brocéliande de la Bretagne touristique des chromos ? Outre les trois personnages de la fiction, Albert, Herminien et Heide, il n'y a qu'un seul autre être humain à Argol : c'est le serviteur qui accueille Albert à son arrivée et qui s'endort peu après à même le sol ; au septième chapitre nous le reverrons brièvement, toujours endormi, mais à part cela il ne sera plus jamais question de lui. Ni la blessure d'Herminien, ni l'empoisonnement et la mort de Heide ne feront surgir d'aussi vulgaires comparses que médecins, prêtres, ou fossoyeurs. Si Gérard dîne à l'hôtel des Vagues et se promène du côté des cuisines, aucun mets n'est servi sur la table de cuivre rouge de la salle à manger d'Argol — mais quelle nourriture servirait-on, et qui la préparerait ?

Il y a foule sur la plage où apparaîtra le beau ténébreux : « *des milliers de gens jusqu'à l'extrême bout du sable* » (T, 44). Et pourtant, cette foule est tellement bien maintenue à distance qu'il est difficile au lecteur de vraiment la voir. L'auteur-narrateur, dans les pages liminaires censément écrites en octobre, insiste sur la solitude des lieux : « *Il n'y a personne ici. Il n'y a plus personne ici* » (T, 10). Puis, le retour en arrière fourni par le journal de Gérard nous ramène au mois de juin pour noter que les abords de la jetée sont « *déserts* », la plage « *vide* », le restaurant « *désert* », un sentier « *solitaire* », et qu'il a dîné « *seul* » à l'hôtel — tous ces adjectifs dans le seul espace du 29 juin. Logiquement, on pourrait dire que la situation est normale étant donné la nature des lieux ; mais le lecteur n'aborde pas les lieux, il pénètre dans un texte, et tous les mots que je viens de citer se présentent à lui dès le début de sa lecture. Aux pages suivantes les estivants arrivent, bien sûr, et Gérard écrit : « *Il y a assez de monde maintenant pour qu'on s'y sente les coudes* » (T, 15). Mais ce monde une fois mentionné, rares sont les vocables qui lui permettront de peupler l'imagination du lecteur : il n'est guère plus présent que le serviteur endormi d'Argol. On se souvient que la foule avait fait une brève apparition dans ce premier livre, au cours du rêve que fait Albert couché devant la porte d'Herminien blessé : elle était « *agenouillée et invisible* » (A, 136), priant pour Herminien. Si, dans le deuxième volume, la foule échappe au rêve et dans une certaine mesure à l'invisibilité, ce n'est pourtant pas pour prendre corps dans une réalité présente au premier plan de la lecture ; c'est plutôt pour servir de toile de fond aux activités et à l'imagination de Gérard et du narrateur, pour servir en quelque sorte de repoussoir.

Dans le monde fantastique d'Argol, il suffisait d'une baguette magique pour éliminer ou endormir tous ceux qui n'étaient pas Albert, Herminien ou Heide ; le refus de nommer, de la part de l'écrivain, n'implique pas une existence supposée et allant de soi car dans ce monde qui n'est ni le monde réel ni celui du langage, seul existe ce qui est nommé. Au contraire, dans l'univers réaliste du *Beau ténébreux*, les mots « *hôtel* » et « *cuisines* » impliquent l'existence de cuisiniers, garçons et autres domestiques ; mais, à l'image de ce qui se passe là où les structures de classe sont rigides, ce monde n'importunera pas le lecteur de sa présence. Seuls accèdent à une vie véritable les membres du groupe choisi, celui qu'on appelle « *la bande straight* ». Le propriétaire de l'hôtel apparaît brièvement, mais l'attitude de Gérard à son égard est écrasante de mépris. Lorsqu'il est question d'eux, chose qui n'arrive pas souvent, les estivants sur la plage sont assimilés à des fourmis dans une fourmilière (T, 44) ; une pêcheuse que Gérard observe de loin évoque pour lui le cheminement d'un insecte (T, 168) ; de même, quand il s'identifie à un flâneur et que, par les yeux de celui-ci, il se voit comme un autre, lui-même et Henri apparaissent « *comme deux insectes cheminant sur une couverture* » (T, 98) ; au cours d'un rêve que fait Henri et qui le mêle à une guerre qui a dû se passer au Moyen Âge, réfugié dans un château il en compare les autres défenseurs à « *des insectes gris* » (T, 194). Cette image de l'insecte, revenant ainsi à plusieurs reprises, exprime bien l'anéantissement de tous ceux qui ne font pas partie de l'élite. Il est du reste remarquable à quel point les membres de la « *bande* », dans leurs promenades dans la région, s'arrangent pour ne jamais rencontrer personne. Je ne parle naturellement pas de celles qu'ils font la nuit ou dans des endroits écartés, ni même du pique-nique à Roscaër. Mais lorsque Henri, vers la fin, s'enfuit au hasard et se retrouve dans un petit port, il entend des pas sonores (T, 201) ; ils n'annoncent pourtant aucun être humain et il ne verra personne avant d'échouer dans un bar. Là, « *une femme, vieille et morne, tricotait, l'air absent, der-*

rière le comptoir vide. La longue salle sordide était déserte » (T, 201). Cet être est absent de ce monde, et Henri s'évanouira avant que la Parque ne lève les yeux ou ne prononce un seul mot. Tout ce que je viens de suggérer, le journal de Gérard le confirme de manière explicite au moment où, la saison battant son plein, de nouvelles figures descendent à l'hôtel des Vagues : « *Et pourtant elles ne seront rien pour moi, je le sais. Mon monde de ces vacances restera borné à ce petit groupe de hasard...* » (T, 103).

Ce groupe de hasard, la petite élite de l'hôtel des Vagues, s'imagine dominant l'univers. Henri a fait un autre rêve qui le place cette fois-ci sur un haut plateau d'où son regard plonge dans les rues d'une ville. D'abord, l'image de Gérard revient et il décrit une avenue comme étant « fourmillante » : le cliché renaît à la vie grâce aux autres références. Mais il continue : « *Il y a pour moi quelque chose d'écrasant, d'important, à me sentir là, seul, à* guetter *cette ville de cette cime invisible, comme un aigle planeur, comme un dieu, comme ravi par le démon sur la crête de la montagne — cette ville si désarmée, si fragile, comme tenue dans une serre, au milieu d'un calme fabuleux* » (T, 101). Au mépris et au rejet dans le néant succède ici, à l'égard des autres, un sentiment plus violent. Il n'y avait guère eu, dans Argol, qu'un rêve véritable, celui d'Albert, auquel j'ai déjà fait allusion : ce rêve le ramène à Paris, aux environs de la place Saint-Sulpice, c'est-à-dire vers la réalité quotidienne. Par une sorte d'effet de miroir, presque tous les rêves du second livre tendent vers le fabuleux. Dans chaque cas, on pourrait dire que les rêves des personnages les éloignent du contexte dans lequel la fiction les a placés. Mais le rêve dominateur d'Henri, dans lequel l'identification au Christ est explicite, n'est lui-même qu'un reflet de la réalité d'Allan. Celui-ci avait en effet expliqué à Gérard que « *le but inavoué des grands explorateurs, de Jason, de Vasco, de Colomb, n'était peut-être autre que la* possession *enivrée et solitaire de la planète* » (T, 69). Les exemples de l'esprit de domination d'Allan ne manquent pas : bien que plus poussé, il est analogue à celui des autres membres du groupe. La différence étant qu'il a tendance à agir, même si ce n'est qu'en paroles, là où les autres se contentent de rêver. La correspondance entre ces rêves et la réalité d'Allan avait d'autre part reçu sa justification dans un propos de Gregory : « *Il* [Allan] *était notre permission de rêver* » (T, 53).

Qu'Allan soit un personnage hors ligne, il n'est guère besoin d'y insister — « *C'est un homme très extraordinaire* » (T, 74). Gérard, dominant (naturellement) la plage du haut du balcon de sa chambre d'hôtel, y cherche d'abord Allan, mais il se rend rapidement compte que « *lui ne* pouvait *pas être un point noir dans cette foule* » (T, 44). A un autre moment, il lui associe les mots « *prince* » et « *roi* » et parle de son « *immobilité divine* » (T, 76). Quand il paraît oublier cette essence supérieure, Allan se charge de la lui rappeler, et Gérard est immédiatement maté : « — *et je me sentis soudain l'ilote ivre toisé par un fils de prince, un fils de roi, par un des Égaux* » (T, 158). Il est aux membres du groupe ce que ceux-ci sont à la foule. Cette supériorité le met au niveau des personnages du *Château d'Argol* (de même que la supériorité relative des membres du groupe par rapport aux « *fourmis* » les rapproche de ce niveau), le place dans un domaine à part dont les signes sont partout présents. Divers rappels affirment la correspondance entre Allan et Argol : il y a d'abord la « *carrière diplomatique* » (T, 61) qui fait écho au « *génie des intrigues humaines* » (A, 29) qui est le propre d'Herminien ; c'est Allan qui reprend, en la modifiant légèrement, la phrase attribuée à Hegel par Albert et « La main qui inflige la blessure est aussi celle qui la guérit » (A, 28) devient « *La main qui fait la blessure peut aussi la fermer* » (T, 214) ; au mobilier d'Argol, qui « *étonnait par sa constante* disponibilité » (A, 15) fait pendant le personnage d'Allan, « *un des êtres... les plus disponibles que j'aie jamais rencontrés* » (T, 61). Comme on le voit, ce n'est pas tel ou tel personnage d'Argol qu'Allan suggère : c'est véritablement l'univers entier du premier livre qu'il fait pénétrer dans le décor banal du second récit. Pour reprendre ce que j'indiquais plus haut, il personnifie le merveilleux faisant irruption dans le quotidien. Au niveau de l'intrigue, cependant, on pourrait esquisser un rapprochement plus précis : de même qu'Herminien arrive d'un ailleurs non défini pour des raisons non expliquées, accompagné du personnage énigmatique qu'est Heide, Allan s'annonce avec hauteur et mystère et fera son apparition accompagné de Dolorès, femme non moins mystérieuse. Ce sont, ainsi que Gracq le dit par ailleurs de Stavroguine dans son essai sur André Breton, des envoyés d'un autre monde[2]. Lors de l'arrivée de chacun de ces deux couples, l'un au château, l'autre à l'hôtel, il se produit d'une part chez Albert une sensation telle que son « *cœur parut comme suspendre ses battements* » (A, 44) et d'autre part Gérard compare l'effet produit dans la salle à manger de l'hôtel des Vagues à « *l'arrêt du cœur qui dure un dixième de seconde de trop* » (T, 41-42). Dans les deux cas, ces personnages royaux (dans *Argol* il est question de « *fabuleuse royauté* » [A, 166] et dans *Un beau ténébreux* de « *couple royal* » [T, 43]) s'en iront par les portes de la mort — on est tenté de dire : de la même façon qu'ils sont venus. Car la mort, chez Gracq, est évidemment très différente de ce que ce mot dénote dans le langage courant : il désigne toujours, dans un certain sens, l'opposé de la vie mais dans tout ce que celle-ci a de méprisable. Elle est un des signes désignant ce domaine particulier auquel j'ai fait allusion : le domaine d'Argol, pour nommer de manière commode ce qui n'a pas véritablement de nom (si ce n'est celui du surréel), dont la caractéristique essentielle est d'être la négation de la vie de tous les jours. Argol est une vacance de cette vie-là ; de même, à l'hôtel des Vagues, tous les personnages sont en vacances, mais l'expression a évidemment un sens plus faible, symptomatique de ce qui arrive quand le mythe est dilué par ce qu'il est convenu d'appeler réalité. Ce n'est qu'à la fin du livre, quand Allan et Dolorès sont prêts à réintégrer le domaine d'Argol, que le narrateur se risque à parler de « *ces jours si vacants* » (T, 184) redonnant peut-être un peu de vigueur aux « *vacances* » ordinaires. Ce mot, du reste, fait presque nécessairement songer à l'enfance qui, elle aussi, est éloignée de la vie courante. Il faut détruire une bonne partie de l'enfance, la soumettre à des dresseurs, comme le disait Breton dans le premier manifeste, pour la plier à cette vie. Gregory, à propos d'Allan, parle de la tragédie de l'enfance « *dont la catastrophe finale est seulement la vie, la vie courante, désenchantée* » (T, 54-55). L'enfance est un autre signe du domaine enchanté d'Argol.

« *Je rêve. Qui s'annonce ici avec une telle solennité ?* » (T, 10). Ces mots de l'auteur-narrateur, à la deuxième page d'*Un beau ténébreux*, présentent deux activités qui, elles aussi, s'opposent à la vie banale : la solennité — messe ou théâtre, par exemple — et le rêve. Comme précédemment pour le mot « *mort* », la notion de rêve demande à être mieux définie. Il y a, en effet, une certaine antinomie entre ce que l'on appelle communément le rêve et ce que suggèrent les textes de Julien Gracq dans les circonstances que je veux signaler. Une difficulté vient de ce que le mot « *rêve* » lui-même apparaît souvent dans son acception courante, mais la difficulté semble apporter son remède avec elle : ce n'est pas Allan, le personnage qui s'identifie au domaine d'Argol, qui se trouve imbriqué dans ces « *rêves* » communs — ce sont les autres. Gérard met en quelque sorte le lecteur sur le bon chemin lorsqu'il écrit : « *Je ne peux me contenter indéfiniment de rêver autour de ce personnage inquiétant. Il va falloir répondre...* » (T, 141). Il se rend compte que la rêverie l'éloigne de la région où se meut Allan ; on ne « *répond* » pas, au sens fort de ce mot, à un rêve, mais un acte peut exiger une réponse qui soit un autre acte. De son côté, Allan n'affiche que mépris pour « *l'étoffe molle de la rêverie* » (T, 69) ; son désir est de « tirer parti » (T, 54) de ses rêves, de pénétrer dans un rêve réel, si j'ose dire, analogue à celui dans lequel se mouvaient Albert et Herminien, un paradis terrestre « *avec ses feuilles de vrais arbres, le délice rafraîchissant de ses vraies eaux et logé... dans un repli ineffable du monde vierge* » (T, 69). L'*Avis au lecteur* du *Château d'Argol* parlait déjà de « *raviver les délices épuisées du paradis toujours enfantin des explorateurs* ». Il s'agit en somme « *de faire coïncider le rêve et la vie*[3] », selon le but que Gracq lui-même assignait aux *Vases communicants* d'André Breton, d'entrer dans un monde poétique (au sens que Gracq donne au mot poésie dans son essai sur Breton), de retrouver l'âge d'or, le paradis perdu que les textes surréalistes font métaphoriquement coïncider avec l'enfance ; il s'agit de sortir de ce monde « *mécanicien* », de « *cette chambre que nous habitons tous* »[4], d'en franchir les murs. Mais si, dans son essai, Gracq semble proposer ce but à tous, le texte du roman en restreint l'application aux êtres d'exception. Les personnages de la « *bande straight* » s'organisent selon l'image que leur auteur donne du groupe surréaliste lui-même, chez qui apparaissaient « *la hantise d'un groupe organique, "aristocratie du miracle"* » et le désir de constituer « un ordre clos et séparé, un compagnonnage exclusif »[5]. Les autres, comme l'écrit Gregory à propos du collège où Allan et lui étaient pensionnaires, restent « *derrière les hauts murs de cette prison austère* » (T, 52), tandis que pour Allan « *la vie ne cessa jamais de pénétrer à travers les murs de ce couvent* » (T, 53). Il est clair, je pense, dans le contexte de ces pages, que « *vie* » est l'analogue du rêve, « *collège* » et « *couvent* » sont ceux de la réalité courante. Une image semblable est associée à l'enfance de Christel quand, de son pensionnat triste, elle dit être obsédée par la pensée de « *la vie enchanteresse et libre, défendue par un sortilège, derrière ces hauts murs impitoyables...* » (T, 22). Ici, l'idée d'un sortilège vient renforcer l'analogie existant entre la vie véritable et le rêve réel, réaffirmant ainsi la nature enchantée du domaine d'Argol et l'importance du rite en tant que signe. Il se produit un phénomène identique quand Gérard, de son camp de prisonniers, contemple « *Hoyerswerda, la Ville mystérieuse, la Ville interdite* » (T, 111) à laquelle le mot « *magie* » est lié à la même page ; la ville est située dans un domaine réel mais « *inaccessible* », dans « *la terre merveilleuse, la terre promise* » (T, 110) et la prison dans laquelle il se trouve est l'image du monde ordinaire où nous vivons tous. Cet épisode souligne à la fois la proximité du merveilleux et la difficulté qu'il y a à le faire entrer dans le quotidien si l'on ne fait pas appel à des moyens extraordinaires — et Gérard ne *verra* jamais la ville qu'il a imaginée en regardant Hoyerswerda. Plus tard, au moment de la narration du rêve d'Henri, ces images se retrouvent et le château du rêve, associé à la conception d'un « *royaume de ténèbres* » (ce qui aide à relier métaphoriquement le titre du roman, et donc son personnage principal, à la notion de mort) et d'un « *royaume interdit* », se révèle lui aussi inaccessible, protégé « *à jamais* » par un « *cercle magique* » ; les murs dont il a été question précédemment sont ensuite suscités par la métaphore de la « *chambre close* » que constitue Henri lui-même (T, 196). Il est, et semble en être conscient, une image réduite du monde vulgaire ; il essaie de s'en dégager, ce qui implique qu'il lui faut s'échapper à lui-même : d'où l'importance, dans la structure du livre, de sa fuite loin de l'hôtel et d'Irène.

Étant donné l'atmosphère irréelle qui imprègne *Argol*, il est normal que de telles métaphores soient en général absentes de ce premier volume. Nous sommes à l'intérieur du domaine enchanté : l'action mystérieuse qui a ouvert l'accès du manoir à Albert se situe en dehors du texte qui ne fait qu'une brève allusion à « *ce recours en grâce insensé à la chance* » (A, 3). C'est uniquement lorsque Albert remonte le cours de la rivière qui le conduira à la chapelle des Abîmes qu'il est question d'un « *étroit couloir entre de hautes murailles végétales,* » l'enserrant comme dans un « *piège* » ou un « *guet-apens* » (A, 86) ; la chapelle elle-même se trouve dans un lieu « *parfaitement clos* » (A, 92). Il s'agit bien sûr d'un lieu privilégié à l'intérieur du domaine d'Argol, mais le texte précise également le caractère négatif, dans le sens photographique du terme, des impressions que ressent Albert : les murailles que forment les arbres n'interdisent pas aux personnages du roman l'accès à cet endroit mystique, au contraire, elles les attirent et les guident.

Dans *Un beau ténébreux* Allan n'est pas seulement celui qui autorise le rêve, il est aussi « *notre ambassadeur permanent au pays des merveilles* » (T, 53). Mais loin d'être une pure manifestation de l'imaginaire, le rêve a des racines tangibles dans un autre pays, une autre vie. Il s'agit d'un au-delà pour lequel la mort n'est qu'un des moyens d'entrée. Allan le sait depuis longtemps, témoin « *l'étrange fascination* » qu'exerçait sur lui « *l'apparat funèbre* » (T, 60) ; il a été frappé par une « *heure inoubliable* », celle où, à la fin d'une veillée mortuaire, l'aube est venue et lui a fait voir le visage du mort « *revenir au jour* » (T, 61). Ce à quoi s'intéresse Allan, de toute évidence, ce n'est pas la fin d'une vie, la transformation d'un être vivant en cadavre, mais une cérémonie très particulière marquant l'apparence — il faudrait peut-être dire la naissance — d'autre chose. Ce que l'on appelle ordinairement la mort est ici envisagé comme un rite de passage, ce qui implique nécessairement quelque chose de magique et rejoint ainsi les images précédentes : il y a, par exemple, analogie entre la mort et les murs du collège ou du couvent. Ainsi que Gracq le laisse entendre à propos de son interprétation du *Parsifal* de Wagner, il s'agit en somme de partir d'une conception chrétienne de la mort et de l'utiliser à d'autres fins — peu importe qu'on les qualifie de « *démoniaques* » ou non. Par la mort, le chrétien croyait avoir accès à la béatitude éternelle ; pour le personnage de Gracq, ce domaine au-delà de la mort, comme précédemment celui signalé par le rêve, est celui d'une vie plus réelle encore. L'idée de franchir volontairement le mur de la mort perd alors son caractère de suicide pathologique, s'apparentant (disons d'une manière démoniaque) à l'union mystique avec Dieu. On peut alors, comme le précise Allan, « *penser à la mort comme à une action, une conquête* » (T, 88), et c'est au contraire « *la vie courante, désenchantée* » qui peut prendre figure de défaite finale. Dans *Argol*, Albert était resté perplexe en présence de la croix mortuaire qu'il désignera comme étant celle de Heide, se demandant si elle figurait « *le signe de la mort* » ou si elle « *affrontait le peuple endormi des tombes pour lui présenter l'image orgueilleuse de la Vie éternelle présente encore au milieu des plus funèbres solitudes* » (A, 38).

A quelques pages de distance, Gérard et Christel expliquent tour à tour ce que la présence d'Allan à leurs côtés leur fait ressentir. Pour le premier, Allan « *incite sans cesse à ce petit geste irréfléchi qui sépare la vie de la mort* » (T, 134 ; souvenons-nous qu'Albert avait acheté le manoir d'Argol sans délibérer), tandis que Christel affirme : « *Allan est près de moi comme la proximité d'un grand voyage* » (T, 138). Ce voyage, quelques lignes plus loin, devient « *un merveilleux voyage* » qui sera bientôt comparé à un éveil « *sur une autre planète* » (T, 139). C'est le monde dans lequel elle vit qui lui semble « *un monde de fantômes* » et le voyage qu'elle veut faire avec Allan au

« *pays inconnu,* » pays dont il est exilé, se fera au moyen d'une « barque funèbre » (T, 140).

La notion de voyage et l'image de la barque font ici surgir le souvenir d'enfance de Julien Gracq si souvent mentionné, le lancement de l'*Ile-de-France*. Sans nier le lien évident qu'il y a entre le lancement d'un navire et l'idée de ses voyages futurs, je voudrais isoler cet événement afin d'en faire apparaître les caractéristiques propres. D'abord il s'agit d'une cérémonie, d'un rite dont le caractère inusité ne peut être que plus frappant pour un enfant d'une douzaine d'années — l'âge qu'avait Gracq à cette époque. Quiconque a assisté de près à un lancement sait que, une fois les accores abattues et les verrous déclenchés, lorsque l'énorme masse s'ébranle au milieu de bruits, de fanfares et de cris assourdissants, pénétrant dans l'eau avec des jaillissements d'écume, il *se produit* vraiment quelque chose d'extraordinaire surtout lorsqu'il s'agit d'un paquebot de la taille de l'*Ile-de-France*. Une masse imposante, immobile et inerte, de toute apparence solidement attachée à la terre, se met soudain en mouvement et, rompant ce qui la clouait au sol, elle épouse un nouvel élément dans lequel elle se meut avec aisance. Il se produit, pour reprendre ce que Gérard dit à Allan, une de ces « *cassures brusques qui, dans la vie de certains personnages légendaires, marquent le passage à un nouvel avatar* » (T, 153). A ce moment pourtant, tout voyage est encore à l'état de rêverie ; ce qui est capital, c'est la métamorphose qui vient d'avoir lieu d'une manière si brusque et si théâtrale. C'est la chenille devenue papillon, mais d'une façon autrement grandiose et impressionnante. Pour le navire, c'est une autre vie qui commence — la vie véritable. A ce sujet, il faudrait encore ajouter ceci à tout ce que l'on a déjà dit de juste sur les images de navires dans l'œuvre de Gracq : la vie à bord est une vie tout autre que celle que l'on mène à terre. De même que le lancement peut être considéré comme l'analogue du rite de passage auquel j'ai fait allusion, le navire en haute mer est l'analogue du pays inconnu, du pays du rêve. C'est bien pourquoi le château d'Argol, dominant la forêt avoisinante, est comparé à « *un haut navire engagé dans les houles* » (A, 17) et que deux images semblables sont associées à l'hôtel des Vagues au début d'*Un beau ténébreux* — c'est « *un paquebot qui s'illumine* » (T, 14) et il « *appareille comme un navire pour la traversée de l'été* » (T, 15), puisque cet été va représenter pour Allan un appareillage en direction du domaine privilégié. La vie en mer est indirectement suggérée au cours de l'épisode de Roscaër quand le rocher sur lequel est bâti le château est comparé à une proue, et dans la visite de la chambre d'Allan quand Gérard évoque l'idée d'une « chambre de veille *à l'extrême pointe d'un phare* » (T, 127) ; cette dernière analogie peut fort bien revenir à l'esprit du lecteur à la fin du livre, à la dernière heure d'Allan, quand on entend « *le bruit calme des vagues montantes* » entrer par la fenêtre (T, 215). Peu de temps auparavant, quand tous les membres du groupe sentent que le dénouement est proche et qu'ils se retrouvent le soir autour du feu, c'est « *comme s'ils se fussent trouvés transportés dans le carré d'un navire* » (T, 185).

Ainsi, le navire, au cours du lancement, accède à une « *autre vie* », fait l'objet d'une « *conversion* » (T, 154) ; ce sont là, du moins, des expressions qu'emploie Gérard en parlant à Allan mais qui s'appliquent sans difficulté à ce phénomène maritime. Tout comme Allan est « *un être marqué* » (T, 61), la transformation avait été prévue avant même que les premières pièces de la quille ne soient arrivées sur le chantier. Pendant la lente construction sur terre, il est possible de parler d'un « *avant* » et d'un « *après* » qui se correspondent : « *avant* », c'est la période des plans et des dessins pendant laquelle tous ceux qui sont intéressés à sa construction ont une vision claire de ce que sera le navire achevé et quel sera son comportement en mer ; « *après* », c'est la vision devenue réalité. La première période, celle des visions, est analogue à l'enfance telle qu'elle est conçue dans l'œuvre de Gracq ; la deuxième, celle d'une réalité supérieure, est l'analogue du rêve et de la mort. Quant au stade intermédiaire, celui de la construction, il correspond à la banale réalité quotidienne. Il est fort vraisemblable que la nature soudaine de la transformation effectuée au cours du lancement ait fait une profonde impression sur Gracq, soit lorsqu'il y a assisté enfant, soit plus tard lorsqu'il a revécu ce souvenir — car n'oublions pas qu'un des caractères de cette image est d'avoir été consciemment choisie par lui, cultivée en quelque sorte, extraite de la biographie et incorporée à l'œuvre. Notons finalement qu'au cours de la période précédant la mise en chantier, la *« vision »* d'un ingénieur peut se *« matérialiser »* très rapidement sous forme de croquis jetés sur le papier. L'enfance aussi aime les réalisations rapides.

Dans *Un beau ténébreux* Gérard cite la formule : *« Le diabolique c'est le soudain »* (T, 134) — ce qui, sous la plume de Gracq, n'a rien de péjoratif, bien au contraire. D'autre part, le rapport entre les changements brusques et le domaine de l'enfance est précisé par le même Gérard : il se souvient du *« plaisir d'enfant [qu'il a] éprouvé pendant la guerre... à faire sauter un pont »* (T, 36). Il est question, à ce propos, de la *« joie bondissante, brusque, folle... que cause tout ce qui s'écroule »* mais l'écroulement dont il s'agit est de toute évidence un événement soudain. J'ai insisté précédemment sur la nature soudaine de la transformation effectuée au cours du lancement d'un navire ; il est certain aussi que, pour un spectateur proche, une sensation d'écroulement est également perçue à ce moment, et la corrélation entre ces diverses images devient de plus en plus évidente. Par ailleurs, Gregory, dans sa longue lettre sur Allan, parle de *« ces* changements à vue *qui sont pour l'enfance sans surprise »* (T, 56). Il devient alors particulièrement significatif de noter, dans *Un beau ténébreux*, la fréquence des adverbes ou locutions adverbiales tels que *« soudain »*, *« brusquement »*, *« tout à coup »*, ainsi que les références à des phénomènes tels qu'éclairs ou coups de foudre. Je note alors que ces mentions deviennent plus nombreuses au fur et à mesure que l'on avance dans le texte ; rares au début, elles croissent en nombre après l'interruption du journal de Gérard et apparaissent en général en conjonction avec Allan ou au cours de la relation du rêve d'Henri (T, 197-198) et de la fuite de celui-ci (T, 201). Elles contribuent ainsi à marquer le lien entre les signes de l'enfance, du rêve et de la mort, signes qui montrent le chemin du domaine d'Argol. Dans le livre que ce domaine emplit, il n'est point besoin d'y insister, le bouleversement est d'ordre constant, depuis l'achat irréfléchi du manoir par Albert jusqu'au meurtre d'Herminien, en passant par la transformation instantanée infligée à Argol par la présence de Heide, sans oublier les changements brusques du temps et les sautes d'humeur des personnages.

Liée à cette notion de changement brusque, une autre image apparaît fréquemment : celle du surgissement. Ainsi, dans *Argol, « le château se dressait »* (A, 9), sa *« masse entière... sortit des buissons qui la cachaient »* non pas progressivement mais *« à l'instant où Albert atteignit le sommet »* de la pente qu'il gravissait (A, 10) ; à l'intérieur du château, des *« nappes de lumière jaillissaient »* des meurtrières (A, 16). Il est question de *« la puissance extrême d'*explosion » (A, 33) que provoque la réunion d'Albert et d'Herminien et, plus tard, de *« la fulguration soudaine »* (A, 54) causée par la conjonction de ces deux personnages. Le soleil *« jaillit des brumes »* (A, 74) pour accompagner Heide, marchant nue au-devant des vagues. Après la découverte de Heide blessée, les forces reviennent à Albert *« comme une soudaine montée de sève »* (A, 113). Finalement, sur les gravures dans la chambre d'Herminien, Albert remarque la manière dont l'artiste avait représenté la blessure d'Amfortas, d'où *« jaillissaient de toutes parts les rayons d'un feu impossible à tarir »* (A, 148). Lumière, sang et sève se répondent dans ces images et semblent bien être le véhicule d'une force vitale supérieure, teneur que l'on retrouve sous forme de cette vie autre et véritable que révèlent les métaphores de l'enfance, du rêve, et de la mort dans *Un beau ténébreux.*

Il y a du reste un lien évident entre ces images du jaillissement et les références aux escarpements et aux gouffres (que l'on trouve dans *Argol*) et même aux murs. Ce dernier rapport est posé dans le deuxième livre à propos du pique-nique de Roscaër, lieu où l'on devait naturellement s'attendre à voir apparaître notre image : *« Quelquefois un pan de mur nu, vertigineux, terrible, jaillit d'un seul jet au-dessus d'un bouquet d'arbres »* (T, 79). On remarquera comment cette image est renforcée, appuyée d'une manière qui contraste avec le style d'*Au Château d'Argol* — soit pour marquer la différence irréductible qui existe entre la vie réelle et la vie courante, soit que ce renforcement verbal soit nécessaire pour entamer la mollesse inerte de la banalité. La remarque de Gérard : *« Qu'y avait-il au fond que d'ordinaire dans cette promenade ? »* (T, 80) montre bien avec quelle aisance l'ordinaire a tendance à reprendre le dessus, danger qui n'existait pas à Argol. Toujours à Roscaër, après la tombée de la nuit, lors de la promenade, *« la paroi d'une tour, ..., vraiment* baignée *de lumière, montait d'un seul jet dans l'éclat froid de la nuit sidérale »* (T, 84). Allan lui-même, quelques instants plus tard, dans le récit de ses nuits passées dans les églises, manifestera l'unité de ces thèmes et de ces images à propos de la flamme des cierges : *« Flamme au cœur noir, où comme au ventre d'une femme se réfugie l'extrême chaleur, fer de lance et feuille de tremble, petite lumière intarissable — tellement immobile, tellement dormante qu'on l'imagine montant droite au creux d'un puits de ténèbres d'une profondeur infinie — comme le reflet adouci, tremblé d'une langue de feu dans une eau mystique »* (T, 86-87). Cette citation, par elle-même et par son contexte, évoque naturellement un lieu de cérémonie, à la venue des ténèbres (les expressions *« petite mort »*, *« dernier soupir »*, *« douce mort »* précèdent le passage cité, élargissant ainsi le sens de ce mot), et un adolescent s'absorbe dans une expérience mystique, sorte de rêve réel, *« une vision, comme on dit que font les yoghis de l'Inde »* (T, 87), abandonne donc toute conscience de la vie banale, rejoignant ce point hypothétique cher à Breton d'où les contraires cessent d'être perçus contradictoirement — la flamme et le noir, l'immobilité et le mouvement, le feu et l'eau s'alliant sans difficulté. Une comparaison rapproche l'expérience mystique de l'expérience sexuelle, ce qui n'a, en soi, rien d'original ; mais nous retrouvons là la façon dont un glissement s'opère à partir du *Château d'Argol* où, puisque nous nous trouvons plongés dans la vie véritable, il est possible d'intégrer l'acte sexuel aux signes et aux événements du livre sans qu'il soit nécessaire de prendre des précautions oratoires. Dans *Argol*, il semble presque naturel de lire que Heide force Albert à *« prendre un long baiser qui secoua tout son corps d'un éclair dévastateur et sauvage »* (A, 52). Par contre, il est indispensable qu'avant de narrer la promenade nocturne faite avec Christel dans les dunes Gérard prenne soin d'enlever « *toute ambiguïté déplaisante à [son] récit* » (T, 17). Ce n'est qu'à l'avant-dernière page du livre qu'un véritable baiser est permis à Christel : c'est pratiquement un baiser donné à la mort. Lorsque Gérard et Jacques pénètrent dans la chambre d'Allan, qui sera désignée comme étant un « *haut lieu* », après avoir été frappés par cet « *océan de lumière violente* » qui entre par une fenêtre, ils remarquent en regardant par la deuxième « *un magnifique escalier de cimes vertes et houleuses* » qui « *montait par paliers vers la flèche aiguë et ajourée d'un mélèze en plein ciel* » (T, 125). Il manque à cette image le romantisme noir et débridé de celle du jeune Allan dans son église. Elles ont pourtant beaucoup en commun et, bien que le mot « *jaillir* » n'y figure pas, le mouvement qui culmine en une « *flèche aiguë* » l'exprime à la perfection ; il n'est guère besoin d'imagination particulièrement aiguisée pour y déceler une poussée à la fois mystique et sexuelle entraînant vers un monde autre, ici désigné par le ciel.

La force avec laquelle l'impression que nous sommes dans le monde de l'enfance domine *Un beau ténébreux* est tout à fait remarquable. L'idée même de plusieurs mois de villégiature passés au bord de la mer fait surgir des images liées à l'enfance et à l'adolescence (subsidiairement aussi suggérant la présence quasi indispensable d'une bourgeoisie aisée — images associées par conséquent aux métaphores de domination dont j'ai parlé plus haut) ; ces images sont évoquées par des formules telles que la « *bande straight* » ou par l'expression dont se sert Jacques à propos de Christel : « *C'est mon flirt, n'est-ce pas ?* » (T, 31). Gérard se demande du reste si Jacques n'est pas « *simplement l'Adolescent* » (T, 41). Ce même Jacques, jusqu'à l'arrivée d'Allan, était considéré comme le chef de la bande « *straight* » — c'est-à-dire qu'on ne discutait ni « *ses choix de disques de jazz* », ni « *ses idées en matière d'élégance de cravates* » (T, 46) : qu'il y ait un « *chef de bande* » et qu'il s'occupe de ce genre de question implique, à mon avis, que l'on se trouve en présence de jeunes. Quant à Allan, « *il joue, il nage, il danse avec une espèce d'ivresse* » (T, 47). D'ailleurs, observées selon le monde (et je ne pense pas que cette expression religieuse soit déplacée), les activités du groupe suggèrent que l'on est en présence de jeunes gens désœuvrés qui se refusent à sortir de l'enfance, ou tout au moins de l'adolescence. A l'encontre de cette impression, le texte du roman fournit également un certain nombre de faits clairement énoncés et qui la réfutent. Il y a d'abord la carrière diplomatique d'Allan, déjà mentionnée : « *Il y a tenu longtemps, et brillamment, une place enviée* » (T, 61). S'il a tenu une telle place pendant longtemps, c'est qu'il est loin d'être jeune. Gérard est écrivain, d'âge également mûr (« *comme autrefois dans ma jeunesse* », dit-il, T, 18) qui a publié plusieurs livres, dont une étude sur Rimbaud et un récent ouvrage qui est traité « *sans trop de ménagement* » dans le magazine qu'il lit à l'hôtel des Vagues. Les indications données sur les autres personnages sont moins précises : Christel est une jeune princesse (T, 15), Irène et Henri sont de jeunes mariés — mais ce ne sont plus des adolescents. Contribuant à ce flottement, cette tension qui existe entre les faits et l'impression qui s'en dégage, comparable à celle qui se développe à partir de la relation de circonstances qui pourraient être ordinaires (le pique-nique à Roscaër, par exemple) mais dont l'aura surréelle est indubitable, les passages où Christel parle de son enfance et où Gregory raconte celle d'Allan centrent l'attention du lecteur sur des épisodes du passé qui seront, métaphoriquement, repris par la suite. En ce qui concerne Gérard, les allusions à l'enfance ne font pas défaut dans son journal : ce sont « *les souvenirs presque cristallins de l'enfance* » (T, 43) que font surgir les cuisines de l'hôtel ; c'est la lettre de Gregory qui le fait rougir « *comme un enfant pris en flagrant délit d'hypocrisie* » (T, 51) ; « *une mémoire parée des séductions enfantines* » (T, 80) qui transforme la nuit de Roscaër, « *une complicité enfantine* » (T, 87) qui le lie à Christel et à Allan au cours de la même nuit, qui répand du reste « *une atmosphère de rêve d'enfance* » (T, 90), des souvenirs « *enivrants* » qui remontent « *du fond de [son] enfance* » (T, 101) et accompagnent l'idée d'un départ ; c'est enfin une « *terreur infantile* » éprouvée en présence d'Allan. De l'enfance de Christel j'ai déjà mentionné la référence au pensionnat ; les thèmes de l'opéra, qu'elle relie à l'époque de ses treize ans et qu'il n'y a aucune raison de dissocier de celui du théâtre, et du bolide qui illumine brusquement la nuit reviennent à plusieurs reprises — la plus frappante étant la coïncidence d'une allusion à *Faust* immédiatement suivie d'une image où Allan est comparé à une « *comète suivie de sa queue brillante* » (T, 80). Bolide et comète sont du reste liés au concept de soudaineté ou de jaillissement étudié plus haut. Il n'est pas besoin d'insister sur le fait que toute la péripétie d'Allan à l'hôtel des Vagues reprend les thèmes présentés par Gregory dans sa lettre et suscités par des épisodes de son enfance, jusqu'aux détails de la narration, comme celui où Allan épie une jeune fille de la branche d'un tilleul, « *accroupi comme un jeune jaguar* » (T, 56), auquel fait écho celui où Allan « *fascine* » Christel du haut d'une muraille de Roscaër (T, 82), tout a sa place dans la structure du livre. D'autres incidents, qui ne sont pas directement reliés aux thèmes introduits par les récits d'enfance — où le mot « *enfance* » n'apparaît même pas — telle la visite que font Jacques et Gérard à la chambre d'Allan en l'absence de celui-ci, ont au départ quelque chose d'enfantin. Tout ceci conduit à réaffirmer que l'enfance n'est pas une réalité de l'histoire contée, elle est, comme les métaphores précédemment citées, un signe du texte qui renvoie à un autre domaine.

Le rite, que j'ai déjà montré comme étant associé à la mort, le sera également à l'enfance, rehaussant ainsi non seulement le signe mais la direction qu'il indique. Au reste, le goût des enfants pour le rite est un fait bien connu.

Que le tapis rouge de l'étage où demeure Allan renvoie au tapis rouge de l'opéra où Gérard s'était égaré en rêve, cela confère à celui-ci un rôle annonciateur ; qu'il soit fait allusion au récit qu'avait fait Allan à Roscaër des nuits passées dans des églises « *parce que ce lieu, à la nuit tombante, dût être, plus qu'aucun autre,* révélateur » (T, 85), cela fait surgir le concept de rite initiatique, d'autant plus que Gérard répète en la modifiant l'affirmation d'Allan : « *Je crois toujours à la vertu révélatrice des* chambres noires » (T, 124). Ce jeu de mots évident est du reste d'autant plus frappant que nous sommes en plein après-midi ; quand les visiteurs ouvrent la porte d'Allan, ils débouchent « *sur un océan de lumière violente* » (T, 125). La chambre est telle, pourtant, que le noir et la lumière peuvent coexister, bien qu'un conflit se manifeste : « *Des coins plus sombres organisaient leur défense* » (T, 126). C'est un privilège qu'elle partage avec « *les lieux de plaisir* » où « *quelque chose de la pénombre en pleine lumière du théâtre* » se manifeste (T, 94). Elle paraît également plus vaste que ses dimensions ne le laissaient prévoir — bref, c'est un endroit d'où « *la banalité commune à toutes les pièces d'hôtel était absente* » (T, 126) et qui évoque une « *idée obscure de* haut lieu » (T, 127). Notons que l'expression est la même que celle qui avait servi pour désigner Roscaër : « *un de ces* hauts lieux... *qui se lèvent au soleil couchant au-dessus des nuages avec les premières étoiles, dans une lumière d'un autre monde* » (T, 78). L'association avec le point hypothétique de Breton est encore une fois suggérée, soit par les faits de la description, (« *lumière violente* » et « *coins sombres* »), soit par le vocabulaire (« *obscure* » — « *haut lieu* » et « *se lèvent* » — « *couchant* »). Notons également que l'aspect extraordinaire de ces deux endroits significatifs d'*Un beau ténébreux* correspond à l'impression que dégage Argol tout entier.

Deux détails viennent renforcer l'aspect insolite de la chambre d'Allan : à l'un des murs se trouve appliqué un manteau « *d'une forme sacerdotale et lourde, inhabituelle* » (T, 127) et à un autre sont accrochés des objets « *qui servent d'accessoires à la magie thibétaine* » (T, 127). De même, l'approche de Roscaër avait été comparée à la montée d'une « *montagne magique* » (T, 79). Ces mots de sacerdoce et de magie, ajoutés à d'autres déclarations plus explicites, constituent une sorte de levain qui non seulement insuffle à la chambre d'Allan son caractère différent mais aussi la hiérarchise. Ils forment les chaînons d'un lien relativement subtil unissant les thèmes privilégiés de l'enfance, du rêve, et de la mort et les intégrant à la fiction d'*Un beau ténébreux*. A ce vocabulaire impliquant l'idée de rite et de cérémonie correspond, dans *Au Château d'Argol*, la notion plus forte et plus directe de charme ou d'enchantement. En somme, toutes proportions gardées, le deuxième roman est au premier ce que la relation d'une sorte de messe noire pourrait être à une version démoniaque de la passion du Christ.

Dès le début du journal de Gérard le nom de Christel attire l'attention, par cela même qu'il est une forme moins commune que Christiane ou même Christine, qu'il est une forme germanique plus chargée d'un romantisme profond : on est davantage conduit à songer à son étymologie. La robe blanche de Christel, ses pieds nus dans des sandales, sa croix d'or, l'insistance avec laquelle Gérard parle de son aspect intouchable — tout cela suggère également une sorte de vestale, bien que le mot ne soit pas prononcé (le mot « *sphinge* » lui sera associé un peu plus tard). Décrivant son état d'esprit avant sa promenade nocturne avec elle, Gérard emploie les expressions « *route d'initiation* », « *reposoir de la Fête-Dieu* », et « *journée pleine de présages* » (T, 18) ; la promenade commence au milieu d'un « *paysage désolé, presque théâtral* », complétant ainsi l'aura qui accompagne Christel. Plus tard, Gérard se resservira du mot « *initiation* » pour décrire l'expérience de l'été tout entier, expliquant que le groupe de l'hôtel des Vagues serait toujours associé, « *quoi qu'il advienne, à la plus singulière* initiation » (T, 103). La lettre d'Allan annonçant sa venue répète le mot, signalé plus haut, employé par l'auteur-narrateur et contient la déclaration suivante : « *Je mets, crois-le, quelque solennité dans une phrase qui d'elle-même semble faite pour s'inscrire en majesté* » (T, 38). Lors de son arrivée à l'hôtel, à l'image citée précédemment il convient d'ajouter qu'il produit un effet ressemblant à « *l'accalmie horrifiée d'un début de panique au théâtre* » (T, 42). La notion de théâtre qui accompagne ainsi deux des personnages les plus importants du livre se trouve également élargie, étendue à l'espace dans lequel ils se meuvent, et ceci constitue encore un autre renvoi au *Château d'Argol*. On se souvient de la nuit qui a suivi l'arrivée des visiteurs au manoir et du moment où Heide et Albert s'avancent jusqu'au parapet de pierre : « *Comme baignés de la lueur d'une rampe, les têtes rondes des arbres émergent partout des abîmes, serrées en silence, venues des abîmes du silence autour du château comme un peuple qui s'est rassemblé, conjuré dans l'ombre, et attend que les* trois coups *résonnent sur les tours du manoir* » (A, 51). Autrement dit, l'action se passe sur la scène d'un théâtre fabuleux. C'est l'auteur-narrateur d'*Un beau ténébreux* qui, dans les pages liminaires, est le premier à introduire l'idée de théâtre dans l'esprit du lecteur, mais un théâtre visité après la représentation, établissant ainsi un certain recul par rapport aux événements qu'il va rapporter — recul que j'ai mentionné au début de cet essai. Puis, à trois reprises, Gérard attire notre attention sur la forme de la plage : « *cet immense arc de cercle* » (T, 17) ; « *un grand arc de plage* » (T, 36) ; et « *tout l'arc de la plage* » (T, 44). Le lecteur est donc préparé à ce que Gérard, contemplant à nouveau « *l'arc parfait* », remarque « *ce qu'il y a d'extraordinairement théâtral dans le décor de cette plage* » (T, 49) ; les maisons qui la bordent constituent les « *gradins d'un Colisée* » ; et lorsqu'il songe à ce qui doit être représenté dans ce théâtre, il parle de « *geste hiératique d'officiant* », de « *sacerdoce* » et de « *sacrificateur* » *(ibid.)*. Rien d'étonnant à ce qu'Allan y joue le rôle majeur, puisqu'il est un « *roi de théâtre* » (T, 92). Rien d'étonnant non plus à ce que son action soit pleinement théâtrale — à la fois dans le sens de « *spectaculaire* » et dans un sens plus précis. En effet, la mort d'Allan, qui est ce vers quoi toute l'action et toute la tension du livre sont dirigées, n'a jamais lieu dans le cadre du texte. La dernière phrase du roman est à la fois mystérieuse et ambiguë : « *De nouveau il entendit la porte s'ouvrir, et, calme, du fond de la chambre, il vit venir à lui sa dernière heure* » (T, 216). L'interprétation est aisée : il s'agit de Dolorès qui, fidèle à sa parole, vient rejoindre Allan pour boire avec lui le poison mortel qu'il a préparé (le même liquide noir qu'avait bu Heide) — mais ce n'est qu'une interprétation, aussi plausible soit-elle. D'autre part, la mort d'Allan et de Dolorès avait déjà été *représentée*, comme dans un théâtre, lors du bal costumé, quand ils sont apparus en « *Amants de Montmorency* », avec une large tache de sang à l'endroit du cœur. J'ai déjà suggéré l'analogie possible avec une messe noire ; la messe, en principe, représente la Passion mais n'exige pas mort d'homme ; il est pourtant des cérémonies primitives qui vont plus loin... Quoi qu'il en soit, c'est au lecteur que revient la responsabilité d'imaginer la fin exacte de l'histoire. Si l'on se reporte au *Château d'Argol* au contraire, on voit que la mort de Heide et le coup de couteau assené à Herminien font clairement partie du texte.

Tout au long du journal de Gérard les références au théâtre ont donc joué leur rôle catalytique. Quand le narrateur prend la parole, c'est le bal travesti du premier septembre qui supplante en quelque sorte le théâtre, sans toutefois l'éliminer complètement. Du reste, les mentions précédentes ont préparé le terrain et contribuent à donner à ce bal une solennité spéciale. C'est une fête au cours de laquelle les masques accèdent à leur fonction la plus haute, celle de démasquer : Allan « *pouvait* tout se permettre, *arracher brutalement les masques et mettre à nu les vrais visages* » (T, 173). Ainsi, moins qu'Allan, c'est « *la mort en toilette de bal* » (T, 172) qui fait son apparition et, à l'occasion d'une activité qu'affectionnent les enfants, au cours de laquelle on se déguise pour matérialiser ses rêves, Allan et Dolorès affirment leur séparation d'avec le reste du groupe, plus particulièrement d'avec ceux qui leur ont exprimé un amour terrestre — Christel et Gérard — mais qui par là même se sont trouvés plus proches d'eux que n'importe quel autre personnage du livre. Il semblerait même que Gérard, au nom aussi germanique que Christel et dont l'étymologie dit qu'il est « *fort au maniement de la lance* », ait *représenté* un rôle semblable à celui qu'Albert avait joué pour Herminien et rendu possible pour Allan le dénouement qu'il souhaitait. En tout cas, Allan et Dolorès sont prêts à rejoindre le domaine enchanté d'Argol et le narrateur dira explicitement que nous assistons à « *la naissance d'un* autre ordre, *d'un ordre miraculeux* » (T, 185).

LÉON S. ROUDIEZ.

NOTES

1. La première citation est extraite du *Château d'Argol* (Paris, 1938, Club Français du Livre, 1952), p. 120 et la deuxième du *Beau ténébreux* (Paris, José Corti, 1945), p. 9. Les références à ces deux éditions figureront désormais dans le texte, précédées respectivement des sigles A et T.

2. Julien Gracq, *André Breton* (Paris, José Corti, 1948), p. 55.

3. *André Breton*, p. 109.

4. *André Breton*, pp. 113 et 107.

5. *André Breton*, p. 34. Gracq fait remarquer que l'expression « aristocratie du miracle » n'est pas de lui mais de Jules Monnerot.

LA LITTÉRATURE
A DOUBLE FOND

Jean Pfeiffer

Dès son premier livre, *Au Château d'Argol* (1938), Julien Gracq entendait marquer, par rapport à la production littéraire ordinaire, une distance au sein de laquelle il n'a pas cessé de se tenir, non seulement par la discrétion de son œuvre ou de sa personne, par son refus des modes et des vogues, par son mépris des carrières et des prix, mais par le caractère éminemment particulier de cette œuvre et, si j'ose ainsi dire, par son sous-entendu. Dans la littérature des trente dernières années, elle occupe une place à part, un peu en deçà ou un peu en dehors. Bref, et jusque dans *Un balcon en forêt*, une œuvre singulière.

Cette distance, on peut croire qu'il voulut la marquer dès l'abord de la façon la plus tranchée, voire la plus ostensible, de telle sorte qu'il lui fût désormais impossible d'en revenir, en se réclamant, pour ce premier récit, d'Edgar Poe et du roman noir, qu'exaltèrent les surréalistes. En un mot, de ce qu'il est convenu d'appeler la littérature fantastique, et même la littérature fantastique au sens le plus traditionnel. Il est sans doute superflu de rappeler les paroles de l'*Avis au lecteur* : « *Quant aux machines de guerre qui dans ce récit sont mises en œuvre çà et là, et destinées à faire mouvoir les ressorts toujours malaisément maniables de la terreur, un soin particulier a été apporté à ce qu'elles ne fussent et surtout ne parussent jamais inédites, et pussent par conséquent jouer du plus loin possible le rôle d'un signal avertisseur.* »

Littérature fantastique, cela est vite dit, qui ne laisse pas d'être insuffisant. En un sens, on parlerait plutôt d'une littérature d'imagination, de fiction, comme pour certains récits de Borges. Mais, il est vrai, dans le langage courant, les romans ordinaires sont également tenus pour œuvres d'imagination. Aussi bien, et quoiqu'il soit loin d'être toujours adéquat, nous tiendrons-nous pour l'instant au terme de « fantastique » parce que, par un certain côté des romans de Gracq, il nous permet de maintenir le mieux, et finalement avec un minimum d'équivoque, la distance dont je parlais tout à l'heure.

Mais qu'est-ce que la littérature fantastique ? S'il est vrai que le récit ou le roman ordinaire se réfère à un certain réalisme, fût-il réduit au simple principe de la vraisemblance, elle est en quelque sorte son antithèse : celle qui s'apparente à l'irréalité du rêve, de l'extraordinaire, de l'invraisemblable. Mais cette différence ne réside nullement (ou pas forcément) dans la nature des événements qu'elle rapporte. Elle n'invente pas forcément dragons ou chimères, voire simples revenants. La littérature fantastique a son climat propre, presque toujours annoncé d'avance (comme le voulait Julien Gracq), qui a pour effet de troubler la réalité fermement assurée d'elle-même. Quelque chose de plus voilé, ou de singulièrement plus aigu, qui nous met en alerte, au sein duquel les incidents les plus communs, les situations les plus banales, prennent valeur de *signes*, s'inscrivent aussitôt dans un espace de retentissement qui ne se laisse ni réduire ni ressaisir.

Justement, rien d'extraordinaire, rien d'invraisemblable objectivement parlant, à ce suicide d'un personnage dans un hôtel à la mode de la côte bretonne que rapporte *Un beau ténébreux*. Tout au plus un simple fait divers. Mais ce à quoi le récit nous fait assister n'est pas le simple fait de cet événement et des circonstances qui l'accompagnent. « Objectivement parlant » n'a pas de sens ici. C'est, au contraire, à chaque instant, le retentissement anticipé de ce suicide, vécu comme un malaise par la petite « *bande straight* » d'estivants. Et à ce retentissement anticipé, c'est-à-dire à ce pressentiment, concourent comme autant de signes la lande, le château en ruine, le bal travesti, etc. Mais avant tout ce climat, introduit dans le récit dès l'abord, et même dès la préface, par le *ton*.

Ici encore Julien Gracq emprunte un procédé classique de mise en scène : le journal du narrateur (si l'on préfère, du spectateur), autrement dit, de l'auteur. Mais j'ai tort d'introduire cette distinction, parce qu'il est assez évident que, par personne interposée, c'est bien ici l'auteur qui parle, qui écrit. Et même, il est assez arbitraire de se référer à un auteur, qui est cependant Julien Gracq, quand il s'agit seulement d'un récit qui se donne tel quel par soi-même et pour soi-même. Bref, d'une simple lecture. Mettons donc le narrateur, et du même coup l'auteur, entre parenthèses, ou tenons-les pour simples personnages.

Pour tout dire, ce ton, relativement à celui du roman ordinaire, du roman réaliste, a tout de suite quelque chose d'emprunté, d'artificiel, je dirai presque de truqué, comme le chapeau à double fond des prestidigitateurs, ou comme un jeu de cartes biseautées, qui ne laisse pas d'être souligné par des mots, par des expressions imprimés en italique, qui invitent le lecteur à une attention particulière, à une sorte d'attention qu'on pourrait dire « hors texte ». Car il n'en va nullement comme du procédé typographique courant, destiné à mettre en évidence une citation, ou à insister sur un point important de ce qui est écrit, au niveau de ce qui est écrit ; il s'agit au contraire (comme si à ces moments le texte initial ne se suffisait pas) d'en appeler à une sorte de niveau second de la lecture. Comme si les mots ou les expressions ainsi soulignés comportaient, avec la complicité du lecteur, une signification différente de la signification ordinaire, une sorte d'entente (sous-entendue) au second degré, comme il en irait, par exemple, pour un vocabulaire d'initiés. A tout le moins fonctionnent-ils, eux aussi, à la manière d'un signal, mais, je viens de le dire, d'une sorte de signal « en-dehors ». Si bien que nous sommes fondés à nous interroger sur la nature de cet en-dehors ou, à tout le moins, sur la signification de ce signal[1].

En principe, le texte ordinaire, comme celui de n'importe quel roman ou récit, se rapporte à la réalité et aux événements de la réalité qu'il relate. L'hypothèse qui vient spontanément à l'esprit, appuyée par l'ascendance surréaliste de l'auteur et, d'autre part, par ce que j'appellerai la convention secrète de la littérature fantastique, c'est — pour parler sommairement — que les signes mis en évidence, ces signes que je disais tout à l'heure « hors texte », en appellent, par une sorte de parallélisme, à un niveau second de la réalité, à une sorte de réalité seconde ou occulte, qui ne se laisserait seulement percevoir ou pressentir que par éclairs. Mais, je l'ai dit, dans *Un beau ténébreux* (et aussi dans tous les autres romans de Gracq), tout est déjà dans le pressentiment, dans l'atmosphère confuse, équivoque, dans le trouble qui s'abat, en particulier, sur le narrateur, plaque sensible, aiguille aimantée et déjà, nous le comprenons tout de suite, singulièrement polarisée par la littérature. Sans doute, cette atmosphère équivoque, ce pressentiment, ce trouble sont-ils attribués à l'irruption, dans un climat soi-disant détendu de vacances, du personnage, lui-même éminemment trouble, équivoque et fascinant, d'Allan, ce suicidé d'avance. Mais c'est là renverser les termes. Cette intervention qui est apparemment la raison d'être du récit, c'est en vérité le récit lui-même qui la suscite et qui, dès l'entrée en matière, déjà la prépare. Cette réalité seconde ou occulte n'est en vérité présente (et en quelque sorte n'existe) qu'en fonction de ce signe littéraire redoublé, par là devenu signal.

Or chacun sait que même la littérature ordinaire, le récit ou le roman ordinaires, qui sont censés se rapporter à la réalité ordinaire, ne s'y rapportent pas réellement, quand bien même toutes les apparences, tous les alibis seraient préservés. Ils s'y rapportent, mais comme à de simples références destinées à leur apporter leur caution. Ils renvoient à un univers tout autre, à un espace tout autre, l'« espace littéraire », pour rappeler le titre de Blanchot, espace étranger, non vivable, qui laisse à son seuil la réalité physique de notre corps, où nous ne sommes jamais que spectateurs, non acteurs, où nous ne vivons jamais, si l'on peut ainsi dire — comme d'ailleurs l'on dit — que par l'imagination. Redoubler le signe littéraire ne serait donc nullement redoubler la réalité (désigner, derrière cette réalité, une réalité seconde qui la « doublerait ») ; ce serait seulement redoubler l'espace littéraire, lequel se donnait déjà soi-même comme un double de la réalité. Or l'imaginaire ne connaît pas de second degré. Il n'y a pas d'imaginaire de l'imaginaire, pas plus qu'il n'y a de rêve du rêve. L'impression du « déjà rêvé » dans le rêve indique, déjà, dit Freud, un commencement de réveil, bref, un commencement de retour à la réalité. De sorte qu'on pourrait dire que les italiques de Gracq, les italiques d'*Un beau ténébreux* ne signalent rien, ne signalent que le vide ou, plus littéralement, un en-dehors, un au-delà de la littérature qui ne serait encore et toujours que la littérature.

Sans doute, mais le récit dont nous parlons met justement en scène un personnage auquel la littérature comme telle (ce double fallacieux de notre réalité) ne peut suffire, qui ne saurait se contenter, pas plus qu'il ne se contente de notre existence, de faire de la littérature une sorte d'activité secondaire, marginale, bref, d'écrire des livres. Qui entend et veut au contraire qu'elle soit chose *vécue*, au sens le plus fort, comme le voulut peut-être Rimbaud, « dans une âme et dans un corps[2] ». Ses intentions sur ce point ne sauraient faire de doute : dans un entretien avec le narrateur, il évoque la figure de Napoléon, dont la trajectoire s'inscrit en dehors de toute mesure humaine ou, si l'on préfère, réelle. « *Sa responsabilité*, dit-il, *se situe sur un autre plan : la complétion minutieuse, tâtonnante, de certaine courbe fabuleuse qu'il se sent pour mission d'inscrire en traits de feu sur le sol. Il se serait senti, même de son vivant, beaucoup plus* engagé *par la plus banale des complaintes (« né dans une île, mort dans une île ») que par le plus catégorique des impératifs.* » Et il ajoute : « *Je puis être Napoléon là-dessus.* »

Certes, il y a dans le roman français un personnage illustre qui, lui aussi, voulut vivre sa vie à l'image de la littérature : Emma Bovary. Mais entre Emma et Allan la différence est sensible. La conception de la première est naïve, elle croit pouvoir s'en tenir à la *lettre*, c'est-à-dire à la mise en scène, aux péripéties. Elle n'en affronte pas moins (quoique sans le savoir) le vertige inhérent à l'imaginaire. Mais son suicide est un aboutissement, qui consomme en quelque sorte l'échec de son entreprise. Au contraire, c'est en toute connaissance de cause et dans toute sa profondeur qu'Allan assume son destin. Les péripéties, les événements sont donnés du même coup, parce qu'ils sont d'avance éclairés par sa mort, parce qu'ils sont, pour ainsi dire, vécus dans la lumière de la mort, et son suicide apparaît comme son couronnement, presque comme son assomption.

Ainsi en va-t-il également du destin d'Orsenna, des derniers mois de la vie de cette république figée dans son passé, et que réveille seulement le pressentiment de son imminente et presque volontaire destruction. En un sens Orsenna aussi se suicide. Ainsi en va-t-il aussi peut-être (l'équivoque demeurant suspendue) pour la vie du héros d'*Un balcon en forêt* pendant l'hiver 1939, dans son avant-poste au bord de la Meuse, face à ce qui sera bientôt, inévitablement, l'envahisseur.

Bien plus que d'une conception littéraire (au sens étroit de cette expression) faudrait-il parler, pour Julien Gracq, d'une conception mythique de la réalité. Mais l'enjeu d'une telle gageure est précisément la mort, la mort nécessaire, presque la mort vécue. Pour que la réalité aboutisse à un livre (selon le vœu de Mallarmé), il lui faut passer par sa disparition. Bien plus, la parole littéraire (mais déjà la simple parole) signifie déjà par elle-même cette disparition : « *Je dis une fleur...* »

JEAN PFEIFFER.

NOTES

1. Il convient de rappeler, à propos de l'usage de l'italique chez Gracq, les pages qu'il consacre à l'italique chez Breton dans son étude sur cet écrivain.

2. Cité par Gracq.

GRACQ ET BUZZATI POÈTES DE L'ÉVÉNEMENT

Philippe Berthier

Les déserts sont des océans morts de soif.
Pierre Emmanuel

Monique de Taeye-Henen a eu le mérite de poser la question[1]. Mais sa conclusion est-elle acceptable ? Constatations : *Il Deserto dei Tartari* paraît à Milan en 1940 ; Michel Arnaud le traduit en 1949[2] chez Laffont. Gracq donne en 1951 *Le Rivage des Syrtes*. Et, s'appuyant sur la juxtaposition des deux récits, la critique juge : le seul défaut de Gracq fut d'être le second. Il n'aurait fait que reprendre, en l'habillant à sa mode, un thème venu d'ailleurs. C'est sans doute mal placer les choses. Le problème n'est pas d'antériorité littéraire : ou alors la littérature est pure histoire, équation d'influences déterminables, catalogue de sujets qui, une fois choisis par tel, ne pourraient être qu'abandonnés parce que définitivement réservés à leur inventeurs — ou volés. Une exposition d'objets portant l'étiquette *vendu*, en somme, ou dont le brevet a été immédiatement déposé pour éviter les contrefaçons. Conception ruineuse de la création intellectuelle comme fabrication de produits imitables (il suffirait de connaître les secrets « maison »). Gracq, en dépouillant Buzzati, et en auréolant immoralement son larcin de la gloire goncourtienne, aurait démontré que bien mal acquis profite décidément, et administré une leçon d'espionnage industriel appliqué aux lettres. *Désert des Tartares* et *Rivage des Syrtes* : dans l'étiquette même, la ménagère à qui on ne la fait pas subodorerait, par-delà le conditionnement différent, une denrée substantiellement identique.

Reprenons plutôt l'image pascalienne, et disons que si Gracq et Buzzati jouent de la même balle (ce qui n'est pas sûr), ils ne la placent pas de la même façon.

Prélude à l'unisson, en effet, et de tonalité majeure. Une joie indifférenciée qui éclatera plus tard en harmonies de plus en plus étrangères. *Une prise de commandement. Première affectation.* Deux genèses. C'est le commencement absolu de quelque chose qui n'a pas encore de nom, mais se gonfle de tous les possibles. Le même petit matin, la même promesse éclaire ces deux voyageurs qui partent d'un bon pas. Aube de septembre : les vacances de la vie sont finies, c'est comme la première rentrée, l'introït à une existence et à une expérience encore sans contenu, mais dont on sait qu'elles marquent un seuil sans véritable retour. Ville natale dont on s'arrache en faisant semblant de croire que c'est un départ comme les autres ; mais Aldo et Giovanni sentent confusément qu'en rejoignant leur premier poste, ils tranchent les amarres qui les retenaient jusqu'alors aux rivages de l'enfance et de l'in-signifiant. C'est en quittant le lieu de leur naissance qu'ils naissent véritablement à leur histoire personnelle et à leur sens. Mais ce qui empêche cette ouverture de caracoler à l'italienne (et sommes-nous en Italie ? En tout cas, loin de la Lombardie de 1796 et des folies de Stendhal attaquant la *Chartreuse*), c'est que l'atmosphère est lestée d'une conscience vaguement lourde de futur. Aldo et Drogo ne s'abandonnent pas à la jubilation mousseuse d'une spontanéité sans obstacles (le stendhalien « génie »), ils sentent qu'ils s'acheminent au-devant d'une aventure qui, de toutes façons et quelle qu'elle doive être, en se révélant, les révélera et révélera une dimension plus profonde, comme une vérité essentielle des choses autour d'eux et en eux. « *Quelque chose m'était promis, quelque chose m'était dévoilé, [...] j'attendais le matin, offert déjà de tous mes yeux aveugles, comme on s'avance les yeux bandés vers le lieu de la révélation* » *(Rivage,* p. 19[3]*)* ; « ... *sur tout cela pesait une pensée tenace qu'il ne parvenait pas à définir, comme le vague pressentiment de choses irrévocables...* » *(Désert,* p. 6*)*. A l'horizon, un *quid* sans visage. Le départ est le premier geste du rite, le dépouillement nécessaire à la visitation de la Grâce. Partir, c'est s'offrir au sacrement. Au bout de la route, l'explication : l'*Apocalypse.*

Avec le rejet d'une vie antérieure frivole ou mesquine, les deux jeunes gens ont rompu le lien de l'habitude et posé un acte dont ils attendent des conséquences imprévisibles. Ils ont troué le silence, interrompu le sommeil en proférant une parole irréparable. Un passé défunt s'engloutit ; tout s'inaugure dans une palingénésie grosse d'événements. Et par une démarche à laquelle on conférerait aisément une équivalence mystique, il s'agit de se détourner du monde, taxé de radicale finitude, pour s'ouvrir à l'envahissement d'une plénitude espérée, dont l'origine et la nature restent indistinctes encore, mais dont on sait qu'elle existe et qu'elle adviendra. C'est le sens de ces *destinations* aberrantes, où le *destin*, lui, se retrouve et se trouve : l'une choisie par Aldo, l'autre imposée à Drogo, conduisent à une mer morte, à une frontière morte ; le dos tourné à une fausse vie, pour découvrir, à travers la stérilité absente du sel et du sable, la source inépuisable et fécondante de la vraie vie présente. Si l'Amirauté des Syrtes passe pour « *un purgatoire* » (p. 11) et l'envoi au fort Bastiani « *une punition* » (p. 21), c'est aux yeux superficiels de tous ceux qui ont renoncé à voir au-delà et ont décidé de se satisfaire de la surface des choses. Mais Aldo par sa décision volontaire, Giovanni par la densité de l'espérance dont il entoure un sort qui lui est imposé, se rangent d'emblée dans la race des âmes aux aguets de l'imminence. Croire que la mort n'est pas tout à fait la mort, voilà le désir implicite qui les penche, comme une vocation diffuse, à ne plus se mouvoir à l'aise dans une existence d'où semble avoir été évacuée toute soif de la virtualité. Le désert de sable et d'eau est donc bien plus qu'un décor. C'est avant tout un espace intérieur, comme le désert pasolinien. C'est le lieu de la quête. Immensité de vide qui prépare et appelle l'immensité de plein. Image d'une vie déménagée de tout l'inessentiel, et qui s'offre à l'épiphanie de l'absolu. Le Rien est le signe inversé du Tout qui peut, d'un instant à l'autre, venir se couler dans ce négatif. Vastitude déshabitée, neutralisée parce que y luttent et s'y annulent les poussées adverses de l'être et du non-être, de la question et de la réponse, de la réalité et du mirage : infinie aire de jeu et de suspens, page vierge où tremble à chaque moment, frémissante et ramassée au bord extrême de son élan, la pure émergence.

Que la boussole indique donc le Nord tartare ou le Sud farghien, peu importe : l'aimantation est la même, vers un point magnétique secoué d'influx latents. La traversée de la lande, celle des montagnes qui précède l'arrivée à la forteresse, c'est peut-être un souvenir, breton ou dolomitique ; mais bien davantage, c'est une sorte de *sas* préparatoire, une transition nécessaire, une épreuve de catéchuménat destinée à mettre l'impétrant progressivement au diapason du mode d'exister nouveau où il s'engage, ayant prononcé ses triples vœux de disponibilité, de solitude et de silence. L'initiation est à ce prix. Le renoncement est le gage d'une intarissable richesse. Pourtant, dès ces accords initiaux, où Gracq et Buzzati se retrouvent pour orchestrer un thème identique, s'insinuent des dissonances porteuses de graves divergences pour l'avenir. Drogo monte à travers un paysage de roches déchiquetées, inhumaines, hostiles, et le fort lui apparaît dans une sorte de gloire solaire insoutenable. C'est un univers d'emblée placé sous les auspices d'une invincible impuissance, d'une sécheresse impossible à fertiliser. Déjà, dirait-on, les chances de toute germination d'événements sont maigres dans ce monde âpre et cautérisé. Tout au contraire, Aldo traverse une steppe spongieuse. Il est jeté de prime abord dans le vertige de l'horizontalité (qui, pour Drogo, sera un stade second, après la pénible conquête d'une verticalité destinée à décourager les faibles), mais d'une horizontalité fécondée par une imbibation liquide qui promet des efflorescences. La mollesse, la tiédeur d'une terre gorgée d'eau est là pour présager les éclosions futures. Le rivage n'est qu'apparemment abandonné. Il fermente. Il incube. Ce sable-là n'est pas condamné au ressassement autarcique de sa propre stérilité ; il porte en lui, grâce à l'humidité qui l'imprègne, comme une obscure résurrection[4]. Cette présence de l'eau (les longues pluies, les canaux, la mer) suffirait à différencier fondamentalement le monde d'Aldo, qui en est baigné, et celui de Giovanni : l'élément originel, matriciel, primordial, où s'échangent sans mémoire les arcanes de la vie et de la mort, où sombrent les oublis, d'où surgissent les éveils, sur lequel planent les prodiges, n'est pas la tautologie pure à quoi se résume le grand large pulvérulent contemplé du fort Bastiani, — mer si l'on veut, mais figée et sans mouvance, plate et aseptique ; la mer, elle, c'est une profondeur qui respire. Pourtant, sur la mer des Syrtes comme sur le désert tartare pèse un même signe visible de l'attente : la brume. Elle est là, presque partout, presque toujours, irritante et indéchiffrable, cachant et révélant à la fois l'Inconnu qu'elle protège de son voile. Elle est pour Aldo et pour Drogo, passionnément tendus vers elle, l'énigme et la promesse, interrogées sans cesse depuis les chemins de ronde d'un bâtiment ruiné et à peu près vide chez Gracq, presque ruiné et habité chez Buzzati, labyrinthe symbolique d'escaliers, de redoutes, de casemates, de tours, de couloirs, dont la complication désaffectée rend plus dérisoire encore l'inutilité et troublant le caractère injustifié de sa persistance. Tel, le premier symptôme du malaise : l'impossibilité, pour Aldo et Drogo, de découvrir au fort et au rôle qu'ils y jouent une justification. Ayant reconnu une même vacuité, ils réagissent différemment : Aldo, en suscitant de la mer l'apparition qui légitimera son existence enfin, Drogo en refusant obstinément de renoncer à l'espoir d'un éventuel « quelque chose » qui rechargerait de signification sa mission et sa vie. L'un agira lui-même pour créer le plein qui remplira son vide ; l'autre attendra qu'une intervention extérieure comble un désir dont il ne peut — ou ne veut — hâter la satisfaction. Mais l'un et l'autre, le soir de leur arrivée, se retrouvent dans le geste identique d'ouvrir grand la fenêtre de leur pauvre chambre : Drogo plus désolé, plus seul, plus démuni au seuil de cette nouvelle vie, et traînant encore trop de souvenirs d'*avant* dans son esprit mal converti, — mais tous deux, par ce simple geste, niant la médiocrité qui les entoure où ils choisissent de ne voir que parenthèse non probante, et pariant sur l'imagination de la nuit.

Le premier acte ouvre la liturgie de l'attente. Abêtissons-nous. Jour après jour, le recommencement monotone du même cérémonial erratique, dans l'espérance que cette forme vidée de sa vertu sera bientôt, par la répétition tranquillement exaspérée, revitalisée et pourra *transmettre* à nouveau l'énergie et la grâce dont elle est le signe pour l'instant hors de service. C'est, pour Aldo et Giovanni, la vie de garnison : mais plus régulière au fort Bastiani, où des centaines d'hommes décomposent le temps en activités d'un formalisme méticuleux, tandis qu'à l'Amirauté, un personnel très réduit improvise ses journées au gré d'un laisser-aller somnolent. Pourtant, de l'autre côté de la brume, du côté rêvé des choses, menace et merveille : un Volcan. « *Les espaces inconnus du Farghestan, serrés comme une terre sainte à l'ombre du volcan Tängri...* » (p. 34) ; « *certains disent avoir vu des tours blanches, ou bien ils disent qu'il y a un volcan fumant et que c'est de là que viennent les brumes* » (p. 35). Montagne magique, feu nervalien, rimbaldien, — emblème mystique de la destruction et du salut, immobile et silencieux, qui attend, lui aussi, et regarde. Le volcan assoupi qui tout à coup remue et embrase le monde, c'est, péremptoire et secrète, l'image appelée par le songe, celle qui nourrit, plus forte que l'habitude, la certitude de l'événement. Essentiel thème du *guet*, par quoi s'apparient profondément les deux œuvres. Aux portes du néant sans cesse questionné, le veilleur se tient prêt pour la visitation. La décrépitude des murailles n'est que la manifestation de l'insuffisance, du manque à être d'un monde en sursis d'engloutissement ou de transfiguration.

Le Jugement est à venir ; et il viendra comme un voleur. Il faut qu'il nous trouve la lampe allumée. Si Aldo et Drogo se rejoignent dans la conviction de la Pâque (le Passage), Drogo a d'abord eu besoin de déraciner des regrets dont Aldo, d'emblée, est indemne. La ville et ses mirages faciles établissent en Giovanni une tension qu'Aldo, immédiatement de plain-pied avec son nouveau dénuement, refuse de connaître. Le vieux monde, le faux monde, avec ses blandices imbéciles, vient essayer de faire chanceler le novice. Drogo affronte le doute et la tentation. Renoncer au renoncement, abandonner la voie étroite et retomber dans la mollesse commode d'une existence qui ne se cherche pas de substrat hypothétique dans des vapeurs millénaristes... La scène où Drogo, inexplicablement, invinciblement, vient à bout de sa pente à la médiocrité et, en décidant de rester au fort, entre définitivement dans le cercle dantesque des âmes consacrées, sonne comme une irréparable acceptation, un engagement de qui mise sur la fatalité de la transcendance. « *Et du Nord, du Septentrion, invisible derrière les remparts, Drogo sentait peser son destin* » (p. 80). Qu'importent alors, pour lui et pour son frère des Syrtes, la momification des comportements extérieurs, la routine des soirées, le ruminement d'occupations absentes ? Le dédale piranésien des deux forteresses exsude un mystère comme s'il pressentait obscurément qu'objet dépareillé, il pourrait à nouveau se recharger d'efficace. Un secret inanalysable, mais qui s'impose globalement par une nébuleuse de désirs et de rêves, attache les deux sentinelles de l'invisible à ce lieu inutile qu'elles savent pourtant traversé d'improbables pulsions. Ils s'éprouvent tous deux, de manière aussi intellectuellement inadmissible que souterrainement impérieuse, comme ces bêtes que leur instinct rend devineresses, attachés à une énigmatique écoute. Et pourtant... Peut-être est-ce une ruse suprême du rien, un symptôme bien connu, une phase, familière aux anciens, d'un processus banal par lequel tout le monde a passé, qui n'a aucune signification et ne mûrit aucun présage. Le frère du tailleur du fort Bastiani le sait bien, lui qui a vu défiler tant d'espoirs immanquablement déçus : « *c'est une sorte de maladie, faites attention, mon lieutenant, vous qui êtes nouveau, vous qui venez à peine d'arriver, faites attention pendant qu'il est encore temps...* » (p. 62) ; et Marino, le commandant de l'Amirauté, ne dit pas autre chose : « *J'en ai connu d'autres avant toi, tout jeunes comme toi, qui se levaient la nuit pour voir passer des navires fantômes. Ils finissaient par en voir. Nous connaissons cela ici : c'est le mirage du Sud, et cela passe. L'imagination est de trop dans les Syrtes, je t'en avertis...* » (p. 50). Dernière mise en garde : *il n'arrive jamais rien.* Aucun accident ne viendra déchirer la trame paisible du non-être. Le vieux Marino, qui sait le poids du temps et des choses, et apprécie la sagesse de l'immémoriale inertie, met sa confiance dans la force d'érosion d'une immobilité *revenue de tout,* celle d'Orsenna qui a choisi de tisser son histoire d'un refus de l'Histoire, — à moins qu'elle n'ait cherché à n'être plus qu'Histoire, souvenir pétrifié dans des bandelettes que nul n'arrachera. Pas de vent : il ne faut pas tenter de vivre. On s'installe (Marino ; mais aussi, au fort Bastiani, Augustina ou le médecin) devant un spectacle qui ne commencera jamais parce qu'il a déjà commencé et qu'il consiste à attendre que le spectacle commence. « *La toile était levée et j'attendais encore.* » Seules les trompettes lancent dans le vide (pour qui ? pour quoi ?) leur *Sursum* sans écho : « *La trompette sonnait en bas dans la cour, avec un son pur de voix humaine et métallique. Les notes palpitèrent encore avec un élan guerrier. [...] Trois notes d'une extrême beauté déchirèrent le ciel* » (p. 78). « *Un vieil hymne d'Orsenna, un air des temps héroïques où passaient les brocarts roides, les tiares barbares, les traînes hiératiques sur les degrés de marbre, le cinglement d'ailes des flammes triomphales, les soirs rouges pleins de galères laissant flotter des voiles sur la mer. [...] Longues, brèves, longues, les notes se poursuivaient en appel surhumain, en coulée de joie chaude et rouge, étouffante comme un caillot de sang. [...] Rien n'avait bougé. Jusqu'aux limites de l'horizon, les Syrtes s'étendaient grises et ternes* » (pp. 71-72). Au jaillissement viril du *Signal* ne sait répondre que la réglementaire platitude du « rien à signaler ».

Acte ii : l'alerte. Voici que dans la torpeur mécanique du quotidien vient surgir à l'improviste l'apparition dérangeante qu'on n'attendait plus parce qu'on l'attendait trop, et qui pourtant pouvait seule redonner sens à toute une organisation qui n'avait été pensée que pour elle, mais que la déception systématique avait fini par énucléer de son centre irradiant et vital. Un navire émergé de la mer, un cheval né des sables — l'un et l'autre d'abord indistincts, fantasmes du désir peut-être, puis bientôt reconnus — mettent en branle les doubles et triples fonds de l'imprévisible. Le destin se décide enfin à frapper les trois coups. *« Il y avait là quelque chose qui n'était plus dans l'ordre »* (*Rivage*, p. 77) : joie d'avoir enfin découvert *la faille*, l'interstice dans la pesanteur cyclopéenne du donné, par où peut-être va pouvoir faire irruption le délire du rêvé ; ivresse de sentir qu'une secousse inédite peut amener le dérèglement, le déraillement, en tout cas l'aventure. Le premier craquement, qui sait, du vaisseau qu'on lance vers la houle. Le premier mouvement de l'enfant dans la chaude obscurité de la mère. Et une fois posé dans sa monstruosité inaccessible *de fait*, l'événement semble proliférer avec une fécondité incontrôlable, contaminer de son virus glouton les vieux sédiments endormis : le domaine d'Ortello refuse d'employer désormais les soldats de l'Amirauté aux travaux agricoles, du fort Bastiani on tire un coup de fusil, puis un coup de canon, c'est non plus une tache, mais toute une bande noire qu'on voit maintenant se déplacer là-bas dans le désert... L'engrenage marche vers l'irréparable, et chacun est saisi du délicieux vertige de qui sent la situation *lui échapper*, comme si ce qui se produit avait une existence autonome, en soi, qui se développerait sans offrir aucune prise. L'*« immense expectative des âmes »* (*Désert*, p. 126), le *« besoin de fièvre »* (*Rivage*, p. 134) trouvent enfin un aliment extérieur à eux-mêmes. La décision de remettre en état de défense le fort de l'Amirauté exprime le plus clairement, par le remue-ménage lustral qu'elle entraîne, la volonté de repartir avec vigueur à la rencontre d'une espérance violente ; il s'agit de décaper moins des bâtiments et des armes, que des êtres lézardés ou rouillés et qui soudain s'aperçoivent qu'ils ne pouvaient plus servir.

Examen de conscience, épreuve de vérité qui se transmue en fête, puisqu'on rejette la carapace anesthésiante de l'acquis pour se mesurer nu, vierge et dans la netteté rigoureuse de ses pouvoirs intacts, avec les inventions des dieux. Si la démarche est bien la même chez Gracq et chez Buzzati, ils se séparent néanmoins radicalement par l'explication qu'ils proposent de cette Origine dont l'éclatement séminal, dans la vacuité d'avant toute genèse, va déterminer des remous concentriques toujours plus compromettants. Personne ne pourra jamais justifier la présence du cheval rejeté mystérieusement par la mer tartare, pure épave, message indéchiffrable d'un continent inconnu ; tandis que le bateau qui rôde nuitamment au large des Syrtes, dépourvu d'immatriculation et tous feux éteints (bateau de nulle part, offert à l'illimité sans nom), nous saurons bientôt qu'il obéit à Vanessa. C'est une volonté qui peu à peu, chez Gracq, par une succession d'actes impossibles à rattraper, ligote Aldo, et, à travers lui, Orsenna et le monde, d'un réseau dont ils ne se dépêtreront plus. La poussée qui fera céder le séculaire équilibre de la fatigue instauré entre le Farghestan et Orsenna est tout humaine ; elle est d'abord extérieure à Aldo, mais elle trouve en lui un terrain préparé et il ne tarde pas à la rendre sienne, jusqu'à la transgression définitive et consciente qui fera basculer les règles du jeu. Au contraire, chez Buzzati, Drogo ne joue aucun rôle actif dans le déclenchement de la machine infernale dont il attend éblouissement et rédemption. Il est un simple être-là aux aguets, et il reçoit la bonne nouvelle sans l'avoir provoquée autrement que par ses vœux ; mais c'est par Aldo qu'Aldo comblera son désir.

Toujours est-il que, spectateurs ou complices, les personnages se distribuent, devant l'incident *révélateur*, selon un clivage décisif. Les uns, comme le commandant Marino et le colonel Filimore, partagés entre l'espérance-malgré-tout d'une parousie sur laquelle ils ne comptaient plus, et la certitude invétérée que les temps ne viendront jamais ; les autres, comme Aldo ou Giovanni, qui voient avec allégresse arriver le règne auquel ils ont toujours cru. Le gouffre se creuse entre une foi qui, longtemps encerclée de ténèbres, n'a jamais renoncé à croire en la lumière, et un scepticisme dénué d'illusions, qui s'appuie volontiers sur l'expérience, et identifie sa léthargie intérieure à une philosophie. La jeunesse se plaît à lire dans la brume ambiguë qui ourle l'horizon les prémices de phénomènes inouïs, tandis que les « sages », qui sont passés par là et savent bien que le Temps hiberne, n'y voient qu'opacité et n'y entendent que silence.

Jusqu'à présent, *Rivage des Syrtes* et *Désert des Tartares* ont entrelacé une progression synchrone. Gracq et Buzzati, partis d'une même atonie, l'ont tous deux réveillée par la gifle d'un brutal événement qui a remis en branle des enchaînements dont on n'est plus maître. Mais ici se situe un essentiel point de rupture entre les deux mouvements. L'excursion à l'île de Vezzano, chez Gracq, marque le passage à un stade second, plus grave, à une sorte de grand braquet de la fatalité qui fait plus lourde sa pesanteur et plus insaisissable son élan. Aldo quitte l'espace confiné, immobile de l'Amirauté pour gagner furtivement un avant-poste d'observation éloigné des côtes, et cet acte suffit à inquiéter l'inertie de cette parenthèse dormante où l'on dirait que nul, depuis des éternités, n'a osé s'aventurer aussi profondément. Ce n'est pas encore le viol décisif de l'interdit ; mais c'est un geste qui approche dangereusement la menace en s'approchant d'elle ; à l'élargissement de la zone vitale correspond un élargissement de la tumeur qui dévore Vanessa et Aldo, lorsqu'ils communient sur cette île antonionienne, où la lave refroidie et la contemplation rapprochée du volcan farghien parlent d'un feu qui pourrait bientôt se rallumer. Chez Buzzati aussi, il y a dilatation de l'espace. On passe aussi d'un enfermement claustral à une immersion dans la vastitude du désert. Mais sa signification est exactement inverse de celle que revêt la même diastole chez Gracq. On a appris au fort Bastiani que les déplacements de troupes tartares n'avaient pour but qu'une banale opération de cadastre. Il s'agit de fixer les frontières, c'est-à-dire de garantir définitivement la non-agression, désamorcer en supprimant le flou toute éventuelle contestation sur les possessions respectives, bref délimiter nettement ce qui est et ce qui n'est pas (tartare). Tout au contraire, la devise des Aldobrandi, *Fines transcendam*, qui pourrait servir d'emblème à tout le comportement de Vanessa et d'Aldo, et qui dans une certaine mesure fournit la clef de l'œuvre, indique bien que la frontière n'est là que pour être transgressée, par des raids de plus en plus provocateurs. La sortie de Drogo dans la montagne n'a pour visée que de rendre irrémédiable la future inutilité de sortir ; tandis que la sortie d'Aldo jusqu'à Vezzano est précipitation d'un mouvement de fuite en avant dont on ne peut prévoir où il aboutira. A partir de cet instant, tout devient possible, puisqu'on crée le possible ; mais pour Drogo tout se fige dans une paralysie définitive et dans l'institutionnalisation du néant. Dès lors, la trajectoire des deux romans se met à diverger radicalement. Tandis que le fort Bastiani poursuivra, les yeux ouverts, un sommeil sans rêves, l'Amirauté, Maremma, Orsenna sentent sourdement s'accumuler en elles, comme une batterie qu'on recharge, un fluide qui depuis bien longtemps ne les irriguait plus. L'attente n'est plus, comme auparavant, toute resserrée dans la forteresse, seul organe resté *battant* dans un corps nécrosé. C'est dans tout ce qui l'innerve, dans tout ce qui la parcourt, dans l'entrelacs secret de ses plexus vitaux que la Seigneurie, peu à peu dégourdie, éprouve à nouveau les fourmillements du sang *qui revient*. Maremma porte dans son nom même le marécage où depuis trois siècles s'envasait l'Histoire. Bras mort, marigot négligé des grandes houles de sel, le voici qui se souvient de la marée. *« Ô que ma quille éclate ! Ô que j'aille à la mer ! »...* Signe qui ne trompe pas : l'apparition des prophètes, qui se répandent en clamant que les Temps sont venus de la vieille Promesse. Quelque chose se lève derrière l'ensevelissement. Les eaux croupissantes de Maremma conduisent — comme on dit d'un métal qu'il est *conducteur* — des songes de grand large et d'âpres bourrasques. C'est peut-être le sursaut suprême de l'agonisant qui se tend pour échapper à la lente montée nauséeuse qui va le submerger. C'est sans doute aussi un appétit de la catastrophe comme frisson ultime de raffinement pour civilisation décadente. Orsenna est tellement épuisée par l'ancienneté de sa gloire qu'elle est devenue, semble-t-il, son propre mausolée et qu'elle a besoin du malheur pour donner à son hiératisme blasé la secousse lui offrant la délicieuse impression d'exister.

> « *On eût dit que la cité heureuse, qui avait essaimé de toutes parts sur la mer et laissé rayonner si longtemps son cœur inépuisable dans tant de figures énergiques et d'esprits aventureux, au sein de son vieillissement avare appelait maintenant les mauvaises nouvelles comme une vibration plus exquise de toutes ses fibres* » (p. 173).

Tandis qu'on laisse le fort Bastiani tomber en ruine, qu'on y réduit la garnison de moitié, qu'on donne l'ordre de ne pas répandre de faux bruits inutiles, qu'on interdit de scruter le désert avec des instruments d'optique non réglementaires (ceux qu'autorise le règlement étant hors d'usage), c'est Orsenna tout entière qui se met à guetter, à fixer sur la mer le point d'où jaillira l'événement, à désirer la fin, pourvu que la fin crée un commencement.

Une des différences essentielles entre les œuvres de Gracq et de Buzzati réside justement dans ce prolongement collectif et pour ainsi dire civique qui, chez Gracq, engage, au-delà de l'Amirauté, tout un État dans son existence même, et fait de sa vie, de sa survie ou de son anéantissement le cœur du sujet, tandis que chez Buzzati ce plan n'est qu'un arrière-fond très vaguement crayonné. *Le Rivage des Syrtes* est *aussi* un roman politique, ce que n'est en aucune façon *Le Désert des Tartares*. La capitale de l'hypothétique Royaume (dont on ne nous précise aucunement les rouages et l'idéologie) n'est là que pour servir de repoussoir poétique à l'isolement marginal du fort, coupé des décisions centrales et pour ainsi dire oublié sur une voie de garage. La ville sert d'aliment au rêve ; elle symbolise les aménités d'un monde désormais impossible. Elle est l'étranger tout autant que le pays du Nord ; mais tandis que le pays du Nord semble pouvoir encore apporter un message, on n'attend plus quoi que ce soit de cette ville où pourtant l'on est né et qui, depuis qu'on a vécu au fort Bastiani, n'a plus rien à nous dire. C'est le sens du bel épisode de la permission de Drogo.

Rentré dans sa maison, auprès de ses amis, de la jeune fille qu'il aime, il s'éprouve indifférent, déménagé de ce qu'il possédait (et qui le possédait), vacant pour quelque chose qui ne peut plus venir que d'ailleurs. Revenu dans la plaine ordinaire, il est *marqué* par la cime comme une sorte de Parsifal descendu de Montsalvage. Une fois qu'on s'est donné à l'absolu, le relatif apparaît dérisoire ; Drogo, consacré à l'absolu du néant, se sent d'une autre race que les fantoches qui croient vivre. Il a choisi de vivre l'essentiel en ne vivant pas. Buzzati traite un problème d'enracinement personnel ; mais Aldo entraîne sur son sillage, compromet avec lui et porte au creux de lui le destin de tout un peuple. C'est la difficulté d'être d'Orsenna qui est l'enjeu de cette partie, non le malaise individuel d'Aldo. Il s'agit de savoir si Orsenna, anesthésiée et anesthésiante dans sa torpeur hagarde, sera capable d'y échapper. « *... c'était comme si tout l'effort séculaire d'Orsenna, toutes les images qu'elle s'était complu à donner de la vie, eussent visé à une chute de tension presque effrayante, à une* égalisation *finale où se fussent déchargés toutes les choses et tous les êtres de leur affirmation de présence offensante et de leur dangereuse électricité...* » (p. 176). Niveleuse autarcique, pâmée dans le ruminement absent d'elle-même, elle se trouve progressivement confrontée, par la grâce de la fermentation infraconsciente qui se développe dans ses profondeurs, à l'existence de l'Autre, ou plutôt, plus troublante encore, à la possibilité de cette existence. La monade solipsiste s'aperçoit qu'elle est devenue poreuse à l'invasion d'influences extérieures, et ce lent progrès en elle de quelque chose qui n'est pas elle l'initie aux douleurs et aux douceurs de l'altérité. Elle découvre le besoin de n'être plus ce regard mort immuablement posé sur la répétition des choses, à quoi jusqu'alors elle se résumait, mais d'être regardée à son tour, de s'appeler objet, proie peut-être — d'échapper en tout cas à cette fatalité de nature naturante qui voudrait changer de rôle et savoir ce que c'est que d'être naturée. L'essentiel est de sortir de soi, d'établir un lien avec une présence de l'*autre* côté. Parce qu'il y a un autre côté, et côté autre, qui n'est pas englobé dans la totalité récapitulatrice à laquelle Orsenna avait fini par s'identifier. Pensée exaltante mais d'abord incommode, car il est bien douillet de prolonger en infini point d'orgue une dormition qui dispense justement de penser. C'est la tentation qu'orchestre fastueusement, pour la dénoncer, le sermon de Noël à Saint-Damase :

> « *Je maudis une terre trop lourde, une main qui s'est empêtrée dans ses œuvres, un bras tout engourdi dans la pâte qu'il a pétrie. En cette nuit d'attente et de tremblement, en cette nuit du monde la plus béante et la plus incertaine, je vous dénonce le Sommeil et je vous dénonce la Sécurité* » (p. 193).

Contre tout ce qui désarme, contre tout ce qui chloroforme, contre tout ce qui attiédit, le pontife, en cette nuit où le Messie vint combler une longue patience, appelle l'événement, qui sera Nativité du Sens.

> « *Drogo regarda encore vers le septentrion ; les roches, le désert, les brumes lointaines, tout cela lui paraissait vide de sens* » (p. 204).

Le sens ne pourra survenir que de la vivifiante inquiétude, de la disponibilité, de la porte entrebâillée, du courage et du jeu. Plus heureux que Giovanni, Aldo sent à sa portée l'irréparable qui déterminera la Genèse. Tremblant comme l'être qui, défaillant au bord du vide pur, invoque de toutes ses forces le plérome, aspiré par l'indispensable et l'intolérable vertige où il ne demande qu'à sombrer, Aldo va provoquer enfin l'éjaculation de l'acte qu'il ne pouvait plus contenir.

« *Ce qui me restait à faire, je l'accomplirais maintenant* » (p. 217). Le largage décisif des amarres a lieu au cours de la patrouille nocturne dont Aldo, en l'absence de Marino, porte la responsabilité. Tandis que sur la frontière tartare, Drogo se désagrège en même temps que le fort et découvre une essentielle solitude, Aldo, soutenu par la complicité tacite de tout son équipage, dépasse la ligne fatale et transgresse délibérément l'interdit magique. Heureux qui abandonne sa barque au fort du courant, car il abordera sur l'autre rive, avait dit le célébrant manichéen.

Aldo n'a pas oublié la proclamation de cette Béatitude. Il passe de l'autre côté du miroir, vers la face cachée des choses, dans le geste par lequel il se damne et se sauve à la fois. Dans l'exaltation sacrée de se savoir *passer outre*, toutes habitudes abandonnées, à la rencontre de la Rumeur essentielle, des voix d'ailleurs et des incroyables Florides, il invente le premier matin du monde. Toutes choses sont neuves insolemment, dans une juvénile allégresse, dans la fringante jubilation de leur découverte. Image bouleversante d'une vie cinglant à toute vapeur loin des havres appris, vers l'exploration éblouie de ses rêves. La fumée insolite du Tängri répond en phénomène inouï à un phénomène inouï. Les dieux sont réveillés. « *Je sais pourquoi là-bas le volcan s'est rouvert...* » Toutes lois abolies, l'univers se prépare à des hiérophanies immenses. Partout clignotent les signaux d'alarme, annonçant courts-circuits, collisions, rencontres sans précédent. Toutes cartes redistribuées, l'Histoire s'engage dans un imprévisible poker.

> « *Ce que je voulais n'avait de nom dans aucune langue. Être plus près. Ne pas rester séparé. Me consumer à cette lumière. Toucher* » (p. 231).

Étreindre ce qui n'existait pas, *ce qu'on a fait exister*. Se brûler à ce brasier impossible jailli de son désir. Lever le dernier voile de Tanit, recevoir sans ciller la foudre, quel que soit son nom. Mais le *Redoutable* happé vers l'accomplissement du destin, dans la stridence d'un crescendo énorme, au moment où il va se fracasser contre son mirage est brutalement arrêté dans sa lancée par trois coups de canon. *Coitus interruptus...* Peu importe. La Chose essentielle a eu lieu. Le Farghestan existe et les ponts sont coupés.

En échappant définitivement à l'équigravisphère, Aldo a atteint un point de non-retour à partir duquel la trajectoire du *Rivage des Syrtes* se déroule avec une vitesse uniformément accélérée. La triple semonce est plus qu'un avertissement, c'est déjà l'entrée dans le règne de l'action. Orsenna a parlé, on lui a répondu ; les soliloques sont finis. Jusqu'à la dernière page, Gracq ménage désormais une ascension lente, huilée, inéluctable, sans à-coups, vers la conflagration générale. La structure mise en œuvre par Buzzati est tout autre. Plus la vibration se faisait précise à l'Amirauté, plus la léthargie et le retombement prenaient possession du fort Bastiani. Finalement, Drogo et ses compagnons en étaient venus à une sorte de *point mort* absolu, et cela au moment même où leurs collègues des Syrtes connaissaient l'attraction magnétique du départ. A la courbe parfaitement régulière du roman gracquien correspond chez Buzzati une construction en brisures, avec élans et chutes, alertes et bonaces. L'épisode cadastral avait semblé marquer la fin sans réplique. Mais les observations de Simeoni, même si elles se heurtent au scepticisme général, entretiennent dans l'arrière-fond des consciences on ne sait quel tourment encore. Drogo reste le dernier à espérer quand même. Et, brutalement, dans la nuit du 7 juillet, l'épiphanie de la petite lumière invincible, qui suffit à elle seule à compenser le poids des interminables veilles. Mais ici Buzzati ménage un gouffre. Au lieu de repartir de plus belle, l'engrenage à nouveau s'immobilise. Un abîme de quinze années, creusé en quinze lignes, suffit à enlever tout danger d'urgence à l'amorce. Le fort a été un peu plus démantelé encore, on a fermé la Nouvelle Redoute et au Q.G. plus personne du tout ne croit à la possibilité d'une surprise. Le rien est resté rien. Tandis qu'Aldo inaugure avec l'équipée du *Redoutable* une temporalité sans rides, Drogo s'abandonne au cycle indifférent des saisons, toujours les mêmes, et aux errances monotones des nuages, les mêmes toujours. Et pourtant, en sourdine,

> « *l'inexprimable sentiment des choses à venir* » (p. 193),
> « *l'obscur pressentiment des choses fatales* » (p. 236),

l'impression que

> « *ce qui est important n'est pas encore commencé* » (p. 228) :

basse obstinée qui sous-tend l'absence de la mélodie et instaure une liaison secrète avec le moment où elle éclatera. Drogo se défait ; devant le lieutenant Moro, comme s'il revoyait brusquement une vieille photographie de lui-même, il prend conscience de son vieillissement, de tout ce qui n'a pas eu lieu ; il comprend qu'il a misé à côté, ou peut-être que l'attente en laquelle il a cru n'était pas à la mesure d'une existence humaine : car les Tartares sont immortels.

Le dernier acte est aussi bref chez Buzzati qu'il s'étire chez Gracq en un rinforzando toujours plus implacable. La lutte dont tout dépend s'engage à son paroxysme entre les forces du sommeil et les hantises des insomniaques. A la fièvre de l'Amirauté s'oppose la lenteur d'Orsenna qui en a toujours su jouer pour démobiliser les tentations et insinuer dans les veines trop ardentes la lymphe *stupéfiante* de son inaction. L'envoyé du Farghestan, en visite nocturne aux Syrtes, ne fait que poser le dilemme existentiel dans sa lumière la plus crue. A partir de ce degré supplémentaire gravi dans l'escalade, ou descendu dans la chute, les événements se déduisent les uns des autres avec une tranquille sûreté. Tout est joué. Le parlementaire farghien, qui a donné le deuxième signe de vie depuis trois siècles, sait bien qu'Orsenna ne peut pas esquiver. Vanessa, dont la race a toujours, par ses insurrections, foucades, trahisons, joué le rôle de trouble-fête (ou plutôt a créé la fête, en troublant le morne rabâchage des jours), ne peut que pousser à la roue en refusant de périr ligotée à un cadavre.

> « *Ce sont les bêtes qui n'aiment pas l'avenir — mais celui qui sent qu'il est en lui un cœur pour cette vitesse irrespirable, ce qui est crime et perdition à ses yeux et à son instinct, c'est ce qui l'empêche de bondir et rien d'autre* » (p. 271).

Le besoin d'échos, de lointains, d'avoir du champ et de sentir, fût-ce contre soi, quelque chose qui existe en dehors de soi, s'oppose à la tradition d'Orsenna, qui ne connaît que des anniversaires et ignore les présages. C'est le sens des deux confrontations qui dominent de toute leur signification symbolique la fin de l'œuvre : Aldo et Marino, Aldo et Danielo. L'ultime dialogue entre l'Observateur de la Seigneurie et le commandant de l'Amirauté dresse face à face l'appétit de l'être et l'inertie de la durée pure. Marino, devenu une manière d'élément, sans âge et sans contours, comme le sable ou la boue où s'enterre Orsenna, incarne la fascination de l'effacement. Pour lui rien de plus grandiose, rien de plus sage aussi que d'accepter la loi et de s'enfoncer dans la lagune d'où l'on avait un jour surgi. Pour une ville très vieille, le sort le plus enviable est l'effritement somptueux, paisible, de ce qu'elle est sous le poids de ce qu'elle a été[5]. Entre Marino et Aldo, qui veut au contraire galvaniser la cité moribonde par une suprême épreuve de vérité, le compromis n'est pas possible. Il faut choisir. Et la mort de Marino apparaît comme une sorte de rite sacrificiel indispensable avant l'entrée en scène de tout ce à quoi il n'a cessé de s'opposer. Avec lui s'engloutit dans la mer oublieuse l'esprit d'immobilité. Au moment où l'on renforce la garnison de la forteresse, où la fébrilité, l'agitation, l'aimantation gagnent tout l'État, Aldo comprend qu'il n'a pas été l'agent, mais l'instrument d'un appel viscéral qui le dépassait. « *Ce qui est venu s'est servi de moi...* » (p. 297). Une obscure maturation, où Vanessa a joué un rôle capital, aboutit à l'accouchement du Temps. Le temps d'Orsenna, comme celui du désert tartare, n'était que suspens prénatal, rêverie intra-utérine, temps se pensant lui-même, c'est-à-dire règne absolu et abolition du temps. L'arrivée du grand jour joue dans ce vide un rôle ponctuel de fécondation. Le temps intemporel et stérile, une fois violé, donne naissance à un temps mobile, chaud et riche de germes et de risques. C'est la vie qui s'ouvre, à larges vannes, avec toutes ses possibilités de mort. La confession de Danielo n'a pas seulement pour but de montrer que le centre vital d'Orsenna lui-même était atteint par le cancer de la vie, et qu'il s'est associé secrètement à la propagation de ses ravages. Elle donne la clef profonde et le sens. Elle fonde une morale de l'offrande à l'innommable, une éthique de la circulation du sang à n'importe quel prix.

« Le monde, Aldo, fleurit par ceux qui cèdent à la tentation » (p. 341). L'arrivée des Farghiens, comme celle des Tartares, justifie cette existence qu'elle va détruire, et fait enfin couler le lait et le miel de la vraie vie (qui sera violence et ruine peut-être) dans l'aridité d'une fausse immortalité. Et Danielo, commis à la garde suprême d'Orsenna, dans un élan qui est peut-être le comble de la trahison ou le comble de la conscience civique, en appelle au grand air qui seul pourra ranimer, ne fût-ce qu'un instant avant de périr vraiment, la momie qui s'est crue vivante alors qu'elle subsistait simplement.

> « *Autour d'un corps vivant, il y a la peau qui est tact et respiration ; mais quand un État a connu trop de siècles, la peau épaissie devient un mur, une* grande muraille *: alors les temps sont venus, alors il est temps que les trompettes sonnent, que les murs s'écroulent, que les siècles se consomment et que les cavaliers entrent par la brèche, les beaux cavaliers qui sentent l'herbe sauvage et la nuit fraîche, avec leurs yeux d'ailleurs et leurs manteaux soulevés par le vent* » (p. 348).

Ici éclate bien la signification politique que peut revêtir *Le Rivage des Syrtes*, et dont nous semble totalement indemne *Le Désert des Tartares*. Le roman de Buzzati apparaît comme une fable philosophique illustrant un destin personnel, implicitement présenté comme pouvant valoir pour chacun d'entre nous. Il repose sur le postulat d'une radicale maldonne. Nous passons notre vie à nous préparer pour des événements qui n'arrivent pas. Et, raffinement supplémentaire, les événements arrivent juste au moment où nous ne sommes plus en état de les assumer. L'irruption des Tartares, lorsque plus personne n'y croit, légitime Drogo dans son attente inaltérable, mais elle a quelque chose de naïvement sadique par l'application qu'elle met à se produire précisément lorsque Drogo malade doit être évacué. Impossible d'indiquer avec plus de clarté, voire de simplisme, que la vie n'est rien d'autre qu'un rendez-vous manqué. La joie solaire qui inonde Drogo le matin fatal est bien la même que celle qui illumine Aldo sur le *Redoutable* lorsqu'il perpètre la transgression qui fera vaciller les mondes. Mais il la perd aussitôt qu'il la reçoit. Et Buzzati se garde bien d'égarer ses projecteurs sur les jeunes officiers qui montent en foule au fort Bastiani pour s'y battre, se couvrir de gloire et communier avec une révélation qui ne les lanternera pas, eux. Pour certains, la vie peut être ces épousailles de la réalité avec le désir. Pour Giovanni, sur qui se concentre tout l'intérêt, et, visiblement, pour Buzzati lui-même, l'existence est une mauvaise plaisanterie avec, à l'horizon, sous le voile de brume, pour seul événement — mais présent à l'heure dite, celui-là : la mort. Tandis que Gracq élargit son finale jusqu'à un branle-bas cosmique, un remue-ménage universel d'avant la bataille, la mobilisation du fort Bastiani est négligée au profit d'une discrète réclusion dans une chambre d'auberge, et d'une agonie anonyme loin de la rumeur de l'Histoire. Mais cet abandon même est le lieu d'un combat. Drogo n'aura pas affronté les Tartares, mais il se mesure ici à cette Fin qui est son Commencement. Le seul acte que nous puissions poser est celui de savoir finir. Dans la sérénité volontaire de sa mort, Drogo rejoint l'objet de son attente, et, pour la première, pour la seule fois, au cœur même de son manque, il atteint sa plénitude.

Vue ainsi, l'œuvre de Buzzati se lit comme une structure monodique. Celle de Gracq est multivoque et plurielle : roman philosophique, mais aussi politique, érotique et mystique. Politique, il l'est fondamentalement par la méditation qu'il suggère sur les civilisations épuisées, et on doit le rattacher, de ce point de vue, au courant de ce qu'on a appelé le « romantisme fasciste ». L'invocation de Danielo à l'invasion des Farghiens est très claire. Il s'agit de revigorer un organisme exténué par l'ébranlement d'une fruste violence. Orsenna est aussi un Empire à la fin de la décadence, qui a besoin de voir passer les grands barbares blancs. C'est ce qu'explique bien Danielo : si le Farghestan n'avait pas existé, il aurait fallu l'inventer. Comme le royaume tartare :

> « *Il semblait évident que les espoirs de jadis, les illusions guerrières, l'attente de l'ennemi du Nord, n'avaient été qu'un prétexte pour donner un sens à la vie* » (Désert, p. 194).

On imagine la prostration d'Orsenna si, une fois remuées les strates les plus obscures des âmes, on avait découvert qu'il n'y avait pas d'ennemis et que désormais il allait falloir vivre en soi, sans alibi...

> « — *Et pourquoi, subitement, cette inquiétude et ce trouble ? Comme les visages sont devenus graves ! Pourquoi les rues et les places se désemplissent-elles si vite, et pourquoi rentrent-ils tous chez eux d'un air sombre ?*
> — *C'est que la nuit est tombée, et que les Barbares n'arrivent pas. Et des gens sont venus des frontières, et ils disent qu'il n'y a point de Barbares...*
> *Et maintenant, que deviendrons-nous sans les Barbares ? Ces gens-là, c'était quand même une solution*[6]. »

Solution, oui, pour une cité parvenue au bord extrême du raffinement et de l'anémie et qui réclame de grandes giclées de vie ou de sang, les exaltantes brutalités des primitifs. Gracq décrit ici une idéologie qui eut sa séduction avant guerre et s'appuie sur de nombreux répondants en littérature. Mais l'important est de bien voir quel est le sens profond de ce recours à la mort comme suprême vigueur (à la mort, car Gracq, par quelques mots habilement placés au milieu du roman, a pris soin de nous indiquer qu'au moment où le narrateur écrit, sa patrie est détruite). En ouvrant les portes de la ville aux étrangers purs et durs et à leur sublime sauvagerie, Danielo anéantit Orsenna, mais en même temps lui offre un instant d'intensité inouïe qui légitime son acte. Enea Balmas l'a bien vu, lorsqu'il dit qu'

> « *attraverso l'annientamento, per un paradosso solo apparente, è la morte ad essere vinta ; [...] si sacrifia alla speranza, al futuro, a ciò che sta al di là*[7] ».

Ce n'est pas l'instinct de mort, c'est le vouloir-vivre qui prend le masque d'un vouloir-mourir et soulève Orsenna vers sa fin convulsive, fusée suprême de son élan vital retrouvé. On voit comme l'on passe facilement au plan érotique. Les implications érotiques de la théorie qui fait des peuples forts le salut des peuples affaiblis ou efféminés sont trop évidentes pour qu'on les souligne encore. Mais tout *Le Rivage des Syrtes* n'est que la lente montée du désir jusqu'à la cime de l'orgasme[8]. C'est par l'étreinte farouche du Farghestan qu'Orsenna connaîtra sa révélation et sa destruction, dans un même spasme. C'est ce qu'avait compris le mystérieux envoyé lorsqu'il se disait (à Aldo) persuadé que l'incursion de ce dernier dans les eaux territoriales n'avait pas été hostile. En effet, plutôt qu'une attaque, elle était l'accouchement risqué avant le déferlement des amours dévastatrices. Et si, conformément à la définition de Bataille, l'érotisme est bien l'approbation de la vie jusque dans la mort, on peut dire qu'Orsenna s'offre érotiquement à être anéantie par le mâle Farghestan pour se sentir giflée de toutes les énergies d'une existence vibrante, dans l'instant même où elle la perd. Mais on pourrait tout aussi bien lire *Le Rivage des Syrtes* comme une allégorie mystique. Que fait Aldo, sinon attendre tout au long d'un long Avent, de voir les cieux s'entrouvrir ? On développerait aisément.

Bien entendu, aucune de ces interprétations n'est exclusive de l'autre. Au moins permettent-elles de mieux concevoir à quel point *Le Rivage des Syrtes* et *Le Désert des Tartares* sont à la fois proches et différents. Contrairement à celle de Giovanni Drogo, l'histoire d'Aldo ne résume pas à elle seule la substance romanesque qui, chez Gracq, englobe un contenu à la fois plus large et plus épais. D'autre part, une divergence capitale sépare les deux personnages : tandis que Drogo attend sans rien faire l'improbable apparition des Tartares, Aldo s'emploie, avec toute la décision consciente ou inconsciente dont il est capable, à provoquer celle des Farghiens. Il aura beau parler quelque part de sa « détestable histoire » et de son « malheur exemplaire », nous ne le croyons pas et savons qu'il ne regrette rien. Gracq nous indique en somme que l'Apocalypse dépend de nous. C'est parce que son besoin a été suffisamment fort qu'Aldo a évoqué du néant la Présence capable de le combler. Drogo, lui aussi, espérait. Mais il n'a pas agi. Il ne comptait que sur une circonstance totalement extérieure à lui-même. Il n'a pas manqué de foi, il a manqué de volonté pour emplir de réalité cette forme vacante. A la limite, Gracq et Buzzati disent exactement le contraire : Gracq pariant sur la fécondité, Buzzati sur l'impuissance du désir. Ne pourrait-on les entendre dialoguer dans ce *mot de passe* admirable qui donne accès au chemin de ronde du fort Bastiani : « Miracle — Misère » ? Miracle : tout peut arriver. Misère : rien n'arrive jamais, ou trop tard. On écrit des livres, mais, comme l'a confié Buzzati lui-même, en écrivant *Le Désert des Tartares* il se rendait compte que ce livre, *il aurait dû continuer à l'écrire toute sa vie*, sans le publier :

> « *Et ainsi il aurait pu être tout à fait vrai*[9]. »

Car écrire, c'est nier le temps, c'est donc une façon d'attendre, et écrire une attente qui n'en finit pas, c'est nourrir le non-être de lui-même, s'installer dans la pure immortalité du rien. Si finalement Buzzati s'est résolu, en publiant, à faire déferler les hordes du public, c'est-à-dire les Tartares, dans la solitude expectante de son écriture, ce n'est pas par là qu'il rejoint Gracq dans les profondeurs. Ce qui, au-delà de tout ce qui bifurque, réunit leurs deux œuvres, en est le caractère essentiellement *poétique*. Non pas dans le style, qui n'a rien en commun. Mais dans cette attitude générale devant le donné, qui trouverait assez bien son expression la plus typique dans le thème obsédant du *guetteur*[10]. Guetteurs incessamment tendus vers le tremblement secret des êtres, doués d'antennes subtiles pour enregistrer les infra-rouges et les ultrasons des choses, rechargeant d'acuité qui-vive et garde-à-vous, ils conçoivent le monde non pas comme une totalité exhaustible refermée sur elle-même, mais comme un infini potentiel d'exaltation et de découverte. Leur œuvre, en creusant le vertige de ce qui va plus loin que la surface, en nous aspirant vers la virtualité, nous invite décidément à ne pas nous satisfaire de l'apparence et à nous ouvrir aux germinations invisibles. A être poètes, c'est-à-dire à rester toujours à l'affût de la transpiration du sens.

PHILIPPE BERTHIER.

NOTES

1. *De l'invention romanesque à Pirandello*, Didier, 1962.

2. Et non en 1946, comme l'indique par erreur Monique de Taeye-Henen.

3. Nous renverrons toujours à l'édition José Corti pour Gracq, et à l'édition Robert Laffont (collection Pavillons) pour Buzzati.

4. Gracq précise d'ailleurs (p. 11) que sous la domination arabe cette contrée aujourd'hui désertique avait été florissante grâce à l'irrigation.

5. On pourrait mettre en parallèle Marino et le capitaine Ortiz, pour qui la philosophie consiste à désirer toujours moins. L'un et l'autre persistent d'ailleurs à voir dans les espoirs d'Aldo et de Drogo des démangeaisons de jeunesse qui leur passeront. Marino est nettement une figure mythique du Père.

6. Constantin Cavafy, trad. Marguerite Yourcenar (Gallimard), p. 84.

7. *Situazioni e Profili*, Cisalpino, p. 136.

8. Montée qui trouble d'autant plus le lecteur que Gracq l'abandonne au moment même où la semence événementielle longuement accumulée va jaillir. Du point de vue de la technique du roman, c'eût été évidemment beaucoup l'affaiblir que de tomber dans l'explicite et de raconter la bataille navale à laquelle Gracq dit avoir tout d'abord pensé (*Lettrines*, Corti, p. 29).

9. Monique de Taeye-Henen, *op. cit.*, p. 19.

10. En ce sens, la déclaration de Breton dans *L'Amour fou* (« J'aimerais que ma vie ne laissât après elle d'autre murmure que celui d'une chanson de guetteur, d'une chanson pour tromper l'attente. Indépendamment de ce qui arrive, de ce qui n'arrive pas, c'est l'attente qui est magnifique ») réunit exactement Gracq et Buzzati.

LETTRE

Dino Buzzati

Milan, le 14 juillet 1969

De J. Gracq je confesse avoir lu seulement, lorsqu'il eut le prix Goncourt, *Le Rivage des Syrtes*. Le livre me plut beaucoup, et j'avoue que m'ont frappé, de même que plusieurs critiques (y compris des Français), certaines analogies entre la situation des Syrtes et celle de mon *Désert des Tartares*. Dans les deux livres, il y a une attente pratiquement sans fin ; dans l'un et l'autre, au-delà des frontières (sable ou mer, il n'y a pas de différence) vit un peuple très lointain et mystérieux duquel peuvent venir des dangers et la mort (est-ce que je ne commets pas d'erreur ?).

Toutefois, l'atmosphère me semble complètement différente, soit dans ses caractéristiques pour ainsi dire physiques, soit dans le sentiment qu'on se propose de susciter. D'autre part, je ne me trouve pas bien placé pour exprimer un avis en toute objectivité. Dans un certain sens même, c'est embarrassant.

Certainement, le fait même que vous vous tourniez vers moi pour avoir un avis — requête combien pour moi flatteuse — montre que vous aussi avez relevé quelque analogie entre les deux livres.

Un petit fait, qui peut être le fruit d'un pur hasard, mais peut-être non. Luciano Chailly, musicien italien de grand talent, s'était pour ainsi dire pris d'intérêt pour ce que j'écrivais. Et pour lui j'ai bien rédigé quatre livrets d'opéra (en un acte), plus le scénario d'un ballet qui a été donné à la Scala. Bien après cette longue collaboration, Chailly a composé un autre opéra, celui-ci en trois ou quatre actes, avec un livret d'après un autre auteur. Et cet auteur est J. Gracq. *La Riva delle Sirti* de Chailly fut représenté il y a quelques années à l'Opéra de Monte Carlo.

Que puis-je dire de plus ? Il me déplaît de vous décevoir, mais je ne puis faire autrement. Faites néanmoins l'usage que vous jugez bon de ces quelques lignes.

DINO BUZZATI.
Lettre adressée à Philippe Berthier,
traduite par Marthe Cottin.

DEUX LECTURES
DU *RIVAGE DES SYRTES*

Jean-Marc Blanchard

Première lecture

Le Rivage des Syrtes est un roman policier manqué. Dans ce livre (l'auteur lui-même n'indique pas s'il s'agit d'un roman, d'un récit, ou d'une chronique) qui, on s'en aperçoit bien tard[1], n'est qu'une récapitulation des signes de l'*avent*, où les morts sont rares (seul gît Marino perdu au fond de quelque vasière), où le mot *criminel* n'est jamais articulé — sauf à désigner précisément l'« arme du crime[2] » — il nous est donné de lire la déposition de l'*infâme*[3]. Identification, profession, pas d'alibis[4].

C'est dans un texte essentiellement dépouillé des contingences de l'Histoire que Gracq a choisi d'inscrire les faits et gestes de son héros. En ce sens, tout le *roman* compose un rapport circonstancié en douze chapitres, qui, par leur facture, leur disposition, semblent malicieusement démarquer les hypotyposes du rhétoricien : *Une prise de commandement, Une conversation, Une visite, Une poussée de fièvre* — tout en ménageant les effets du *suspense* traditionnel : personnage enfermé tout seul à sa plus haute tour au-dessus des eaux dormantes, soudaine apparition de la femme fatale, etc.

Un examen plus serré du style confirme d'ailleurs cette impression : Gracq aligne les *clichés* à plaisir :

> *Je garde de mon enfance le souvenir d'années tranquilles, de calme et de plénitude, entre le vieux palais de la rue San Domenico et la maison des champs au bord de la Zenta, où nous ramenait chaque été et où j'accompagnais déjà mon père, chevauchant à travers ses terres ou vérifiant les comptes de ses intendants* (p. 7).

Notons la structure essentiellement binaire de la phrase, dans la disposition et la liaison des syntagmes : *années tranquilles de calme et de plénitude / vieux palais de la rue San Domenico — maison des champs au bord de la Zenta / où nous ramenait chaque été et où j'accompagnais déjà mon père / chevauchant à travers ses terres — vérifiant les comptes de ses intendants* ; les métonymies, les syllepses, et tout simplement les appositions sont les premiers indices, mais aussi les premières ambiguïtés du récit. Quand nous arrivons à :

> *Quelque chose de romanesque et d'inemployé flottait donc sur la vie libre, et à beaucoup d'égards peu édifiante, que menaient dans la ville les jeunes gens nobles...* (p. 9),

nous sommes sûrs d'avoir affaire au mystère, et nous cherchons les signes... jusqu'au moment où, sans crier gare, nous est donné *le Farghestan* (p. 13). Mais c'est là une *clef* que l'énoncé du roman ne nous permet pas d'essayer : « *On sait peu de chose dans la Seigneurie sur le Farghestan* » (p. 13) ; l'auteur préfère la figure de style, et comme la figure du mystère au mystère lui-même : « ... *font de sa population un sable mouvant, où chaque vague à peine formée s'est vue recouverte et effacée par une autre* » (p. 13). Nous citons ces phrases parce qu'elles sont typiques du jeu auquel Gracq veut nous faire participer :

> *Et après ?... — Après, rien. Si tu le prends sur ce ton-*

là... Je croyais que ça t'intéressait. Personne ne veut te voler le Farghestan, tu sais, ajouta-t-il dépité (p. 69).

La place qu'occupe d'ailleurs dans le texte la figuration de l'écriture (le reçu des instructions écrites de la Seigneurie, la rédaction des rapports, les brefs de Chancellerie, l'écriture même de l'ennemi farghien) doit nous inciter à chercher dans *Le Rivage des Syrtes* l'Œil de l'Observateur (c'est le titre d'Aldo) et la griffe du styliste. Pour Aldo, dont la mémoire s'efforce de saisir le pourquoi et le comment (= le franchissement de la *Ligne des Patrouilles*) d'événements qu'il sait réels et fatidiques, il s'agit de revenir sur la prémonition et la préparation de cette fatalité elle-même, de revivre les signes annonciateurs du désastre ; signes, traces, symptômes qui deviennent les *Signes* (noter la majuscule) évoqués par Danielo à la fin du roman (p. 343) : seul un observateur *désintéressé* eût diagnostiqué une maladie mortelle :

Il arrive que la fièvre se gagne, dit-il, en pesant ses mots et en relevant les yeux sur moi. Un observateur désintéressé peut juger cette obsession seulement curieuse, mais... (« L'envoyé farghien », p. 257*).*

Nous comprenons alors l'incessant déchiffrage. A l'image d'Aldo qui doit mettre au point avant le matin *« une rédaction assez difficile »* (sa lettre justificative au Conseil de Sécurité d'Orsenna, p. 245), Gracq rédige un texte analytique et dense. Avec la minutie des haruspices[5], il *observe* les moindres aspects d'une vie quotidienne passée, et maintenant ravagée, reconstituant pièce à pièce les derniers jours de l'*Ante Post Quam*. Mais il ne s'agit pas seulement de remonter le temps, il s'agit aussi d'interpréter toutes les données de l'histoire. Et c'est là qu'on discerne le sens profond du mystère des Syrtes : quiconque rappelle faits et gestes avec tant de passion ne peut que *replonger* dans les eaux sombres du passé (le mot *plonger* ou son fréquentatif viennent à d'innombrables reprises : *cf.* aussi p. 46, où le nom *plongeur* s'alourdit d'une insupportable catachrèse : *« calfaté cette cloche à plongeur »*).

En plongeant à la recherche du temps perdu, et en essayant de faire coïncider l'image de ce temps avec celle de sa recherche même (n'est-il pas l'*observateur* ?), Aldo espère en appréhender la substance, en saisir les modes et les attributs ; il espère une explication. Nous retrouvons ici les préoccupations sans doute fort naturelles d'un historien, pris entre le désir d'analyser et celui de revivre ce qu'il a vécu. Mais ce temps, il est irrémédiablement perdu. Pour toujours compromis dans l'action qu'il avait été chargé d'observer, Aldo peut aujourd'hui moins que jamais distinguer la fonction de l'acte, et l'interprétation dont il ne fait que redoubler son analyse ne saurait être au mieux, et comme il le dit lui-même, qu'une justification. Une rhétorique dont Gracq lui-même dessine ironiquement la figure :

> *Tout reste enveloppé, indirect. Tout renvoie aux bruits, mais rien ne les dénonce. Comme si les paroles, toutes les paroles d'une journée, dessinaient obstinément un moule — le moule de quelque chose... mais que ce moule restât vide. Je me fais bien mal comprendre. Je vais me servir encore d'une image. Vous connaissez le jeu du furet. Tout le monde fait cercle, les mains sont fermées sur la corde, on ne voit rien, mais les mains sont complices, le furet court, glisse au long de la corde, repasse, tourne inlassablement. Il n'est jamais là. Chaque main est vide, mais chaque main est un creux tiède pour l'accueillir, pour l'avoir accueilli. Voilà à quel jeu joue Maremma toute la journée* (p. 102).

A partir de ce moment le personnage est à nouveau prisonnier de sa propre histoire. Un récit plus à l'imparfait qu'au passé simple ; une communication sur le mode de la durée et de la répétition : nous lecteurs sommes aussi bientôt prisonniers de l'*aspect*, de ce regard intemporel et descriptif du héros :

> *Je racontai [noter ici et plus bas le passé simple du scripteur] assez sèchement, en m'efforçant à la précision, ma découverte de la veille. Au fur et à mesure*

qu'avançait le récit, j'entendais ma voix prendre une dureté métallique et offensante, comme si, de minute en minute, j'avais senti devant moi fuir la crédulité. Marino me regardait fixement, le visage immobile ; je sentais que c'était moi *qu'il écoutait, et non le passage de ce navire fantôme par lequel j'espérais réveiller ses instincts de chasseur, — comme écoute un médecin dont la fausse complaisance dérobe dans les saccades de la voix, dans les tics du visage, les signes fugaces de la maladie* (pp. 47-48).

Gracq, qui tient à rester maître du langage, substitue signe à signe, chiffre à chiffre. Aldo s'exprime bientôt par allégories[6], par symboles :

Toute ma vie depuis que j'avais quitté Orsenna m'apparaissait guidée, se recomposait dans cette fuite en avant nocturne en symboles *[nous soulignons] qui me parlaient du fond de l'obscurité* (p. 233).

Quinze lignes plus haut, on trouve dans le texte (il s'agit de la fameuse croisière au Farghestan) :

De longues minutes, je demeurai [scriptage] au-dessus de l'étrave, fouetté dans le vent froid qui sentait la neige et l'étoile, et semblait tomber en nappes des glaciers de la cime inaccessible, lui demandant de toutes mes narines les indices *[nous soulignons] de la terre prochaine* (p. 232).

Cinq lignes plus haut :

Les indices *familiers de la terre semblaient avoir reculé très loin, mais de grands signes s'entrecroisaient dans cette nuit claire* (p. 233).

Et deux lignes plus bas :

Je songeais à ce volcan mystérieusement ranimé... je m'identifiais de tout mon être aveugle à mon Heure, je m'abandonnais à une ineffable sécurité (p. 233).

Aldo, projeté dans un monde héroïque, s'est apparemment reconnu dans l'image que lui offrent les destins ; l'individu, et avec lui tous les détails qui font un monde personnel et humain, s'efface (*cf.* « de tout mon être aveugle ») derrière l'idée même de sa possibilité ; irrémédiablement lié à son histoire, l'Observateur est devenu poète : Aldo, qui n'avait pas jusque-là montré la *tête épique*, devient son propre barde ; d'ailleurs tout ce passage pourrait bien rappeler Homère et l'Odyssée vers le Cyclope : *« ... dans ce silence oppressant qui semblait jeter une ombre au cœur de la nuit même, la masse énorme venait à nous plus écrasante qu'en plein jour* » (p. 233). Suivons le développement de l'emblématique gracquienne. On sait qu'un ancien khâgneux garde toujours le goût du *mot*, de la métaphore bien frappée. Et Gracq s'amuse encore bien de ces jeux : (à propos de la forteresse de l'Amirauté)

> *[— paysan :] Une broussaille, une jungle, voilà ce que c'est* (p. 129).
> *[— pédant :] Comme la première neige qui touche d'un doigt solennel la cime la plus haute, sa blancheur irréelle la consacrait mystérieusement, l'enveloppait d'une légère vapeur tremblée qui fumait vers la nuit lunaire, la marquait de l'incandescence d'un charbon ardent* (p. 141). [Noter, au passage, la virtuosité analogique et antilogique].

Cependant le discours constitue vite, à l'abri de toute ironie — exemple : « *Une visite tri-séculaire ne peut guère être dite abusive* » (p. 252) —, son propre message, son propre *kérigme* irritant et insaisissable. Rappelons-nous que :

1. Tout vaut moins que son double ; chaque homme, que sa silhouette — « *une silhouette se levait et semblait fleurir comme par magie au bout de chacun de ses gestes d'appel* » (p. 315) ; chaque objet, que sa représentation — « *Une riche fourrure de flammes aux volutes architecturales faisait un liséré à la ville assiégée* » (p. 116). Le portrait de l'ancêtre rebelle, qu'Aldo et Vanessa contemplent dans

les couloirs obscurs et moites du palais de Maremma est moins celui de l'ancêtre de la princesse (Aldo est d'ailleurs incapable de *voir* le portrait : sa première remarque est pour le comparer à d'autres œuvres « *tardives du peintre Longhone* ») que l'image de la croisière sur le Tängri, et celle, antithétique, du désastre final d'Orsenna, selon l'oracle de la *flamme qui viendra sur l'eau.*

> *La flotte d'Orsenna était rangée en demi-cercle au large de la ville, mais si un mur de fumées calmes s'élevait en lourds panaches de la mer, bien plus qu'au fracas déchirant de l'artillerie, on songeait à quelque cataclysme pittoresque et visitable, au Tängri venant de nouveau faire grésiller ses laves dans la mer* (p. 116).

2. Tout est dans tout, et dans une relation deux à deux, l'existence de chaque homme, de chaque objet est dépendante de celle d'un autre que cette relation modifie à son tour profondément. Vanessa tient ce pouvoir magique de *déposséder*[7] ceux qu'elle regarde, comme si elle s'appropriait alors leur substance, mais cet échange n'est pas sans retour : par exemple, c'est de Vanessa qu'Aldo attend sa révélation : « *Mes yeux suivaient malgré moi la direction de son regard* » (p. 163).

3. L'indéterminé est toujours préférable au déterminé, et c'est une faute de goût que de vouloir à tout prix le *mot juste* : « *On dit très peu :* le Farghestan, *ici, autant dire jamais. On dit :* là-bas » (p. 101) ; de même dit-on : la Seigneurie ou les Instances Secrètes de la Ville pour un homme, Danielo. Au dernier chapitre (Les Instances...) ce même Danielo parle en métaphores, moins réussies, de la peau qui devient « *un mur, une grande muraille* », et affirme que les « *temps sont venus* » (p. 348). Il désire la fin de cette confusion. Au sortir de l'entrevue, Aldo parle encore, par habitude, de théâtre et de décor, mais cette fois, c'est de l'Histoire qu'il s'agit (p. 353), les cavaliers « *qui sentent l'herbe sauvage et la nuit fraîche* » sont les cavaliers farghiens (p. 348).

Deuxième lecture

I

Jean-Paul Weber a voulu montrer l'existence de trois thèmes fondamentaux dans l'œuvre de Gracq[8], le lancement du navire, la chambre (où l'on est enfermé), le lieu élevé (où l'on est transporté). Trois thèmes qu'on peut effectivement isoler dans *Le Rivage des Syrtes* : le *Redoutable*, trop souvent amarré à son quai par peur des vasières, et finalement lancé vers le Farghestan / *la Chambre des Cartes*, où Aldo passe des heures en rêverie sur la *Ligne des Patrouilles* et le Farghestan / la forteresse de l'Amirauté elle-même qui surplombe la passe, à quoi on peut ajouter la citadelle d'Orsenna, le rocher de Vezzano, et le volcan du Tängri, *là-bas*.

Nous acceptons en gros ce schéma[9] ; avec deux réserves : 1. la totale pré-structuration qu'en établit Weber ne nous intéresse pas[10] ; 2. à ne prendre qu'un seul thème, — le-navire-sur-cale-attendant-son-lancement —, l'analyse de Weber explique la genèse de la création par le principe de l'unité et de la spécificité fondamentale du thème[11] ; nous nous efforcerons de montrer la *création continue du thème*, sa diversification, sa ré-orientation qui en font moins un *sémantème* qu'*une des dynamiques psychiques de l'œuvre*, et que le style de Gracq intègre à chaque moment du texte comme une possibilité parmi d'autres. C'est essentiellement de cette possibilité que nous voulons rendre compte.

Considérons le thème du navire qui va ou ne va pas être lancé[12]. Il est certain que cette image compose toutes sortes de suggestions : celle du navire lui-même, de sa charpente, de ses spécifications, mais celle aussi de ses capacités, de sa *flottaison* — le navire peut-il ou ne peut-il pas quitter la terre, à quoi l'agrippent encore tant de masses et d'étais, pour flotter sur la mer[13] ? Et cette mer, pour quoi le navire est fait (ou n'est pas fait), peut-elle l'accueillir : le faire flotter ? On voit bientôt se dessiner, et ce n'est assurément là qu'un exemple parmi d'autres, un thème de la mer et de la terre tout aussi ancien[14] que celui du navire, où l'un des éléments, la mer, ne cesse, à l'image du navire qui la suscite comme une forme suscite le fond, de *projeter*[15] sa propre extension, sa propre libération, au sens premier où, pour tout psychisme, un liquide est soit coulant, soit empêché de couler. Il est alors facile d'insérer dans ce schéma toutes les personnalisations et variations du thème, qui sous-tendent, recouvrent, effacent et finalement réintègrent l'énoncé donné.

1. Le mariage et le combat de la mer (de l'eau) et de la terre peut s'extérioriser[16] dans la trouble et primitive relation sexuelle qui unit Aldo et Vanessa :

> *Elle surgissait du reflux de mes rêveries fiévreuses, ferme et élastique comme une grève, faite pour la plante et la paume, une douce terre ameublie sous le fouet de pluie de sa chevelure* (p. 153).

2. Tout autant que le bateau dépareillé (le *Redoutable*) qui ne quitte guère son bord, Orsenna et le capitaine Marino peuvent être vus comme des *foeti* accrochés au sein de leur mère, ou des enfants qui désirent regagner le sein :

> *Il me semblait que la conscience nous fût donnée du miracle d'un enfant rentrant dans le sein de sa mère* (p. 216) ;

[aussi :]

> *quand la mère sent descendre et peser au-dessus d'elle son enfant mort. Il n'y a pas d'autre vie éternelle* [Marino à Aldo retour de croisière, p. 294] :

— comme des forces qui empêcheraient la naissance :

> *Déjà de cette naissance pressentie la terre est grosse... En cette nuit même, il y a des siècles, des hommes veillaient, et l'angoisse les serrait aux tempes ; de porte en porte ils allaient, étouffant les nouveau-nés à peine*

sortis du sein de leur mère... je vous parle d'une espèce d'hommes qui n'est point morte, de la race de la porte close, de ceux qui tiennent que la terre a désormais son plein et sa suffisance... [Le missionné prêchant Noël à Maremma, p. 194].

On explique ici l'hostilité latente entre Aldo et Marino (et la mort mystérieuse de ce dernier au retour de la croisière-séparation).

3. Mais à ces forces de symbiose qui font la vie et la mort indiscernables, s'opposent celles de la séparation, de la naissance héroïque :

portée sur un élément fluide qui la faisait vivre sur le fond inerte du paysage [la forteresse, réparée, semble remise à flot] (p. 141).
Cf. aussi : ... *et selon la très vieille coutume des marins des Syrtes, une barque de pêche avec tous ses agrès, tirée jusque devant l'autel sur des roues, remplaçait la crèche : sous un buisson de lumières, le berceau creux et flottant transposait étrangement cette scène si paysanne, en faisait une nativité plus menacée, une naissance au péril de la mer* [Noël à Maremma, p. 190].

4. Si la mer elle aussi reste trop souvent composée d'une matière qui la charge et l'alourdit (on retrouve ici la symbiose et la commune offrande de vie et de mort), elle est l'élément de la naissance, ce vers quoi sont projetés l'homme, le navire (par association, la forteresse, etc.) au sortir de la terre. Elle est l'eau qui s'échappe, qui vit et qui danse (qui promet la libération de la naissance), qui accueillera Aldo dans sa calme splendeur (voir chapitre *Une croisière*).

Réalités du sexe, perspectives de la naissance (tout le chapitre VIII, *Noël*, précède IX, *Une croisière*) et de la séparation, que contredisent l'assouplissement (des eaux dormantes, gluantes, et fuligineuses), et la peur d'une mort douceâtre et putride pour Orsenna. Telles sont quelques-unes des suggestions liées au thème de la mer.

Il y en a d'autres, comme on verra. On sait de toutes façons que l'attente tri-centenaire de cette naissance est finalement comblée par le navire d'Aldo volant au Tängri, pour recevoir d'une montagne *vorace* et *fertile* comme la matrice la révélation de la « *flamme qui viendra sur l'eau*[17] ».

II

Dénotatif :

L'eau de la mer des Syrtes est partout. Elle est le cadre, elle est la référence. Essentiellement mer des rivages, comme chez les Grecs, Poséidon, l'*embrasseur de la terre*, elle est bordée par une côte plate et « festonnée de hauts-fonds », et les ports qui en marqueraient l'importance économique sont inexistants : seules subsistent Maremma, et, tels Elseneur ou les châteaux du roi Arthur, telle pour la réalité Aigues-Mortes, du temps que Saint Louis partait pour la croisade, l'Amirauté, vieille forteresse désaffectée, et lieu géométrique de l'action. Une ligne des patrouilles délimite l'espace des eaux territoriales et interdit l'exploration plus avant (vers le Farghestan) ; un récif abandonné, Vezzano, souligne le parcours ultime des patrouilles. Au-delà de la mer (mais on s'aperçoit qu'Orsenna et le Farghestan ne font qu'un seul continent : opposés côte à côte, ils sont joints au Sud-Est par des terres oubliées, déserts battus par les vents), un inconnu vieux de trois siècles. C'est tout.

La mer des Syrtes est dite une *vraie mer morte* (p. 14), *une mer vide* (p. 22). « *On n'entendait même pas un clapotis de vagues* » (p. 26). Plus loin, en patrouille (p. 213), on ne reconnaît « *guère la mer des Syrtes dans cette soirée annonciatrice de tempête* ». De même (p. 156), « *la mer des Syrtes, avec ses vagues riches et dansantes, crevait partout ses courtes volutes d'écume* » : le voyage à Vezzano est déjà une première quête de cette vie. Pour le reste, la mer est bien morte.

Connotatif :

Mais lourde et fluide, toujours attendant son réveil, et pourtant assoupie, la mer est constituée de forces mystérieuses qui l'ébranlent ou la plaquent, comme un énorme, un inscrutable psychisme.

Spontanées ou fabriquées, les complications sémantiques du thème sont inévitables. Que l'idée d'une eau lourde (« *union de sel et de sable* » / mer envasée, mer assoupie), impatiente du large, mais condamnée à fermenter, se résolve en celle d'une nuit profonde, au guet de l'aurore et du réveil, il s'agit là d'une translation particulièrement facile[18] : on remarquera que la révélation du texte suivant est ici amenée par la femme portant *une cruche ou un panier de poissons en équilibre sur la tête* :

> *Parfois au détour d'une rue, une cruche ou un panier de poissons en équilibre sur la tête, apparaissait une femme de pêcheur sous les éternels voiles noirs qui font des groupes à Maremma autant de cortèges de deuil, et dont on ramène un pan sur la bouche pour se protéger de la grêle du sable :* elle passait près de moi silencieusement comme un fantôme errant de la ville morte, m'apportant à la fois une odeur de mer et de désert, et toute pareille, ainsi surgie de cette nécropole inhabitable, à ces flammes errantes et funèbres qui s'élèvent et palpitent faiblement sur une terre trop gorgée de mort. *La vie s'aventurait sur ces confins extrêmes plus vulnérable et plus nue, dressée sur l'horizon de sel et de sable comme un signe exténué, elle voletait par les rues effacées comme un lambeau de ténèbres oublié dans le plein jour. La lumière baissait déjà sur le large, et il me semblait sentir en moi qu'un désir montait, d'une fixité terrible, pour écourter encore ces journées rapides : le désir que les jours de la fin se lèvent et que monte l'heure du dernier combat douteux : les yeux grands ouverts sur le mur épaissi du large, la ville respirait avec moi dans le noir comme un guetteur sur qui l'ombre déferle, retenant son souffle, les yeux rivés au point de la nuit la plus profonde* (p. 174).

Mais examinons le passage souligné. Il s'agit là d'un phénomène naturel (feu follet) suggéré par le texte en suite de « *fantôme errant de la ville morte* ». Gracq a surchargé son texte (goût du cliché ? désir de respecter la configuration des signes — signe exténué annonçant déjà *la flamme qui viendra sur l'eau* ? — ou la configuration textuelle, en plaçant le mot *mort* juste avant le mot *vie* par quoi débute la phrase suivante ?). On sait que les combinaisons trinaires ou quaternaires (eau-terre-air-feu) n'ont guère de *réalité* pour la conscience imaginante[19]. Quoi qu'il en soit, l'effet n'est pas des meilleurs : l'addition d'un long syntagme comparatif *(« et toute pareille... mort »)*, qu'il lui faut ensuite expliquer d'une autre phrase *(« La vie... »)*, est une redondance. C'est là un des cas où dans son roman, l'écrivain, intellectualisant, inventant au besoin ses perceptions, semble préférer le blasonnage au message : le texte en paraît peut-être plus ordonné, dans sa *disposition*, mais la multiplication des variantes affaiblit le thème et restreint la communication. L'exemple que nous venons de citer n'est pas unique. Gracq, nous l'avons vu, se fait toujours un plaisir de voiler. Au niveau du texte (*cf.* aussi *Le Roi pêcheur*) il aime jouer le mystère de son mythe, de sa propre parole.

Ces dérivations une fois reconnues, on doit aussi se persuader que ni une perspective strictement rationnelle (fondée sur l'examen des séries causales), ni une perspective chronologique (fondée sur la succession) ne sauraient convenir dans l'étude du symbole et de ses associations[20]. Les névroses n'ont pas d'âge : elles n'ont que leur évolution. Il n'est pas étonnant qu'Aldo puisse à la fois désirer franchir la ligne des patrouilles, Fabrizio, réparer la forteresse *(la mettre à flot)*, et que les jeunes gens redoutent en même temps ce projet de *liberté grande*, à la mer au large, comme quelque chose à la fois d'excitant et d'effrayant. Le même *Redoutable* qui vole « *vers le Tängri se dirige vers la corne obscène et vorace* » (p. 236). Et tout au long du roman, on sent un perpétuel jeu dans l'usage du mot *flotter* : flotter, c'est à la fois participer de la mer libre, et prouver cette liberté de naviguer, qui, au niveau le plus élémentaire, est celle du navire lancé (le *Redoutable* vers sa croisière, le bateau de Vanessa vers Vezzano), celle de la forteresse mise à flot, sans risquer l'échouage et le naufrage. Mais flotter, c'est aussi éprouver le surplus de cette liberté navigante, son indétermination, au sens où l'on dit qu'un bouchon flotte au gré du courant : ou, plus communément, qu'il *« y a du flottement dans l'exécution d'un projet »*. On peut ainsi noter la différence entre une description de Maremma au temps de sa splendeur, *« campée sur ses vases tremblantes »*, *« devenue une île flottante, une main enchantée, docile aux effluves qui venaient d'au-delà de la mer »* (p. 89), et celle d'une salle du palais de Vanessa : *« dans cette salle taillée à la mesure d'une vie oubliée, l'existence revenue semblait se recroqueviller,* flotter [nous soulignons] *comme dans un vêtement trop large »* (p. 107).

III

Orsenna est *assoupie* : *« assoupissement sans âge d'Orsenna »* (p. 243), *« l'assoupissement qui l'aidait à regagner le coin d'ombre hanté de figures trop lisibles »*, *« la guerre s'est assoupie »*, *« Orsenna a souffert d'une espèce d'insomnie »* (p. 258), *« des siècles de léthargie »* (p. 230), etc. Si la terre est assoupie, la mer l'est aussi ; on l'a vu plus haut. Le navire quitte rarement l'Amirauté, tout est engourdi. Cet assoupissement est d'abord une négation du mouvement : pour être sûr de ne pas avoir à essayer la mer, Orsenna concentre toute l'attention de ses officiers sur *la terre* de l'Amirauté. Marino devient régisseur des pauvres domaines des Syrtes, et son équipage de matelots, une troupe de journaliers agricoles. En ne nous disant jamais ce qu'on cultive dans ces terres — nous faisons bien une visite à la ferme du vieux Carlo, mais c'est pour parler d'acomptes et d'arrérages —, en ne substituant à *« l'assoupissement des eaux mortes »* que *« le cheminement de fourmi des rares allées et venues, le cliquetis d'un attelage, le bruit isolé dans le hangar d'un marteau clair... la somnolence de ces allées et venues si humbles »* (p. 29), Gracq insiste sur le commun dépérissement de la terre et de la mer, la misère d'un état qui ne sait être ni maritime ni terrien. Une séparation est impossible. Schématiquement le bateau, qui est lui-même fort dépareillé, et donc peu fait pour la haute mer, ne peut être lancé et, puisque tout fonctionne sur le principe du moindre mouvement et du moindre effort, la navigation est rare, sinon impossible : « *Il était fort rare qu'un filet de fumée, annonciateur de quelque patrouille, se tordît à la cheminée du* Redoutable » (p. 26). Aucune autre réalité n'est franchement, n'est définitivement constituée que celle d'un vague organisme :

> *Il fit de sa main un geste vers la grève. La mer montait, lissait près de nous déjà en crissant sur le sable des bourrelets d'écume baveuse. Une terre où il est bon de se coucher pour dormir, ajouta-t-il, perdu dans cette rêverie lourde et presque organique...* (p. 293).

On a partout l'impression d'une existence diminuée et presque souterraine :

> *Nous dûmes passer de longues heures dans ce puits d'oubli et de sommeil. La coupure du rocher au-dessus de nos têtes était si étroite, et le ciel qui s'y enchâssait si lointain et si calme, que les variations du jour, dans l'absence du jeu plus allongé des œuvres, ne parvenaient plus jusqu'à nous ; nous reposions de tout notre poids dans la sécurité même des gisants sous ce faux jour de crypte où l'ombre venait se diluer comme dans une eau profonde ; les légers bruits autour de nous : un bruit d'eau vive sur les galets, le lapement insensible et le minuscule gargouillis dans les creux de roche de la marée montante, donnaient à l'écoulement du temps, par leurs longs intervalles suspendus et leurs soudaines reprises une incertitude flottante coupée de rapides sommeils, comme si la conscience légère qui venait affleurer en nous par instants eût puisé dans cette émersion même le minime surcroît de poids qui la replongeait aussitôt dans un court évanouissement* (p. 160).

Voilà deux êtres *enchâssés* entre terre et mer ; aux

perceptions diaphanes et inconsistantes *(ombre, faux jour, minuscule gargouillis, incertitude flottante, conscience légère)* ; la plupart du temps *(variations du jour, écoulement du temps, longs intervalles)* évanouis dans une complète léthargie : la marée est là qui monte, l'eau, qui gargouille sur les galets, mais comme souterraine *(puits d'oubli / coupure du rocher)*. Par cet enfoncement aux profondeurs, *plonger*, et *replonger* (de beaucoup les mots les plus usités du livre) redoublent et recouvrent *flotter*.

Tiré vers le bas, rien ne *flotte*, au sens du mot. L'eau des Syrtes est sans reflets (au meilleur des cas, « *faiblement miroitante* » (p. 88) grâce à la brume laiteuse des nuits de Maremma), parce qu'elle est chargée de terre. Noire : « *Un quai devant nous s'ouvrait à pic sur une eau noire* » (p. 89). Tout navire qui sort se risque à l'échouage ; au naufrage ; Marino lui-même en a fait l'expérience qui met tout son soin à prévenir Aldo[21]. Une côte « *instable et bourbeuse* », une mer inconnue sont autant de raisons pour ne pas sortir du port.

A la surface et dans les profondeurs, cette eau terreuse fermente. Partout ce ne sont que *concrétions*, masses spongieuses, moussues et putrides ; cependant que les vieux bateaux rouillent et périssent sur les vasières (= mauvaise cale de lancement), le vieux Danielo parle d'Orsenna comme d'une « *barque pourrie* » (p. 352). Il s'agit là d'une longue et subtile décomposition qui ne cesse jamais pour la bonne raison que rien ne se perd (on se rappelle que la Seigneurie peut encore après deux cents ans articuler soixante-douze griefs contre le Farghestan). Aldo remarque ironiquement qu'Orsenna fabrique encore de la terre de cimetière (p. 71). Seule peut venir à manquer l'humidité, l'eau elle-même, grâce à quoi survit et se reproduit cette pourriture : Maremma, autrefois île flottante, meurt crispée et couverte de pustules desséchées (p. 90) ; à côté de la mer des Syrtes, le désert buriné, poussiéreux.

Mais rappelons-nous que le bateau doit être lancé, que l'eau cherche à se libérer, bref, qu'un *projet* est consigné dans les lignes du roman : on y sent, pour reprendre une équivalence du thème, l'attente d'une révélation, d'une naissance ; à plusieurs reprises nous est donnée l'image d'une femme en sa grossesse, dont ces sécrétions, ces concrétions ne sont que la figuration la plus élémentaire et la moins achevée. La continuelle végétation pousse, et se transforme, se cherche, et se trouve, au plus grand plaisir du styliste qui veut en suivre toutes les métamorphoses :

> *Comme dans certains monuments plus taraudés que des polypiers et plus organiquement encroûtés de siècles que les autres, auxquels le peuple sent d'instinct que tient concrètement la survie même de certaines très vieilles villes, on touchait là les* grands fonds *d'Orsenna et presque matériellement la série ininterrompue de ses strates — un banc nourrissier, un récif vaguement vivant de siècles s'y engraissait seul qui hissait encore l'énorme masse jusqu'à sa flottaison* (pp. 229-230)[22].

A un autre niveau, celui des grands fonds[23], vers quoi plongent et naufragent les valeurs d'Orsenna et de Maremma, par peur, par névrose, même concrétion, même décomposition et recomposition, mais le spectacle est plus fascinant :

> *Je plongeai vers un siège dans la pénombre et m'assis en hâte, retenant malgré moi ma respiration.*
> *La musique très lourde et très sombre, l'éclairage voilé et les parfums absorbants me dépaysaient* (p. 95).

Il semblerait qu'une vie s'éveillât, à l'abri d'une grotte sous-marine (analogon de la gestation et de la vie prénatale ?) :

> *Une subtile atmosphère de provocation, un magnétisme sensuel insidieux me paraissaient soudain s'allumer çà et là à la courbe d'une nuque trop complaisamment affaissée, à un regard trop lourd, au luisant gonflé d'une bouche s'entrouvrant dans la demi-obscurité* (pp. 95-96).

Aldo suggère (inconsciemment ?) une naissance difficile[24] : « *au luisant gonflé d'une bouche s'entrouvrant dans la demi-obscurité* » p. 96) (*cf.* aussi : « *une valve de coquillage ouverte toute grande dans le noir* ») ; il trouve au fond de cette mer la reconnaissance de la femme, de la mère, qu'il lui est donné de voir, pour la première fois décollée de lui et pourtant l'attirant à nouveau :

> *Comme on raccorde dans la stupeur les anneaux d'un serpent emmêlé, s'organisait par saccades autour de cette tête de méduse une conformation bizarre. La tête était enrochée au creux d'une épaule d'étoffe sombre. Deux bras lui faisaient une étole, un collier engourdi d'aise pantelante, qui fouillaient comme dans une auge pleine au creux de son corsage* (p. 96).
> *Ces yeux marchaient auprès de moi, le vent faible de leur gouffre soufflait les lumières ; ils faisaient tanguer doucement la fête sur un fond de cauchemar* (p. 97).

Il s'agit là d'une « *reconstitution* » : la très intime liturgie amoureuse n'est que suggérée « *entre deux plongeons* » par une écriture assez déliée, où les équivalences psychiques sont, on l'a vu, fort peu dissociées. Redoublement de l'effet produit, et adhérence du texte au message : Aldo ne dit-il pas lui-même

> *J'avais beau recourir aux alcools violents et me laisser rouler par la foule vers les points les plus éveillés de la fête, je ne me remettais que lentement. Comme mordus un instant par un soleil trop vif, un point noir flottait devant mes yeux sur le scintillement des lumières* (p. 97) ?

Ici, la foule « s'écoulait », et quelque chose « flottait ».

Mais bientôt le navire est lancé. La forteresse, prototype du navire, a été *mise à flot*. Le navire *flotte*, l'eau s'écoule, jaillit en cataracte ; nous avons vu que devant le Tängri le navire « vole », et que la naissance s'accomplit.

L'image de Vanessa se constitue dans les vagues de la marée, comme un encouragement à l'aventure : « ... *je serrai les lèvres sur les cheveux sauvages de Vanessa que la nuit reprenait et gonflait dans le lit comme la marée une touffe d'algues* » (p. 215). La mer, d'abord agitée, se calme ensuite : elle est libre.

> *Comme pris dans le fil d'un fleuve sans bords, il me semblait que maintenant tout entier j'étais* remis — *une liberté, une simplicité miraculeuse lavaient le monde ; je voyais le matin naître pour la première fois* (pp. 223-224).

Pour la première fois l'eau est claire, miroitante, « *une route royale s'ouvrait sur la mer pavée de rayons comme un tapis de sacre* » (p. 226), offrant tous ses secrets (hydromancie). Aldo croit alors entendre les révélations prophétiques de la *Rumeur* (p. 226). Et sa propre croisière devient le centre, la route, la *bonne route*.

Ainsi voit-on l'intégration dynamique du thème : mer libérée, navire qui fonce à toute vapeur, journée ensoleillée, femme aimée, annonciation, naissance[25]. Nous arrêterons ici un examen fastidieux. Mais rappelons que ce que la fin du livre démontre, c'est, malgré la persistance des vieux thèmes de concrétion et de symbiose, l'existence inéluctable d'une séparation : « *Il me semblait que l'Amirauté reculait soudain très loin, se perdait à l'horizon derrière cette crasse de brouillard* » (p. 214). Cette libération de l'eau présente un danger de mort : toute naissance porte en soi les périls d'une vie non protégée, à *tombeau ouvert* (prémonition d'Aldo quand Vanessa le conduit à sa première soirée à Maremma). Les angoisses d'Aldo et de son équipage cap sur le Tängri ne sont que le présage des périls qui viendront à Orsenna et à lui-même sous la forme d'une *destination* (p. 352). « *Dès qu'il est né, tout homme est assez vieux pour mourir.* »

JEAN-MARC BLANCHARD.

1. P. 218 : « *Quand le souvenir me ramène — en soulevant pour un moment le voile de cauchemar qui monte pour moi du rougeoiement de ma patrie détruite — à cette veille où tant de choses ont tenu en suspens...* »

2. P. 219 : « *De tels hommes n'ont peut-être été coupables que d'une docilité particulière à ce que tout un peuple, blême après coup d'avoir abandonné en eux sur le terrain l'*arme *du crime...* »

3. P. 219 : « *Le recul spontané qui les isole dénonce moins leur infamie personnelle que la source multiforme de l'énergie qui les a transmuées en projectiles...* »

4. P. 276 : « *Tu es un enfant, Aldo : on l'a su à Maremma dès le lendemain, et moi, à peine un jour plus tard* » (Vanessa) ; *cf.* aussi p. 331 : « *Ainsi, c'est vous...* » (Danielo à Aldo).

5. *Cf.* aussi p. 307 : « ... pose *augurale* ». On remarque d'ailleurs les nombreux souvenirs de l'histoire romaine : d'abord et surtout les *Syrtes,* nom de la Méditerranée sur la côte de Cyrénaïque *(Syrta Major, Syrta Minor)* ; aussi : *Histoire des Origines, biographie de Marc-Antoine, à la mode antique, couche d'huile sur le vin, Cincinnatus revenu à sa charrue, barbare du Bas-Empire, la Ville* (Urbs).

6. *Cf. : « la Rose de notre Salut »* (p. 193) ; « *une ville dissoute dans son Heure et sa figure* », etc.

7. P. 55 : « *Mais la beauté de ce visage à demi-dérobé me frappait moins que le sentiment de* dépossession exaltée que je sentais grandir en moi de seconde en seconde. »

8. *Domaines thématiques*, pp. 295-328.

9. Encore que la *nécessité* d'une relation entre le thème de la *Chambre*, celui du *lieu élevé* et celui du *navire sur cale* ne nous apparaisse pas clairement dans *Le Rivage des Syrtes* (que Weber, assez curieusement d'ailleurs, laisse de côté), il nous serait loisible de voir dans la *Chambre des Cartes* comme la suggestion du transatlantique lancé : Aldo lit les cartes marines, et, à la fin du chapitre, on le voit observer l'échappée d'un bâtiment inconnu vers le large ; ou celle de la mer dans une salle du palais de Vanessa : « *un étang vide....* » (p. 107) ; dans l'île de Vezzano, pic solitaire et désolé, on pourrait voir comme l'idée du navire haut sur cale : la croisière à Vezzano est le prototype de celle sur le Farghestan ; dans le volcan du Tängri, comme l'image du *paquebot illuminé* « qui mâte son arrière à la verticale avant de sombrer » (p. 325) — variation du thème du lancement.

10. P. 295 : Comment comprendre que Gracq lui-même n'ait pas vu que les *trois motifs* qu'il dénonce, et qui, de fait, reviennent fort souvent dans son œuvre, se rapportent tous, par quelque côté, au souvenir que nous venons de mentionner (le lancement de l'*Ile-de-France*) ? Un navire qu'on lance en mer, c'est une promesse, une invitation au voyage. Avant son lancement, le navire domine, « d'un lieu élevé », la mer et le port. Et, une fois le transatlantique lancé, la cale sèche devient une sorte de « chambre vide ». Weber postule l'*image* de la structuration, comme un psychanalyste donnerait l'explication d'une névrose. Mais l'*expérience*

personnelle et psychique de cette structuration (?) reste irréductible chez l'auteur. Weber le reconnaît lui-même : « On nous a objecté que notre analyse thématique laisse de côté l'essentiel, qui est le génie de l'artiste... Mais justement nous ne prétendons pas tout expliquer. Ce qui nous intéresse, ce sont les structures qui différencient un auteur d'un autre... » (p. 29). Or, c'est la qualité (irréductible) de cette expérience intérieure, et non les structures, qui détermine le développement d'un ou de plusieurs thèmes, leur donne leur contexte. Nous nous en tiendrons au contexte.

11. *Cf.* Weber, *loc. cit.*, p. 26 : « Peut-on réduire toute l'œuvre d'un auteur à un thème unique ? »

12. Ce travail a ses origines dans (par ordre) : 1. un simple relevé des incidences du complexe *concrétions/dissolutions* (voir plus bas) dans le texte ; 2. une lecture de Bachelard *(L'Eau et les rêves) : cf.* la dialectique *eaux légères-eaux composées* ; 3. une lecture de l'ouvrage de Weber, où nous avons pris connaissance de la seule détermination du thème du navire.

13. Noter l'importance du mot *flotter* dans le texte (voir aussi plus bas). Ces considérations n'ont guère besoin de démonstration : Bachelard, qui a aussi montré l'importance de ce qu'il appelle *complexe de culture*, écrit (à propos de *Léda sans cygne* de d'Annunzio) : « Dès que l'image du cygne se présente, comme une forme, à l'imagination, l'eau doit sourdre, tout ce qui entoure le cygne doit suivre l'impulsion de l'imagination matérielle de l'eau » (p. 59 ; *loc. cit.*).

14. Dira-t-on que Gracq avait vu le bateau avant d'avoir vu la mer, ou qu'il comprit le sens de l'un sans saisir l'existence de l'autre ?

15. Nous prenons ce mot dans son contexte psychanalytique de « projet inconscient ».

16. *Cf.* Marie Bonaparte (*Edgar Poe*, p. 371) : « C'est le chant profond... qui a de tous temps attiré les hommes vers la mer... ce quelque chose de nous, de nos souvenirs inconscients, de ces amours qui n'allaient d'abord qu'à la créature... »

17. P. 305 : « *Oui... des signes... Des mauvais signes... reprit-il en hochant la tête, avec un chantonnement sénile... — la mort dans la flamme qui viendra sur l'eau.* »

18. *Cf.* Claudel, *Connaissance de l'Est* : « La nuit est si calme qu'elle me paraît salée. »

19. *Cf.* Bachelard (*loc. cit.*, p. 129) : « Si une union ternaire apparaît, on peut être sûr qu'il ne s'agit que d'une image factice, que d'une image faite avec des idées. »

20. *Cf.* les associations que Gracq lui-même établit sur un plan purement rhétorique.

21. *Cf.* p. 90 : « *ce vau-l'eau poignant d'une ville à son suprême échouage* » ; p. 235 (le Tängri) : « *pareil au paquebot illuminé qui mâte son arrière* » ; p. 239 : « *faussé ton gouvernail sur un banc, le gamin ?* »

22. Peut-être aimera-t-on mettre à côté de cette description un texte d'*Arcane 17*, où Breton, occupé de la décomposition et de la recomposition d'Osiris, décrit le « ruisseau de gauche » : « *C'est à ce morne étang que je vais, où, sous des crèmes phosphorescentes, les idées viennent s'ensevelir*

dès qu'elles ont cessé de mouvoir l'homme. Et cet étang est celui des dogmes qui ont pris fin, auxquels les hommes ne sacrifient plus que par habitude et pusillanimité. Il est celui des innombrables existences refermées sur elles-mêmes, dont le magma dégage, à certaines heures, une odeur pestilentielle mais qui n'en reste pas moins en puissance de resplendir d'un nouveau rêve, car c'est à lui que j'apporte le bouillonnement incessant des idées dissidentes, des idées-ferments et c'est par moi qu'il retrouve dans ses profondeurs le principe secret de ses tourbillons » (Union Générale d'Éditions, p. 86).

23. « La profondeur où l'on craint de lire ».

24. Et de quelque façon voilée l'idée de la *flottaison*.

25. P. 313 : « *Je comprenais maintenant pourquoi Vanessa m'avait été donnée comme un guide, et pourquoi, une fois entré dans son ombre, la partie claire de mon esprit m'avait été de si peu de prix : elle était du sexe qui pèse de tout son poids sur les portes de l'angoisse, du sexe mystérieusement docile et consentant d'avance à ce qui s'annonce au-delà de la catastrophe et de la nuit.* »

UN CHANT RETROUVÉ

André Almuro

On n'adapte pas un récit de Julien Gracq pour la radio. On adopte strictement le point de vue d'une lecture, ou bien celui de la musique qui, tout au long, tend à s'en dégager. C'est la moins wagnérienne de l'ensemble de l'œuvre qui, du *Rivage des Syrtes*, émane, imprègne, paralyse l'auditeur, — j'allais dire : « l'écouteur », comme si le terme convenait mieux à ce premier stade, passif, de détection. Fatalité suspendue en ondes d'imminence, signaux prémonitoires, voix venant « d'ailleurs », creuset résonnant de la chambre des Cartes, attrait magnétique du seuil et réponse à de multiples échos : cela ne trompe guère sur la nature *infra* et *ultra-sonore* du message.

Oui, le silence. Mais à mesure que s'inscrit le verbe poétique sur un voile étouffant, sur un écran opaque, celui-ci se déchire, laisse apparaître de vibrants faisceaux, un véritable réseau d'accords et d'harmoniques dont il devient difficile de taire la musicalité. A la fois pesante, oppressante, et d'activité, de décharge quasi électrique. Rien, ni personne ne saurait y échapper. Mieux : chacun ne tend qu'à la capter, la « survolter » de sa propre énergie comme le feraient des générateurs mis en série, indisjonctables.

C'est donc opération, sinon d'orchestration, du moins

d'organisation de certaines fréquences privilégiées, — de synthèse, *d'alchimie acoustique* — que ce déchiffrage de périodicité étrangement imperturbable, émise à partir d'événements, de hasards circonstanciés — et de le faire *Entendre* en contrepoint de l'action. Révéler l'essence même, tout occulte, d'un cheminement hagard, voire : somnambulesque, en écoutant chanter les sources primitives — antérieures à la moindre clef, et pourtant *concertées.*

Archaïsme ? Peut-être, si l'on admet de ce mot l'acception de recours au pouvoir ancien d'état de grâce auditif : oracle ou hallucination, peu importe alors, si toutefois musique signifie transparence, véhicule transcendant de signes avant-coureurs.

Il y a un paysage mental contenu dans le son natif, et dans son élaboration sauvagement entretenue par coïncidences arpégées, juxtaposition de rythmes profonds, points d'orgue interminables, chutes et redondances quant au timbre très particulier de ce qui « sonnera juste » finalement, — accord parfait au terme de l'*inouï.*

Entrer en communication avec les forces qui préludent à l'inéluctable n'appartient pas à la seule intelligence, moins encore à l'oreille la plus attentive. Comme un troisième œil, il existerait sans nul doute une zone d'accès fort réservé, résorbée depuis longtemps, mais toujours « prête à servir » sous l'impulsion de sensations fondamentales : convergence de certaines intonations vocales avec leurs doubles instrumentaux, rencontre de *sinusoïdes* et spectres évidés en partie, chocs de phénomènes et du *LA* absolu, distorsions, modulations par sympathie, que sais-je, l'ensemble du registre « par exception » qui échappe aux réactions courantes du tympan et cependant concerne directement ce niveau interne de l'*entendement.*

L'univers de Julien Gracq, aux phénomènes « en chaîne » — parce que délibérément *hors-série* — ne paraît pouvoir se délivrer de son aspect de chambre sourde (se livrer donc, corde et arc) qu'au contact de quelque antenne à double phase : réceptrice d'indices et d'appels, émettrice de signes de connivence. Que l'on ne s'étonne pas, dès lors, qu'ainsi « l'oreille collée contre son corps », la bouche, et la gorge à son tour, battent de cadences insolites, chantent de sonorités exacerbées. Or, ce masque inquiétant aussitôt évoqué fait penser davantage à celui d'Orphée qu'à celui de l'Acteur, du Mime ou du Danseur : le personnage central du *Rivage des Syrtes*, Aldo, irradie de ses moindres interventions, des seules prémices de son approche. Il *charme*, il envoûte presque à son insu, créant autour de lui un halo de précipitation et de dépouillement. Comme Orphée encore, il ne devra jamais regarder « en face », ce qui précisément lui permet de progresser vers son destin, et tombera dans le piège qu'il se sera ingénié à parfaire.

Comment ne pas se référer à un processus hautement combinatoire de valeurs puisées à même un fonds commun, un patrimoine permanent de civilisation, et ceci sous l'angle le plus abstrait, — le moins infléchi par l'histoire : celui de la musique. Toutes les durées — donc les vitesses —, toutes les nuances — les intensités, les épaisseurs, les hauteurs —, tous les événements — leurs évolutions, leurs fluctuations —, s'offrent intacts, comme aux premiers moments de l'*inspiration*, au maître d'Œuvre. Vertus immuables de l'alternance, de l'intervalle, de la mesure discontinue, inhérentes à la nature secrètement vibratoire de chaque instant, à partir desquelles s'édifie non plus discours, ni poésie, mais mélodie *active* et *stupéfiante* des forces vives.

Au dépositaire, il convient d'en dicter la *partition*. Aucune léthargie dans cette démarche, aucun compromis avec « une fatalité artistique ». Au contraire, un sens aigu de la complicité, de l'adhésion clairvoyante au registre, à la tessiture la plus largement ouverte sur cette réalité seconde, sorte de désertion capitale, d'insécurité généralisée, de « liberté-grande ».

« *Une voix me tirait à l'écart, singulièrement reconnaissable me semblait-il, sans que je l'eusse jamais entendue, à sa plénitude de sonorité et comme à un velouté ancien de puissance.* » Tels pourraient brièvement se résumer le phénomène inexorable de *mise-en-demeure* et d'*identification* d'une part, et d'autre part sa proposition-type de transcription sonore. De même, par conséquent, pour toute opération de « fuite en avant », d'enivrante projection dans l'ineffable, — pour toute composition, « nocturne en symboles qui me parlaient du fond de l'obscurité ».

Structure en forme de leitmotiv, non pas tant par le « décor » ou « le climat » (menace de destruction, chute irrémédiable des éléments constituants) que par l'*enchaînement*, le mécanisme respiratoire (nouant, dénouant) des êtres et des choses. L'instrument de cette lancinante « mélopée des sphères » ne sera pas luth ou tam-tam, viole ou orgue à bouche : la voix même n'y suffirait guère. Il lui faut reconvertir et l'organe et la lyre, en transposer le langage, y adjoindre un orchestre de ciel et d'entrailles terrestres, quelque modulateur du fond des âges ou d'anticipation.

La méprise, toujours choquante en pareil propos, serait ici scandaleuse : il s'agit bien de réintégrer au cœur du silence initiatique ses remous propitiatoires, sa capacité de déflagration, — et non de tirer à soi, sous prétexte de renouvellement, l'extraordinaire invite au délire. Je répète : réinvestir, par extrême concentration, voire : décantation, sécheresse, le lieu géométrique de toute amorce acoustique, afin d'en assurer la future amplitude, d'en transmettre *lignes de force* à venir, et *jubilation*.

Car, à vrai dire, ce dosage intuitif entre présage et explosion, fermentation en milieu raréfié et provocation subitement mise à nu, effervescente soudain —, cet équilibre d'*alerte* et d'*exaspération* ressortit à l'attitude de ceux dont le rôle consiste à « tendre l'oreille », à différencier, aussi peu que se puisse imaginer, le silence de ce qui ne l'est déjà plus. L'inconnu fera figure d'aura imperceptible, ou presque, — trait d'union si ténu, repère si indiscernable qu'après coup « *l'on eût dit* »...

Et de cet « *on eût dit* », Julien Gracq fait l'enclume d'un univers d'affinement au bord de l'illusion auriculaire. Mais là où quiconque confondrait métaphore avec image d'ordre musical, lui accule « l'auditeur » à régresser provisoirement au stade de l'éponge, de l'organisme végétatif et enregistreur, pour mieux l'amener à *se restituer* la teneur exacte, physique, de la note, de l'accord primitif : sorte de *passage* vécu du côté de l'accompli, de « l'exécuté ». *Chant retrouvé* avec l'aisance de la reconnaissance, de la rencontre authentifiante.

Ainsi filtrée, décapée par les facultés d'un objectif reformant (microphonique, par ex.), l'entité SON acquiert la portée, la gravité même d'un *ostinato* désarmant. On ne peut y échapper bien longtemps. Des millions de signes épars se rassemblent en fuseaux horaires de plus en plus resserrés, que l'on traverse, captif, hypnotisé. Or, quel « accompagnement » autre qu'électronique — littéralement magnétisé de ces tornades moléculaires, de ces bouleversements parcellaires — quel autre prolongement étrangement malléable saurait éclairer une écriture aussi lisse, glissante, matelassée, de demi-sommeil, aussi « crépitante et brasillante » parfois, dévorante de bruits bruts et de détonations crues ?

... Une brèche est ouverte dans le mur étouffant, construit de toutes pièces autour de l'hyper-réalité. Enfin la Tour du *Manoir d'Ango** peut sauter sans mutisme, et un coup de semonce d'une canonnière concrétiser la prophétie d'analogie du feu et de l'eau. Un chœur s'ébauche, parlé à l'unisson par des hommes, une ville, un pays entier, et le Pouvoir de nature occulte, magique, qui les régit.

Le cri s'harmonise avec les émanations du sol et de la mer. La voix intérieure emprunte le canal électrophonique comme naguère celui des cieux. A la belle musique du texte répond une autre dynamique de sentir et de deviner, faite de circuits, de connexions, de relations, de ramifications obéissant à des lois originelles, temporelles et irréversibles : écoulement en spirale d'une matière spécifique, irréductible à tout autre mode d'expression.

Or, il se trouve qu'avec Gracq le dispositif opérationnel à syntaxe littéraire, à trame poétique, à code mythique, engendre sa propre gamme, et, sous-jacentes, indications de lutherie. A la croisée des chemins d'un oral « en mineur » et d'éclats stridents, le mot, la phrase, la séquence apparemment narrative ou récitative, devient, aussitôt lu, pierre de touche, clavier d'interprétation, synthétiseur. Ici, constellation, « efflorescence plumeuse » ou piquante, masse éthérée de piétinement ou de broyage mandibulaire ; là, paquet d'opposition, de permutation, de corrélation, et de nouveau de contraste, fibreux ou linéaire ;

* *Nadja* (A. Breton).

incessante, rebondissante *incorporation* de parentés et de dualités ; oui, incarnation *substantielle*. Pas seulement qualitative, mais aussi de quantités, véritables médiateurs, catalyseurs sonores.

Articulations qu'en vérité le musicien se doit d'animer, au double sens d'une palpitation externe (rythme, mesure, cadence) et d'une palpitation interne (continuum et pulsation, points culminants et dépressifs, etc.). A cela, la raison d'exalter, à travers une technique implacable, cet illimité — ou immortalité — de la *coupe*, délibérément figée, pétrificatrice, effectuée par l'auteur à tel moment — justement choisi comme véritable nœud gordien.

Surprendrait-on encore en affirmant la suprématie éternellement juvénile des causalités brutales — bois, métal, cristaux, souffles, cris, râles — dans l'élaboration d'une musique extatique et convulsive, à laquelle *l'électricité* accorde son principe premier d'ébranlement et d'illumination ?

... Fusible source d'un appel sans recours.

André Almuro.

JEUX DE RIDEAUX

Bernhild Boïe

La première œuvre de Gracq, *Au Château d'Argol*, parut en 1938 et fut définitivement étiquetée trois ans plus tard par Breton, cet ennemi déclaré de toute classification littéraire. Pour Breton, ce roman fournissait au surréalisme la lentille qui permettait d'en concentrer les éléments épars, d'en rapprocher les arrière-plans, d'en agrandir les détails. *Au Château d'Argol* entra ainsi dans l'histoire littéraire comme le face à face du surréalisme avec lui-même.

Rétrospectivement, le jugement de Breton paraît au moins partiellement erroné. Ce que Breton tenait pour une mise en œuvre délibérée et lucide des conquêtes du surréalisme, n'était en fait qu'une série de variations sur des thèmes connus. La scène du *Château d'Argol* s'orne de tous les accessoires convenus de la poésie : châteaux, ruines, fantômes, présages nocturnes, objets bénéfiques et maléfiques, hasards objectifs et inobjectifs. Le roman noir, le romantisme, le surréalisme y surgissent entremêlés, comme jaillis des mains d'un jongleur. Leurs fascinantes arabesques nous troublent d'autant mieux qu'elles lui échappent parfois, révélant ainsi d'une autre manière ce mélange de clairvoyance et d'émotion que Breton avait déjà relevé.

Antiquités impossibles à rajeunir et anachronismes ressuscités se rencontrent une nouvelle fois dans *Un beau ténébreux*. Ici, le jeu du jongleur est parfait, si parfait que notre foi cède le pas à une admiration suspecte.

Avec *Le Rivage des Syrtes* cesse l'emploi de matériaux poétiques de seconde main. On n'y trouve plus d'éléments romantiques ou surréalistes purement extérieurs. L'univers est un univers de signes, de promesses, de révélations, mais il est historique. Le Farghestan est un au-delà surréaliste, il est le Graal, mais c'est un lieu géographique. On y rencontre le hasard, la coïncidence, le va-et-vient entre le rêve et la veille, mais rien de spectral, rien d'accidentel, nulle confusion qui ne finisse par être domptée.

Si Gracq partage l'horreur des surréalistes pour l'anecdote, il surmonte définitivement dans *Le Rivage des Syrtes* leur crainte du roman en tant que tel. L'action n'a plus besoin de bonds pour s'assurer de sa liberté, les détours acheminent vers un « suspense » calculé. Les signes matérialisés du rêve, les fascinations incarnées, les figures de l'écume servent à confondre la raison sans abolir les relations ni la marche de la pensée. On peut désormais mesurer à la fois tout ce qui rapproche et tout ce qui éloigne Gracq du surréalisme. Comme celui-ci il s'essaie au miracle de la résurrection. Ce qu'il faut ressusciter, c'est l'homme total, l'homme *« constamment replongé dans ses eaux profondes, réaccordé magiquement aux forces de la terre », « la plante humaine*[1] » ; ce qui doit renaître, c'est la vie immédiate, un âge d'or de la sensualité. Mais là où le surréalisme, nourri des artifices de la modernité, prend le chemin des villes, Gracq, en ethnologue rousseauisant, tente de rendre la nature à l'état sauvage. L'écart est si grand ici qu'il entraîne directement ou indirectement des reproches réciproques. Pour l'Aragon du *Paysan de Paris*, l'idée de la nature (d'une nature vierge de tout contact humain) et le sentiment de la nature (sentiment d'extase face à une nature étrangère à l'humain) relèvent d'une idolâtrie chrétienne de la création divine et appartiennent par là même à une attitude dépassée[2]. D'un côté le paradis fardé du précieux, des images, des ornements, des artifices fabriqués, de l'autre un éden de végétation luxuriante qui affranchit l'homme du péché de connaissance. Au lieu de l'urbanisation du monde, c'est le retour à la paysannerie.

La nature, qui est une grandeur infinie, qui recueille la décadence et qui étouffe doucement la civilisation sous l'herbe des steppes, obsède Gracq au point qu'il ne peut s'empêcher d'en ressentir l'absence chez Breton. La « *nature meublante et habitable, ciselée, fouillée, docile au toucher humain*[3] » de Breton lui est aussi étrangère que l'éclair d'Aragon « couché à nos pieds comme un petit chat ».

Chez Gracq la nature engendre l'homme nouveau, pour s'unir finalement à lui en un acte incestueux. Mais ces noces exigent un bond hors de soi : une situation historique à ses limites extrêmes, au point de basculer hors de l'histoire ; un homme aux avant-postes, en mission toujours révocable, au point qu'aucune voix ne lui parvient plus.

La vie retrouve son magnétisme à travers son aliénation totale. Le but et les « situations » qui permettent de l'atteindre demeurent inchangés à travers l'œuvre de Gracq, et le conduisent d'instinct toujours vers les mêmes images fondamentales qui orientent le lecteur. Périodes d'exception : voyages dont le départ n'appelle nulle arrivée, heures immobiles où la tension entre l'idée de la guerre et sa réalité cherche en vain à se résoudre, automnes à la balance égale entre l'été et l'hiver. Lieux d'exception : proues de bateaux à l'amarre, balcons accoudés à la forêt, îles rattachées à la terre, tous également tournés vers le large.

Le passé, le présent, l'avenir des personnages s'abolissent dans l'immédiat de l'existence. Mais les mythes ne surgissent pas, comme dans le surréalisme, du sein et à l'encontre d'un univers policé et domestiqué ; ils apparaissent sur un terrain préparé, dans une réalité entre guillemets. Il est vrai qu'au fil des œuvres ces guillemets deviennent plus discrets, moins nécessaires. La situation extrême se passe d'une rupture éclatante avec l'habituel, elle redoute de moins en moins le coude à coude avec le quotidien. Là où intervenait auparavant l'acquisition d'un château comme *« recours en grâce insensé à la chance »* ou bien un orage gigantesque comme funeste confirmation d'un pressentiment sinistre, il suffit désormais de se placer dans la situation du voyage.

Le dernier volume de Gracq répond à cette évolution dans *La Presqu'île* et la contredit de manière scandaleuse dans *Le Roi Cophetua*. Cette nouvelle semble pourtant ne refléter que Gracq lui-même. On s'y meut sans peine, comme dans un jardin dont on connaîtrait par avance le tracé, sans que cela doive d'ailleurs nuire à sa beauté ou à sa fascination. La promenade est source d'autosatisfaction. On devine où va s'ouvrir un panorama et quelles perspectives il va démasquer, comme si l'on se trouvait dans un paysage qu'on eût imaginé soi-même. Et pourtant on découvre finalement qu'on a été tout au long de la lecture manipulé avec la plus grande subtilité. Au moment même où le lecteur croit saisir la vérité la plus authentique de l'auteur[4], il se trouve tout à coup face à la statue que Gracq lui-même évoque au début de son *André Breton*.

> « *La dernière scène de* 'Dom Juan' *pourrait servir à illustrer d'une manière tragique une tentation congénitale à l'artiste. Il vient toujours dans sa carrière un moment assez dramatique où s'invite d'elle-même à souper au coin de son feu une statue qui n'est autre que la sienne, dont la main pétrifie*[5]. »

Le combat pathétique qu'il livre à ce double est pour Gracq la marque de l'artiste moderne, alors que l'artiste des siècles classiques s'abandonne sans vergogne aux bras de son reflet figé. N'était *La Presqu'île*, on serait contraint de croire qu'avec *Le Roi Cophetua* Gracq confirme précocement, de manière imprévue et malencontreuse, le jugement des critiques qui souhaitent trouver en lui le classique de l'époque moderne.

Le Roi Cophetua offre le rythme typique des récits de Gracq, l'envoûtement progressif, caractéristique de son œuvre, qui doit attirer le lecteur au-delà du seuil. Comme dans *Le Rivage des Syrtes* et *Un balcon en forêt*, le récit s'ouvre sur l'évocation d'une atmosphère de sommeil et de léthargie. Une guerre qui pourrit dans son lit projette son ombre sur un pays entier et le rend inhabitable[6]. Mais ce monde privé de tout élan tend par une logique dialectique vers une explosion. Des foyers de tension apparaissent, des énergies se libèrent.

L'homme que Gracq, dès l'abord, fait partir en voyage solitaire, le rendant par là disponible pour l'intégration, se fait compteur Geiger de la vie remagnétisée. Ses impatiences, ses angoisses, ses inquiétudes, ses attentes, ses extases sont les variations de tension à travers lesquelles l'univers se concrétise à nouveau. *Le Roi Cophetua* en retrace toute la courbe : du sommeil inanimé à l'état de veille, et enfin à l'aurore qui apporte au monde et à l'homme l'aventure libératrice. Dans toutes ses œuvres, Gracq réussit à nous faire accepter, contre toute raison, la régénération nécessaire[7]. Mais, dans *Le Roi Cophetua*, nous n'y croyons plus[8]. L'histoire est toute simple. Une invitation dans la maison de campagne d'un ami, qui, lui, ne viendra pas. Une servante aussi belle que muette et ambiguë. Un mystère deviné grâce à un tableau et qui se révèle n'être qu'une situation très clairement équivoque[9] : un homme et une femme — servante et maîtresse de l'ami — et un dénouement sans malice, sur l'oreiller.

L'histoire est invraisemblable non pas parce qu'elle est toute simple, mais parce qu'elle veut nous en conter. On offre au lecteur des apparences majestueuses qui se donnent pour le réel, mais les manteaux de velours constellés d'étoiles ne drapent pas les squelettes d'Edgar Poe. L'avant-poste est devenu une villa de banlieue où l'on s'installe confortablement en dépit des communications ferroviaires et téléphoniques soigneusement coupées[10].

La tempête prémonitoire qui s'abat le soir sur la maison

fait songer à une séance de spiritisme. Les charmilles s'agitent bien « *avec la violence de la houle*[11] », on y retrouve bien l'image de la connivence entre la forêt et la mer, lieux de la rencontre, mais l'image est sans vie.

Les thèmes obsédants ne sont plus que de paisibles accessoires parmi des objets d'emprunt. Dans *Le Roi Cophetua* la mythologie de Gracq s'est vidée de son contenu, dégradée en coups de théâtre : elle s'éclaire aux chandelles du romantisme. Les rideaux cramoisis flottent au vent et les portraits s'animent.

Le Roi Cophetua révèle un danger de la mythologie de Gracq, déjà sensible dans *Un beau ténébreux*, mais que *Un balcon en forêt* semblait avoir définitivement écarté. L'imagination de Gracq est aristocratique, ses mythes sont fils de roi. Le banal et le quotidien tirent leurs effets du caractère étrange qu'on leur affecte, qui marque toujours cependant une « mystérieuse » « élévation ».

Gracq évolue dangereusement sur la crête étroite qui sépare le dramatique du théâtral. Attiré, à tort ou à raison, par l'esthétique de l'opéra, il laisse paraître dans toutes ses œuvres son faible pour le grandiose et l'héroïque[12]. Cependant, la mystification est extrêmement rare dans ses premiers livres, et totalement absente des derniers. Seul *Le Roi Cophetua* renonce à conférer aux mythes un contenu actuel et les dépouille résolument de toute modernité, mais ce faisant il ne produit plus que de vaines apparences, un monde de coulisses peintes.

La Presqu'île suit l'autre voie, qui tourne le dos à la stylisation, et dans laquelle s'engageait déjà *Un balcon en forêt. La Presqu'île* est la représentation du banal. Mais cette banalité ne confine jamais à l'insignifiance.

De toutes les œuvres de Gracq, *La Presqu'île* est celle qui approche de plus près ce que l'on est communément tenté d'appeler la réalité du quotidien. Le récit l'avoue presque ouvertement ; jamais il n'essaie d'en dissimuler les traces. Des repères pour l'orientation, des références rassurantes à la réalité, sont généreusement fournis, quasiment imposés au lecteur, comme s'il fallait à tout prix éviter que le récit puisse le troubler, l'effaroucher. On le dispense de toute conjecture sur le temps et le lieu ; le temps comme le cadre se passent de toute référence à l'imaginaire, à l'utopie. Chacun des lieux évoqués, à peine voilé par un pseudonyme, peut être situé sur la carte. Il est facile de refaire en voiture le parcours du voyage[13]. Mais l'espace et le temps ne sont pas réduits pour autant à une seule dimension, dépourvus d'échappées. Ils se réfractent dans la vision et dans la mémoire du narrateur et acquièrent ainsi volume et intention.

Même lorsqu'il paraît se nourrir uniquement de réminiscences, le récit ne cesse jamais de tourner autour d'un « avant » : voyage avant le voyage, rencontre avant l'arrivée, union avant l'étreinte. L'avant est absolu, parfait, accompli. Il renferme en soi la pure certitude et incertitude du départ et de l'arrivée. Le cours en est logique, inéluctable, exaltant comme celui d'un rêve. Il ne connaît pas le déroulement ordinaire du temps, mais uniquement le ralenti ou l'accéléré[14].

Le personnage de Gracq ignore ce qu'il est convenu d'appeler les « relations humaines », et on ne le croit qu'à demi lorsqu'il en laisse percer du regret. Les figures de l'amour, de la liberté, du bonheur, avec leur douteuse réputation d'imprécision, sont remplacées par la netteté de l'instant présent, dont le choc potentiel peut être déclenché indistinctement mais non indifféremment par la confrontation avec les choses ou les êtres. Et c'est la tentative de restituer le familier, de lui rester fidèle, qui libère le subjectif dans toute sa pesante spécificité et sa monstrueuse singularité.

La Presqu'île atteste plus nettement qu'aucune autre œuvre le culte de Gracq pour la précision de l'équivalence. Il la recherche aussi bien par l'irréfutable technicité des termes que par le détour significatif du contraste ou de la correspondance de contrôle. La vision et l'expression s'observent constamment elles-mêmes.

On trouve chez Gracq la même phobie du lieu commun que chez Flaubert et le même effort pour reconnaître et écarter le cliché par une vigilance de tous les instants. Mais on rencontre également chez lui l'attitude inverse : au lieu de la fuite devant l'insignifiant, son acceptation consciente. Éliminer implacablement l'évidence ou s'identifier à elle permet au même titre la création d'un milieu aéré, sans pesanteur, transparent. Un univers de portes battantes.

« *Il ne restait plus à faire que quelques kilomètres. La voiture semblait accélérer d'elle-même sur une pente allègre, l'air acide et fraîchi du pays des Vacances passait entre les vêtements et la peau. A chaque tournant, maintenant, une à une les maisons, les arbres, les bouquets de pins, les villas, allaient se ranger pour lui faire signe, comme la foule, clairsemée d'abord, qui se masse peu à peu loin déjà avant la ligne d'arrivée. Le bout de la route — le pays — la mer. "Je suis né deux fois", pensa-t-il, remué*[15]. »

BERNHILD BOÏE.

NOTES

1. *Préférences*, Paris, 1961, pp. 102, 101.
2. *Cf.* à ce sujet Elisabeth Lenk : *Sinn und Sinnlichkeit*, postface à la traduction allemande du *Paysan de Paris* (*Pariser Landleben*, Munich, 1969), p. 261.
3. *Préférences*, p. 146.
4. « Ce troisième récit, le plus attachant pour le lecteur, le plus admirable pour l'art de la composition du lieu, pour la montée progressive du sens du mystère aussi, est sans doute celui qui se rapproche le plus du Gracq des œuvres précédentes... » Robert Kanters : *Les Chemins de Julien Gracq*. *Le Figaro Littéraire*, 27 avril 1970.
5. *André Breton*, Paris, 1948, p. 9.
6. « *(...) de temps en temps le train stoppait dans de lépreuses petites gares, couleur de minerai de fer, qui s'accrochaient au remblai entre la rivière et la falaise ; contre le bleu de guerre des vitres déjà délavé, des soldats en kaki somnolaient assis à califourchon sur les chariots de la poste — (...) avant même le premier coup de canon, la rouille, les ronces de la*

guerre, son odeur de terre écorchée, son abandon de terrain vague, déshonoraient déjà ce canton encore intact de la Gaule chevelue. » Un balcon en forêt, Paris, 1958, pp. 10-11.

« Le froid mouillé me saisissait à nouveau aux poignets ; le train, qui ne ramenait personne au front, traînait dans chaque gare, interminablement. Il n'était guère possible de rêver un lieu, une journée plus mornes ; il me semblait que la terre entière moisissait lentement dans la mouillure spongieuse, s'affaissait avec moi dans un cauchemar marécageux, qui avait la couleur de ces marnières noyées où flottent le ventre en l'air des bêtes mortes. » La Presqu'île, Paris, 1970, p. 189.

7. *« Le sentiment suffocant d'une allégresse perdue depuis l'enfance s'emparait de moi ; l'horizon, devant nous, se déchirait en gloire ; comme pris dans le fil d'un fleuve sans bords, il me semblait que maintenant tout entier j'étais* remis *— une liberté, une simplicité miraculeuse lavaient le monde ; je voyais le matin naître pour la première fois. » Le Rivage des Syrtes*, Paris, 1951, pp. 223-224.

8. Il est difficile de voir dans la sensation matinale d'une vie *« devenue plus aérée, plus proche »* autre chose qu'un mouvement de satisfaction virile. *Le Roi Cophetua*, p. 251.

9. Gracq lui-même dévalue cette situation par l'ironie, mais cela ne suffit pas à la rendre acceptable. *Cf. Le Roi Cophetua*, p. 213.

10. Il suffit pourtant que la sensation réapparaisse derrière le cérémonial pour que diction et évocation coïncident à nouveau. *« On eût dit, non pas des villas fermées pour la saison, mais plutôt un avant-poste précaire, et finalement intenable, d'où la vie s'était repliée sans esprit de retour ; déjà la mer attaquait furieusement ses défenses inertes : le vent basculait les piquets des clôtures pendus encore à leurs poignées de fils rouillés, les encoches vives de la falaise, qui déchaussaient l'herbe, faisaient crouler le sentier qu'elles tronçonnaient en menues cascades de sable. » La Presqu'île*, p. 87.

11. *Le Roi Cophetua*, p. 194.

12. Attirance liée à l'amour de Gracq pour Wagner, qu'il ne songe d'ailleurs nullement à dissimuler. Avec une enviable absence de parti pris, il se reconnaît victime de la « magie » wagnérienne dénoncée par Brecht.

13. La transparence géographique n'est pas nouvelle. On la trouve déjà dans *Un balcon en forêt*.

14. *« (...) il se sentait pareil à un bateau qui talonne sur un banc de sable, les côtes serrées par un étau mou » ;*

« (...) il ne sentait en lui que le bien-être d'un caillou qui dévale une pente et ne se sent être que parce qu'il accélère un peu à chaque moment. » La Presqu'île, p. 57.

15. *La Presqu'île*, pp. 102-103.

L'ÉTERNELLE IMMINENCE

Ariel Denis

« ... l'écrivain est celui qui vit avec fidélité et attention, avec émerveillement, avec détresse, dans l'imminence d'une pensée qui n'est jamais que la pensée de l'éternelle imminence. »

Maurice Blanchot

Ce qui frappe sans doute le *fidèle* lecteur de Julien Gracq, s'il repense à l'œuvre silencieusement et comme patiemment écrite en trente années, c'est la curieuse évolution qui, du *Château d'Argol* à *La Presqu'île*, a permis, à travers la reprise d'un nombre limité de thèmes, et surtout ce thème de l'attente qui est ici obsession, pensée et principe même de l'écriture, le passage d'un univers surréaliste, intellectuel et très « littéraire » à une manière de sentir et d'écrire affective, sensuelle et comme « réaliste ». Si la thématique est restée la même dans sa grande simplicité (personnages, mythes et surtout paysages), la façon de la dire, en se changeant, l'a changée. On pourrait écrire qu'en quelque sorte Julien Gracq, de « romancier surréaliste », est devenu simplement un *écri-*

vain. Le Temps, maturation et vieillissement, a permis à l'œuvre de s'approfondir en se révélant, de n'être plus un jeu sur l'imminence, mais l'imminence même dans son enjeu.

Au Château d'Argol surtout paraît aujourd'hui le livre d'une école littéraire plus que celui d'une personnalité — l'« avis au lecteur » est à ce propos tout un *programme* : « *... un récit dont le contenu peut passer pour s'apparenter visiblement — et pour cela nulle excuse ne sera ici présentée — à certains ouvrages d'une école littéraire qui fut la seule — la discussion n'étant même, à ce sujet, plus possible —* » etc.[1] ; à propos de Wagner : « ... *Parsifal* signifie tout autre chose que l'ignominie de l'extrême-onction sur un cadavre d'ailleurs encore trop sensiblement récalcitrant[2] ». Oui, tout de même... C'est bien entendu le *ton* de l'époque, ou plutôt celui du surréalisme, mais quand justement le ton occupe à ce point le devant de la scène, à la limite du pastiche, on est en droit de penser que le livre n'a pas très bien *tenu*. Quant à la « médiocre aptitude de ce récit à être *mis entre toutes les mains*[3] », on conviendra sans peine « qu'il n'y a pas eu un seul bonnet jeté par-dessus les moulins pour cause de lecture agitante » du *Château d'Argol*. Le paroxysme continuel du récit finit par tomber dans l'abstraction la plus délirante — témoin cette phrase, qui laisse vraiment perplexe : « *Comme portés par le réseau d'une musique exaltante, ses membres paraissaient prisonniers des lois fatales d'un* nombre — *quoiqu'il en fût à tous égards premier — et sa démarche majestueuse au-delà de toute mesure, et à tout moment visiblement* orientée, *sembla à Albert la matérialisation, pour la première fois débarrassée de voiles grotesquement inesthétiques, de ce que Kant a appelé non sans mystère une* finalité sans représentation de fin[4]. » On est d'ailleurs toujours très prêt du canular — ce canular des écrits d'adolescence où à la parodie se mêle une complicité trop active avec ce que l'on veut parodier —, et l'auteur ne doit pas relire sans quelque amusement ces pages un peu trop stupéfiantes, où l'on va lire Hegel dans un manoir de Bretagne, où les « happy few » se voient gratifier à chaque instant de coups de coude plus ou moins discrets, où chaque ligne s'éclaire de révélations lourdes de mystérieux sous-entendus... Pourtant ce qui nous intéresse encore dans ce livre, c'est justement son « intellectualisme » hyper-littéraire, sa violence glacée et immobile comme cette forêt inanimée de Storrvan qu'aucun souffle ne ride — le fait qu'il ne doive rien (et ne renvoie jamais) à « la vie », et qu'il ne soit *que* littérature (et littérature se signalant comme telle, c'est-à-dire romantisme-orages, châteaux perdus, contrées désolées) ; rien n'est « vrai » ou « vivant » dans *Argol* : les paysages sont des vignettes romantiques : *« De lourds nuages gris aux bords déchiquetés accouraient de l'ouest avec vitesse, frôlant presque la tour qu'ils enveloppaient par moments des écharpes vertigineuses d'une brume blanchâtre*[5] » ; la « nature » n'est pas vraiment décrite, elle est écrite, ou plutôt réécrite (elle est vue comme à travers une vitre, celle de l'écriture qui l'a déjà désignée) ; les personnages sont des « héros de roman » *(« ... la beauté de son visage toujours plus constamment pâle avait pris un caractère presque fatal*[6] *»)* ; les situations reproduisent des situations littéraires : l'arrivée d'Albert à Argol, celle des héros de Poe au Cottage Landor ou à la Maison Usher, les funérailles de Heide, celles d'Atala, etc. Comme l'écrivit Breton : *« pour la première fois le surréalisme se retourne librement sur lui-même pour se confronter aux grandes entreprises sensibles du passé ».* Les « machines de guerre » (châteaux branlants, spectres dans la nuit) fonctionnent comme « signal avertisseur[7] ». La convention est désignée comme convention — non pour être parodiée, mais célébrée ; seulement la littérature se répétant se parodie (de là la drôlerie involontaire des « romans noirs » : n'étant que signes conventionnels, ils sont comme déjà — lus) ; aussi *Argol* n'apparaît-il plus que comme un jeu d'écriture, dont on regrette qu'il ne soit pas plus complètement textuel (pourquoi ne pas se servir *mot à mot* du déjà écrit plutôt que le réécrire ?). Aussi ce livre d'un surréalisme très orthodoxe se révèle paradoxalement comme un livre de *pure* littérature, jouant dans la répétition des miroirs les jeux très réfléchis de la convention et / ou de la littérature.

Ce jeu avec « la littérature » (le romantisme, la convention) on le retrouve encore dans *Un beau ténébreux* (ce titre seul...). D'une manière plus insidieuse et moins consciente. L'univers décrit est entièrement *romanesque* : un héros fatal — Allan Murchison... — qui vient en Bretagne à l'hôtel des Vagues jeter le trouble dans un groupe en vacances — la jeune fille s'appelle Christel, le narrateur est un écrivain — Gérard... — qui travaille à une étude sur Rimbaud ; on le voit, la convention est ici moins désignée, il ne s'agit pas de « roman noir », c'est le « romanesque » qui est ici toute la convention, romanesque qui se veut « réaliste » ; ce qui fait la force et l'ambiguïté du livre, puisque l'artifice n'est jamais dénoncé comme tel. Aussi peut-on lire de très belles descriptions de paysages ou de décors, puisque l'écriture doit donner « vie » à la convention — ainsi l'admirable « prélude » *(« ... la rumeur de la mer... émouvante comme une rumeur d'émeute au fond d'un jardin endormi de banlieue*[8] *») ;* ainsi l'évocation proustienne de la chambre du narrateur : *« ... c'est une pénombre d'été provincial : on s'imagine derrière ces volets clos une glycine, un toit de resserre, rougi de vigne vierge, l'allée de tilleuls des romans de Tourgueniev — puis j'ouvre et c'est la lumière aveuglante de la plage, un sahara de sel et d'étoffes rayées, dans le claquement tonique du grand vent de sable, un brouhaha de départ de caravane*[9] ». On reconnaît le « morceau de style », et ce qui est déjà le « style » de l'auteur, sa façon unique de se servir de l'écriture, de la phrase, ce qui sera plus tard le sujet même de ses livres. Par ailleurs les personnages sont, comme ils l'étaient déjà dans *Argol*, mais différemment, conventionnels : comme Albert, Allan est le « héros fatal » (le « beau ténébreux »), mais descendu dans le « réalisme » ; on peut lire ainsi le roman comme un « roman ». Mais on ne sait jamais alors où est l'ironie (mais y en a-t-il une ?), dans ces dialogues délirants (« Aimez-vous la nuit, Christel ? — Oui, je l'aime (...). Hier soir, j'écoutais ces grandes décharges solennelles de la mer montante dans la baie, sous cette noire nuit sans étoiles », etc.[10]), ces conversations entre *heureux élus* où l'on se comprend en perpétuels sous-entendus *(« au fond, c'est Stendhal, ce faux anarchiste, qui a donné après coup une base mythique au mariage selon le Code. Il lui devait bien cela, après lui avoir emprunté son style,* *comme disent les manuels*[11] *»)*. Ainsi l'ambiguïté du livre, qui réussit à n'être que la convention que désignait son titre. Il n'est que la littérature jouant agréablement avec ses Mythes (niant consciemment la guerre et l'histoire — il est paru en 1945...) ; « ce n'était qu'un roman », mais puisque la littérature n'est jamais tout à fait ce qu'elle dit (même quand elle se nomme), *Un beau ténébreux* n'est (mais n'est pas tout à fait) qu'*un beau ténébreux*.

N'eût-il écrit que ces deux livres — ajoutons pour faire bonne mesure ce *Roi Cophetua* qui fait par trop Villiers de l'Isle-Adam et dont le mystère reste « à l'estomac » — Gracq est *le contraire* d'un conteur fantastique — Julien Gracq serait ce pour quoi des lecteurs superficiels ou malintentionnés le prennent : un écrivain dépaysant et marginal, un « romancier surréaliste » — quelque chose comme Dhôtel ou Schneider, Brion ou Delvaux — et après tout, cela peut avoir son charme, encore que l'on soit aujourd'hui en droit de demander à la littérature une autre urgence — cet « Oiseau-Mérops » dont parle ici brillamment Jean-Noël Vuarnet, et qui trouverait son originalité dans l'inactualité même qu'il désignerait. Mais il y a, d'abord, *Le Rivage des Syrtes*. Admirable titre, mais qui semble encore renvoyer à un romanesque inactuellement fantastique. Pourtant voici l'un des plus beaux livres de l'après-guerre, une de ces œuvres qui nous font éprouver ce pur et absolu « plaisir de lecture » (et c'est *aussi* cela, la littérature), « *ce sentiment de légèreté, de liberté délestée et pourtant happée à mesure, qu'on pourrait comparer à la sensation du* stayer *aspiré dans le remous de son entraîneur*[12] » — le signal donné par la première phrase, et la plongée dans l'univers vraiment *magique*, Orsenna, l'Amirauté, Maremma, le Farghestan, la page que l'on s'oblige à relire avant de s'accorder le droit de commencer la suivante, les après-midi dévalés, le regard absent et vague et la démarche hésitante du rêveur éveillé, inconsciemment provocant et lointain, quand il faut bien passer à table, et qui attire la remarque navrée des parents sur « les nécessités de l'exercice » — tout cela qui a toujours justifié à tout coup pour moi la phrase de Proust : « *Il n'y a peut-être pas de jours de notre enfance que nous ayons si pleinement vécus que ceux que nous avons cru laisser sans les vivre, ceux que nous avons passés avec un livre préféré.* » Un écrivain ne peut guère espérer mieux quand on tient à lui par un lien si fort (que cela semble maintenant *déplacé* ne fait que montrer l'un des écueils de notre modernité), et il est assuré du « nous ferons clan » des quelques « *prosélytes fanatiques qui suffisent à contaminer un vaste public*[13] ». Comment prétendre d'ailleurs qu'il s'agit là d'un récit anachronique ou d'un roman « traditionnel » ? Sans « personnages », sans psychologie, sans action, soutenu seulement par la force interne du style et du mythe, le *Rivage* a le caractère contingent et imprévisible des chefs-d'œuvre : il n'aurait pas été possible sans le surréalisme — et cependant tant de théories sur le « roman noir », tant de « littérature » qui prétendait se moquer de la littérature permettait-elle d'espérer enfin la *réalisation* de la merveille ? Puisqu'il nous faut toujours hélas ! chercher le pourquoi de nos enthousiasmes, au risque de faire disparaître cela même qu'on avait découvert, il est très certain que la grande force de ce livre tient d'abord dans son sujet même : l'imminence de l'apocalypse, cette civilisation qui s'embrase dans un rougeoiement de crépuscule des Dieux, les dernières pages surtout, où cette fois encore on dit les choses comme si on les savait, mais *on y croit* — « *les beaux cavaliers qui sentent l'herbe sauvage et la nuit fraîche, avec leurs yeux d'ailleurs et leurs manteaux soulevés par le vent* », le « ainsi, ils viennent ! » après la lecture du rapport d'Engaddi — et « *notre époque en est la matière, mais la cohésion interne de ces pages, parce que tout y a été transmué, jusqu'à la dernière parcelle, dans le monde de l'art, est plus forte, s'impose mieux que celle du monde vécu*[14] » — tout cela qui fait un de ces livres que l'on lit et relit pour des raisons qui dépassent la littérature et en même temps la justifient, un de ces livres où nous déchiffrons incessamment notre destin, où nous pouvons contempler l'éternel déferlement des barbares de ce « *regard délivré de la passion, épuré de l'accidentel, affranchi de la peur*[15]... » Ensuite, la puissance de fascination du *Rivage* vient d'avoir eu recours pour *représenter* cela à toute une mythologie qu'il a réactivée et portée à un degré d'incandescence inégalé ; si *Argol* ou *Un beau ténébreux* ne se servaient que de mythes littéraires (les châteaux perdus, le héros fatal, etc.), *Le Rivage des Syrtes* retrouve des mythes ancestraux et qui ont toujours hanté l'inconscient collectif des individus et des civilisations : la crainte — et le désir inavoué — du Barbare, le pays mystérieux d'où vient la mort et la résurrection, l'Ordre caché et tout-puissant, la Société Secrète... Mythes que notre temps fait renaître, et ce n'est pas un hasard si en peu d'années sont parus trois grands livres qui reprennent à peu de chose près ces mêmes Mythes, même si leurs leçons sont différentes : *Sur les falaises de marbre* d'Ernst Jünger, *Le Désert des Tartares* de Dino Buzzati — dont on a dit que Gracq s'était « inspiré » — et Philippe Berthier montre admirablement ici même combien cette assertion est sotte — et *Le Rivage des Syrtes.* Trois livres *« emblématiques »*, qui disent notre interrogation : qui est le Grand Forestier, qui sont les Tartares, qu'est-ce que le Farghestan — la Mort peut-être, et peut-être pire (mais qui sont les Messieurs du Château ?), puisque, comme dit Barthes, c'est ici toute la parole littéraire, parole « à double longueur d'onde, dont la plus longue est celle du sens » (le Farghestan = la Barbarie aux portes de Rome, le Grand Forestier = Hitler, etc.), et dont la plus courte *« ne transmet que la littérature elle-même*[16] » (le Farghestan = le Farghestan). Et surtout trois créations de pays imaginaires, en dehors de l'espace et du temps, mais dont on nous dit suffisamment de choses pour qu'ils puissent être de tous les pays et de tous les temps, mais aussi de pays et de temps mythiques — la Rhénanie et l'Afrique, l'Atlantide, peut-être les Huns et les Tartares, l'an mille ou l'an deux mille... Pour la création d'un univers imaginaire, *Le Rivage des Syrtes* est de ce point de vue inégalable, mêlant l'Occident et l'Orient — les Syrtes sur leurs *« sables stériles ont porté en effet une civilisation riche, au temps où les Arabes envahirent la région*[17] » mais on aperçoit, *« de place en place, de hautes tours de guet normandes, semées irrégulièrement sur les steppes rases*[18] » —, l'Histoire et les rêveries de l'enfance, — *la ligne rouge des patrouilles, le timbre du conseil de surveillance* (et que rêvait déjà un enfant, dans la douceur immobile de la Loire...), ruines antiques et *modèle à propulsion secrète* —, pour la première fois *réalise* (écrit) l'épopée des civilisations et les Mythes les plus profonds des rêveries enfantines, un vrai *roman d'aventure* — un livre de littérature triomphant, clos sur lui-même, auquel il ne nous viendrait pas idée de demander d'être autre chose que ce qu'il est — comme autrefois et pour jamais nous ont comblés totalement Hergé, Jules Verne ou Stevenson.

Un balcon en forêt forme dans l'œuvre de Julien Gracq un tournant apparemment peu sensible peut-être pour qui n'est pas familier de l'œuvre, mais un tournant profond et essentiel qui se prolonge dans *La Presqu'île*[19]. *Un balcon en forêt* passe souvent pour une deuxième version, contemporaine celle-là, du *Rivage des Syrtes* : l'aspirant Grange jouerait un peu le rôle d'Aldo, le capitaine Varin celui de Marino — la maison forte serait l'Amirauté, l'Allemagne le Farghestan, etc. Et il y a cela en effet qui rend les deux romans difficilement dissociables, avec juste ce qu'il faut de différence pour qu'il y ait des partisans du *Balcon* comme il y a des fanatiques du *Rivage*, de même qu'il y a des « Rougistes » et des « Chartreusistes » qui se vouent un mutuel et profond mépris. Je me garderai d'entreprendre une comparaison en règle ; le charme du *Balcon* tient au fait qu'il s'appuie sur les Mythes d'une façon beaucoup plus lointaine que le *Rivage*, et qu'il s'agit d'un de ces livres dont l'enchantement vient de ce qu'il ne s'y *passe* absolument rien, que tout y est dans l'atmosphère, la saisie de l'instant, de l'écoulement du temps par l'écriture, l'attente inutile des choses, l'éternelle imminence, la vie même comme prise dans le tissu des mots. C'est la seule description du réel qui raconte l'histoire, rien n'arrive jamais, le Secret n'existe pas (et au fond le nouveau roman n'est pas loin...). Et de même dans *La Presqu'île* : un homme attend une femme, il erre tout un après-midi en l'attendant, laissant le monde s'imprégner en lui, guettant les signes... L'art le plus simple et le plus grand dans la manière de dire les choses par les mots et les phrases, ce rêve presque réalisé du fameux « *roman sur rien, soutenu par la force interne du style* ». Une façon de sentir le monde et de le faire revivre pour le lecteur jusqu'aux délices. « ... *L'ennui morne et vacant du dimanche provincial suintait malgré la guerre à travers les croisées ; l'air sentait le pernod, la fumée de tabac rassise et les viandes lourdes*[20]. » « *La fin d'après-midi était très douce ; une lumière fruitée, mûrissante, allongeait déjà les ombres sur la trouée du chemin*[21]. » « *La journée déjà touchait à ce creux inoccupé, étale, au bout duquel les feux de la côte allaient s'allumer*[22]. » Bien entendu, il faudrait tout citer — chaque sensation, chaque tremblement de lumière, le moindre frémissement d'ailes, tout y est. Dans *La Presqu'île*, comme dans *Au Château d'Argol*, c'est la Bretagne qui est décrite, qui occupe la place centrale dans le récit ; mais l'évolution, déjà amorcée dans *Un beau ténébreux*, s'est achevée. « *Ces gorges dangereuses, ces rochers escarpés, voilés par les rideaux épais des bois, attiraient son âme tourmentée*[23]. » « *Le grand ciel blanc des pointes de Bretagne hésitait déjà sur la pente de l'après-midi ; au fond de la perspective, contre le mur de la station-service, les ombres des voitures commençaient à glisser plus nombreuses*[24]. » On pourrait là aussi multiplier les exemples : la façon de sentir et de décrire le paysage (et par là le paysage lui-même) a changé ; dans *Argol* (et parfois encore dans *Un beau ténébreux*), la Bretagne est un décor littéraire / mythique décrit dans sa convention (landes désertes et sauvages, forêt profonde, orage sur l'océan, etc.) ; aussi la description est-elle sèche, violente, presque abstraite. Il est certain que *La Presqu'île* est en ce sens une conversion au « réalisme » : la Bretagne décrite est tout à fait « réelle », contemporaine — *l'hôtel des Vagues* est devenu *l'hôtel des Bains*... ; elle est même décrite d'une manière parfois presque « objective » *(« Il n'y a pas de routes dans le Marais Gât*[25] *»...)*, et la description de la gare, au début, aurait presque pu être signée de Robbe-Grillet, au point d'inquiéter M. Kanters. Seulement il faut s'entendre sur « réalisme » et « objectivité » ; l'art de Gracq, avec *Un balcon en forêt* et *La Presqu'île*, peut être comparé à celui du nouveau roman[26] ; c'est le monde (le réel) qui est le sujet de ces livres, et non des « personnages », une « psychologie », etc. Mais le monde non pas décrit d'une manière neutre et impersonnelle, mais tout entier rendu avec ses parfums, ses bruits, ses moindres changements de lumière et de climat, dans sa perpétuelle communication avec l'homme qui essaie de l'interpréter. Le réel *dans* l'écriture : par l'art prodigieux d'un *style*, c'est tout le langage qui s'imprègne du monde, l'absorbe, par une transmutation chimique, pour le rendre en quelque sorte plus vrai, plus pur, débarrassé de ses scories, mythique, délivré de l'imperfection du vécu. Au fond, s'il est un écrivain auquel Gracq puisse être comparé, c'est Colette (et aussi Proust, mais d'une façon plus lointaine) : même sens du réel qui fouille jusqu'à l'odeur la plus subtile, même goût sensuel des mots et de la phrase, à la limite de la préciosité — même manière de dire par l'écriture les saisons, les parfums, les odeurs de la terre après la pluie et le goût des confitures, de donner des envies mythiques de nourriture, de neige et de feux de bois, de sable et d'été — et les mots coexistant tranquillement avec la vie, rendant compte d'elle dans leur domaine propre, parfaitement délivrés de l'existence et la célébrant... « *... les bruits des petits hôtels de plage où tout lui plaisait ; l'odeur de sapin lavé des couloirs de l'après-midi pleins de courants d'air — toutes portes et fenêtres ouvertes au soleil revenu — les planchers crus, craquants et lessivés, avec le sable fin dans toutes leurs rainures — l'odeur du tissu-éponge trempé d'eau de mer*[27]. » « *C'est parfait, et il n'y a rien de plus à dire : voilà un menu compte avec la création réglé, et Dieu payé dans une monnaie qui sonne aussi juste que le tintement de la pièce d'or sur la table du changeur*[28]. »

En ce sens, on pourrait croire Julien Gracq l'un des derniers grands représentants de la prose française (tradition que notre situation historique actuelle arrêterait nécessairement) — le dernier grand écrivain pour qui le langage — transformé en cette essence intemporelle qu'est un *style* — *représente* la réalité, la mime sans être séparé d'elle, la dise sans ne dire que lui-même. Mais il y a bien plus que cela, qui est d'ailleurs beaucoup. Les deux derniers grands textes de Gracq nous l'ont bien montré : ce qui compte, ce n'est pas la psychologie, ni une « nature » romantique, ni une « morale », ni même une vision littéraire et surréaliste ; l'essentiel, c'est la pure réalité qu'il s'agit de décrire, l'éternelle imminence de la révélation qui s'abolit au moment même où l'on croit la saisir. Ce qu'attendent Aldo, Grange ou Simon, c'est un avènement qui ne peut pas arriver, comme le personnage de Kafka qui ne peut mourir, puisque la pensée de la révélation n'est plus déjà que la pensée abolie. Et quand *cela* par hasard *arrive*, ce n'était pas ce qu'on croyait, cela ne ressemblait pas, et il faut recommencer à attendre que cela arrive, et pour l'éternité, puisque si cela arrive à nouveau, ce ne sera pas encore ce que l'on attendait. « *Il savait bien que quelque chose était arrivé, mais il lui semblait que ce ne fût pas réellement... Rien n'avait pris corps. Le monde restait évasif, gardait le toucher cotonneux, mou des chambres d'hôtel sous la morne lumière bleue*[29]. » « *La terre restait opaque, il n'y avait pas de chemin ouvert, pas de voie frayée pour ce qu'il attendait — rien que ces rouges et froides étoiles filantes, ce monde gourd et distrait, cette gare rêveuse qui attendait pesamment de s'endormir*[30]. » Le monde ne répond pas au désir, il ne change pas sous le regard, il n'envoie pas de signes, c'est notre regard qui les ajoute et les interprète. La réalité *ne signifie rien*. Il n'y a qu'elle, en dehors de nous, dans son éternité matérielle, et le seul bonheur possible, c'est d'essayer de se fondre en elle, dans une sorte de douce extase (comme le tente le poète dans l'admirable *Sieste en Flandre hollandaise*) — essayer de vivre d'une *vie immédiate* délivrée de l'Histoire, sans passé ni avenir (ce que permet « la vie végétative »), s'identifier au monde dans une sorte d'*extase matérielle* (en enlevant tout le tragique qu'y met Le Clézio), tenter de refaire de l'homme une *plante humaine*. (Ne plus penser, être...) Attendre, et toujours attendre, puisque rien n'arrive vraiment, puisque ce n'était pas ce qu'on imaginait, et que la révélation se dérobe toujours. « Seulement attendre », dit Simon — et ainsi se trouve infléchie vers un certain pessimisme la leçon du *Rivage des Syrtes* : « voir et toucher ». (Mais Simon ajoute : « *il y a quelque chose de défendu à attendre cela*[31] » — *cela*, c'est-à-dire une femme tout un après-midi en s'analysant et en prenant tant de plaisir à l'attente que l'on ne voit plus très bien l'intérêt de l'arrivée. Il y a dans ce récit si l'on s'en tient à la psychologie une attitude adolescente assez touchante...) Seulement attendre, déchiffrer les signes, qui « veulent nous dire quelque chose, ou nous l'ont dit, et nous n'aurions pas dû le laisser perdre, ou sont sur le point de le dire ; cette imminence d'une révélation, qui ne se produit pas, est peut-être le fait esthétique ». Maurice Blanchot, commentant ce texte de Borges[32], voit là toute l'attitude de l'écrivain, qui ne peut que dire l'éternelle imminence de la révélation qui se dérobe toujours. Comment ne pas appliquer ce texte à Gracq ? Dire les choses comme si on les savait, et pourtant l'artiste lui-même ne les sait pas, pour lever une partie du voile, donner l'impression que la vérité était là, mais que pourtant elle s'est échappée. Attendre le secret qui à chaque instant apparaît et pourtant se dérobe, être condamné à attendre puisque ce qui arrive n'est pas vraiment arrivé, et peut-être l'attente même est-elle le secret unique et ultime, comme dans la terrible nouvelle d'Henry James *La Bête dans la jungle*. Et alors l'attente n'est que l'éternelle répétition d'elle-même, à chaque instant, différente, elle meurt et renaît, et Grange n'a rien découvert quand le char a détruit la maison forte, et Simon recommencera toujours à attendre Irmgard. Toute l'écriture moderne est peut-être cette éternelle imminence, comme K. toujours sur le point d'entrer au Château, cette révélation imminente dont elle ne peut que répéter l'absence éternellement. Ainsi, délivrée du superficiel, l'œuvre de Julien Gracq peut apparaître enfin, aux côtés de celles de Beckett, Genet, Simon ou Blanchot, comme l'une des plus *hautes* et des plus belles de ce temps.

ARIEL DENIS.

NOTES

1. *Au Château d'Argol*, « Avis au lecteur », José Corti, p. 7.
2. *Idem*, p. 8.
3. *Idem*, p. 9.
4. *Idem*, p. 103.
5. *Idem*, p. 33.
6. *Idem*, p. 17.
7. *Au Château d'Argol*, « Avis au lecteur », José Corti, p. 9.

8. *Un beau ténébreux*, José Corti, p. 11.
9. *Idem*, p. 40.
10. *Idem*, p. 77.
11. *Idem*, p. 91.
12. *Préférences*, José Corti, p. 17.
13. *Idem*, p. 18.
14. *Idem*, p. 250 (à propos d'Ernst Jünger).
15. *Préférences*, José Corti, p. 252.
16. Roland Barthes, *La Voyageuse de nuit*, Préface à *La Vie de Rancé*, collection 10/18, p. 19.
17. *Le Rivage des Syrtes*, José Corti, p. 11.
18. *Idem*, p. 18.
19. Je veux dire le *récit La Presqu'île* qui donne son titre au recueil. L'admirable texte *La Route* est dans la continuité même du *Rivage des Syrtes* dont il semble les dernières mesures et comme l'achèvement — après la fin du monde... ; mais peut-être l'annonce (l'espoir) d'une résurrection, de la rédemption ? *Le Roi Cophetua* s'inscrirait plus, malgré la « nouvelle manière » de Gracq, dans la tradition littéraire et fantastique (« romantique ») d'*Argol*. (Ce « conte » a de grandes beautés, mais je ne crois pas que cc soit le meilleur Gracq.)
20. *Un balcon en forêt*, José Corti, p. 44.
21. *Idem*, p. 208.
22. *La Presqu'île*, José Corti, p. 129.
23. *Au Château d'Argol*, p. 99.
24. *La Presqu'île*, p. 46.
25. *Idem*, p. 70.
26. Ariel Denis, « *La description romanesque dans l'œuvre de Julien Gracq* », *Revue d'Esthétique*, tome XXII, fascicule II, avril-juin 1969.
27. *La Presqu'île*, p. 115.
28. *Lettrines*, José Corti, p. 93.
29. *Un balcon en forêt*, p. 118.
30. *La Presqu'île*, p. 170.
31. *La Presqu'île*, p. 171.
32. Maurice Blanchot, « *L'Infini et l'infini* », *La Nouvelle N.R.F.*, n° 61, 1958. Repris dans le *Cahier de l'Herne* consacré à Henri Michaux, p. 88.

LIBERTÉ GRANDE : LA VILLE COMME AVENTURE

Renée Riese Hubert

C'est surtout dans un texte de *Farouche à quatre feuilles : Les Yeux bien ouverts* que Gracq révèle l'essence de son œuvre. Au cours d'un dialogue où il s'agit de « dormeurs éveillés », il traite la rêverie non seulement comme une source d'inspiration mais aussi comme un procédé poétique. Gracq souligne l'importance de la rêverie où l'imagination, faculté libératrice entre toutes, l'emporte sur le reste. En cumulant les données de la veille et du sommeil, la rêverie arrive à décupler la puissance d'accélération et de tension de l'esprit : *« Il s'agit surtout d'avoir la faculté d'accrocher, à quelques images capables d'électriser toutes les autres, un énorme coefficient émotif »* (p. 112). Dans *Liberté Grande* cette circulation intense se traduit par des mouvements qui, sans aboutir à une destination ou une possession, se caractérisent par l'élan, le départ, l'appareillage. Cet élan, dépassant les zones du connu, se permet des transgressions et prend ce que Gracq appelle un caractère « d'interdiction ». *Les Yeux bien ouverts* situe « le dormeur éveillé » au centre de l'univers poétique de Gracq et souligne la lucidité de l'auteur de *Liberté Grande* à l'égard de son œuvre et de son lecteur : *« ... surtout sensible à un certain foisonnement de formes et de couleurs qui lui font soupçonner chez l'auteur une rêverie constamment surpeuplée d'images compliquées* » (pp. 109-110).

Dans *Lettrines* Gracq dessine ce qu'on pourrait appeler les initiales autobiographiques de son œuvre : impressions littéraires, évocations de paysages et surtout de villes. Reste à savoir en quoi ces évocations diffèrent des « tableaux urbains » de *Liberté Grande* que nous nous proposons d'examiner.

> « Céret *consacre ses rues à la gloire du platane. Énormes, crevant au-dessus des toits en dômes orageux, couvrant rues et tuiles d'une neige de feuilles roussies, écartant de chaque côté les façades comme les colonnades d'un Parthénon arborescent que la broussaille naine des maisons aurait colonisé* » (p. 207).

En réduisant ainsi Céret à des rues bordées de platanes, Gracq lui accorde une unité, un ordre et il lui confère même ce qui est indispensable à une agglomération : des éléments naturels et fabriqués. Céret se dresse devant nous dans son état normal, à un moment ordinaire. Pourtant tout bouge, comme en témoignent tout d'abord trois verbes au participe présent : « crevant », « couvrant », « écartant ». La volonté du poète autorise les platanes, qui dépassent déjà les bâtiments, à donner l'impression de pousser à chaque instant. C'est ainsi qu'ils transforment de fond en comble cette petite ville où les feuilles recouvrent les toits, où les branches écartent les façades des maisons. La force des arbres cache et diminue les maisons, privant la pierre de sa solidité. Dès le début de ce bref texte, les platanes accaparent les caractéristiques d'un ciel ou d'un climat, tel un dégagement d'orage et de neige. Ainsi réduites, les maisons deviennent une broussaille, alors que les arbres, agents de cette métamorphose, sans renoncer à leur propre nature, se rehaussent de tous les prestiges de l'architecture et de l'Antiquité. Même dans cette courte évocation, Gracq anime tout, transforme les éléments, échappe, grâce aux comparaisons, au cadre réel du lieu et du temps.

Dans le texte liminaire de *Liberté Grande* intitulé *Pour*

galvaniser l'urbanisme, nous retrouvons une tendance analogue à remplacer les rues et les bâtiments des grandes villes, à les diminuer, à les métamorphoser. La végétation, le naturel ont l'air de fournir un terrain où le poète aborderait volontiers, car il projette « *de poser sur le perron de l'Opéra un pied distrait et pour une fois à peine surpris par la caresse de l'herbe fraîche, d'écouter percer derrière les orages marins du théâtre la cloche d'une* vraie *vache* » (p. 10). Mais, ce n'est pas vraiment l'unité de la ville qu'il affirme lorsqu'il établit une sorte de comparaison rapportée entre l'architecture et la nature. Le poète se préoccupe plutôt de sa réaction à l'égard de la ville, de son désir d'échapper à l'urbanisme. La tension entre le poète et le monde se substitue à l'évocation poétique directe qui caractérise le passage sur Céret.

Si Gracq ne cerne pas Paris et Saint-Nazaire d'une vigoureuse végétation, c'est pour planter petit à petit son propre décor, ce qui lui permettra de s'évader tout en restant sur place. Il revient toujours à la ville, à la réalité, et s'y repère pour reprendre un nouvel élan dans le songe, par exemple : « *Parfois, au bout d'une perspective, un ivrogne enjambait la rampe d'un boulevard extérieur comme un bastingage* » (p. 13). Ayant entrevu les glaciers à l'aube, le poète évoque un retour, car le boulevard extérieur constitue la zone limitrophe entre le réseau des rues et le large. L'exaltation de l'ivrogne pourrait d'autant plus se rapprocher de celle du poète qu'il enjambe la rampe, dernier obstacle à un nouveau départ et à sa libération. Le lieu du réel est d'abord Paris, puis Saint-Nazaire. L'éloignement de la première ville, source de malaises bien définissables, provoque une lutte plus acharnée : « *visqueuse matière interstitielle des banlieues, et, sur les plans, leurs cancéreuses auréoles...* » (p. 9). Ces termes indiquent combien le poète est gêné, combien il se sent emprisonné et empoisonné au départ. Lors de sa deuxième évasion qui se rapporte à Saint-Nazaire, l'élan gagné par la première reste acquis. A vrai dire, Saint-Nazaire possède moins de gratte-ciel, source de claustrophobie ; de plus, sa banlieue est plus rétrécie, et elle est proche de la mer. Située « *sur une terre basse, balayée devant la mer, minée par-derrière les marais* » (p. 13), il y a forcément moins de matière à déblayer.

Comme l'a montré Jean-Paul Weber dans son article « Glisser à la mer », Gracq transforme Paris et Saint-Nazaire, ces lieux de départ, en tremplins mobiles, grâce aux métaphores se rapportant à un voyage maritime[1]. Paris s'ouvre, se retranche du reste alors que le poète évoque « *le Vaisseau fantôme* », puis « *un océan vert prairie plus réussi que nature* » (p. 10). A Saint-Nazaire, la nef d'une cathédrale absente devient visible et glisse, comme le paquebot *Normandie*, à la mer. Le mouvement domine ici autant que dans le texte de *Lettrines*, cependant l'élan ne vient point de la végétation, mais des villes aux sites et aux climats si changeants.

Le passage sur Céret ne serait-il pas une simple « lettrine » par rapport à *Pour galvaniser l'urbanisme*, vrai poème en prose, qui par suite de la densité poétique, de l'abondance métaphorique, des métamorphoses rapides de la réalité, se placerait dans la lignée des *Petits poèmes en prose* et des *Illuminations* ? Ce texte, riche en remarques, prend quelquefois la forme d'un essai. Le poète se situe consciemment par rapport à d'autres poètes. Il nomme Rimbaud et Baudelaire, évoquant même des « moments » de leurs poèmes. Il y aurait là une sorte de collage à la manière surréaliste, n'était que la présence des deux poètes fournit le prétexte d'une nouvelle aventure. Des allusions éparses au cinéma, à l'opéra, à la peinture jouent, à un moindre degré, un rôle analogue.

La présence du poète solitaire interprétant le monde, s'échappant par la rêverie, permet d'ailleurs des rapprochements avec *Le Confiteor de l'artiste* ou *Le Crépuscule du soir*. On retrouve chez Gracq cet éclairage mystérieux où la brume se laisse percer par des foyers lumineux, où l'aventure s'amorce au cours d'une lutte entre la lumière et l'ombre. L'horreur et les tentations produites par la grande ville qui caractérisent le début de *Pour galvaniser* s'estompent grâce à des alliages. Comme chez Baudelaire, la conscience du poète se définit, alors que le malaise atteint son stade le plus aigu. Au départ le moi est surtout gêné, aliéné, sans identité palpable, mais comme la rêverie se prolonge ou se relance, il y a tout le temps qu'il faut pour une prise de conscience.

Les « villes » de Rimbaud constituent une inspiration à la fois avouée et inavouée, intérieure et extérieure. La capitale de glaces que Gracq évoque d'une façon éphémère possède certaines caractéristiques des visions rimbaldiennes ; villes pures, transparentes, immenses et modernes se dressant dans des hauteurs toutes étincelantes. Cet échafaudage inconcevable au-delà du pôle résulte d'une révolution architecturale qui se substitue au réel parisien. Et cette ville propose des fêtes, des rites solennels, la transformant, comme les créations rimbaldiennes, en constellations lumineuses et sonores : *« l'œil dressé sous un angle impossible perçoit en plein ciel d'hiver nocturne des phares tournoyants dans les sarabandes de la neige... »* (p. 11). Ce moment idéal s'enrichit de souvenirs d'enfance : feux d'artifice, « jouets somptueux ».

Il est indéniable que *Pour galvaniser l'urbanisme* a certaines affinités avec les poèmes en prose inclus dans *Le Revolver à cheveux blancs*. Il s'en dégage le même sens d'émerveillement, du fait que des lumières naturelles et artificielles se pourchassent et se séduisent, et aussi que cette « danse » lumineuse a lieu dans une ville nettement féminine qui, en révélant une partie de son corps, donne un sens érotique aux aventures. Or, les lumières « clignotantes », ne constituant qu'une étape chez Gracq, seront suivies de brume ; le courant électrique par lequel le poète transforme la ville ne constitue qu'un moyen pour réaliser sa liberté.

La présence de Baudelaire, Rimbaud et Breton ne touche en rien à la vraie question : celle de l'originalité. Pour se libérer de l'emprise, de l'angoisse et du malaise Gracq fait surgir tout un appareillage — navires, wagons, toboggans, voies et routes capables d'élargir le monde. Terre et mer se rejoignent lorsque la ville devient une île, moins violemment démarrée que chez Rimbaud. Au cœur de Paris et de Saint-Nazaire, en voie de transformations, tant de villes, tant de mythes se rejoignent. Analogue à l'évocation de Céret où le présent se lie à un passé lointain, le réseau du poème en prose s'étend de Broadway à la création de Thèbes ; de Noël à la Pentecôte, aux trompettes de Jéricho. Dans le temps et l'espace toujours meublés mais ouverts, s'inscrivent, à travers de nombreux contrastes, des aventures promettant mystérieusement la « Liberté Grande ».

Dans *Paris à l'aube* où l'homme joue un rôle plus considérable, Gracq propose d'autres échos baudelairiens. L'aube parisienne ne se déploie guère comme un éveil spontané, un élan vers la lumière et la plénitude. L'éveil nécessite un certain contact, une force érotique. Jacques Hérold a merveilleusement interprété le poème en représentant la ville par un corps de femme où les demeures s'inscrivent comme mille étoiles[2]. Dans le poème, le premier homme qui circule dans les rues est en proie à un désir de possession physique. La ville apparaît comme un corps dont le sang doit se réchauffer, dont la couleur rouge se répand sur la terre, donnant ainsi naissance au crépuscule. L'échafaudage, pour retrouver le flot et la chaleur de la veille, l'être dépouillé, pour être revêtu, s'appuie sur une exaltation et un immense effort créateur. La nuit invisible, anonyme, se renferme sur son propre secret, alors que l'aube, moment de dépouillement ou d'engloutissement qui se surmonte, devient pareille à un « *reflux aveugle d'une marée interne du sang* » (p. 89). Comme dans le texte précédent, le monde solide se définit par le changement et la fluidité ; et le moment tend vers le passage. L'aube chez Gracq se rapproche du crépuscule baudelairien où les forces du jour et de la nuit s'affrontent. Dans *Paris à l'aube* les forces contrastantes, arrêt et élan, éveil et refus, force et fragilité, clarté et nuit s'affrontent, alternent ou se présentent simultanément, sans pourtant se livrer de ces luttes sataniques qui peuplent l'univers baudelairien.

Alors que dans le premier poème, la vie et la mort n'étaient nullement absents, dans *Paris à l'aube* leur présence simultanée s'affirme grâce à des allusions au mouvement de la mer, ainsi qu'au vide, au masque, au fantôme, à l'engloutissement. Comme le pouls du temps bat à des rythmes variés, l'approche du jour se compose de forces d'inertie et d'énergie qui, sans même émaner d'une galvanisation, possèdent un caractère physiologique. A la lenteur correspond le froid, à l'engourdissement une brume aveuglante que la chaleur, la lucidité et les désirs compenseront à tour de rôle. Celui qui possédant le courage de l'aventure voudrait être « rédimé de toute servitude », pleinement conscient que toute beauté est mortelle, saura animer le pouls du corps parisien, donner force et couleur au fantôme. *Paris à l'aube*, qui fait partie de *La Terre habitable*, montre la ville, à travers un segment du temps, comme un intense réseau de forces contrastantes, alors que *Pour galvaniser l'urbanisme* met à nu un domaine libérateur. Tandis que dans le passage de *Lettrines*, le poète déchiffre un ordre mystérieux mais réel, dans les deux poèmes en prose, il poursuit les pistes déroutantes où rêve et réalité se croisent.

Bonne promenade du matin s'en prend tout d'abord à la réalité ou plutôt à l'irréalité poussiéreuse de la ville moderne, pour créer ensuite un monde imaginaire ou un songe ayant plus de poids que la réalité. Les brumes nocturnes se dissipent à peine quand le poète s'élance vers sa promenade matinale, constituant ici la démarche essentielle. Le mouvement physique, presque imperceptible, à travers les boulevards se constate grâce à la distance et à la proximité des éléments conjurés et grâce au rythme plus ou moins accéléré de la surprise. Alors qu'au début du poème on était à « *quelques câblures* », après la transformation tout se rapproche : « *Se figure-t-on rien de plus charmant avant le départ hâtif vers le travail sous les brandebourgs et les galaxies avenantes d'un bleu de chauffe, que le chœur rafraîchi de rosée, éventé de girandoles éteintes, qu'élèvent vers le soleil ces machinistes...* » (pp. 58-59). La promenade atteint son point culminant quand le poète constate : « *Déjà la rue m'appelait accueillante* » (p. 59). La rue s'anime en propageant sa vitalité et fait signe au poète. Mais aussitôt tout s'abolit. Pour mettre en mouvement ce monde vivant et bariolé, le poète a pris comme signal les éclats d'une maison en démolition. Loin d'être un simple témoin, il participe à la transformation de la réalité en voie de dissipation, d'effondrement. Une fois le terrain déblayé, le poète arrache à la ville des secrets cachés derrière les façades afin d'y planter son propre décor. Les personnages de ce spectacle imaginaire, appartenant au monde théâtral, se groupent en une sorte de défilé visible et sonore, qui fait songer aux parades de Rimbaud, mais sans en imiter la féerie ou la fantasmagorie. Dans *Les Illuminations, Parade* ou *Ce sont des villes*, la féerie cesse plus ou moins abruptement. Chez Gracq, où Paris et ses habitants, la scène et les personnages deviennent inséparables, la rêverie aboutit à une prise de conscience. Du fait que cette suite de « bacchanales », d'« opéras-comiques », de « bals-minute », de « jupons de dentelles » ne s'enchaîne guère, on aboutit à la désillusion d'un geste érotique sans lendemain au moment précis où les balayeurs municipaux, reprenant leur consigne, redressent les poubelles avec vigueur. On pourrait rapprocher ce dénouement de la dernière phrase du *Rivage des Syrtes* : « *je savais pour quoi désormais le décor était planté.* » Cette promenade sans élan reste forcément en deçà de l'aventure.

Pour galvaniser l'urbanisme et *Paris à l'aube* évoquent un voyage maritime conjointement avec la métamorphose d'un déplacement urbain. Dans *Gang*, par contre, il s'agit moins de briser les amarres de la métropole que de générer une énergie centrifuge au cœur même de la ville. Par le terme « *cœur* » l'aventure prend naissance sur un plan organique et même émotionnel. Douée de volonté et de force, la ville projette ses habitants vers la banlieue et la campagne. Les voitures en grand nombre s'élancent à partir du centre, constituant un flot, ce qui force l'homme à effectuer un voyage à la fois terrestre et marin. Un voilier donnera un sens légendaire à l'aventure. L'imaginaire vers lequel on s'est lancé, sans perdre pied par rapport au réel, a permis de sortir des confins du présent et de la ville. Après les flots de voitures le poète évoque la pêche à la truite et, plus loin, une forêt qui s'ouvre « *en coup de vent* » comme la mer Rouge. L'exploration se poursuit à travers une végétation changeante où les églantines font place à de vastes forêts, qui à leur tour aboutissent à une rose unique, brûlante. Le voyage à partir du centre urbain se manifeste par la transformation du décor métropolitain en nature : arbre et eau. Le plein cœur de la ville, centre d'une carte du Tendre surréaliste, se rapprochera infiniment de la mer Rouge, qui par la couleur évoque la passion, par les contours un cœur allongé, par son passé biblique une poursuite dangereuse. La mer, transformée en rose rouge, propose l'assouvissement du désir. Les robes blanches sur les boulevards noirs esquissent une innocence, une virginité qui, menacée dès le départ, subira une métamorphose. Si la ville au cœur rouge résume la force féminine, le côté mâle s'associe à la notion de *Gang*, attroupement armé pourchassant un but clandestin. Le revolver, nommé au début et à la fin, est présent partout : le cœur de la ville est chargé, les coups semblent partir instantanément, les doigts restent serrés, les surprises et les explosions se répètent. La dernière phrase, fragmentée du point de vue syntactique, imite une série de coups grâce auxquels on cherche à pratiquer une ouverture. Les secousses, l'accélération, la simultanéité du voyage à travers deux paysages, érotiques et maritimes, transforment la réalité en songe, à tel point que ce poème serait à sa place dans *Le Revolver à cheveux blancs* de Breton. Comme le gang reste aussi silencieux et invisible que le poète ou l'amant dans *Rendez-vous*, sa progression se devine par une tension, un changement rapide de décor.

Dans d'autres textes, notamment *Villes hanséatiques* et *Inabordable*, où la ville maintient les liens mystérieux avec la femme, l'impulsion créatrice vient plutôt de la femme, source de rayonnement. Il ne s'agit plus dans *Inabordable* de l'atteindre à travers la brume, puisque c'est elle qui illumine les artères de la ville et rend même les maisons transparentes. Elle reste aussi mystérieuse que la passante de Baudelaire, aussi inabordable que ces fées surréalistes qui, en semant partout les bienfaits, transforment l'univers. Il n'y a plus ici d'alternance entre le réel et la rêverie ou de transformation de l'un en l'autre, mais une création grâce à laquelle le poète se trouve magiquement attiré dans l'orbite de la femme. La mélodie incite le poète à la poursuite, son attrait crée une intensité dépassant toute autre expérience que le poète pourrait évoquer et par laquelle le réel se résorberait. Ainsi se déclenchent cet éclat, cette beauté, cette écume mélodieuse si proches, à certains égards, de la violence du *Mauvais vitrier* ainsi que des visions mystiques de Rimbaud. L'aventure connaît sa consécration dans le regard de la femme, un flot, qui, à travers le temps et l'espace, rattache les apparitions aux éclipses, la ville à l'érotisme.

La ville d'Orsenna dans *Le Rivage des Syrtes* semble douée de traits bien différents de ceux qui caractérisent *Liberté Grande*, même si pour Aldo, aventurier à l'âme de poète, la ville constitue le point de départ, sinon le point de fuite d'un voyage à la fois réel et imaginaire :

> « *au moment où Orsenna peut-être approchait de son heure, dans la grisaille pluvieuse de ses routes désertes, dans l'aspect des bergeries chétives et croulantes qui s'abritaient dans les creux de terrain, il me semblait que je pouvais lire combien elle était démunie et faible — comme si j'avais senti passer sur elle, avec le vent qui balayait ses steppes grelottantes, l'aile même de la Destruction* » (p. 303).

N'empêche que ce paragraphe se situant au moment du retour du narrateur permet de nouveaux rapprochements avec le spleen baudelairien, car le paysage correspond au monde intérieur d'Aldo. L'absence de vigueur, de couleur, de caractère remonte à un déblaiement, une platitude, un néant, caractéristiques d'autant plus intenses que celles de *Pour galvaniser l'urbanisme*, que rien ne fait obstacle à la dissolution générale. Dans cette absence de contour, de solidité, dans ce froid sans retour, les mouvements de la voiture à travers les rues n'apportent aucun ébranlement. Orsenna dégage un tel vide que nul esprit n'oserait lutter pour le ranimer.

L'imaginaire, la beauté et la vigueur, Gracq les a évoqués lorsque Aldo se trouvait à proximité du Tängri.

> « *Devant nous, à la toucher, semblait-il au mouvement de recul de la tête qui se renversait vers sa cime effrayante, une apparition montait de la mer comme un mur. La lune brillait maintenant dans tout son éclat. Sur la droite, la forêt de lumières de Rhages frangeait d'un scintillement immobile l'eau dormante. Devant nous, pareil au paquebot illuminé qui mâte son arrière à la verticale avant de sombrer, se suspen-*

dait au-dessus de la mer vers des hauteurs de rêve un morceau de planète soulevé comme un couvercle, une banlieue verticale, criblée, étagée, piquetée jusqu'à une dispersion et une fixité d'étoile de buissons de feux et de girandoles de lumière. Comme les feux d'une façade qui se fût reflétée paisiblement, mais jusqu'à hauteur de nuage, sur la chaussée luisante, et si près, semblait-il, si distinctes dans l'air lavé qu'on croyait sentir l'odeur des jardins nocturnes et la fraîcheur vernissée de leurs routes humides, les lumières des avenues, des villas, des palais, des carrefours, enfin, plus clairsemés, les feux des bourgades vertigineuses accrochées à leurs pentes de lave, montaient dans la nuit criblée par paliers, par falaises, par balcons sur la mer doucement phosphorescente, jusqu'à une ligne horizontale de brumes flottantes... » (pp. 235-236).

Cette vision, où tout a un relief, se place aux antipodes de la description d'Orsenna. Les alternances entre le déblaiement du réel et l'évocation de l'imaginaire, si caractéristiques de *Pour galvaniser l'urbanisme*, sont portées au comble dans *Le Rivage des Syrtes*. A la platitude de la ville s'oppose la verticalité du volcan. Le Tängri, ce rêve, cette apparition, semble répandre des parfums et se rapprocher suffisamment pour qu'on le touche. Dans *Bonne promenade le matin*, la rêverie, il est vrai, sert à nous rapprocher du spectacle, mais il y reste des stages dont Gracq n'a plus besoin dans la vision du Tängri. Dans *Liberté Grande* l'effort libérateur se poursuit par la lutte, et le poète, contrairement à Aldo devant le volcan, reste toujours aux prises avec le réel. Aldo voit avec une extraordinaire clarté les demeures, la banlieue, les carrefours, les routes du Farghestan dont l'ordre et le sens s'imposent. Tout y est à la fois source de lumière et reflet. L'œil est attiré vers les hauteurs sans rencontrer d'empiétement ou de distraction. Une soif d'aventure et de danger se dégage de ce spectacle. L'image du paquebot, illuminé et presque debout, marque un moment exaltant et rituel. Le couvercle suspendu révèle, plus que dans d'autres textes, la présence d'un secret terrible. Et la vision éblouissante, blancheur, luminosité au sein d'une lave, engendre son contraire dont elle est elle-même engendrée, dernier témoin de ce contraste souvent retrouvé dans les poèmes en prose.

L'homme qui dans les textes de *Liberté Grande* se trouve projeté par des forces mesurables ou incommensurables est ici aimanté par une polarité où, malgré une précision invraisemblable, les éléments, même en s'opposant, se lient et s'épousent.

RENÉE RIESE HUBERT.

NOTES

1. *N.R.F.*, XVII, mai 1961, pp. 886-895 et XVIII, juillet 1961, pp. 105-118.

2. Julien Gracq, *La Terre habitable*, eaux-fortes originales de Jacques Hérold, Collection Drosera II, 1951.

DU RÉEL A L'IMAGINAIRE

Enea Balmas

Il nous est arrivé, dans d'autres circonstances et il y a quelques années, d'attirer l'attention des lecteurs (peut-être vaudrait-il mieux dire : des amateurs) de Julien Gracq sur ce que nous avons cru pouvoir définir la caractéristique fondamentale de son œuvre et de son art, l'ambiguïté. Nous avons à peine besoin d'ajouter que cette « catégorie majeure » de l'art de Gracq nous paraissait — et nous paraît toujours — largement positive : en tant qu'expression d'un refus radical (qui fonde, à nos yeux, la prise de conscience de l'écrivain véritable à l'égard de son art et de sa fonction d'artiste au sein de la société) de toute forme de « milice », et d'une option, également radicale, en faveur de la suprême neutralité de l'art, au nom de sa durée et donc de sa potentielle éternité.

Notre analyse d'il y a quelques années avait pris essentiellement la forme d'une étude de thèmes et embrassait l'œuvre de Gracq dans son ensemble : l'aspect plus proprement linguistique — ou littéraire — du problème demeurait un peu dans l'ombre. Il nous a paru intéressant, à l'occasion de la publication de ce numéro spécial consacré à Gracq, de tenter une vérification, qui s'appuierait essentiellement sur le signe littéraire et qui s'efforcerait de prendre en considération la seule écriture de

Gracq, sans s'embarrasser préalablement de la recherche d'aucune explication générale, et en faisant abstraction, comme hypothèse de départ, de l'existence possible d'une philosophie quelconque chez l'auteur du *Rivage des Syrtes*. Une manière d'explication de texte, en somme, qui devrait mettre en évidence, prioritairement, les éléments linguistiques et formels à travers lesquels et grâce auxquels l'art, la pensée, le « message » de Gracq parviennent à se formuler.

Nous avons choisi, à cette fin, un texte peu connu (dans le sens qu'il n'appartient pas aux « grands » recueils de Gracq), *Venise*, tiré de *Liberté Grande* (1946). Le texte est court, et il nous sera donc permis, préliminairement, de le reproduire :

> « *Sur cette plage où la neige volait de conserve avec de légères frondaisons d'écume, aux rayons du soleil de cinq heures, je sonnais à la grille du palais Martinengo. J'étais seul au centre géométrique de ce gigantesque haussement d'un sourcil de sable — encore quelques minutes et les dunes sonnant la retraite allaient me barrer le passage des vagues de leurs blonds escadrons. La sonnerie pénétrait comme un quatorze juillet de pétards et de drapeaux des corridors somnolents comme de l'huile, des galeries de bronze aux dérisoires armures de pacotille, dérangeait sous un repli d'ombre le coffre aux trésors. Le bois de pins, derrière, était tout à coup semblable à la lumière minérale des projecteurs, quand l'orchestre prélude au clair de lune de Werther. C'était bien, je pouvais me le dire avec ravissement, la solitude. Au-dessus de moi claquait au vent, solennel comme un portant de théâtre, le volet d'une haute fenêtre au milieu d'une galopade de sable. La mer tonnante d'un bout à l'autre de la baie raccourcissait l'issue d'une escapade douteuse. De la main gauche je cherchais à briser le plus délicatement possible la vitre d'un de ces charmants coffrets du* XVIIIe *où se dissimule parfois la bouche d'un avertisseur d'incendie. Le spectacle qui s'ensuivit ne pourrait trouver d'analogie que dans une panique nocturne de transatlantique, une explosion de batterie*

de jazz, un carnaval de jugement dernier, lorsque d'un seul élan trente sonnettes comme des vrilles taraudèrent les fondations de l'hôtel, et avec la majesté d'une sonde touchant le fond de la fosse des Philippines descendit vers moi comme un rideau de fenêtre la barbe du patriarche de l'Adriatique. »

Nous ne savons pas grand-chose sur la genèse de ce texte. Par sa date, nous pouvons penser qu'il est postérieur à *Un beau ténébreux* et au *Château d'Argol*, et qu'il précède de deux ans *Le Roi pêcheur* (1948) et de cinq ans *Le Rivage des Syrtes* (1952). Le recueil auquel il appartient parut, en 1946, avec le sous-titre de « poèmes en prose », ce qui fournit aussi une indication d'une certaine valeur, bien que ce sous-titre ait disparu de la réimpression du même livre, en 1958. Enfin, une phrase de Rimbaud, placée en exergue de *Liberté Grande*, nous fournit peut-être un fil conducteur au sujet de l'intention générale qui a présidé à la conception des textes contenus dans ce volume, et donc de celui qui nous intéresse ici. Il s'agit d'un passage des *Illuminations* où Rimbaud se présente comme le « citoyen... éphémère et point trop mécontent » d'une « métropole » que l'on croirait moderne parce qu'on n'y relève aucune trace d'un « goût connu » et qu'on peut s'y promener sans y rencontrer « aucun monument de superstition ». Plaisir illusoire de la découverte, donc, et d'une découverte illusoire ; inutilité, mais aussi joie et confiance, modérées mais réelles. Des données sommaires, mais qui ne manquent pas d'être illuminantes : un poème en prose (ce qui nous ramène assez près de l'expérience surréaliste, dont on connaît l'importance pour l'histoire spirituelle de Gracq), très nettement daté (antérieur à cet aveu brûlant d'« incapacité » qui est représenté par *Le Roi pêcheur*), faisant partie d'un recueil qui ne cache pas son ambition de nous promener à travers le monde de l'apparence, à la recherche d'un secret qui se situe au-delà, la recherche de ce secret devant se faire exclusivement au moyen du *verbe* et en s'appuyant sur ses ressources en vue d'aboutir à « plus haute connaissance ».

Retenons surtout la donnée initiale : la réalité qui nous

confronte est illusoire. Les choses ne sont pas ce qu'elles devraient être, ni ce qu'elles semblent vouloir paraître. Une sorte de double illusion : de nous-mêmes à l'égard des choses, que nous voyons autres que ce qu'elles sont, et des choses elles-mêmes, qui se donnent — ou se prennent — pour des simulacres d'une réalité qui, en fait, leur demeure étrangère. Il ne reste donc que des apparences : des semblants de connaissance, en ce qui nous concerne, des semblants d'être, en ce qui concerne les choses, la réalité, la vie.

Dans ces conditions, il y aurait peut-être lieu de s'étonner du fait que la plupart des textes réunis dans *Liberté Grande* se présentent comme solidement ancrés à la réalité : ils ont toujours un titre, et ce titre renvoie en général à une donnée qui se voudrait « dense », géographique, par exemple *(La vallée de Josaphat, La rivière Susquehannah, Transbaikalie)* ou historique *(Robespierre)*, et ainsi de suite. L'on découvre ainsi une donnée fondamentale de la conception de Gracq, sa « démarche première » à l'égard du monde. Une attitude secrètement provocatoire : à travers ce monde de l'illusoire il se promène avec une *« liberté grande »*, ce monde ne lui étant que prétexte, et les objets, dont il prend le départ pour ses méditations, que simples jouets. Certes, la poésie a ses droits, et l'on comprendrait facilement qu'une évocation poétique (un poème en prose) ne se transforme jamais en une « démonstration » en bonne et due forme. Toutefois, dans le cas des textes réunis dans *Liberté Grande*, l'écart entre le titre (l'occasion) et le développement est non seulement très grand mais amplifié à dessein. Très souvent, il n'y a presque plus de rapport entre ce que le titre laisse espérer et ce que le morceau contient. Sans arriver jusqu'à dire que l'auteur se moque de son lecteur, il est évident qu'il le provoque, qu'il se plaît à le dérouter : qu'il essaie de l'entraîner à sa suite dans une folle galopade à travers les différents stades de la réalité, du réel à l'imaginaire, de l'objectivité au rêve, du passé au futur, du vrai à l'hypothétique.

Le secret d'une telle démarche est tout d'abord la joie (le « point trop mécontent » de Rimbaud) : une attitude à l'égard de ce qui nous entoure d'appropriation enthousiaste, qui fait fi des moyens ordinaires de connaissance et de représentation des choses, mais qui ne renonce pas pour autant à essayer de percer le secret du monde. Y a-t-il quelque chose au-delà des apparences, des illusions qui nous hantent ? Avant que le problème d'une réponse à pareille question se pose vraiment, il y a marge pour la galopade dont nous parlions tout à l'heure : pour cette tentative de lévitation à travers les différents stades du réel, qui comporte aussi une façon bien caractéristique et encore une fois provocatoire de brouiller les cartes et les pistes. Attitude guère dissimulée d'ailleurs, on n'a qu'à feuilleter le recueil qui contient le texte qui nous occupe en ce moment pour tomber sur des aveux de ce genre :

> *Certes, il me dure d'être condamné à cette malédiction de l'épaisseur. Ce corps comme une outre plombée, pourrissant comme tout ce qui a ventre, et toute la servitude humaine dans ce mot, mot qui décapite les étoiles, le plus dérisoire, le plus clownesque que recèle le langage,* graviter[1].

Il s'agit donc, avant de percer le secret de l'énigme, de ne pas « décapiter les étoiles ». Au service de cette intention première, les ressources d'un style appuyé, et aussi, on le comprend enfin, ironique, ou qui comporte, à tout le moins, une composante de jeu. L'invention verbale, le débordement luxuriant des images est fonction, d'abord, de cette prise de contact avec le monde, et devient par là, en quelque sorte, instrument de connaissance, moyen pour répertorier les richesses d'une réalité qui a beau demeurer impénétrable mais qui ne cesse pas pour autant d'être là. Ce n'est qu'en deuxième ressort que ce même style se transforme en acte d'accusation contre le silence des choses, en dénonciation implicite de l'absurde de la réalité, et devient alors une manière nouvelle pour formuler, encore une fois, la question que l'homme de toutes les époques adresse à la vie au sujet de son être au monde.

Le procédé, en somme, est complexe. D'abord la réalité n'est qu'un prétexte pour un jeu de haute rhétorique qui, dans une large mesure, se suffit à lui-même, et ne comporte pas de prolongements sur le terrain ontologique ; peu à peu, toutefois, ce même style cesse d'être un jeu, se charge des données amères de l'expérience résultant d'un refoulement réitéré et se transforme alors en un instrument d'investigation. Il se fait alors l'écho ou la traduction extérieure de cette inquiétude sourde qui saisit l'homme face au mystère des choses : de cette inquiétude qui est dans les choses elles-mêmes, peut-être, de cette énigme, qui est suprême question, et qui constitue au fond tout le sens de la vie.

On peut maintenant essayer de vérifier ces quelques idées générales dans le texte que nous avons pris comme point de départ. Il est évident, tout d'abord, que le titre, *Venise*, n'est qu'un prétexte. Il ne s'agit pas de Venise, au sens propre du mot : le paysage évoqué, en dépit du « *palais Martinengo* » et du « *patriarche de l'Adriatique* » n'a rien de vénitien : la neige et les « *frondaisons d'écume* », la mer tonnante, les pins, l'escapade douteuse et les vagues qui « *de leurs blonds escadrons* » vont dans quelques minutes « *barrer le passage* », évoquent plutôt, assez curieusement, un paysage breton (ne s'agirait-il pas d'une ironique superposition du mot de Venise sur une évocation, à peine déguisée, du Mont-Saint-Michel ?). Venise est donc prise ici comme terme de référence à une réalité qui n'est pas de nature géographique, mais bien psychologique. En quelque sorte, un symbole de la solitude *(« j'étais seul au centre géométrique de ce gigantesque haussement... de sable » ; « c'était bien, je pouvais me le dire avec ravissement, la solitude »)* et de la mort (le palais silencieux et apparemment vide, l'auvent d'une fenêtre qui claque au vent, les grilles et les portes fermées auxquelles frappe le passant). Ces deux idées-là conjuguées ramènent l'esprit de l'auteur à un besoin de dépaysement, rappellent un paysage lointain : dépaysement illusoire, d'ailleurs, car en fait il ne voyage pas en ce moment (même s'il a pu autrefois voyager et connaître réellement Venise) et il ne sort pas de chez lui.

Chez lui, c'est le monde familier des côtes bretonnes, face à la mer énigmatique et fraternelle, les dunes, la grande houle du large ; et face aux problèmes de toujours, le "je" devant les choses, l'homme devant la vie.

Une seule trace de vie dans ce tableau étrange, où tout

est aquatique ou minéral, où tout est objet ou chose morte (l'eau, le sable, le vent, la lumière, le feu, et l'innombrable pacotille) : le bois de pins, sombre image d'ailleurs d'une existence dominée par les idées moroses, où la lumière du soleil pénètre à peine, et qui apparaît comme figée dans l'immobilité de la pierre.

Dans ce cadre qui par sa tonalité chromatique, par ses caractéristiques climatiques, par le silence et le vide dans lesquels il est plongé apparaît incontestablement comme un paysage du Nord, le protagoniste promène sa solitude, vers la fin du jour. La Méditerranée est lointaine, guère plus qu'un souvenir et un désir. C'est alors qu'il décide de sonner à la grille du palais : de frapper à la porte du grand vieillard (est-ce le Vieux de la Montagne ?) qui garde « *sous un repli d'ombre le coffre aux trésors* », qui connaît le secret, semble-t-il, et qui pourrait peut-être donner une réponse. Est-ce une maison de morts que ce fantastique palais ? Est-ce la maison de la mort ? On la dirait abandonnée, car le vent qui souffle fait claquer les volets des fenêtres ; et pour s'approcher de cette demeure silencieuse il a fallu sortir du bois de pins, que l'on a abandonné, maintenant, « *derrière* ».

Un long voyage, donc, même si on n'est pas sorti de chez soi : pour frapper à cette porte il faut être bien curieux, ou inquiet, ou malheureux. Peut-être faut-il, tout simplement, se sentir assez seul. Toujours est-il qu'on frappe, et l'appel de la vie retentit dans la maison des morts « *comme un quatorze juillet de pétards et de drapeaux* », comme une explosion incongrue de liesse, bruit, couleurs, odeurs, mais aussi fureur et souffrance. La maison des morts où l'on s'adresse pour l'on ne sait quelle réponse (on sonne, et c'est tout), est somnolente « *comme de l'huile* », visqueuse comme la matière en décomposition : dans ses replis s'entassent les ossements, les armures désuètes, les souvenirs de jadis ; les monuments des morts, qui ne livrent aucun message. Aussi la maison retentit-elle comme une grosse caisse, ou comme un étui métallique (ses galeries sont en bronze), mais personne n'apparaît aux fenêtres, aucune porte ne s'ouvre.

Pas de réponse, mais toujours le vent qui souffle sur la vaste étendue de sable : le vent qui vient on ne sait d'où, sur le désert de la vie. Pas de réponse : mais la marée monte, la mer est maintenant vaguement menaçante, une issue apparaît désormais « douteuse ». Le voyageur se fera donc courage : si le premier appel n'a pas été entendu, s'il n'a pas été pris au sérieux, il reviendra maintenant à la charge et lancera un message de détresse. L'avertisseur d'incendie ! le danger est imminent, il faut que celui qui dort se réveille, que celui qui est absent revienne.

C'est alors que le miracle se vérifie. Un spectacle inouï, qu'on ne saurait décrire, mais à peine suggérer par des images insolites : une véritable parousie. Cette fois-ci l'appel était assez pressant, il a été entendu : mais qui est donc cet ancien patriarche à la longue barbe fleurie, à l'allure majestueuse, qui, sans un mot, mais rassurant par sa seule présence, *descend* à la rencontre du voyageur qui a frappé à sa porte ?

Ce qui paraît évident, à la lumière de l'analyse que nous venons de tenter de ce texte de Gracq, est le rôle ambigu joué par le style de l'auteur. Derrière les oripeaux d'une langue somptueuse, ce dernier se cache, tout d'abord, et ne se livre enfin qu'à contrecœur et à demi. Les « effets de retardement » sont multiples et plus ou moins ingénieux : on va du simple rapprochement incongru et par là déroutant *(« briser... délicatement » ; « gigantesque haussement d'un sourcil »)* à l'image stupéfiante pour son insolite *(« la majesté d'une sonde touchant le fond de la fosse des Philippines »).* C'est dire que la communication est recherchée à un niveau qui se voudrait au-dessus de celui de la compréhension immédiate : la lecture demande une adhésion préalable qui n'est pas le fait de la seule logique ou de l'intelligence tout court. Non que le lecteur soit laissé sans points de repère : certains mots révélateurs sont lâchés, çà et là, et le lecteur peut les saisir au passage grâce à leur force d'évocation, avant tout, par leur « intensité » intrinsèque, avant de les comprendre et de les suivre comme les étapes symboliques et bien agencées d'un discours « second », caché dans l'ourdi de la narration.

Pourquoi se cacher ? Cette langue difficile, qui accepte

les servitudes de la préciosité, ne fait pas mystère non plus de certaines ambitions. Ce jeu subtil de provocation du lecteur — le dérouter et aussitôt après le remettre sur le bon chemin (le mot « seul », « solitude », qui constitue l'une des clefs du morceau qu'on vient d'examiner, est prononcé et répété sans aucune ambiguïté) — cette façon de tenir en haleine le lecteur, de l'obliger à s'interroger, est la forme affadie et comme dégradée de ce qui constitue à nos yeux le procédé fondamental de l'art de Julien Gracq. S'interroger et interroger, poser des questions, une question, lancer un appel (dans *Venise* : frapper à une porte) : faire une part à notre inquiétude (et pour cela la réveiller), se faire l'interprète de ses demandes, l'amener enfin à poser la question suprême, la « question intimidante », « que personne encore au monde n'a pu jamais laisser sans réponses, jusqu'à son dernier souffle ». « *Qui vive ?* », est-il dit dans *Le Rivage des Syrtes* ; mais on pourrait sans peine la formuler autrement, « Qui est là ? », par exemple, ou plus simplement « pourquoi ? ».

C'est ici que l'art de Gracq touche à l'un de ses sommets. La tension devient presque intenable, tellement l'appel est obsédant et la réponse attendue, différée. Lorsque l'on atteint de telles zones, la littérature cesse de se suffire à elle-même, et a besoin de prolongements. Cette intuition du mystère relève de ce qu'il y a en nous de plus profond, nous ramène dans la zone périlleuse du magique, peut-être du sacré. Et ce n'est sans doute pas par hasard que dans *Venise*, où nous avons pour une fois — la seule fois, à notre connaissance, dans l'œuvre de Gracq — une réponse à la question tant de fois posée, que celle-ci se matérialise à travers l'image traditionnelle du vieillard majestueux à barbe fleurie qui descend d'en haut.

ENEA BALMAS.

NOTE

1. *Liberté Grande*, p. 28.

DYNAMISME DES MOTS : LES POÈMES EN PROSE DE JULIEN GRACQ

Michael Riffaterre

Les poèmes en prose que Julien Gracq a réunis sous le titre de *Liberté Grande*[1] ont une structure narrative ou descriptive. Mais qu'il s'agisse d'appréhension du monde sensible, ou de construction de l'imaginaire, ils témoignent tous d'un bouleversement du système sémantique du français. Et pourtant les impropriétés, les décalages dans les rapports communément admis entre signifiants et signifiés, les images difficiles, les séquences qui se dérobent à la logique reçue, tous ces défis à la fonction référentielle de la langue ne donnent pas l'impression d'une fantaisie gratuite, ou d'un arrangement aléatoire. Au contraire, les poèmes ont une cohésion, exercent un empire sur l'imagination qui ne peuvent s'expliquer que par l'existence d'un système d'expression rigoureux. Ce système qui donne à un emploi aberrant du langage son caractère nécessaire, son évidence impérative, me paraît reposer sur le pouvoir que les mots ont d'engendrer des séquences associatives relativement indépendantes de la réalité. C'est *ce dynamisme explosif du mot* — la formule est de Gracq[2] — dont je voudrais analyser ici le mécanisme.

Je commencerai par le texte en apparence le plus arbitraire : *Salon meublé*[3]. Poème parfaitement clair, mais où la description viole systématiquement la loi du réel. Aucune émotion, aucune obsession de l'observateur qui puisse expliquer la déformation de la réalité. Il n'y a de représentation « normale » que dans la première phrase, où l'impression inconfortable et même morbide que donne le salon confère à la pièce la présence réelle, l'atmosphère des lieux familiers. Mais l'effet de cette notation initiale est dissipé par les détails qui suivent — eau ruisselant sur les murs, et meubles déconcertants :

> *... dans une grande cage de Faraday à l'épreuve des coups de foudre, jetée négligemment sur le bras d'une chaise curule comme au retour d'une promenade matinale, la toge ensanglantée de César, reconnaissable à son étiquette de musée...*

Le lecteur pense à un rêve, ou à une incursion dans le genre fantastique. Mais déjà se succèdent des allusions satiriques au mauvais goût d'un mobilier petit-bourgeois et, pour terminer, un trait de fantaisie pure : on aperçoit tout au fond de la pièce un wagon de marchandises assoupi sur sa voie de garage. Toute cette fin est trop « consciente », trop calculée, semble-t-il, pour ne pas exclure l'interprétation onirique, et elle achève à plus forte raison d'anéantir l'impression de réalité du début.

Et cependant, en dépit de ces perches tendues et retirées, le texte ne zigzague pas au hasard : l'apparente gratuité du pseudo-salon est en fait la rigoureuse application d'une règle de « grammaire » propre au poème. Tout se passe comme si chaque énoncé devait engendrer son contraire, chaque définition s'anéantir dans une contradiction terme à terme, chaque description produire une incompatibilité à elle-même. La série des énoncés qui déclenchent leurs contraires n'est pas moins déterminée, mais elle préexiste au poème : il s'agit de ce qu'on pourrait appeler le *système descriptif* du mot *salon*. Les mots de sens plein (à la différence des mots grammaticaux, des mots-outils) sont constamment associés à d'autres mots et ces associations ne se font pas par hasard :

certains mots gravitent autour d'autres, et les relations qu'ils ont entre eux donnent naissance à des phrases stéréotypées. Chacun de ces systèmes forme un modèle auquel nous nous référons quand nous croyons invoquer la réalité. Chacun est comme un mythe des choses auxquelles il correspond, et ce mythe organise dans notre esprit l'acquit de l'expérience que nous avons de ces choses. Il est encodé pour ainsi dire dans des clichés, ces clichés se répartissant à divers niveaux stylistiques[4].

Chaque fois qu'un texte réalise partiellement un système descriptif, il met nécessairement en relief un des sèmes du mot-noyau : ici, la notation affective que j'ai relevée au début du poème souligne l'« intériorité » implicite dans le sens de *salon* :

> *... très sombre — de cette nuance spécialement sinistre que laissent filtrer par un après-midi d'août torride les persiennes rabattues d'une chambre mortuaire.*

Le salon n'est pas simplement fermé : cette fermeture est soulignée par l'opposition à un monde du dehors, dont la lumière intense met l'extériorité plus en relief encore ; et la clôture elle-même est renforcée par les associations affectives les plus fortes qu'on puisse trouver dans le champ lexical de *maison*[5]. Dans ce cadre, bien entendu, le salon est déjà plus représentatif de la maison comme *intérieur* qu'aucune autre pièce[6].

Or à peine le salon est-il ainsi posé comme symbole d'intérieur, que cette donnée engendre sa négation. L'intériorité est contredite par un ruissellement :

> *sur les murs peints de cet enduit translucide (...) qui tapisse les cavernes à stalactites, une légère écharpe d'eau sans bruit, comme sur les ardoises des vespasiennes, frissonnante, moirée, douce comme de la soie.*

Latitude ne nous est pas laissée de voir là un détail réaliste — suintement ou fuite comme dans les meilleures maisons, pour peu que la province soit pluvieuse et le chauffage parcimonieux. Cette eau est chez elle, et c'est une eau en liberté, car elle nourrit une *cressonnière* dans un coin du salon. On ne saurait mieux dissoudre ce qui protège le *home* des menaces extérieures. Et stylistiquement, l'inconvenant *vespasienne* détruit, avec plus de violence encore, les associations de *salon*.

Le wagon de marchandises, à la fin du poème, *sur sa voie de garage légèrement persillée de pâquerettes et d'ombellifères*, là où l'on s'attend à un piano ou à un canapé, a évidemment le même effet : lui aussi est un déni de l'intérieur.

La règle des contraires qui s'annulent s'applique aussi bien au mobilier. La cage de Faraday, la chaise curule, seules, à la rigueur n'étonneraient guère plus qu'une sphère armillaire dans l'embrasure de la fenêtre, ou tout autre exemple des savants mélanges de style qu'inventent les décorateurs modernes. L'addition de la toge poignardée, avec *déchirures particulièrement authentiques*, orienterait plutôt vers une application de l'esthétique aléatoire du parapluie et de la machine à coudre sur la table de dissection. Mais en fait, ces détails vont ensemble, forment en bloc une image incompatible avec le mobilier typique du salon idéal. Il faut les lire en opposition à l'autre pôle descriptif — bibelots attendus, paquet de cigarettes normal, et

> *la photographie en premier communiant (carton fort, angles abattus, tranche épaisse et dorée, travail sérieux pour familles catholiques, avec la signature du photographe) du président Sadi Carnot.*

Le personnage de la photo est lui-même atypique, mais il s'agit d'un soulignement stylistique, d'une parodie. Si la photo de communiant est un indice de conformisme familial, et le portrait présidentiel un indice de conformisme patriotique, leur superposition est une hyperbole (ce salon est plus vrai que nature), donc une manière de souligner combien ce salon est le salon par excellence. D'où une distance accrue entre ce modèle (d'autant plus réel qu'il est ridicule) et sa négation — le mobilier délirant (cage de Faraday, etc.).

Il en est de même pour l'horloge qui complète ce que le salon réel a d'ordinaire. D'une part elle est conventionnelle au maximum : *horloge suisse, à deux tons, avec caille et coucou.* Mais la fin de la phrase détruit déjà cette réalité : *sonnant les demies et les quarts pour le silence d'aquarium.* C'est-à-dire qu'elle ne sonne pas les heures, qu'elle est annulée dans sa fonction même, comme dans cet appartement idéal que Giraudoux meuble *de glaces où l'on ne se voit pas (...) ; de pendules qui sonneront à la fois, pour s'en débarrasser, toutes les heures, puis, en règle avec le temps pour la journée, s'attarderont à ces quarts et à ces demies qui festonnent l'après-midi*[7].

Il n'est pas jusqu'au wagon de marchandises qui, annulant le salon comme intérieur, ne soit à son tour annulé : *il laisse suinter par sa porte entrebâillée l'étincellement d'un service en porcelaine de Sèvres, et le bel arrangement des petits verres à liqueur.* Sans doute cette vaisselle correspond-elle au sème *luxe* du système descriptif de l'intérieur bourgeois. Mais elle est aussi, dans un contexte maintenant ferroviaire, l'hyperbole de la fragilité, contrebalançant d'un trait les aiguillages sautés, les butoirs tamponnés, les voies cahotantes, bref toutes les connotations d'un fourgon réel. Le *wagon* n'a d'existence que comme mot, sa seule fonction est d'être l'antithèse de *salon.*

On peut interpréter cette autodestruction des sens comme l'équivalent verbal de certains des « objets à fonctionnement symbolique » des Surréalistes. Ou comme l'analogue des recherches, surréalistes encore, d'un absolu verbal, où les mots sont privés de tout rapport avec leurs signifiés par des incompatibilités sémantiques — je pense à des formules comme le *poisson soluble* de Breton ou les *nuits sans nuit* de Leiris. Ou bien encore comme une représentation *a contrario,* où la rêverie sur les images du familier le plus quotidien est précisément l'ouverture sur ce qu'elles excluent :

> « *Souvent je fuis les traits familiers*
> *du monde étroit qui nous est assigné*
> *et hors des mains des grands meubles je passe*
> *du songe épais de ma solidité*
> *à l'autre rêve à celui de l'espace*[8] »

Quoi qu'il en soit, la signification du poème dépend d'une constante structurale, laquelle réorganise des associations verbales rigides : il n'y a rien là de gratuit.

Salon meublé mettant en contact des représentations incompatibles, la représentation négative annule la positive, mais chacune d'entre elles prise séparément est écrite dans une prose qui n'a rien d'alarmant. Considérons maintenant le cas où le langage semble aberrant dans les limites mêmes de la phrase, et où la compréhension devient difficile, les images obscures.

Dans le poème intitulé *L'averse*[9], la métaphore initiale se prolonge en images subsidiaires jusqu'à la fin du poème. Le déroulement de cette métaphore filée se calque exactement sur celui du système descriptif de *pluie* (dans le sens de « pluie d'été[10] »), lequel comprend : notations visuelles et auditives, chaleur avant et pendant l'averse, soudaineté de l'ondée, rafraîchissement et purification de l'air, soulagement. La métaphore filée est déclenchée par le sème « chaleur moite », qui est à la fois exprimé littéralement, et traduit métaphoriquement :

> *Voici le monde couvé sous la pluie, la chaleur moite, le toit des gouttes et des brindilles, et les molles couvertures d'air aux mille piqûres d'éclaboussements.*

Ce qu'évoque le cliché *chaleur de serre*, l'oppression atmosphérique qui « annule » les espaces libres et transforme le ciel en couvercle de marmite baudelairien[11], Gracq le redit en termes de couveuse, puis de l'étouffoir d'un lit. Dans le cliché *molles couvertures*, l'adjectif n'est pas seulement descriptif : il renforce le sème « chaleur » implicite dans le substantif. Le transfert de ces caractéristiques à *air*, élément vital et circulant librement, a le même effet d'annulation que les incompatibilités de *Salon meublé* : il équivaut à des groupes comme *air épais* ou *irrespirable*. L'hyperbole résulte d'une inversion de fonction (ce qui soulageait oppresse[12]). *Couverture*, si paradoxal qu'il soit en contexte *air*, engendre *piqûres*. En fait, il y a croisement de deux systèmes descriptifs : le mot est juste pour représenter les éclaboussements des gouttes, mais d'une justesse que l'on constate après lecture, et qui ne vient pas d'abord à l'esprit ; ce qui a orienté la séquence vers cette possibilité, c'est l'association (par *couverture piquée*) avec un couvre-lit molletonné.

Ainsi renforcée, la métaphore *couvertures* engendre celle d'un lit, le lit celle d'une dormeuse :

> *Voici la belle sur son lit d'eau, toute éveillée par la soudaine transparence fraîche, toute coïncidante à une pure idée d'elle-même, toute dessinée comme l'eau par le verre.*

Couvertures était encore justifié par la réalité. Mais maintenant que la métaphore filée se développe en image de *lit*, la ressemblance cesse et l'équivalence des termes de lit et des termes de pluie n'est plus qu'une convention propre au poème. Il faut donc au lecteur un indice formel qui lui rappelle comment traduire, d'où l'« explication » arbitraire *lit d'eau*, laquelle est inconcevable dans la réalité. Une métaphore filée traditionnelle respecterait cette réalité : elle n'engendrerait que des signifiants dont le sens ne jure pas avec sa signification littérale. Mais la présente métaphore n'a d'autre règle que l'associabilité des mots *couvertures*, qui convient à *air*, engendrant *lit* quoique ce mot soit incompatible avec la réalité de l'averse[13]. Ce serait un cas d'écriture automatique, n'était que *d'eau* est une justification arbitraire, mais visiblement consciente, de la dérivation à partir de l'image « ressemblante » du début[14].

Quant à la dormeuse, elle est née du fait que le mot *averse* est du féminin, elle est *belle* parce que la teneur est positive (l'averse est bénéfique), et elle s'éveille — transmutation de la *belle matineuse* chère aux poètes précieux — parce que la soudaineté de l'averse et du changement dans l'air, traduite en code de lit, équivaut à un réveil en sursaut. Ici encore, c'est de logique des mots et non de référence aux choses qu'il s'agit : supprimons le lit, et nous pourrions selon le même système exprimer la *soudaineté* par un paradoxal *Cette averse est un feu de paille*. Je n'exagère rien : Éluard l'a osé, et le vers a paru assez représentatif de ces mécanismes pour figurer dans le *Dictionnaire abrégé du surréalisme*[15].

La fin du poème revient à la réalité de l'averse. Mais c'est la réalité qui est subordonnée aux mots, non l'inverse. Une *alcôve* maintenant est dérivée de *lit* par ennoblissement stylistique, l'alcôve étant au lit ce que la belle matineuse est à une dormeuse ordinaire. Chaque fragment de la réalité est réparti dans les cases vides que fournit la structure allégorique, sous forme d'adjectifs *(verdissant, emperlées)* et de compléments *(d'air, d'herbe, de lianes*[16]*)*, rappelant chaque fois comment traduire le code alcôve :

> *Dans l'air où nagent les balbutiantes étoiles de l'eau, une main d'air sort de l'alcôve verdissante aux parfums d'herbe et suspend à l'embrasse de lianes les courtines emperlées et l'arithmétique crépitante du boulier de cristal*[17].

Telle est donc la puissance d'engendrement des séries associatives que n'importe quel système peut servir de code pour traduire n'importe quel autre système : la métaphore n'a plus besoin de ressemblance continue entre deux ordres de la réalité. Une équation initiale suffit. Encore y a-t-il dans *L'averse* une continuité qui fait que le code métaphorique n'admet pas de contradictions internes et n'annule pas l'équation de départ. Mais les rapports formels entre mots l'emportent si complètement sur la relation des mots aux choses qu'il arrive que la dérivation verbale annule la donnée initiale. Par exemple, dans *Paysage*[18], rêverie au soleil couchant dans une grande nécropole parisienne, le narrateur, évoquant l'accumulation de chapelles funéraires aux styles hétéroclites, poursuit : *il n'était pas défendu, sans doute, de fourrager dans l'imprévu de ces curieuses poubelles.* Il n'y a pas de poubelles dans le cimetière, bien entendu — mais dans la description le mot représente le fourre-tout architectural, le pêle-mêle des monuments. Dérivé de l'abstrait *imprévu*, il en est le synonyme métaphorique. Synonyme qui ajoute une coloration péjorative : le promeneur furetant parmi les tombes est une espèce de chiffonnier du *bric-à-brac dément* de la vanité posthume (*bric-à-brac* est la métaphore initiale de la série). Or la chaîne associative continue d'engendrer : *on s'étonnait même de l'absence frétillante autour des boîtes à ordures du caniche matinal.* Véritable déraillement par rapport au réel tel qu'il nous est décrit, puisque deux fois déjà le poème a indiqué que la promenade a lieu au crépuscule, et puisque l'éclairage est celui de la nuit tombante. Mais c'est que le caniche n'est *matinal* que parce que le matin est l'heure par excellence des poubelles. Le caniche est une composante du système descriptif de *poubelle* ; il confirme *poubelle* métonymiquement, bien qu'il n'y ait plus entre *caniche* et *imprévu* le rapport métaphorique « naturel » qui unit *imprévu* à *poubelle*, et bien que le nom ne puisse pas représenter un animal sans bouleverser toute la scène[19].

Au reste, même si les mots ont l'air de ressembler à la réalité, ou même s'ils y ressemblent vraiment et sont d'une justesse frappante (pour reprendre la formule d'une autre esthétique), leur fonction poétique peut néanmoins n'avoir aucun rapport avec leur vérité. Elle dépend, non de leur relation aux choses, mais de leurs rapports réciproques en contexte. Voici une phrase dont l'effet tient, semble-t-il, à la justesse de l'image : *La main qui tisonne le loquet de fer*[20]. Certes, le bruit est le même d'une main qui fourgonne une porte rustique, et du tisonnier dans le poêle. Mais l'auditoire est chaque jour plus restreint des lecteurs qui savent ce que c'est que d'essayer de lever un loquet rebelle. Le texte cesserait-il d'agir si le loquet allait retrouver dans l'oubli la chevillette de la fable, si le radiateur éliminait la braise ? Nullement : pour que le contact se fasse, il n'est pas nécessaire qu'il y ait communauté entre l'auteur et le lecteur. Il suffit que la condition minima de toute lecture soit remplie : il suffit que le code linguistique du texte et du lecteur soit identique. Et si c'est le cas, si le lecteur connaît son français, il est, consciemment ou non, sensible à une parenté entre les mots de cette phrase qui fait qu'ils convergent vers le même symbolisme. D'abord *la main*, synecdoque de la personne encore invisible, c'est l'animation soudaine du loquet, le sursaut, le suspens d'une présence encore anonyme derrière la porte : cet intrus ou ce visiteur définit donc par contraste le foyer, l'abri de la maison. Ensuite, *tisonner* et *loquet* relèvent tous deux d'une technique archaïque ; le poème les extrait d'un sédiment ancien du vocabulaire où dorment aussi *rouet*, par exemple, et *bougeoir*. *Fer* confirme cet archaïsme plutôt qu'il ne décrit *loquet* (au fond, c'est une tautologie plutôt qu'un éclaircissement), car la maison moderne l'a éliminé et nous offre à la place le contact du cuivre, du laiton ou du verre des boutons de porte, des aciers ou du chrome des gadgets. Dès lors, ces trois mots (ils sont synonymes de ce point de vue) représentent l'atmosphère d'un autre âge, l'indissoluble association, dans nos souvenirs et dans nos lectures (motifs de la veillée, de la chaumière accueillante, etc.), de l'archaïsme et de la vie repliée sur soi. Bref, la phrase est poétique parce que les mots qu'elle contient sont tous, indépendamment de la justesse de l'image, suggestifs de cette *Intimité* qui est le titre du poème.

Viennent encore s'interposer entre les mots et la réalité d'autres séquences verbales — des textes préexistants auxquels le poème nous renvoie de manière si évidente que nous ne pouvons pas ne pas lire à deux niveaux à la fois. Nous déchiffrons en même temps le texte qui est sous nos yeux et celui qui nous revient à la mémoire. Cette double lecture est une comparaison et comme une garantie de valeur d'art : tout se passe comme si le poème que nous lisons en y reconnaissant un autre avait déjà été testé et approuvé (cette structuration supplémentaire de la phrase n'est pas sans analogie avec celle que lui conférerait la versification). A cet égard le procédé n'est pas nouveau : la doctrine de l'*imitatio* est après tout un des fondements du style classique. Et le poème imité souligne, ne serait-ce que par réduplication, les effets du poème imitant. Le poème intitulé *Le vent froid de la nuit*[21] a pour sujet la solitude ; ses symboles successifs sont clairs, d'autant plus qu'ils forment une séquence de synonymes du début à la fin du texte. Mais cette signification de l'ensemble est renforcée par comparaison mémorielle avec un poème du même titre par Leconte de Lisle. Les vers du chef du Parnasse sont une méditation sur la mort, il est vrai, mais cette méditation valorise certains mots qui se retrouvent dans le poème en prose et qui ne seraient que descriptifs sans cette valorisation :

elle les charge de symbolisme. Dans le pavillon de chasse où le personnage de Gracq attend ses fantômes, voici que

> *(...) sur les steppes de neige des nappes blanches, à perte de vue, comme des feux se décollent des étangs gelés, se levait la lumière mystique des bougies.*

Pour le lecteur lisant à un seul niveau, ce mobilier qui semble prolonger à l'intérieur le froid de la nuit est un décor de luxe hautain et glacé : il convient à la solitude orgueilleuse de quelque lord splénétique (le héros est d'ailleurs *en habit de soirée*, que reflète, inversement, la nuit *doublée de gel comme le satin blanc sous un habit de soirée*). Mais quand le lecteur, alerté par le titre, lit à deux niveaux, les nappes de table laissent entrevoir les nappes métaphoriques de Leconte de Lisle :

> *La neige, sur la plaine où les morts sont couchés,*
> *Comme un suaire étend au loin ses nappes blanches.*

De refroidissant le mobilier devient funèbre : non seulement il reflète la neige du dehors, mais cette neige est un linceul. Le décor se change en emblème de la mélancolie.

La double lecture permet aussi de prévoir : le texte que se rappelle le lecteur l'avertit à l'avance de ce qu'il va trouver dans le texte qu'il déchiffre. La confirmation de son attente lui procure le même sentiment d'harmonie et de certitude que lui donnerait ailleurs un rapport étroit entre les mots et la réalité. Le poème imité se comporte donc comme un cas particulier de système descriptif.

Mais il faut pour cela que la double lecture ne soit pas laissée à l'initiative du lecteur. Elle doit être un impératif formel. L'allusion ne suffirait pas, parce que son fonctionnement dépend de notre degré de culture[22]. Il faut qu'un signal nous alerte à l'intertextualité. Ce signal est parfois donné en clair : ainsi, dans *Paris à l'aube*, l'emploi de l'adjectif *baudelairien* et une citation entre guillemets[23]. Mais si le signal est d'abord obscur, son sens devient plus évident à la lecture du texte, et le rapprochement alors s'impose comme une révélation.

Tel est le cas de *Bonne promenade du matin*[24]. A

première vue, le titre arrête à peine. Tout au plus y sent-on une légère gaucherie : *matinale* serait plus naturel, et dès qu'on lit *promenade matinale* à la troisième ligne, le contraste visuel avec le contexte du titre accroît l'impression première. A défaut d'adjectif, *le matin*, avec l'article, vaudrait mieux que ce génitif. Avec un possessif, mais sans *bonne*, tout serait parfait : *ma promenade du matin.* Mais enfin tout ceci ne jaillit à fleur de conscience que lorsqu'on découvre que le poème est une ode à l'aurore, que cette aurore se lève sur une grande ville, que le symbole principal du jour nouveau, ce sont des ouvriers qui célèbrent l'aurore — *chœur rafraîchi de rosée* — par leur retour au travail. A ce moment, le contact se fait avec une des aubes d'été rimbaldiennes[25] :

Là-bas, dans leur vaste chantier
Au soleil des Hespérides,
Déjà s'agitent — en bras de chemise —
Les Charpentiers

Bonne promenade du matin cachait *Bonne pensée du matin !* De fait, les ouvriers de Gracq se transforment sous nos yeux en machinistes d'un théâtre dont la ville est le décor. Or cette métamorphose est déjà prédéterminée par les vers de Rimbaud, car les machinistes qui changent le décor de la nuit et créent la ville matinale sont synonymes des charpentiers qui préparent eux aussi un monde artificiel :

Dans leurs Déserts de mousse, tranquilles,
Ils préparent les lambris précieux
Où la ville
Peindra de faux cieux

Le texte de Rimbaud n'est d'ailleurs qu'une des séquences qui structurent ce poème complexe. *Bonne promenade du matin* repose en effet sur deux images : celle des machinistes, qui est une rêverie éveillée, et une fantasmagorie — la danse des réverbères qui s'arrête à l'apparition du premier passant du matin. Pareil texte doit être protégé efficacement contre toute apparence de gratuité.

Il faut que chacune des images s'impose, et que leur signification commune — lever du jour sur Paris — soit dans chaque cas évidente.

La seconde est le cas le plus simple ; elle termine le poème :

> *Déjà la rue m'appelait accueillante ; les pavés en grand arroi reprenaient leur place dans leurs alvéoles — rien, n'est-ce pas, ne s'était passé — et comme un loup sur le visage le plus troublant d'une femme aux débauches folâtres, après leur entrechat matinal les réverbères et les poubelles branlantes avaient repris leur faction de conserve sous l'œil militaire des balayeurs municipaux.*

A peine lisons-nous que nous avons une impression de déjà-vu. Nous ne sommes pas tentés de demander compte au poète de son audace : le motif est le mythe bien connu de la danse nocturne des objets familiers, qu'interrompt un visiteur ou le retour de la lumière. C'est, plus généralement, la représentation stéréotypée de la vie secrète des choses : gigue des marionnettes pendant que le montreur sommeille, motif que le ballet et le cinéma ont exploité ; bal de Lilliputiens dans *Le Meuble* de Charles Cros[26] ; statue qu'on verrait bouger si on se retournait assez vite (on en amuse les enfants, mais de Hugo à Cocteau, les poètes prennent cela au pied de la lettre) ; ou encore, dans un autre poème de Gracq, *ces beaux pylônes électriques entre lesquels les anges font de la corde raide chaque fois que le coup de canon du départ fait tourner la tête du spectateur. C'est du joli*[27]. Le mythe est lui-même langage, et le lecteur s'abandonne à ses clichés parce qu'ils sont tous des variantes d'une opposition aussi tentante dans sa polarité que les antithèses de *Salon meublé* : tout énoncé d'immobilité appelle irrésistiblement un énoncé de mobilité, et plus l'immobilité est donnée comme naturelle et permanente, plus sa transformation est dramatique ou suggestive de fantastique. Si l'immobilité est *avant*, l'image est une hyperbole d'imminence (le motif permet à Gracq de donner à ses paysages, à ses décors le suspens d'un drame[28]). Si l'immobilité est *après*, c'est la preuve *a contrario* d'une vie invisible. Efficace simplicité d'un style descriptif où une négation ajoutée à l'énoncé de réalité suffit à créer l'irréel ou le surréel[29].

Quant à l'image des machinistes, c'est un mythe encore mieux attesté, et la variante qui le représente dans notre poème est surdéterminée par une combinaison de séquences.

Le mythe, c'est la représentation du monde comme théâtre, et les moralistes en ont fait si grand usage que ce serait peine perdue de citer. Mais le mythe n'est pas toujours subordonné à une éthique. Beaucoup plus généralement, il exploite les potentiels de la description *a contrario*. La plus puissante, peut-être, des oppositions sémantiques — réalité *versus* apparence — le structure, ainsi que le corollaire de cette opposition : le postulat que toute existence visible se double d'une existence cachée. Postulat que formulent des clichés comme *les coulisses de la politique, du Vatican, de la ville* ; postulat qui fait que le mot *façade* engendre si facilement des questions sur ce qu'il y a *derrière la façade*. Les textes abondent, qui décrivent la nature comme une scène où se joue la vie — chez Hugo, par exemple, et chez Rimbaud[30]. Mais, plus fréquemment, c'est la ville qui est décor, et ici encore Rimbaud fournit à Gracq le modèle d'une cité truquée comme la scène du Châtelet[31].

La structure sémantique fondamentale, réalisée sous forme de description, suffirait à implanter le mythe, à l'imposer au lecteur. Mais les détails de la description insèrent dans le poème leur contexte naturel — c'est-à-dire qu'ils engendrent des clichés[32]. Entourés de représentants de leur famille lexicale, les mots semblent confirmés, vérifiés, comme si on les avait comparés à la réalité. Les machinistes ne sont pas condamnés à la dissimulation, mais à une *dissimulation d'apaches dans les coulisses les plus poussiéreuses*. Ce qui ne signifie évidemment pas que les machinistes se conduisent comme des Indiens, ou de mauvais garçons, ni que les *coulisses* ne sont pas balayées, mais que leur dissimulation est particulièrement ingénieuse (seul le narrateur a su deviner leur existence —

tout autre aurait cru à la réalité de ce décor), et que les coulisses sont des coulisses par excellence, c'est-à-dire qu'on ne les voit pas. Ce qui revient à dire deux fois que ces machinistes se cachent bien, invisibles dans l'invisible. Ces groupes sont donc en fait des superlatifs, des superlatifs plus efficaces que *très* ou *le plus*, parce qu'ils utilisent des mots de sens plein qui « donnent à voir ».

Ce n'est pas tout. Le mythe du décor est renforcé par un autre mythe : celui des ruines comme théâtre d'une activité mystérieuse. Ce mythe, à la fois répète le premier sur le plan sémantique et, sur le plan narratif, l'intègre à un système du *vraisemblable* :

> *... j'étais parfois surpris, à peine entamée ma promenade matinale, par des éclats dissonants de cuivre provenant d'une gracieuse maisonnette de briques en démolition. Sur les thèmes choisis de ce mystérieux orphéon des ruines, j'imaginais derrière cette façade de plâtras tristes toute une théorie de tonnelles ingénues et matinales, où des électriciens en cotte rouge, de blondes marcheuses des trottoirs de l'aube, des cortèges au sérieux travesti professionnel face au soleil levant dissipaient à part soi leurs brumes nocturnes dans quelques-unes de ces chopes d'étain ouvragées qui font si belle figure au premier plan d'une bacchanale d'opéra-comique.*

On voit comment l'épisode de la musique entendue prépare la métaphore des coulisses de la ville. Le lecteur pourrait se rebeller si la métaphore lui était soumise de prime abord, mais il ne peut refuser l'épisode puisque, dans le système descriptif d'une promenade, le motif des menus incidents est attendu : le badaud n'est complet que si le décor lui propose des objets de curiosité. On ne peut contester non plus *j'imaginais*, qui subordonne l'image à l'expérience du flâneur matinal[33]. Quant au mythe de la ruine comme lieu d'agissements clandestins, c'est un cas particulier du thème de la vie dans la mort, d'où sa fréquence chez les romantiques : ici, il hyperbolise le sème « apparence trompeuse » qui est implicite dans *décor*. Le texte est d'ailleurs construit de manière à expliciter la synonymie *décor* = *ruines*, car la dernière allusion à la maisonnette la décrit en code de théâtre :

> *(...) minuscule enceinte dissimulée aux arpenteurs de bitume par la retombée conventionnelle d'une courtine de plâtres promise aux trois coups du démolisseur.*

Ainsi se referme sur le lecteur le cercle de la logique des mots[34].

Or, toute cette puissante machine à nous convaincre de la vie secrète de la ville est subordonnée au thème du matin. Tous ces systèmes accumulés, au lieu de se développer pour eux-mêmes, ne figurent dans le texte que comme codes, comme langage hyperbolique de la description de l'aurore. Comment cette subordination s'opère-t-elle ? Ici encore par l'enchaînement des mots, et non par référence au réel.

Comme tout à l'heure dans *L'averse*, une série d'indices formels rappelle au lecteur que ces images ne valent pas en soi, mais comme synonymes d'aurore : l'adjectif *matinal* et d'autres, synonymes, qualifient non seulement des mots auxquels ils conviennent, mais aussi des noms qui ne sont pas susceptibles d'être affectés d'un signe temporel : *trottoirs de l'aube, tonnelles ingénues et matinales, s'ouvrent les élytres matinales des joyeuses bestioles des jardins*. C'est dire que ces noms ne sont que des substituts de *matin*. De plus, au contact de *matinal, ingénu* en vient à marquer l'innocence de cette journée neuve : d'où *machinistes ingénus*. Mieux encore, le diminutif *bestiole* est à *bête* ce que *machiniste ingénu* est à *machiniste*[35], analogie confirmée par *joyeuse* et par les connotations mélioratives de *jardins*. Le diminutif au niveau morphologique, l'épithète de nature et la comparaison au niveau syntactique, la valeur de *joyeuses*, de *jardin*, de *s'ouvrent* au niveau sémantique, tout répète la « naissance du jour tendre » (Éluard).

Le déroulement même des phrases est dévié à l'occasion par la présence sous-jacente de la structure thématique. *Cortèges*, dans le passage cité plus haut, est un sujet déconcertant pour une phrase qui décrit des ouvriers attablés sous des tonnelles. C'est que leur beuverie, en apparence détail réaliste, est en fait engendrée par la teneur de la métaphore. Ces buveurs *dissip(ent) leurs brumes nocturnes* dans des chopes, seulement parce qu'un des clichés qu'entraîne *soleil levant* est la phrase *le soleil levant (les premiers rayons du soleil) dissipe les brumes nocturnes (de l'aube)*. Le lever du soleil est raconté en code *ouvriers partant au travail*, mais les ouvriers en revanche sont représentés en termes de soleil levant[36]. Comme l'a dit le poète, « il importe de laisser subsister sous la phrase rédigée, à la façon de repères, les éléments moteurs essentiels de la phrase *en puissance*[37] ».

Tous ces exemples montrent assez que pour juger de ces formes littéraires, il faut renoncer à invoquer la réalité, à parler de vérité ou de justesse. Il faut parler d'efficacité. C'est que nous avons affaire à une *énergétique du mot*[38]. Poésie faite d'enchaînements lexicaux rigoureusement *déduits* d'une donnée initiale, on la jugera réussie pour peu qu'on puisse prouver la cohérence des séquences verbales, et le naturel, la plausibilité des images qu'elles engendrent[39].

MICHAEL RIFFATERRE.

NOTES

1. Je cite d'après l'édition collective de 1958 (Paris, Corti) qui réunit, sous le premier titre, *Liberté Grande* (1947), *La Terre habitable* (1951), *Gomorrhe* (1957) et *La Sieste en Flandre hollandaise*.

2. J. Gracq, *André Breton* (Paris, Corti, 1948), p. 194.

3. *Liberté Grande*, pp. 41-52.

4. On m'excusera de résumer la définition que j'ai donnée ailleurs du système descriptif : modèle idéal qui règle la répartition et les fonctions de ses composantes, qui permet de les concevoir comme un tout organisé, et d'imaginer celles qui ne sont pas réalisées dans le texte à partir de celles qui le sont. Le modèle est l'objet d'un consensus des usagers de la langue — par exemple, le corps féminin dans l'allégorie, ou encore l'idée de porte (tout le monde est d'accord sur les rapports réciproques qui régissent l'emploi de mots comme *gonds, poignée, serrure, tourner* en fonction de leur position dans l'espace imaginaire de ce modèle). On a donc affaire à un ensemble de lieux communs. Telle est la rigidité des associations verbales que chaque composante du système fonctionne

comme métonymie : elle peut représenter l'ensemble du système et lui est substituable. Les composantes du système descriptif sont des syntagmes préfabriqués, pour ainsi dire — c'est-à-dire des syntagmes dont les cases lexicales sont déjà remplies par des mots collocables. Étant donné un mot dans le système, les mots qu'il engendre ont une probabilité d'occurrence très élevée. Si le texte est conforme à cette probabilité, il répond à l'attente du lecteur, et la représentation est vraisemblable et même typique, ou mieux, exemplaire. Un texte n'est pas simplement découvert à la lecture. Il est *reconnu*, comparé aux phrases stéréotypées qu'il reproduit ou transforme : la mimésis est donc tout entière perçue non par rapport à des référents ou des signifiés, mais par rapport à des *formes* verbales, à des mots déjà arrangés en textes. (Riffaterre, M., « Le poème comme représentation », *Poétique*, 4, novembre 1970, pp. 401-418).

5. Sur le thème des sensations morbides comme instrument de mimésis de la réalité, voir les excellentes remarques de J.-L. Leutrat, *Gracq* (1966), pp. 76-77, qui cite un passage semblable.

6. Sans excepter la chambre à coucher. Celle-ci est plus intime, plus secrète, mais c'est le salon, pièce de parade et salle de séjour, qui résume le plus complètement les fonctions de la maison comme retraite, comme lieu de la vie privée, par opposition au dehors.

7. Giraudoux, *Provinciales* (Paris, Grasset, 1922), pp. 159-160. *Cf.* Rimbaud, *Une saison en enfer*, « Mauvais sang » : « l'horloge ne sera pas arrivée à ne plus sonner que l'heure de la pure douleur » (éd. Suzanne Bernard, Garnier, p. 217).

8. Jean Tardieu, *Le Témoin invisible*, « Personne » (*Le Fleuve caché*, coll. Poésie, Gallimard, p. 37).

9. *Liberté Grande*, p. 36.

10. *Pluie* a deux systèmes descriptifs, selon qu'il s'agit de la saison froide ou de la saison chaude. Si le contexte ne précise pas, le mot déclenche seulement le système « pluie en saison froide ».

11. *Fleurs du mal*, « Le Couvercle », v. 9-14.

12. *Cf.* l'inversion *ce qui faisait vivre tue*, par ex. Baudelaire, *Fleurs du mal*, « Au lecteur » v. 23-24 : *Et, quand nous respirons, la Mort dans nos poumons / Descend, fleuve invisible* (...).

13. Sur ces mécanismes, voir ma « Métaphore filée dans la poésie surréaliste », *Langue française*, 3 (septembre 1969), pp. 46-60.

14. Gracq se conforme donc dans la pratique aux réserves qu'il a formulées à l'égard de l'écriture automatique dans son *André Breton* (1948), pp. 171-180. Quand je parle de justification *consciente*, je ne fais pas d'hypothèse sur l'intention de l'auteur pour expliquer le texte : je constate simplement l'existence d'une intention *encodée* dans la phrase.

15. Éluard, *Œuvres complètes*, Bibliothèque de la Pléiade, t. I, pp. 588 et 725. Un mot (ici, parce que l'incise n'appartient pas à la séquence engendrée par *couvertures*) sur le difficile *toute coïncidante à une pure idée d'elle-même*. La phrase me semble résulter du croisement de *pur* qui fait partie aussi du système descriptif de la teneur (pureté de l'air), *pur* étant « motivé » sur le plan du véhicule, et d'un jeu verbal, de nature métalinguistique, qui met en forme de tautologie la structure même de

comparaison, soulignant (et indiquant par là même comment lire, comment comprendre le poème) le fait que l'élément de comparaison est tiré, littéralement, de ce qui lui est comparé, soulignant aussi par un déraillement sémantique d'*idée* à *idée* la pureté de *pur*. *Cf.* Giraudoux, *Elpénor* (Grasset, 1938), p. 110 : « aucune métaphore ne pouvait s'ajouter aux pensées ni aux mots et les alléger. Le soleil étincelait, semblable seulement au soleil. La lune, semblable seulement à la lune, brillait. »

16. *Lianes* ne transforme pas l'averse en pluie sous les tropiques. Le mot est dérivé d'*embrasse* en dépit de la teneur, parce que en code végétal seule la liane représente un lien ; de même dans les flores fantastiques du romantisme, les campanules de la digitale deviennent des clochettes.

17. *Cf.* une dérivation identique dans *Villes hanséatiques* (*L.G.*, p. 40) à partir d'une ressemblance initiale, confirmée comme cliché érotique : « approfondir sur le foin coupé l'arôme d'une chevelure étouffante, et ourler un pied et une main nue dont les doigts jouent sur les cordes compliquées de l'air », la joueuse de harpe éolienne sort du croisement du système *arôme* et du système *air*.

18. *L. G.*, pp. 69-70.

19. *Caniche* est si purement formel qu'on aboutit à un non-sens : *absence frétillante*. Ce n'est pas l'hypallage de *caniche frétillant*, mais un simple changement de signe de + à –. *On s'étonnait de son absence frétillante* est la transformation de *on ne s'étonnait pas de sa présence frétillante*. La réalité importe si peu que la négation a glissé du verbe au substantif.

20. *Liberté Grande*, *La Terre habitable*, « Intimité », p. 99.

21. *L. G.*, pp. 22-23 ; *cf.* Leconte de Lisle, *Poèmes barbares* (Paris, Lemerre), pp. 244-245.

22. Bien entendu les allusions simples sont fréquentes. *Gomorrhe* (p. 107) commence par un écho de Nerval. *La Vallée de Josaphat* (p. 86) emprunte les détails de son auberge au Verlaine de *L'espoir luit comme un brin de paille*, et l'auberge, peut-être, à *La Mort des pauvres* de Baudelaire ; etc. Reconnues, elles valorisent, comme le cliché.

23. *L. G.*, *La Terre habitable*, p. 92.

24. *L. G.*, pp. 58-59.

25. *Saison en enfer*, *Délires* II (éd. S. Bernard, pp. 229-230) ; le titre ne figure que dans la version des *Derniers vers* (*l. c.*, p. 155). *Villes* (*l. c.*, p. 277), contient une image analogue : « Et une heure je suis descendu dans le mouvement d'un boulevard de Bagdad où des compagnons ont chanté la joie du travail nouveau. » L'identification est d'autant plus facile que les textes de *Liberté Grande* sont imprégnés de Rimbaud : *Grand Hôtel* (p. 26) contient un écho de *Marine*, *Pour galvaniser l'urbanisme* (p. 11) cite *Dévotion*, etc. Bien entendu, le thème du matin et celui du travail recommencé sont liés chez bien d'autres poètes, dans « Éclaircie » des *Contemplations*, dans le « Crépuscule du matin », etc.

26. Ch. Cros, *Le Coffret de santal*, « Fantaisies en prose », éd. Forestier et Pia, pp. 123-125 : « c'est un meuble de marqueterie et voilà tout... (mais) quand le meuble est fermé, quand l'oreille des importuns est bouchée par le sommeil ou remplie des bruits extérieurs, quand la pensée

des hommes s'appesantit sur quelque objet positif (ou) aussitôt le regard détourné (...) les girandoles s'allument. Au milieu de la salle, pendu au plafond, qui n'existe pas, resplendit un lustre » et le bal commence.

27. *L. G.*, *Scandales mondains*, pp. 54-55. *C'est du joli* est l'équivalent de *rien, n'est-ce pas, ne s'était passé* dans notre poème.

28. Sans parler des décors attentifs d'*Argol*, on trouve, dans *L. G.*, des *villes hypnotisées* qu'un son va libérer (p. 15), des forêts immobiles et silencieuses comme *deux armées avant le chant de la trompette* (p. 60), des quartiers déserts *dans un silence plus prenant que celui d'une émeute avant le premier coup de feu* (p. 65).

29. La fréquence des formes joue son rôle : que les pavés reprennent *leur place dans leurs alvéoles* est la *preuve* linguistique du fantastique puisque, dans l'immense majorité des cas, *alvéole* est subordonné à des constructions comme *arracher de*. Le fantastique est ici le simple renversement verbal d'un cliché irréversible.

30. Je pense à des textes comme, dans *Les Contemplations*, « La Fête chez Thérèse », et, dans *Les Illuminations*, des poèmes comme « Nocturne vulgaire » où la campagne change à vue comme un plateau d'opéra, et encore « Scènes », « Fête d'hiver ». Il y a même des versions humoristiques, comme ce truquage des Alpes suisses pour le plaisir et la sécurité du touriste qu'imagine un galéjeur dans *Tartarin sur les Alpes*.

31. *Illuminations, Villes*, « Ce sont des villes ! » (notons que le texte contient des *cortèges*, et même le mot *orphéonique*, comme dans le poème de Gracq). *Cf.* Hong-Kong comme coulisses de théâtre dans Cocteau, *Mon premier voyage* (*N.R.F.*, 1936), pp. 134-135.

32. Sur le cliché dans le style de Gracq, voir mes « Fonctions du cliché », *C.A.I.E.F.*, 16 (1964), p. 88.

33. On trouvera dans *Paris à l'aube* (*L. G.*, pp. 89-93) une traduction de la même expérience poétique en style de raisonnement, d'étude sociologique presque, encadrant, comme ici, des métaphores de la vie secrète, du suspens aux confins du jour et de la nuit.

34. Le secret, exprimé déjà par *Coulisses, dissimulation*, et toute la représentation de la ruine, est souligné encore un instant en code érotique : l'observateur devient voyeur, la clandestinité devinée devient *scandales* (p. 59) et l'*envol dans le chien et loup de l'aurore d'un jupon de dentelles* (*cf. La Basilique de Pythagore*, p. 62).

35. *Cf.* un groupe bien révélateur : *bestioles minuscules, ingénues* (*Un beau ténébreux*, p. 161).

36. Du point de vue de la genèse, cette interférence s'explique par la rencontre du cliché cité et, dans le système descriptif du buveur (le buveur étant lui-même la conséquence d'*orphéon*, faisant naître un décor de fête municipale), du cliché *dissiper les brumes de l'ivresse (l'alcool)*.

37. Gracq, *André Breton*, p. 191.

38. *Ibid.*, p. 186.

39. Ce sont les critères que Gracq applique à André Breton : *Préférences* (Paris, Corti, 1961), p. 137.

JULIEN GRACQ AU THÉÂTRE
OU LE RETRAIT DE PERCEVAL

Georges Sion

Nul ne paraît plus loin du théâtre, et peut-être nul n'est-il mieux *un théâtre* que Julien Gracq. Son écriture s'écarte de ce qu'on attend généralement du dialogue scénique. La part étroite faite au dialogue lui-même dans ses romans en est un indice, et tout autant le fait que son dialogue romanesque soit recouvert, habillé par une narration qui le distend plus qu'elle ne le resserre.

Au contraire, l'échange direct, la volonté d'exprimer tout par le verbe, fût-il aidé par les silences ou les gestes qu'il commande, le devoir de trouver une *situation* plutôt qu'un *état*, l'insistance à enrouler le lecteur dans un langage qui tient de l'incantation : tout cela, qui est normalement nécessaire au théâtre, pourrait nous suggérer que Julien Gracq n'y est pas chez lui.

On se dit en effet qu'il serait impossible de prendre l'hôtel des Vagues, ou le Château d'Argol, ou le quai d'Orsenna pour les mettre en scène, c'est-à-dire pour les mettre sur scène, parce que l'écrivain parle avant et pour ses personnages et parce que ces lieux seront toujours les siens avant d'être les leurs.

Et cependant... Cependant, on rêve de « réaliser » ces rêves qui ont le double pouvoir du véridique et du factice (ce dernier mot n'est évidemment pas péjoratif), de voir incarner ces êtres dont la charge intérieure est si grande. Cependant, on sait que Julien Gracq frôle souvent un certain théâtre et l'imagine : l'Opéra, le théâtre où il se sent « *comme une aiguille dans une botte de foin* ». Mais c'est un théâtre de songe, qui a toujours été cher au romantisme fantastique, de Hoffmann à Marcel Brion, un théâtre onirique où l'on ne joue rien et qui est à lui seul son propre drame et son décor, un théâtre où le *suspense* est l'attente de ce qui doit arriver et qui tarde. Il y a de la tragédie chez Julien Gracq...

Si l'on pense qu'il est tout de même venu au « vrai » théâtre en 1948 avec *Le Roi pêcheur*, on entre dans un nouveau paradoxe ou de nouvelles perplexités. En effet, par rapport à son œuvre de prose, il dé-théâtralise curieusement ce qu'il avait dramatisé mystérieusement : l'attente innommée, le silence ; mais ce n'est point, certes, pour se rendre conforme aux lois alors supposées de l'art dramatique. En 1948, arrivant sur la scène, Julien Gracq est en pleine réaction, si fort que pas mal de gens se trompent. Suranné, ont prétendu certains qui confondent les différences de ton avec les différences de temps. Autre, très évidemment. Salacrou, Anouilh, Sartre, Brecht, Arthur Miller, qu'auraient-ils en commun avec lui ? Et même T.S. Eliot ou Christopher Fry, qui paraissent moins éloignés parce qu'ils donnent aussi sa place à l'invisible ?

Dans le théâtre de 1948, Julien Gracq est seul avec ses mythes, ses brumes et un univers où personne ne le suit, sinon ceux qui ont lu ses romans encore rares. Les autres pourraient dire ce que dit Perceval lorsqu'il entre à Montsalvage sans deviner son destin :

> « *Je n'aime pas ce château, Ilinot ! Je ne m'y sens pas à l'aise. Je n'aime pas ces salles hagardes, ces couloirs vides, comme les rues d'une ville aspirée par une fête. Je n'aime pas cette somnolence qui rêve, ces fenêtres murées par les feuilles, ces armures de sommeil, ces dalles sur lesquelles le pas glisse comme de l'huile...* »

Toute la Bretagne et Wagner, dans un verbe extraordinaire qui se crée neuf d'une double greffe, revenaient sur la scène qui achevait de se dépeupler de l'éternité. Au moment où Antigone disait non, où Électre discutait la fatalité en termes existentiels et sartriens, Amfortas pleurait des larmes et du sang, Kundry gémissait de tous ses repentirs, et Perceval marchait vers le Graal avec la dévorante candeur de sa jeunesse. Pas de bonnes répliques, pas de mots qui accrochent l'oreille en semblant accrocher l'esprit, pas de dialectique sur la société en mutation, rien de cette « présence » qui est si forte, alors, chez ceux que je citais. Rien qu'un poème intelligent et subtil : quelle surprise et quel dérangement !

Pourtant, Julien Gracq était bien de son temps, dans la mesure où il transformait le mythe, mais on oubliait de s'en apercevoir. La deuxième partie du *Roi pêcheur* était et reste une troublante altération, comme on dirait d'une altération musicale qui prépare la modulation. Perceval est à portée de Montsalvage, et Montsalvage est à sa portée. Nous savons qu'il est le Très Pur, l'attendu, le sauveur. Clingsor tente de le détourner, fût-ce en demandant à Kundry de le débaucher comme elle a débauché autrefois Amfortas. Mais Kundry s'est repentie. Elle soigne Amfortas et espère que le Pur sera le guérisseur et le successeur du roi blessé. Elle pourrait alors mourir, après son épuisante expiation, heureuse et rachetée.

Mais la pièce répond bien à son titre : elle repose essentiellement sur Amfortas, non sur Perceval. Amfortas a « pêché » Perceval, il l'a reconnu. Il l'invite à Montsalvage, s'apprête à lui ouvrir ses secrets. Puis il mesure ce qu'il va perdre, et que peut-être sa crucifiante royauté lui est moins dure que l'effacement. Certes, Amfortas ne calcule pas, il ne s'arrête pas à un médiocre intérêt. Il est fasciné par Perceval et par la rédemption possible. Mais il effraie Perceval qui va partir sans savoir, puis quand l'adolescent revient, Amfortas ne ruse plus. Il lui promet le Graal, mais aussi la solitude, la fixité, le redoutable poids du définitif et de l'accompli. Alors, aux lèvres de Perceval, le Graal paraît « un calice de fiel ». Il renonce.

Le roi pêcheur est-il devenu le roi pécheur ? Qui le dira... Amfortas est le père devant le fils qui va le supplanter, mais sa plaie saigne et il prononce, en quelque sorte, un nouveau vœu de souffrance. Il a la lucidité qui rend l'âme déserte, l'amertume infinie de la maturité qui croit devoir ouvrir les yeux de la jeunesse en éteignant son regard. Il est lui-même un théâtre où dialoguent l'amour, le meurtre et les masques du devoir.

Après *Le Roi pêcheur*, Julien Gracq a délaissé le théâtre. On aimerait savoir ce qui l'en a détourné, sachant au moins qu'il n'est pas homme à redouter le risque et la singularité. On se demande s'il n'y est pas venu comme Perceval, chargé d'innocence et d'espoir. Mais alors, quel Amfortas lui a penché la tête sur ce gouffre d'ombres indistinctes et de lumières trop fortes ? Qu'a-t-il rencontré pour ne pas s'y sentir à l'aise, comme disait Perceval, et le fuir après avoir mis en lui son espoir et quelques-uns de ses songes ?

GEORGES SION.

LETTRE

Leonor Fini

25 septembre 1969

Cher Monsieur,

Je vous ai écrit de Corse en juillet ou juin disant que je n'ai plus les maquettes du *Roi pêcheur*. Je ne trouve rien dans mes cartons. Les théâtres gardent les maquettes et les perdent — les costumières aussi. Je suis moi-même très désordonnée.

J'ai un souvenir confus de ce spectacle. C'était une des premières fois, sinon la première, que je travaillais au théâtre. J'ai peu connu Gracq. Il était très discret — parlait peu — fut extrêmement gentil, reconnaissant à moi pour le travail.

Je me suis habituée petit à petit à cette atmosphère fiévreuse, provisoire des répétitions — du milieu théâtral. J'étais calfeutrée dans mes autodéfenses. Je n'avais pas *encore* participé à un spectacle. Je l'ai fait par admiration pour Gracq. Il y avait Camus aux répétitions. Je me rappelle qu'il a beaucoup ri lorsque j'ai dû m'apercevoir d'une couleur trop crue, criante d'un costume, et j'ai dit : « Vaporisez-moi le moine. »

Je ne peux pas vous écrire des souvenirs très enrichissants pour votre numéro dédié à Gracq. Excusez-moi.

Avec mes meilleures pensées.

LEONOR FINI.

DÉSIRER, DÉCHIRER
KLEIST SELON GRACQ

Jacques De Decker

à Henri Plard

aux douze coups de minuit le fantasme interdit d'un théâtre d'or et de pourpre, glacé, nacré, cloisonné, lamellé comme un coquillage, déserté comme une termitière après l'égorgement rituel, dans un maelström de pinces et de griffes, du couple royal.

Le Grand Jeu

La rencontre de Gracq avec Kleist était, sur sa route, une manière de passage obligé. Le « dormeur éveillé » qui suscita tant de somnambules célèbres était au romantisme allemand ce que Gracq est au surréalisme : « à côté d'eux, si proche d'eux et si différent[1] ». L'œuvre et le destin de Kleist imprègnent les livres de Gracq, *Un beau ténébreux* notamment, qui s'achève sur le suicide d'Allan et de Dolorès, si semblable à celui qui unit dans la mort Kleist et Henriette Vogel. Les personnages de Kleist, qu'un rêve guide et rapproche, fût-ce au risque d'une déflagration, devaient le solliciter un jour. Il s'est particulièrement attaché au plus démesuré, au plus déchirant au sens propre, à l'imprévisible Penthésilée où Kleist avouait avoir mis « toute la douleur ensemble et toute la splendeur de mon âme ». Il a traduit cette pièce canine, il l'a commentée aussi. Mais sa traduction, déjà, était tout un commentaire.

Und Glut ihr plötzlich, bis zum Hals hinab Das Antlitz färbt (v. 71)	*et la voilà qui rougit jusqu'aux seins*
Sie schwingt, mit einer zuckenden Bewegung, (...) Vom Rücken sich des Pferds hinab (vv. 75-77)	*D'un coup de reins, elle saute à bas de son cheval*
Sie ruht, sie selbst, mit trunkenem Blick schon wieder Auf des Aeginers schimmernden Gestalt (vv. 96-97)	*Mais elle, fascinée, elle ne cesse de dévorer des yeux le poitrail étincelant du Pélide*[2]...

> et une rougeur soudaine la colore jusqu'à la gorge
> Dans une sorte de sursaut, elle bondit à bas de son cheval
> Mais elle, elle pose de nouveau des regards enivrés sur la silhouette scintillante du héros d'Égine[3]

D'emblée, Gracq dévoile le nœud du problème. Il situe les conflits à leurs points névralgiques. Dans la préface, il constatait que Kleist n'avait pu « *se défaire d'une pudeur symbolique* » (P.M., p. 17). Gracq, pour autant que les ressources du langage le lui permettent, va droit au but, et campe dans toute leur puissance charnelle les beaux animaux qui vont s'affronter. On a procédé au choix des armes. En marche pour la grande dévoration.

> Soviel ich weiss, gibt es in der Natur
> Kraft bloss und ihren Widestand, nichts Drittes.
> Was Blut des Feuers löscht, löst Wasser siedend
> Zu Dampf nicht auf, und umgekehrt. Doch hier
> Zeigt ein ergrimmter Feind von beiden sich,
> Bei dessen Eintritt nicht das Feuer weiss,
> Obs mit dem Wasser rieseln soll das Wasser,
> Obs mit dem Feuer himmelan soll lecken.
>
> (vv. 128-135)

> Tant que je sache, il n'y a dans la nature que force et résistance à cette force, rien de plus. Ce qui éteint l'ardeur du feu ne décompose point en vapeur l'eau bouillante, et *vice versa*.
>
> Or voici que se manifeste une force qui est pour les deux autres un ennemi furieux et en face de laquelle le feu ne sait pas s'il doit ruisseler avec l'eau, ni l'eau si elle doit, avec le feu, jaillir vers le ciel.

Indépendamment de son caractère discursif et non dramatique, il est singulier que Gracq ait éliminé ce passage qui traduit l'étonnement d'Ulysse devant l'apparition d'un troisième adversaire, les Amazones, qui force les Grecs et les Troyens, surpris au milieu du combat, à se serrer les coudes. Peut-être ce commentaire « distancié » lui semblait-il ralentir l'action, souligner par trop la présence du malin Ulysse qui se heurte ici aux parois de sa raison. Il faut y voir la volonté d'entraver tout échange possible entre le démesuré de la lutte suprême qui s'engage et la contingence du « bon sens ». L'ensemble de la traduction de Gracq marque un goût prononcé pour le *discontinu*. Il s'en explique dans sa préface : « *Ils* (les personnages de Kleist) *sont trop pleins, trop durs, trop brûlants, trop fascinés. (...) Leurs actes comportent une plénitude d'être, une faculté de décharger la totalité de leur énergie dans l'instantané, devant laquelle même la compréhension silencieuse, même la sympathie muette, paraîtraient encore bavardes.* » (P.M., p. 11).

Ob ihr hier länger, unter kühlen Fichten,
Ohnmächtiger Lust voll, sie umschweift, ob nicht,
Vom Bette fern der Schlacht, die sie umwogt,
Gilt mir gleichviel
(vv. 593-600)

Restez donc au frais sous les pins à les lorgner en rond avec vos désirs d'impuissants, au bord du lit où la mêlée leur tord les membres — c'est votre affaire !

Que vous restiez ou non, dans l'ombre fraîche des pins, à rôder autour d'elles avec un désir impuissant, loin du lit de cette bataille qui les roule dans ses tourbillons, — peu m'importe.

Les plus illustres empoignades sexuelles, des coquetteries de Benedict et de Béatrice dans *Beaucoup de bruit pour rien* aux impitoyables tête-à-tête (plutôt que corps à corps) de Strindberg ou d'Albee n'ont pas atteint l'ardeur de celle que Kleist porte au jour sous la herse lumineuse du théâtre. C'est à la métaphore magistrale qui confond définitivement l'amour et la guerre que Gracq semble avoir été sensible, à ce raccourci, à ce télescopage de deux antagonismes dont on ne sait quel est le primordial. Il s'avère que l'on ne peut faire l'amour sans faire la guerre. Ultime lucidité de l'homme de théâtre qui appelle de tous ses vœux un décor qui serait à la fois Azincourt et le lit de Desdémone, qui serait, à la limite, la quintessence du lieu dramatique. « *Géniale ambivalence* », nous dit Gracq, « *de ce champ de bataille qui pourrait être aussi bien un lit bouleversé* » (P.M., p. 17). Il est un point où toutes les mêlées se mêlent.

Dreist der Erblassten naht er sich
(v. 1135)

il marchait droit à la gisante comme un homme qui ne craindrait plus rien au monde.

voici qu'il s'approche hardiment de cette forme gisante

Chacun s'attend à ce qu'Achille donne à sa victime le coup de grâce, celui que la légende lui attribue. Il en va tout autrement. C'est ici que la pièce de Kleist bascule, qu'elle entre dans le champ de l'invraisemblance ignorée, qu'elle traverse le miroir. « *Si Kleist retourne comme un gant, si singulièrement, l'histoire traditionnelle d'Achille et de Penthésilée, si c'est l'Amazone dans sa fièvre qui meurtrit et déchire l'Invincible, c'est que l'instinct du poète l'avertit qu'ici seulement il a raison contre l'évidence* » (P.M., p. 16), nous dit Gracq. Dans sa traduction, en « étoffant » l'adjectif *dreist* qui n'exprime que la hardiesse et l'assurance, il signale que le pas est franchi, que désormais l'on change de registre. On monte d'un cran : plus rien dès à présent ne pourra être retenu contre eux, Penthésilée et Achille franchissent le cap des distinctions entre vie et mort ou bien et mal. « *Cette* réalisation, *capable de faire disparaître l'opposition entre le sentiment du* moi *et l'existence du monde sensible, me paraît toujours la seule chose qui vaille d'être recherchée* », écrivit Gracq à Bernhild Boïe.

Verflucht mir diese schnöde Ungeduld !
Verflucht, im blutumschäumten Mordgetümmel,
Mir der Gedanke an die Orgien !
Verflucht, im Busen keuscher Arestöchter,
Begierden, die, wie losgelassene Hunde,
Mit der Drommete erzne Lunge bellend,
Und aller Feldherrn Rufen, überschrein !
(vv. 1211-1217)

Maudite soit-elle, votre hâte de chiennes chaudes ! Maudite votre fringale de mâles, à l'heure où le carnage bat son plein ! Maudit dans le ventre même des filles de Mars, ce rut de meute déchaînée qui couvre de ses aboiements le poumon de bronze des trompettes et la voix de sa maîtresse !

Que soit maudite cette impatience luxurieuse ! Que soit maudite l'attente des orgies à l'heure où la bataille fait rage ! Que soient maudits, dans le sein même des chastes filles d'Arès, ces avides désirs pareils à des chiens libérés de leurs chaînes et couvrant de leurs aboiements, comme avec la voix d'airain des trompettes, les appels guerriers de vos chefs !

Le dépit de Penthésilée, la vierge repoussée qui est en passe de prononcer le vers le plus célèbre de la pièce (« Staub, lieber, als ein Weib sein, das nicht reizt », que Gracq traduira par « *Poussière — oui — que je sois poussière ! — plutôt qu'une femme qui n'a pas séduit* »), trouve chez Kleist une expression relativement abstraite, et « déconnectée » de l'affront physique qu'elle croit avoir essuyé. Gracq charge son vocabulaire de refoulée de toute sa force évocatrice. S'imaginant indésirable au royaume des sens, elle l'interdira à ses semblables. C'est tout le mécanisme de la répression sexuelle en quelques mots.

Da fällt sie leblos, Wie ein Gewand, in unsrer Hand zusammen ! (vv. 1384-1385)	*Évanouie !*

Et maintenant, elle tombe inanimée dans nos bras, comme un grand voile !

Cette neuvième scène, qui s'achève sur la tentative désespérée de Penthésilée d'attirer à elle le soleil, est la plus révélatrice du dionysiaque qu'incarne la Reine des Amazones face au Pélide maintes fois comparé à Helios. Le dernier sursaut d'énergie démente de Penthésilée est de courte durée : aussitôt après, elle s'abîme dans les bras de Méroé et de Prothoé. Le vers qui épouse cette chute chez Kleist est exemplaire de l'extraordinaire pouvoir de son langage. *Penthésilée* est probablement sa pièce la plus riche à cet égard. Arnold Zweig a pu dire l'originalité d'une langue que l'on trouve ici en son plein épanouissement : « Ce style versifié lie les mots selon des impulsions jusqu'alors inconnues. Sa syntaxe entrave tout retour à l'expression courante, sans pour autant contrecarrer à l'excès l'esprit de la langue. La ponctuation utilisée comme un procédé musical alterne les arrêts brusques et les flux continus ; comme un moment de repos interrompt le galop du cheval après chaque saut, justement pour permettre, par cette mesure et ce contrôle de la résistance du terrain, le saut suivant, (...) un recul suit ici aussi chaque élan organique et élémentaire. » Il est des limites à l'entreprise qui consiste à vouloir transposer en un autre code une pensée aussi étroitement soutenue par sa formulation. Le traducteur avoue ici son impuissance.

Die Wangen streift ihm, sengt die Locken ihm, Den Kuss des Todes flüchtig lasst ihm schmecken. (vv. 1399-1400)	*Tirez ! A le toucher. Encadrez-le de près ! Faites-lui passer la petite mort par les oreilles.*

De vos flèches effleurez ses joues, frôlez ses boucles : faites-lui goûter furtivement le baiser de la mort.

On a rarement, par le langage, représenté au théâtre de façon plus magistrale que dans *Penthésilée* la lente montée et l'explosion fulgurante de l'orgasme. La pièce, comme, *lato sensu*, tout poème dramatique, présente cette structure, puisqu'on peut considérer qu'elle se déroule en trois temps, les scènes 14 et 15 formant un pivot d'extase précédé de treize scènes présentant les approches des partenaires et suivi de neuf scènes contant leur destruction ou, c'est selon, la poursuite fatale de leur étreinte. On a pu remarquer que la première partie comprenait plus de la moitié de l'ensemble de l'œuvre. Ce particulier intérêt porté à l'*attente* a très naturellement séduit Gracq qui accorde au pré-s-sentiment une importance primordiale, le terme de l'attente étant de toute manière assimilable à la mort, que Gracq affectionne, comme dans le langage populaire, de qualifier de « petite » à l'occasion. Penthésilée a l'air de connaître en permanence cette « suerte de muerte », d'avoir le *regard blanc* qu'elle aimerait trouver dans les yeux d'Achille. Désespérant de lui donner la petite, elle se verra contrainte de lui donner la grande mort.

Ihr Mädchen, naht euch, mit den Rosenkörben : Wo sind für so viel Scheitel Kränze mir ? (vv. 1631-1632)	*mes glaneuses ensoleillées d'épis — mes vendangeuses gorgées par les champs de bataille — une à une, tendez-moi de vos mains rougies les grappes de la plus orgueilleuse vendange qui ait jamais enivré mon peuple ! Pliez les reins, mes cueilleuses odorantes, sous le poids des corbeilles de fleurs !*

Et vous, enfants porteuses de roses, venez aussi ! Où sont les couronnes tressées pour toutes ces têtes ?

Voilà l'un des rares passages de son adaptation où Gracq ait laissé libre cours à son inspiration, comme entraîné par l'allégresse de Penthésilée qui ne se sent plus de joie à l'idée de savoir Achille désarmé à ses pieds. Il se complaît dès lors dans la description des jeunes Amazones célébrant la fête des fleurs. Peut-être y trouve-t-il l'écho de ces créatures de rêves qui entourent Parsifal, de ces filles fleurs qui préparent Perceval à l'entrevue avec Amfortas dans *Le Roi pêcheur* ? Il est dans l'œuvre de Gracq, à côté des femmes de proue qui ont nom Heide, Christel, Vanessa, Mona, des féminités muettes et bienfaisantes, dont les derniers exemples sont ces femmes bottées « moitié courtisanes, moitié sibylles » que les voyageurs rencontrent le long de la *Route*.

Doch alles schüttelt, war ihm unerträglich,
Der Mensch von seinen Schultern sträubend ab ;
Den Druck nur mäss'ger Leiden duldet er.
(...)
Die Betten füllten, die entweihten, sich
Mit blankgeschliffnen Dolchen an, gekeilt
Aus Schmuckgeräten, bei des Herdes Flamme
Aus Senkeln, Ringen, Spangen...
(vv. 1919-1921 et 1925-1928)

> Mais l'homme parvient toujours, dans un sursaut, à secouer le joug intolérable, car il n'est à même de supporter que des douleurs sans excès ! (...) Peu à peu, les couches souillées s'emplirent de poignards aux fines lames, faits du métal de leurs parures, de leurs colliers, de leurs anneaux, de leurs agrafes, fondus à la flamme même du foyer.

Gracq s'en explique dans son avant-propos : il a ressenti la nécessité de supprimer quelques passages descriptifs, notamment dans la deuxième scène et dans celle-ci, la quinzième, où Penthésilée conte longuement à Achille l'histoire du royaume des Amazones. Le récit de Penthésilée est, en effet, par trop didactique et explicatif, et bien des coupures se justifiaient ici. Cependant, cette évocation des ruses de la résistance des veuves des Scythes opprimées par les Éthiopiens ne manque pas de force suggestive. Peut-être Gracq y a-t-il vu quelque résonance contemporaine, surtout au lendemain des faits d'armes de la résistance. L'ironie de l'histoire aurait rendu actuelle une œuvre où, Gracq le souligne dans sa préface, contrairement à ce que l'on constate dans *Le Prince de Hombourg*, « l'*historicisme un peu rétréci des uniformes et des livrées laisse place soudain à des images fabuleuses, exemplaires, aux contours tout tremblés déjà par la vapeur du mythe* ». Il est remarquable, par contre, que Gracq n'ait, dans cette même quinzième scène, supprimé aucun des passages que Gide, comme Gœthe, trouvait ridicules, et où, subtilement, des anges viennent à passer :

> Penthésilée : *Pourquoi souris-tu ?*
> Achille : *Qui ? Moi ?*
> Penthésilée : *Mon aimé, il me semble bien que tu ris.*
> Achille : *A ta beauté, oui, j'étais distrait. Pardonne. Je me demandais si tu ne descendais pas d'une étoile.*

Und rufst den Uberwinder dir zurück (v. 2306)	*tu réclames à grands cris ta chaîne et ton fouet*

... et rappelles à toi ton vainqueur.

Le clin d'œil est manifeste : les accessoires aberrants qu'il désigne renvoient à une lecture possible, et étroitement actuelle de l'œuvre. Von Krafft-Ebing ne s'y était pas trompé, qui écrivait déjà, en 1893, dans sa *Psychopathia sexualis* : « Une image épouvantable d'un cas de sadisme féminin imaginaire nous est présentée par le génial mais assurément psychiquement malade Heinrich von Kleist dans sa *Penthésilée.* » Gracq n'en disconvient pas : « *Sade, Masoch, Freud accrochent aujourd'hui de vifs éclairs à toutes les arêtes de cette pièce très noble, sans triompher d'ailleurs un instant de son pouvoir de transfiguration* » (P.M., p. 17). On est loin, par contre, dans cette œuvre qui plonge dans les tréfonds de l'humain, du sado-masochisme à la petite semaine qui nous est généreusement assené aujourd'hui.

Und ihr, die ihr der Menschen Saat zerdrescht,
Dass Halm und Korn auf ewig untergehen,
Ihr Reiterscharen, stellt euch um mich her !
Du ganzer Schreckenspomp des Kriegs, dich ruf ich,
Vernichtender, entsetzlicher, herbei !
(vv. 2398-2402)

Et vous mes escadrons, qui foulez de vos sabots la vendange humaine, — pour que gicle en fusées, pour que ruisselle le sang rouge — galopez à moi par milliers ! Marée sauvage ! danse de carnage ! Orage d'acier ! Clairon splendide de la Ruine ! — formidable appareil de la Guerre — à moi !

Et vous, escadrons qui foulez de vos sabots la moisson humaine, qui détruisez à jamais tiges et grains, entourez-moi ! Tragique appareil de la guerre, ô Destructeur, ô Ravageur, je t'appelle !

Les images se bousculent, et la plupart ne sont pas empruntées à Kleist. Gracq prend goût aux visions que la guerre lui inspire, et qui rappellent ses poèmes en prose. Souvenons-nous que deux de ses romans, *Le Rivage des Syrtes* et le *Balcon en forêt*, consistent en de patients préliminaires au conflit, comparables à des préparatifs de noces. La « poésie guerrière » à laquelle le public allemand a été trop sensible, il la retrouve ici, sous la forme d'une « *guerre nourricière, procureuse, fécondante, couronnée de fleurs, éclatante de chants et d'éclairs d'acier, tout cela passe à travers les prairies de juin amies des combats, fleuries de roses, comme une procession de torches qui fait flamboyer durement le texte fiévreux* » (P.M., p. 14). Il glisse dans sa traduction un thème qui lui est très proche, celui du sang qui, avant de ruisseler, gicle comme s'il se propulsait en gerbe de feu d'artifice. Il fait une discrète allusion à un autre chantre anachronique de la guerre « fraîche et joyeuse », Ernst Jünger, l'auteur des *Orages d'acier*.

Doch eine Grille, die ihr heilig, Will, dass ich ihrem Schwert im Kampf erliege ; Eh nicht in Liebe kann sie nich umfangen. (vv. 2443-2445)	*Seulement, elle est entichée de je ne sais quelle lubie... Il paraît qu'elle ne peut faire l'amour que si elle m'a envoyé rouler par terre d'un coup de lance.*

> Seulement, elle tient pour sacré je ne sais quel caprice, selon lequel elle ne peut m'étreindre amoureusement qu'après m'avoir vaincu par l'épée.

Si tous les personnages de Kleist parlent une langue parente, nerveuse et tendue, Gracq s'est efforcé de donner à chacun un langage plus personnalisé. Il a précipité le débit de Penthésilée, l'a rendu haletant et fiévreux. Il a mis une grande tendresse dans les répliques de Prothoé, l'amie de cœur de la reine. Les Grecs, il les a rendus plus humains, permettant ainsi de mieux saisir la démesure penthésiléenne. Ulysse a l'ironie bienveillante du vieux sage qui ne veut pas imposer sa vue trop catégoriquement, et avoue volontiers qu'il « radote ». Achille, cette intervention en témoigne, est plus juvénile et insoucieux que nature. Il a le propos nonchalant du séducteur qui « de (sa) vie n'a encore rebuté une belle ». Il est, sous son casque et sa cuirasse, le premier *play-boy*.

Wenn die Dardanerburg, Laertiade,
Versänke, du verstehst, so dass ein See,
Ein bläulicher, an ihre Stelle träte ;
Wenn graue Fischer, bei dem Schein des Monds,
Den Kahn an ihre Wetterhähne knüpften ;
Wenn im Palast des Priamus ein Hecht
Regiert, ein Ottern- oder Ratzenpaar
Im Bette sich der Helena umarmten ;
So wärs für mich gerad so viel als jetzt.
(vv. 2501-2509)

Si Troie s'engloutissait — comprends-tu bien — et si un lac — un beau lac bleu — s'étalait à sa place, si des pêcheurs tout gris de clair de lune venaient amarrer leurs barques aux girouettes de ses toits — si un brochet tenait ses assises dans le vieux palais de Priam, et si un couple de loutres ou de rats faisaient l'amour dans le lit d'Hélène — je me soucierais de Troie autant que je le fais maintenant.

C'est à n'en pas croire ses yeux. Encore un peu, l'on croirait que Kleist a traduit en allemand un extrait de *Liberté Grande*. L'accumulation des touches descriptives qui toutes concourent à élaborer une image fabuleuse de ville sous-marine, cette confusion des règnes, les girouettes regagnant le niveau de la mer, et les demeures humaines devenant refuges de poissons, rappellent la métamorphose minérale que subit Truro, dont le séjour est déconseillé, parce qu'on n'y « *loge pas seulement son corps, mais aussi son imagination* ». Séduisante est aussi l'idée que Troie ait connu le même sort que la ville d'Ys.

Doch « hetz ! » schon ruft sie : « Tigris ! hetz, Leäne !
Hetz, Sphinx ! Melampus ! Dirke ! Hetz, Hyrkaon ! »
(vv. 2638-2639)

« Taïaut ! hurle-t-elle. Taïaut ! Mords, Tigris ! mords, Dirké ! hardi, Sphinx ! hardi, Hyrcaon ! »

« Tigris, Léané, Sphinx, Melampus, Dirké, Hyrcaon, sus à lui ! »

Le cri des veneurs ameutant les chiens nous alerte soudainement : ces échos de chansons de geste n'ont pas leur place dans l'épopée antique. Cette gifle du langage nous permet de faire fi de l'histoire, et de confondre les mythologies. Brusquement, l'action est déplacée dans un contexte nouveau, celui que Gracq a donné au *Roi pêcheur*. Les associations se bousculent dans la mémoire, l'on pense à Kundry et, par ce biais, à toutes les grandes héroïnes de l'œuvre gracquienne. Nietzsche avait perçu la postérité que connaîtrait la *Penthésilée* de Kleist : « La femelle hystérico-héroïque que Richard Wagner a conçue et mise en musique est une créature hybride du goût le plus équivoque. Que ce type n'ait pas dégoûté en Allemagne peut s'expliquer (mais certes pas se justifier) par le fait qu'un poète incomparablement plus grand que Wagner, le noble Heinrich von Kleist, l'ait défendu avec l'éloquence du génie. Loin de moi l'idée que Wagner lui soit redevable de quoi que ce soit : Elsa, Senta, Isolde, Brünhilde, Kundry sont bien plus les héritières du romantisme français. » Kleist, Wagner, Chateaubriand, Gracq : nous sommes à la croisée des chemins. Gracq a d'ailleurs fait le rapprochement lui aussi : « *Penthésilée casquée et évanouie au bras d'Achille, et la scène d'amour dans le cercle de feu de la bataille, c'est déjà très étrangement le dernier acte de Siegfried.* » (P.M., p. 15.)

So war es ein Versehen.
Küsse, Bisse,
Das reimt sich, und wer recht von Herzen liebt,
Kann schon das eine für das andre greifen.
(vv. 2962-2964)

Eh bien ! c'était une erreur.
Désirer... déchirer... cela rime.
Qui aime d'amour songe à l'un et fait l'autre.

Ce fut donc une erreur : baisers ardents, coups de dents, cela rime ; et quiconque aime d'amour peut bien, ne songeant qu'aux uns, donner les autres.

Par la densité et la portée de sa traduction, Gracq a donné à cette réplique de Penthésilée bien plus de poids qu'elle n'en avait dans l'original. La justesse de l'équivalence est admirable. Que l'on compare sa trouvaille avec l'honorable tentative de Roger Ayrault, qui s'est efforcé de trouver une solution qui rimât là où les autres traducteurs (Stefan Geissler se contente d'écrire : « On veut couvrir un homme de baisers, et ce sont des morsures ») renoncent souvent à transposer un jeu de mots qui ramasse cependant avec une impressionnante concision la « confusion des sentiments » qui affecte Penthésilée. C'est à ce niveau de difficulté que se distinguent les traductions appliquées des traductions inspirées.

> Sie sank, weil sie zu stolz und kräftig blühte !
> Die abgestorbne Eiche steht im Sturm,
> Doch die gesunde stürzt er schmetternd nieder,
> Weil er in ihre Krone greifen kann.
>
> (vv. 3025-3028)

> Trop fière et trop puissante en sa fleur, elle est morte. Le chêne au tronc miné résiste à l'ouragan ; mais l'autre, tout gorgé de sève, ploie et croule à grand fracas, tant son branchage offre de prise !

Les derniers vers de la pièce, Gracq a renoncé à les traduire. Peut-être y a-t-il vu une apologie de la médiocrité, du juste milieu, du bon sens, un refus de la démesure et de la démence. Il se peut aussi que le propos de Prothoé l'ait indigné par sa morbidité. Enfin, le côté moralisateur de la conclusion l'a certainement heurté. Les derniers mots de la Grande Prêtresse (« Avec quel orgueil, celle qui gît là brisée — il y a si peu de temps — sur la plus haute cime de la vie se berçait de son grand murmure ») lui ont paru constituer un point final préférable, puisqu'ils se situent dans la *trajectoire de l'œuvre*, qui doit se terminer par une évocation de Penthésilée gisante, se fermer sur « un immense coucher de soleil sanglant » (P.M., p. 17). D'une certaine façon, à l'instar d'Œdipe-Roi, Penthésilée est un avatar d'Helios.

Un examen plus attentif de l'unique entreprise traductrice de Gracq aurait probablement révélé d'autres signes de parfaite adhésion et d'autres écarts. Ces quelques coups de sonde à travers trois couches de texte n'avaient d'autre objectif que de fournir des *instantanés* d'une lecture d'exception, que la traduction, quand elle atteint ce degré d'acuité, permet, mieux qu'un long commentaire, de suivre pas à pas. Il est peu de dialogues plus éclairants que celui qu'échangent deux créateurs dont l'un s'est attelé à prêter son langage à l'autre. Il en résulte une sorte de mélange des sangs, dont nous avons voulu, au départ de quelques échantillons, analyser la composition.

JACQUES DE DECKER.

NOTES

1. Julien Gracq, « Préface » à Novalis, *Henri d'Ofterdingen*, Union Générale d'Éditions, Bibliothèque 10/18 (n° 373-374), 1967, p. 26.
2. Kleist, *Penthésilée*, traduction de Julien Gracq, José Corti, 1954, précédée de Julien Gracq, « Le Printemps de Mars » (abrégé dans le texte en P.M.).
3. Kleist, *Penthésilée*, traduite et préfacée par Roger Ayrault, Fernand Aubier, éditions Montaigne, 1938.

L'ŒUVRE

LE PAYSAGE DANS L'ŒUVRE DE JULIEN GRACQ

Franz Hellens

J'aimerais pour ma part, et à mon goût, qualifier Julien Gracq de peintre paysagiste.

A deux conditions. La première, de ne pas considérer son œuvre sous cet angle unique (ce qui serait absurde). La seconde, de placer l'auteur dans le cadre des paysagistes classiques et en manière d'introduction, pour situer son œuvre dans le temps de l'esprit comme dans l'espace des sens.

Car toute l'œuvre de Gracq, et particulièrement *Le Rivage des Syrtes*, m'apparaît sous cet angle nullement hostile à la littérature. Tout dépend, ici comme partout, de la manière. Je la vois très bien dans la ligne des peintres allemands et français, de Giorgione au Poussin des *Bacchanales*, où se déroule toute une histoire, en pleine vie humaine et animale, dans l'immobilité complète des plans, avec ces personnages visibles, ou invisibles, suffisamment suggérés par la contexture des mots de la phrase picturale.

Je m'entends dire : n'auriez-vous pas lu les autres livres de Gracq pour ne parler que de celui-là et négliger les autres ? Ceci me regarde. Si j'ai choisi, parmi les romans de Julien Gracq, *Le Rivage des Syrtes* pour m'y attarder quelques instants, c'est parce que c'est celui de ses livres que je relis le plus volontiers, aux heures de solitude. Le plus parfait ? Je ne me préoccupe pas de m'en faire une idée, ne me reconnaissant dans le domaine de la critique qu'un pouvoir de simple intuition.

C'est ensuite parce que le souffle du paysagiste m'y est apparu le plus soutenu, concernant l'espace de l'ouvrage dans toutes ses dimensions.

Chacun de nous, écrivains d'imagination, avons une tendresse comme instinctive pour tel ouvrage qui nous a plu d'entrée, comme d'une chose de notre propre invention. J'ai relu vingt fois Montaigne et Shakespeare et ai négligé d'autres auteurs aussi grands peut-être.

Du reste, il me semble, je crois qu'il est possible d'apprécier un auteur, et de s'introduire dans son domaine original, par l'ouverture la plus naturelle d'un seul de ses ouvrages.

Ce n'est pas que le paysage puisse se détacher dans la trame du récit ; au contraire il s'y intègre si nécessairement qu'il en constitue en même temps le fond et souvent la matière. Je ne chercherai donc pas à savoir si *Le Rivage des Syrtes* est le plus achevé des romans de Gracq. Les impressions recueillies en marchant serviront sans doute à m'en donner la réalité ou seulement l'illusion.

C'est assez dire que j'aime Julien Gracq, puisque aujourd'hui je me penche sur lui, façon de me détendre de ma propre activité, de rechercher chez celle d'un autre, et en même temps, ce qui manque sans doute à la mienne.

Pénétrons sans autre précaution oratoire en pleine pâte, en pleine vie ; laissons-nous voguer en vue de la côte rocheuse ou verdoyante, débarquons dans l'aridité immédiate du désert. Un peu au hasard. Ainsi, peu à peu, ou par surprise, l'écrivain entre dans cette sorte d'exil ou de dépaysement par une attraction surhumaine.

Enfin, nous voici dans cette Syrte libyenne, cette Arabie, dont ceux qui n'ont pas eu l'occasion d'y poser la vue en même temps que le pied, ne peuvent se faire aucune idée. Je pense au conte bien connu de Poe, *Le Domaine d'Arnheim*, et à son périple en courbes, angles et volutes.

La description de la forteresse nous fait penser aussi au

Chirico des architectures sahariennes, toutes de pierre et de sable, d'où surgiraient, comme de la sécheresse des siècles, les figures des personnages du roman qui porteront les noms de Fabrizio, Roberto, Giovanni, les trois lieutenants du capitaine Marino, et membres de « *cette garnison pastorale : assis au soleil avec Fabrizio sur quelque embrasure des remparts où nous transportions un livre, nous suivions de loin leur cheminement caché à un sillage de détonations paisibles* ».

Tenons-nous-en, pour l'action, toute intérieure, à ces « détonations paisibles », qui évoquent plus d'atmosphère naturelle que d'intentions humaines, non sans avoir jeté un coup d'œil sur le personnage du récit, dans la salle des cartes, sortant comme nous le faisons nous-mêmes (après ses explorations dans le dédale de cours et de casemates de cette forteresse de rêve) d'une curieuse impression : « *Je m'étais senti progressivement envahir par un sentiment que je ne saurais guère définir qu'en disant qu'il était de ceux qui désorientent (comme on dit que dévie l'aiguille de la boussole au passage de certaines steppes désespérément banales du centre de la Russie) cette aiguille invisible qui nous garde de dévier du fil confortable de la vie...* »

Ces citations pour se mettre au diapason du ton, de l'accent, et aussi, surtout, des dimensions de l'écriture prise ici dans son sens le plus étendu.

J'écrivais tout à l'heure « au hasard ». Ce qu'on nomme de ce mot est une espèce d'animal d'un genre unique, habitant de toutes les contrées, familier de tous les climats du monde, adroit à s'insinuer d'un tour de tête à queue dans les fissures et les crevasses. C'est la bête la plus intelligente et qui se couvre de toutes les apparences, prend tous les aspects, les attitudes les plus immédiates, inattendues.

Cette bête, cet animal, cette intervention agissante, qui prend au vrai tous les noms ou surnoms selon les caractères, est capable des exploits et performances les plus surprenants, que nous qualifions d'invraisemblables parce que nous ne distinguons pas tout de suite leurs rapports avec les puissances secrètes de l'ambiance physique exacte. A force de raison, ou plutôt de raisonnement, l'esprit ne parvient qu'avec peine à admettre l'infaillibilité des faits, et déclare, pour secouer l'incertitude : « C'est le hasard. » Tout est dit.

Pourquoi cette parenthèse ? Parce que le lecteur que je suis s'est aperçu, en parcourant *Le Rivage des Syrtes*, que le nommé Hasard, comme dans la nature même, joue au cours du récit le rôle plus défini de la Fatalité. Ainsi dans toute œuvre d'art se produisent de ces cristallisations qui sont loin, en leur perfection apparente, de mettre fin au processus général.

Ce qui m'a séduit dans le récit de Gracq, j'aimerais mieux dire pour m'en tenir à mon point de vue initial : dans son tableau, n'est sans doute pas ce qu'admire l'esprit critique. J'ai marché moi aussi dans cette contrée souvent raboteuse, le long des côtes africaines. Ce paysage méditerranéen est comme l'envers, la contrepartie de celui d'en face, la mer traversée. Ce n'est sans doute pas sans motif que l'auteur y élève cette Forteresse toute gratuite dans sa nécessité, sa réalité seconde, qui semble le symbole d'un continent.

Pour Gracq la nature (aussi bien l'imaginaire que l'autre) n'est qu'une suite d'ébauches qui, mises ensemble, forment le tableau général.

Me suis-je laissé égarer par mes propres distractions ? Poursuivons donc notre marche, non sans avoir situé, en géographe amateur, l'atmosphère et la qualité du sol foulé aux pieds de l'imagination.

J'ai lu autrefois un roman d'une certaine époque romantique dont le souvenir me revient : c'est *Le Gerfaut* de Charles de Bernard : « Au premier aspect, le jeune homme qui cheminait seul au milieu de ce pays pittoresque n'avait rien de remarquable dans sa mise... » écrit l'auteur. C'est le ton du temps. Si j'évoque *Le Gerfaut*, c'est parce que je me souviens que ce roman, lui aussi, n'est qu'un vaste paysage, avec cette différence que *Le Rivage des Syrtes* procède d'une façon toute différente. Les descriptions, dans le roman de Bernard, se passent d'apparitions vivantes, animales et humaines ; sèches et sans vie par le fait. Si je place Julien Gracq dans une tradition romantique, c'est plutôt pour évoquer d'autres amitiés et affinités, anglo-saxonnes plus que françaises. *Le Gerfaut* est construit dans le style savant de cette époque où les romantiques essayaient, mais en vain, de cacher leurs attaches les plus conservatrices.

S'il faut, pour situer l'œuvre de Gracq dans les limites temporelles, remonter, non à des sources mais à des tendances plutôt morales qu'intellectuelles, je nommerais de préférence un Arnim ou une Radcliffe. Mais à quoi bon ces références. J'évoquerais plus volontiers, sans crainte de m'avancer trop loin, une sorte de surréalisme paléolithique et naturiste tout ensemble. Mais à quoi bon vouloir découvrir les sources lointaines de l'artiste, quand lui-même les ignore ? On pourrait par goût du jeu recourir aux gréco-latines en se servant d'un jeu de mot sur le nom du peintre. Ce serait pure perte de temps.

Je préfère penser que *Le Rivage des Syrtes*, ouvrage bien d'aujourd'hui, tient tout entier dans ses propres atmosphères et limites et dans sa matière sans contacts ni ambiances étrangers.

Je ne pense pas que Gracq se réclame d'une école, même de la surréaliste ; mais en admettant que sa vision et sa peinture même s'adaptent, tout en s'en différenciant, à ce mouvement littéraire dont on constate, aujourd'hui encore, la force permanente, il faudrait l'y rejoindre par d'autres chemins.

Pour montrer le ton et l'air d'un texte aussi pictural, il faut citer. Le tableau exige d'être exposé : « *Nous traversions maintenant un pays montueux et boisé qui forme au sud les campagnes d'Orsenna. Le pavé romain pointait par places au travers de ces routes étroites, parfois recouvertes en voûte d'un berceau serré de verdure où la vigne s'enlaçait encore aux branches ; au bout de ces perspectives, braquées comme le canon d'une arme, s'ouvraient des lointains de vallées d'un bleu de matin. La splendeur mûre et l'opulence d'Orsenna montaient au cœur, de toutes ces campagnes gorgées de l'automne ; au-dessus de nous, la fraîcheur s'égouttait lentement des branches en se diluant comme une odeur dans l'air transparent, de grandes treilles de soleil filtraient jusqu'à la route.* »

En faut-il davantage pour saisir par tous les pores de l'esprit et des sens la diversité concordante d'une nature où le voyageur, le subjectif et l'objectif, se transcendent dans le mot et la phrase, comme dans la couleur et le dessin ? Le paysage successif se prolonge. On se croirait par moments en plein Daubigny, ou, par un recul, dans un tableau de Masaccio. Cela tient du climat brûlé au Sud, comme de celui de la forêt de Barbizon.

Le jeu, c'en est un, supérieur, se poursuit sur ce rythme de page en page ; et plus on avance, plus les figures humaines apparaissent et se précisent, avec le même souci de cohésion des éléments constitutifs. Il n'y a plus ni auteur ni lecteur : l'homme isolé en lui-même, dans sa prodigieuse nature, vit son rêve éveillé, pense, jouit, s'étonne, respire, pose les pas sur le sol, hors des conditions ordinaires. Bientôt multiple dans sa solitude repeuplée, au niveau de cet univers qui ne se définit que par l'âme et les sens, diffus comme la lumière même.

Chaque personnage, sous quelque aspect qu'il apparaisse, c'est toujours l'homme Gracq en chacune de ses manifestations et métamorphoses, dans l'intimité absolue du milieu, de l'air où il baigne. Il est lui-même le paysage tout entier et en toutes ses parties. Peindre avec toute la poésie intérieure et externe que l'art le plus poussé exige, un paysage, ne fût-il qu'un désert, suggère l'homme, l'animal et le végétal au vrai de l'animation de l'esprit.

Soudain l'attention se ramasse. Par exemple dans le chapitre intitulé : *« Les ruines de Sagra »*, le cimetière de l'Amirauté : *« Le cimetière s'élevait sur une éminence qui dominait la mer, une grossière enceinte carrée de murs bas, balayée de bout en bout par le vent du large et toute remplie du froissement de houle des roseaux. Les durs alignements à l'équerre des tombes sans fleurs, la nudité froide des allées sans arbres, l'entretien méticuleux et pauvre de cette métropole réglementaire mettaient sur ces fosses perdues un surcroît de tristesse morne et revêche que n'ont pas les tombes isolées du désert. Une nausée serrait le cœur devant ce vide administré, où l'idée même de la mort eût fait surgir quelque chose de trop vivant... »*

On voit ici combien chaque mot a la valeur d'une pierre ou d'un fragment de minéral nécessaire au travail d'architecture dont les masses couvrent le mystère d'un passé immémorial.

Comme dans un détour de période, on tombe en pleine action. Mais il importe de dire que dans ce livre, ainsi que dans les autres ouvrages de l'auteur, l'action s'enroule et se déroule comme d'elle-même, par sa propre nécessité. Le dialogue n'y tient que peu de place : il se fait au-dedans, il faut le deviner, le sentir.

Parlant de ces sortes de cyclones soulevés dans les sables de Maremma, Vanessa : « *Alors, au creux de l'après-midi, en plein calme ensoleillé, on voit se former sur les dunes de petites trombes, minuscules. La poussière monte en gerbe, un tas d'herbes brusquement vole dans les airs...* » Mais Vanessa n'a pas fini ce qu'elle appelle si justement « *sa fable* » : « *Si les cailloux pensent, poursuit-elle, ils trouvent sûrement ridicule la poussière de danser ainsi en l'air quand il n'y a pas de vent.* »

Tout un conte arabe en images sahariennes.

A mesure que l'action se développe, progresse, grossit, du pas de l'arpenteur ou du navigateur conscient de son étendue et des rigueurs techniques, à la même allure éclate le dialogue ; les voix humaines vomissent la surprise ou la terreur. Le navire avance le long de la côte libyenne et tout à coup « *le fouet d'un grain fit résonner les tôles, cingla soudain la passerelle et nous aveugla, et pourtant au cœur même de cette brutale bourrasque, l'obscurité maintenant se diluait, comme si, très haut derrière elle, le réflecteur d'une lampe y eût pulvérisé finement sa douche de lumière... Tout à coup la nuit parut s'entrouvrir sur une lueur : devant l'étrave, les nuages s'écartèrent à toute vitesse comme un rideau de théâtre : "Le volcan, le volcan", hurlèrent d'une seule voix trente gorges étranglées, dans le cri qui s'élève d'une collision ou d'une embuscade* ».

Voilà assez de citations pour faire apparaître l'ambiguïté du mouvement oratoire et dialectique dans ses deux forces d'impassibilité et d'énergie : disons plus simplement de cette peinture animée. Je pourrais utiliser ici l'exemple du film en couleurs ; cela ne nous amènerait pas loin.

J'ai essayé de montrer, sans m'y appesantir, les éléments constitutifs de cette prose picturale. Julien Gracq s'est créé son propre langage, comme Beethoven en ses moments de force : chez ce musicien aussi, il y a du peintre. De races différentes, les auteurs *a priori* les plus distants se rejoignent dans une expression supérieure.

Le style de Gracq (il est temps de considérer le procédé de l'écrivain sous cet angle) dans ses peintures de paysagiste mural ? Disons tout net la phrase, la période, la rhétorique ; mais ces termes ont leurs limites. Chaque fragment de la construction contient pourtant sa pensée, en germe ou déjà dans une évolution plus achevée, comme chaque tige végétale sa moelle, chaque silex du chemin sa réserve d'étincelles... Aucune des parties du discours non plus qui ne consente à s'emboîter avec la suivante, ou n'exprime un élément nécessaire au mouvement : je pense volontiers aux vagues qui se forment, se succèdent en se fondant l'une dans l'autre en leur développement de fugue plus ou moins régulière. Le récit y trouve sa pleine animation. On a aussi l'impression, dans les moments de totale stabilité même, d'une géométrie constamment en voie de finalité, mais dont la perfection reste heureusement problématique. En cela réside l'équilibre instable de ce magistral contrepoint. Tantôt la période suit le contour sinueux du rivage, tantôt s'y frotte en se griffant aux aspérités rocheuses. Syncopes audacieuses et mutations imprévues s'y montrent fréquentes.

On pourrait qualifier l'écriture de ce roman, qui est celle de l'œuvre entière de Gracq, de « prose déchaussée ». Cette façon de la considérer n'enlèverait rien à son unité.

Je sais n'avoir exprimé que des opinions toutes personnelles ; mais j'espère l'avoir fait avec une clarté qui n'est, elle aussi, que sincérité au-delà même de l'erreur possible. Afin de faire apparaître le peintre-écrivain ou l'écrivain-peintre hors de sources qu'est Julien Gracq, dans *Le Rivage des Syrtes* comme dans son œuvre entière.

En l'ensemble, j'envisage cette œuvre d'artiste dans son espace volontairement limité comme un immense travail de tapisserie de cette chaude confortable laine drue de Kairouan, un ouvrage de longue patience, de volonté opiniâtre, d'une trame serrée, entrecoupée de nœuds solides, et dont les couleurs de sable et de végétal se laissent en même temps penser et percevoir, mentales autant que visuelles. Le tout d'une seule coulée, dernière expression que me suggère cette fresque tapissière qu'il faut lire de très près et contempler et rêver ensuite de plus loin.

FRANZ HELLENS.

LA GRANDE ALLÉE

François Nérault

Nous voici dans une forêt, une forêt comme il en existe des dizaines en France à moins d'une heure de route de n'importe quelle ville — avançant au rythme de la flânerie le long d'une allée qui monte selon une pente régulière vers l'horizon. C'est le début de l'été. Le temps est beau. L'allée déserte. Nous nous sentons heureux, insouciants, l'épaisseur même du mur végétal nous protège de toute préoccupation. La forêt n'est que cela : un sentiment assez banal de bien-être et d'oubli. Nous n'observons les arbres que pour identifier distraitement leurs espèces, nous n'écoutons les rares bruits que de façon superficielle — les entendons-nous même vraiment ? — nos sens se contentent d'une demi-activité, ne transmettent à notre esprit que des impressions à fleur de peau : la fraîcheur de l'air, la salubrité agreste des odeurs, le repos que procurent l'ombre et le silence. Notre attention somnole. Notre pensée se tait. Notre imagination est en congé. Ainsi commencent toujours les promenades en forêt. Et bien souvent elles se poursuivent ainsi jusqu'au moment du retour.

Mais qu'une agitation soudaine se propage dans les profondeurs d'un taillis de cette forêt trop calme, là où notre vue ne peut atteindre, et nous nous arrêtons de marcher pour tendre l'oreille. Nous savons certes qu'il ne s'agit que d'une passée du vent, il n'empêche qu'un recoin très caché en nous s'est trouvé alerté ; un léger remue-ménage intérieur — inquiétude ou émotion seraient trop forts — répondant à l'effervescence passagère du sous-bois. A vrai dire, pour que nous en prenions tout à fait conscience, il a fallu que nous vînt à la mémoire, juste à cet instant, une phrase où Julien Gracq évoque la « *présence imminente* » qui se manifeste parfois au cœur des forêts. Nous avons oublié où se trouve cette petite phrase et la suite nous échappe, mais déjà notre promenade change de ton, de style. Cette idée de « présence » nous donne à rêver. L'attention que nous portons à ce qui nous entoure tend désormais à dépasser les apparences immédiates et purement rationnelles des choses. Nous nous mettons à attendre nous ne savons trop quoi, en nous s'ébauche comme un désir, un souhait : que cette forêt se peuple, mais de quels êtres ? Nos sens aux aguets sont prêts à saisir les indices qui justifieraient cette attente, persuadés que nous sommes devenus, dans le monde second de l'imagination, que d'un moment à l'autre la présence peut surgir.

Advienne, par exemple, qu'en remontant cette allée nous apercevions à quelque distance, détaché de la ligne des autres arbres, « *un petit sapin noir et carré d'épaules contre le rideau de feuilles claires* » et, guidés par Julien Gracq, nous verrons dans cet arbre, pendant une minute ou deux, le temps de nous en approcher davantage, une « *forme debout au bord de la chaussée dans sa large pèlerine* ». De nous rappeler alors le malaise confus qu'à travers notre plaisir il nous est arrivé d'éprouver au cours de promenades antérieures. La réflexion aidant — qui n'est pas toujours ennemie de la rêverie — nous attribuerons ce malaise à l'impression inconsciente que nous avons eue d'être guettés, comme si nos allées et venues au milieu des bois étaient répréhensibles, soulevaient une menace indistincte, difficile à localiser, attiraient sur nous un regard, presque une pensée. En tout cas nous découvrons aujourd'hui qu'il existe des hommes-arbres à l'aspect peu rassurant au bord des chemins. La nuit, par clair de lune, la barrière de la forêt n'apparaît-elle pas, nous dit Gracq, « *debout et immobile comme un homme* » ?

Continuant sur notre lancée rêveuse, et nous souvenant des rencontres faites par l'aspirant Grange, de chemineaux ou de braconniers venus de Belgique à travers les bois de l'Ardenne, nous souvenant ensuite d'Albert et d'Herminien et de la page finale d'*Au Château d'Argol*, nous nous représentons ce que serait l'apparition d'un homme véritable : rien n'est plus angoissant que la rencontre d'un être humain, même le plus inoffensif, lorsqu'il avance dans notre direction entre les branches d'un hallier ou qu'il nous surprend au détour d'un layon, quelque chose de funèbre, presque de criminel s'attache à son pas, à son visage. Et cette forme de peur grandirait avec son approche, deviendrait, pour peu que nous cédions au jeu, tout contrôle de l'esprit critique momentanément écarté, presque intolérable, nous laisserait au bord du cri, de la fuite.

Cependant les ressources de l'imagination s'épuisent vite à de telles dépenses et l'espèce d'assombrissement qui avait altéré en nous et autour de nous le paysage va en se dissipant, bientôt il n'en reste plus trace. De nouveau nous nous satisfaisons d'offrir nos mains à l'air, de baigner notre regard dans la pluie poudreuse et gaie qui descend du soleil. Si nous formions un souhait, si nous nous laissions aller à un songe, ce serait que cette laie n'eût pas de fin, qu'aucune rupture de pente ni aucun changement de direction ne modifie son apaisante montée vers le ciel, qu'elle nous conduise vers une sorte de paradis forestier, un peu angélique, fait de taches de couleur, de parfums moussus, d'animaux gracieux trottant et voltigeant pour notre seul plaisir.

Mais cette rêverie éthérée, toute euphorique, n'est pas faite pour durer et Julien Gracq ne tarde pas, puisque décidément il nous accompagne, à incliner notre esprit vers des images plus graves et mieux en rapport avec la nature profonde de la forêt. En fait, au long de notre marche, notre œil, constatons-nous, n'a cessé de fixer le cran lumineux qui se découpe « *à l'horizon dans la barre sombre des arbres* ». Rien là certes que de banal. Chacun a ce comportement plus ou moins conscient lorsqu'il remonte une allée forestière. Cela n'est pas douteux, ce cran exerce sur le promeneur une attirance. Mais il nous revient que Gracq dans une page d'*Au Château d'Argol* qualifie cette attirance de « capitale » et nous nous rappelons qu'elle est l'un des thèmes d'*Un balcon en forêt.* Pourquoi donc ? Simplement parce que l'échancrure découpée dans la forêt par l'allée à son sommet marque la frontière entre le pays où nous avançons et celui que nous ignorons, qu'elle suggère à « *l'esprit obsédé par l'infranchissable rideau de la forêt l'image ouverte sur un paysage entièrement inconnu* ». A mesure que nos pas progressent, nous surprenons, comme le faisait Grange à travers le viseur de la maison forte des Falizes, « *un autre monde, un monde silencieux et intimidant, baigné d'une lumière blanche, d'une évidence calme* », c'est le monde de l'au-delà des crêtes, même si la crête qui se profile devant nous n'est pas le toit de l'Ardenne, mais seulement l'ondulation à peine marquée d'une plaine de l'Ile-de-France. L'aspirant Grange en approchant de cette limite idéale retenait son souffle et Gracq peut nous parler du « *fondant mal de cœur du franchissement d'une crête* ». Toute crête est le masque naturel de l'inconnu et, pour employer une expression militaire, constitue un « défilement » qui dissimule l'ennemi tout en nous dissimulant à sa vue, nous ne voyons pas ce qui s'avance derrière cet écran, en temps de guerre ce pourrait être un véhicule blindé dont la pesante silhouette émergerait peu à peu du défilement, s'élèverait avec lenteur devant notre regard pétrifié — le toit d'abord, puis la tourelle, le châssis, les roues — pour basculer enfin sur notre versant et diriger sur nous sa ligne de tir. Nous ne sommes plus en 1969 dans une forêt des environs de Paris, mais au printemps de 1940 dans les Ardennes, nous observons l'enfilade de la laie par une lunette de pointage, dans l'embrasure d'un blockhaus, nous amenons « *la mince croix noire des fils de visée* » sur l'engin de mort et nous ne doutons pas que l'abominable tension qui s'est établie entre lui et nous va se résoudre incessamment en l'événement attendu depuis des mois à travers les rémissions du faux espoir et les pressentiments mêlés de désir. Nous aurons appris que « *le vide des longues perspectives des laies, les voûtes de branches qui trouaient les futaies et s'enfuyaient pour des lieues vers un œil du jour mystérieux n'étaient pas faites pour la petite vie falote des bûcherons et des charbonniers qui avaient végété là en attendant que le rideau se lève »*, que les allées forestières sont des voies d'invasion — des « pénétrantes » en langage militaire — et qu'en définitive la véritable saison des forêts, c'est la guerre.

Ainsi pour l'imagination qui rêve avec les textes de Gracq aucune forêt n'est sûre, même la plus paisible. Plus encore qu'ailleurs les signes et les symboles s'y multiplient par lesquels se manifeste cette *« toute-puissante réserve des choses »* qui, certains jours, nous dit Gracq au début d'*Un beau ténébreux*, peut atteindre jusqu'à l'horreur. Les terreurs de l'enfance n'étaient pas sans raison qui entendaient *« craquer au loin le tronc des chênes sous le talon formidable des bottes de sept lieues »*. Et la chanson enfantine est moins naïve qu'il n'y paraît :

> *« Promenons-nous dans les bois pendant que le loup [n'y est pas.*
> *Si le loup venait, il nous mangerait. »*

Pour Grange et ses hommes, le loup n'est-il pas venu sous la forme assez effrayante d'un char d'assaut ? La poésie des bois et des allées forestières recèle cette composante sinistre que notre esprit et notre sensibilité ne pourront plus jamais ignorer.

Mais il suffit de ce minuscule événement : *« un mince tiré tremblé, dessiné par une cursive agile, enjambe la laie blanche, se perd dans la marge d'herbe : une martre »*. Et c'est le retour à la paix des bruissements et des chants d'oiseaux, il n'y a rien d'autre dans la forêt que cette petite vie animale que rien, en vérité, n'est venu troubler, et cette vie végétale aux croissances lentes, indéfinies, qui semble déjouer la mort. Ce qui prévaut maintenant, c'est un sentiment de liberté insolite, presque grisant, de « sécurité irréelle » que nous traduirons avec Grange par l'image du « toit dont on a retiré l'échelle » et par cette proclamation pleine de défi à l'égard du monde que nous avons quitté : *« Je suis seul ici. Je fais ce que je veux. »*

Que nous retournions dans la forêt un soir de pluie ou

de brume, et le sentiment de sécurité se doublerait de celui de l'intimité. La pluie dans les bois fait taire les autres bruits, elle isole et protège, supprime les vues lointaines, sources de nos angoisses, et la fraîcheur humide calme les fièvres, alors que la « paume lourde » de la chaleur fait sortir de terre les funestes présences. S'il nous arrivait alors de faire une rencontre, ce ne pourrait être que celle d'une enfant-fée, de quelque Mona sautillante, vite amoureuse — *« c'est m-mouillé, votre forêt »* — qui se retournerait à notre passage, car la forêt pluvieuse, contrairement à la forêt ensoleillée, crée une complicité entre les êtres qui viennent à y croiser leurs routes.

Mais notre allée restera solitaire et, à mesure que le soleil s'élève dans le ciel, c'est de plus en plus le vide et le silence qui s'imposent à nos sens comme à notre esprit. Les bruits s'étouffent d'eux-mêmes, les souffles du vent s'espacent et meurent, une torpeur semble engourdir les bois, comme une maladie secrète, une fièvre maligne qu'ils auraient couvée depuis la naissance du jour et qui se révélerait maintenant. Seul être visible, une buse qui tournoie au-dessus d'une clairière, mais « *à peine vivante, portée par l'exhalaison chaude comme un papier brûlé par le feu* ». Nous nous attardons un long moment à la contempler, sans bien comprendre encore ce qui nous fascine tant dans ces girations répétées, insistantes, et ce n'est qu'après avoir repris notre marche, dépassé cette clairière que nous est donnée la réponse : « *son guet immobile mettait dans le silence écrasé de la forêt une touche vénéneuse.* » Le silence lui-même a donc été atteint d'un poison, et ce poison c'était le vol de l'oiseau qui le répandait. N'avons-nous pas déjà remarqué au surplus que le lent survol d'un oiseau ou d'un groupe d'oiseaux planant en spirales, s'il vient à se produire alors que nous sommes en train de parler, a pour effet de faire baisser d'un ton nos voix, sinon de nous amener à nous taire, à *faire silence*, non sans que nous éprouvions en même temps un sentiment d'oppression assez étrange ? Par ricochet Gracq nous aura conduits à observer ce comportement en nous grâce à une image qui était en rapport avec notre sensibilité profonde. Du coup celle-ci s'en est trouvée affinée.

Mais il est beaucoup d'autres variétés de silence que nous pourrions aller goûter en forêt. Celui de la première neige entre autres. « *Un silence douillet et sapide de cloître, qui ne s'arrêtait plus.* » Qu'il est sain et candide ce silence-là ! Il suspend le cours du temps, nous retire du monde, faisant de nous des sortes d'oblats qui déambulent dans le cloître de l'allée.

De rêver grâce à Julien Gracq à cette forêt d'hiver que nous nous promettons de visiter le moment venu nous amène à découvrir qu'en plein été, un jour chaud comme celui-ci, subsiste dans le silence forestier quelque chose qui rappelle la neige : il semble « *sous le grand soleil capitonner l'oreille d'une ouate fine* ». Cette ouate qui nous rend à demi sourds n'est-elle pas entrée dans notre oreille lorsque tout à l'heure, quittant la route fréquentée et bruyante, nous avons pénétré dans la forêt ? Au point que, par contraste, nous en avons été, sans bien nous en rendre compte sur le moment, tout désemparés. « *Quand on venait par la route, on pénétrait dans ce silence comme on retombe de l'autre côté d'une clôture, un peu étourdi, manquant de repères, attendant vaguement qu'une main se pose sur votre épaule.* »

Et les odeurs ? Tout à coup, au milieu de cette grande immobilité des arbres, elles nous assaillent, nous envahissent, imposant leur loi secrète mais impérieuse à nos pensées. Peut-être dans les taillis les dernières pluies ont-elles laissé quelque fondrière ? « *De la forêt montait une odeur lourde et muqueuse qui prenait à la gorge — l'odeur moisie des caves et des champignonnières* » : tout sous-bois, pourvu qu'il soit humide et obscur, nous suggérera à l'avenir des images souterraines, nous y descendrons dans des cryptes ou des caves. Et le fortin suintant d'*Un balcon en forêt* n'est plus tellement loin avec sa trappe ouvrant sur un étroit boyau creusé dans la terre meuble.

En d'autres cantons de la forêt, en d'autres jours, notre odorat captera des effluves à la fois si subtils et si entêtants que nous en appellerons à cette autre phrase de Gracq : « *On eût dit qu'il pourchassait dans l'air épais une trace suspecte, quelque chose de plus immatériel qu'une odeur.* » A chaque approche de la pluie, à chaque montée d'orage, nous pourrons la traquer, la déceler, cette trace inquiétante, il n'est même pas nécessaire pour cela de courir les bois, il suffit d'ouvrir la fenêtre, car elle peut fort bien flotter dans la poussière mouillée qui recouvre l'asphalte d'un trottoir. Elle suffit à transporter la forêt entière et sa magie au centre d'une grande ville.

Notre activité imaginative en plein essor se livre par le truchement de notre odorat, de notre ouïe, de notre vue — et de notre toucher également : mousses et feuilles que nous froissons dans nos doigts, fougères que nous écartons au passage — à une chasse fructueuse que guident les métaphores et les rythmes gracquiens. L'heure passe et avec le déclin du jour d'autres sortilèges se préparent. Il s'opère « *derrière d'impénétrables voiles une redoutable alchimie* ». La forêt au crépuscule n'est pas hospitalière, reconnaissons-le, il semble s'y tramer on ne sait quels forfaits. Non que l'on s'y sente personnellement en danger, mais l'on tremble d'y faire quelque macabre découverte, d'y trouver étendu à terre dans un fourré ou en travers d'un sentier écarté quelque agonisant. Comment, en effet, nous empêcher de songer au corps dénudé et sanglant de Heide qu'Albert, éperdu de terreur, contemple auprès d'une source, au cœur des bois d'Argol ?

Heureusement la nuit vient qui absorbe ces maléfices. Au contraire de la forêt crépusculaire, la forêt nocturne n'est nullement le séjour de l'épouvante et nous ne saurions trop engager les lecteurs de Julien Gracq à s'y aventurer plus souvent. Ce qui étonnerait plutôt, ce serait « *la minutie d'enregistrement, la puissance de suggestion* » qu'acquièrent nos sens, « *l'incroyable vigueur de nos perceptions* ». Le plus léger frisson de feuilles, la chute de la plus petite des branches, un tintement de source ou de ruisseau, tout s'entend, se répercute. Comme tous ceux qui écoutent avec une attention extrême nous demeurons longtemps immobiles. Nous n'avons, du reste, aucunement sommeil et si nous éprouvions une crainte, ce serait de réveiller par un mouvement intempestif cet être immense qui dort et rêve en dormant, et près duquel nous veillons.

Mais dès que la lune se lève, rendant « *à perte de vue la terre guéable* », l'envie de marcher nous reprend. Rien vraiment n'invite davantage à pérégriner dans les bois que le clair de lune. Nous éclairant d'une torche électrique dont nous nous étions munis à toutes fins, nous allons de l'avant en repérant notre chemin à des tas de bois abandonnés ou des souches caractéristiques dont nous espérons retrouver l'emplacement au retour. Dans l'incertitude de la nuit les différences de végétation et de dessin entre cette forêt et celle des Ardennes s'effacent, on peut aisément se croire sur le sommet d'un large plateau boisé dominant de plusieurs centaines de mètres une profonde vallée, et nous-mêmes nous ressemblons fort à Grange et Hervouët patrouillant dans les layons aux abords de la frontière belge. Des paragraphes d'*Un balcon en forêt* nous reviennent, nous hantent, une identification de plus en plus complète s'établit entre le récit gracquien et notre aventure de rêveurs patentés tout au sérieux de leur jeu. « *Le front tiré par l'attention et par le sentiment d'un suspens étrange* », nous nous rapprochons de ce canton clôturé de la forêt que nous avions repéré dans la journée sans trop y attacher d'importance — une réserve de chasse peut-être, mais qu'importe ! La clôture brille dans le faisceau de lumière de notre lampe, nous apercevons, « *au ras du sol les fils luisants tout perlés de gouttes* », ce fil n'est pas barbelé, on ne peut en demander tant ! néanmoins notre esprit qu'ont toujours mis en émoi les limites, les frontières, part à sa vue dans des digressions sans fin. C'est un autre État, un autre monde qui commence au-delà, mystérieux dans sa paix absolue, ni amical, ni hostile, interdit, réservé, lui aussi en attente, et d'où peut-être un jour... Pour l'heure qu'il est tentant de faire glisser une main sur le fil, et même de le pincer d'un coup brusque pour lui faire rendre un son dans la nuit ! Et de nous souvenir, ces gestes faits, que rien ne liait mieux Grange à son compagnon que « *ces brèves conversations chuchotées, coupées de silences, ces longues écoutes de nuit lorsqu'ils patrouillaient ensemble, tâtant d'une main gantée dans l'obscurité comme une rampe le fil invisible* ».

Longtemps encore nous errerons ainsi sans nous décider à rentrer. Décidément ces nuits en forêt ne sont pas du tout ce qu'on pense, pas une seconde elles n'apportent l'ennui, elles sont le plus inattendu, le plus captivant des théâtres. Nous voici revenus dans notre longue allée, mais cette fois à l'autre extrémité, et nous redescendons son imperceptible pente. Les yeux levés, nous contemplons entre les cimes les constellations ; dans cette allée droite, dont nous savons qu'elle ne comporte nul obstacle, nous pouvons nous permettre de marcher en somnambules, c'est à peine si nous sentons nos pieds se poser sur le sol sablonneux et doux, nous avons l'impression de flotter, le rayonnement stellaire agit sur nous comme une vapeur légèrement enivrante, la tête nous tourne un peu, il nous semble comme à Grange que la terre dérive sous nos pas, telle *« une coque géante, déjà soulevée par la respiration de la mer »*. La forêt se métamorphose en une sorte de vaisseau, mais plutôt que la mer, ce sont des espaces immatériels vers lesquels elle s'élance, faisant fi, avec une enthousiasmante désinvolture, des lois habituelles. Nous ne savons pas très bien comment traduire jusqu'au bout le sentiment déroutant qui nous envahit, mais Gracq l'a fait pour nous lorsqu'il décrit la promenade nocturne de Heide et d'Albert dans la forêt d'Argol : *« Il leur semblait que la planète, emportée au sein de la nuit qu'elle labourait de toute la crête des arbres, chavirât, basculât en arrière en suivant la direction obstinée de cette allée, plus irréelle que la ligne des pôles, plus foisonnante que le rayon de soleil indiqué par la craie sur le tableau noir. Et, comme hissés d'un prodigieux coup de reins au toit de la planète lisse, au faîte nocturne du monde, ils sentaient avec un divin frisson de froid le soleil crouler sous eux à une immense profondeur, et l'allée délestée leur révéler à chaque seconde les chemins secrets et jamais parcourus de la vraie nuit dont elle escaladait visiblement l'entière épaisseur. »*

Vraiment rien ne pouvait mieux clore une journée déjà fort remplie que cet aboutissement cosmique où nous devenons les pilotes un peu effrayés mais triomphants d'une forêt spatiale qui a largué ses amarres et vogue par grande nuit claire entre les étoiles.

FRANÇOIS NÉRAULT.

LA MYTHOLOGIE DE LA FORÊT DANS L'ŒUVRE ROMANESQUE DE JULIEN GRACQ

Marc Eigeldinger

L'univers romanesque de Julien Gracq se distingue dans la littérature contemporaine par l'attention qu'il voue à la nature, par la volonté d'établir une communication constante entre la substance cosmique et l'énergie psychique des personnages. Il célèbre les noces de « *la plante humaine* » avec le monde de la nature qui est le lieu où le réel et l'imaginaire, l'histoire et le mythe se réconcilient à la faveur d'une suture mystérieuse, opérée par l'intuition des analogies. La poésie romanesque procède de la participation des phénomènes naturels à la vie intérieure des personnages. Gracq tisse de subtiles correspondances entre le paysage et les mouvements profonds de l'affectivité ; contrairement à la plupart des romanciers contemporains, il se refuse à séparer l'homme des rythmes de la création. Il éprouve le souci permanent de le *replonger « dans ses eaux profondes »*, de le *réaccorder « magiquement aux forces de la nature »* et de l'*irriguer « de tous les courants nourriciers dont il a besoin comme de pain*[1] ». Non seulement la nature incite le héros à céder à « la pente de la rêverie », mais elle contient les symboles de la vie spirituelle et révèle les signes, les présages annonciateurs du destin. Elle renferme les éléments mythiques composant la texture de l'univers romanesque de Gracq. Parmi ces éléments, il en est deux qui gouvernent son œuvre par leur rôle fondamental : le liquide et le végétal. Le romancier note dans une « *fiche signalétique* » que ses personnages « *n'habitent jamais chez eux* » et qu'ils ont pour « *résidences secondaires* » la mer et la forêt[2]. On peut même se demander si, dans *Le Rivage des Syrtes* et *Un balcon en forêt*, la mer et les bois ne deviennent pas la résidence essentielle où se dessine la courbe de leur destin. De toute manière, la création du milieu naturel préexiste dans les romans de Gracq à la création des personnages, comme l'a observé Jean-Louis Leutrat[3]. La description ne sert jamais de cadre purement extérieur, elle est associée au drame intérieur vécu par les personnages. Ce sont avant tout l'eau et la forêt qui déterminent le climat et la substance romanesques, qui suscitent le décor mythique dans lequel s'inscrit l'existence des héros. Le paysage, unissant le liquide et le végétal, forme la toile de fond sur laquelle se détachent les acteurs, la structure originelle ordonnant le comportement de la conscience et de l'inconscient humains. Le personnage romanesque surgit de l'épaisseur de ce milieu poétique où l'eau et la forêt s'amalgament, tout en conservant leur signification propre. La masse végétale de la forêt présente de singulières analogies avec la masse liquide de la mer, elle suggère à Julien Gracq des métaphores maritimes originales, mais elle n'en exprime pas moins une mythologie autonome, traduite à l'aide d'images ou de symboles qui se définissent par leur plurivalence et leur ambiguïté. Elle constitue un univers équivoque, à la fois clos et ouvert, nocturne, plus rarement solaire, qui signifie la vie intérieure et psychique de l'homme[4].

La forêt est, dans *Au Château d'Argol* et *Un beau ténébreux*, le lieu privilégié où surgit la merveille, où se produisent les miracles et les sortilèges, où naissent les mythologies. Elle représente un espace propice à l'éclosion des légendes, un espace qui purifie l'acte de la vision de ses scories en la disposant à accueillir la résurrection de la lumière.

> *La traversée d'une forêt, je n'ai jamais pu m'imaginer autrement l'approche d'un pays de légende. Il me semble qu'après elle la vision se décape, devient autre, que les champs découverts étincellent plus tendrement, plus doucement, dans la lueur levée derrière ce crépuscule des branches*[5].

Univers mythique, la forêt apparaît comme un être animé, abritant en ses retraites la Toison d'Or ou le Graal, quelque fée ou quelque belle au bois dormant issue des contes de Perrault. A travers son épaisseur, la perception du temps est abolie, ou plus exactement le temps se convertit en un éternel présent, en une durée qui, agrandie par la dimension du mythe, établit une communication secrète entre le passé et le présent. Il en est comme si le passé fabuleux venait s'insérer dans le présent pour l'immobiliser. La forêt, indifférente à la succession du temps, personnifie une puissance surnaturelle qui agit sur le destin des personnages.

> *A regarder cette mer verte on ressentait un obscur malaise. Il semblait bizarrement à Albert que cette forêt* dût *être animée et que, semblable à une forêt de conte ou de rêve, elle* n'eût pas dit son dernier mot[6].

La forêt révèle à qui s'aventure en son espace magique sa profonde ambiguïté, en ce sens qu'elle inspire le désir et la crainte, qu'elle est capable de produire soit les effets de la magie blanche, charmes et enchantements qui séduisent l'imagination, soit les effets de la magie noire, pièges, menaces et embûches qui entravent le cours de l'existence ou font présager un dénouement tragique. D'une part la forêt représente une espèce d'écran, de frontière inviolable qui préserve ses secrets par sa profusion et son exubérance, un « *infranchissable rideau* », une sorte de « *rempart impénétrable* » formé de « *hautes murailles végétales* » ; frontière mouvante d'autre part, elle étreint de sa végétation tentaculaire le manoir d'Argol et le château de Montsalvage, s'empare des espaces vides, cerne les habitations et encercle les villes de telle manière qu'elle éveille dans l'âme des sentiments d'obscure menace, d'oppression et d'étouffement. Tel est le bois de Storrvan qui « *enserrait le château comme les anneaux d'un serpent pesamment immobile* » et la Chapelle des abîmes « *comme un manteau étouffant*[7] ». Il envahit tout le château et l'ensevelit au point qu'il ressemble à « *un navire en détresse au travers des houles puissantes de la forêt*[8] ». Tandis que le manoir d'Argol s'identifie métaphoriquement avec un navire, la forêt est assimilée à la mer par les ondulations du feuillage. Dans *Au Château d'Argol*, nombreuses sont les images qui établissent une analogie entre la végétation et l'eau. Les personnages s'enfoncent dans les profondeurs des bois comme s'ils fendaient le courant des flots ; les gouffres horizontaux de la forêt évoquent irrésistiblement les abîmes verticaux de la mer. Les arbres composent une mer *verte* et *uniforme*, la végétation ondule, moutonne, elle est douée d'une fluidité comparable à celle de l'eau, elle est mue, sous l'action du vent, par les mêmes vagues inquiétantes et produit les mêmes craquements sourds. Que ce soit dans *Au Château d'Argol, Un beau ténébreux* ou *Le Rivage des Syrtes*, la forêt est parcourue de ruisseaux ou communique immédiatement avec la mer. Le sol forestier et l'eau sont unis tant par leur proximité que par les rumeurs du vent, par des liens visuels et auditifs. « *Et toujours ce grand vent qui harasse majestueusement les cimes, ce secret des forêts proches de la mer, accordées à la mer sous les doigts musiciens du vent*[9]. » La forêt et la mer se rejoignent également par leur silence, tantôt apaisant, tantôt terrifiant, ou bien elles sont associées par des liens olfactifs, lorsque le parfum résineux des pins se mêle à l'odeur des algues marines. Toutefois l'identité entre le végétal et le liquide ne saurait être absolue en ce sens que l'eau accueille l'irradiation de la lumière, tandis que la retraite des bois oppose souvent une barrière infranchissable au rayonnement solaire.

Dans l'œuvre romanesque de Julien Gracq, la forêt se définit comme une espèce de scène naturelle, mystérieuse où se manifestent les jeux de l'ombre et de la lumière. L'épaisseur opaque de l'horizontalité et la verticalité de la lumière se croisent en elle ou découvrent à son faîte leur point de tangence. Aussi compose-t-elle un univers nocturne et solaire, froid et chaud, un univers exprimant des états affectifs aussi contradictoires que l'angoisse en présence du mystère et le bonheur de la rêverie solitaire. Du *Château d'Argol* au *Rivage des Syrtes*, la forêt est envisagée dans une perspective plutôt nocturne et crépusculaire, sans que tout élément de solarité soit exclu pour autant. Le choix des adjectifs qualifiant le bois de Storrvan est révélateur : noir, sombre et obscur, triste, mélancolique et funèbre, épais et profond, secret et sauvage... Les forêts sont déterminées par « *le foisonnement ténébreux* » de leurs branchages, la densité de « *leurs profondeurs noires* » et de leurs « *funèbres solitudes* », suggérant des sentiments d'effroi ou d'horreur. A l'heure du crépuscule, au moment où elles s'apprêtent au surgissement de tous leurs « *mystères nocturnes* », l'angoisse s'accroît au contact de cet inconnu qui rôde dans les pans de l'obscurité. La plupart du temps la forêt est nocturne en elle-même, par l'abondance de la végétation, « *la nuit perpétuelle* » de ses branches et son épaisseur impénétrable. Elle envahit l'espace de telle sorte qu'elle fait obstruction à l'épanouissement de la lumière et élève un rempart qui s'oppose à l'hégémonie du soleil. « *Autour d'Albert, les hautes murailles de la forêt sourcilleuse semblaient dévorer une partie considérable du ciel, et venir effleurer juste le bord du disque ardent du soleil pourtant élevé déjà sur l'horizon*[10]. » Par son aspect ténébreux, la forêt inspire de l'inquiétude ; elle abrite en ses obscures profondeurs la violence et présente un visage terrifiant dans la mesure où, rebelle aux révélations de la lumière, elle incarne ce que Supervielle appelle le « *nocturne en plein jour*[11] », l'opacité menaçante où se dissimulent les pièges et les périls. « *C'était une forêt triste et sauvage, un bois dormant, dont la tranquillité absolue étreignait l'âme avec violence*[12]. » Les solitudes de la forêt deviennent l'image des tourments intérieurs et des abîmes de l'inconscient. C'est en elles que se manifestent à celui qui sait les déchiffrer les présages funestes ; elles représentent le miroir sombre où se reflètent les signes annonçant l'intervention du destin et l'apparition de la mort. Symbole des forces souterraines de l'inconscient, le bois de Storrvan communique aux personnages du *Château d'Argol* la même sensation de vertige, d'étouffement, que la présence de la fatalité. Il est sur le chemin de la quête comme le signe de l'*interdit* que l'on franchit au péril de sa vie. Tandis qu'Albert redoute de s'aventurer solitairement dans la forêt de Storrvan, Heide aime à la hanter, à la parcourir, parce qu'elle retrouve en elle une image de sa féminité mystérieuse et qu'elle épouse naturellement les formes mouvantes du végétal et de l'eau. En sa compagnie protectrice, Albert finit par céder au sortilège maléfique de la forêt, au charme de son enveloppement, tout en éprouvant l'impression de s'engager dans une *impasse*. C'est dans les bois de Storrvan que Heide est violée par Herminien et sous le couvert des arbres qu'Albert poignarde Herminien. La forêt signifie l'irruption et l'accomplissement du destin. Ses chemins périlleux débouchent un jour ou l'autre sur l'obscurité fatale de la mort.

Dans *Au Château d'Argol*, la clarté est plus lunaire que solaire ; rares sont les clairières ou les trouées de lumière dans le bois de Storrvan où le labyrinthe des ténèbres refoule toute incursion du soleil. L'exubérance confuse de la forêt étreint l'âme et l'emprisonne en ses réseaux. Elle n'est guère éclairée que par la lueur froide et métallique de la lune, par « *son étincellement d'argent* » qui ne dérobe point leur secret aux solitudes végétales. La clarté nocturne ne compromet pas l'obscurité redoutable des bois avec laquelle elle entretient des rapports de complémentarité. Les forêts sont déjà moins denses et sombres dans *Un beau ténébreux* et *Le Rivage des Syrtes*, déchirées qu'elles sont quelquefois par les couteaux de la lumière. Bien que toujours noires et opaques, elles sont parsemées de taches lumineuses ou bien le feu clair des bouleaux et des peupliers se détache de l'obscurité des pins.

> *Sur les fonds de verdure sombre, minérale des pins et des cèdres, soudain les bouleaux, les peupliers flamboient, se résorbent en une légère fumée dorée, font courir leurs flammes rouges comme les chenilles de feu sur un papier consumé*[13].

Quant à l'arbre isolé, il est atteint par les éclaboussures

de la lumière, modelé par le sol pierreux où il croît et par les brûlures du soleil, si bien qu'il représente symboliquement la tension dramatique et les violences de l'amour.

> *J'ai toujours vu dans le pin un arbre tragique. La torsion dure et violente des branches, la toison dure, ces aigrettes de sabres minuscules en guise de feuilles qu'on voit si miraculeusement reproduites sur les estampes chinoises, aucune concession à la mollesse végétale, mais le goût du terrain sec, caillouteux, de la pierre à fusil, de la vie brûlante, quelque chose de calciné, comme l'incarnation d'une idée sauvage de l'amour : aride, harassant, sans repos*[14].

La forêt est, dans *Le Rivage des Syrtes*, plus souvent colorée de reflets lumineux, parce qu'elle est immédiatement ouverte sur la mer et vue dans la dépendance de l'élément liquide. Tantôt elle dessine à l'horizon une sombre barrière, tantôt sa lisière communique avec la clarté projetée par le miroir des eaux ou encore un arbre solitaire suggère le sentiment de la verticalité en dressant « *sa silhouette toute trempée de soleil* » à travers l'espace. Selon Orlando, la vie d'Orsenna est comparable à un arbre qui appartient à l'univers solaire par son feuillage et à l'univers nocturne par ses racines. La vie organique et la croissance de l'arbre ne dépendant pas seulement de l'énergétique irradiante de la lumière, mais plus encore des sucs nourriciers enfouis dans l'obscurité des couches souterraines.

> *La feuille est la beauté de l'arbre (...) et la dépense profuse et éclatante de sa vie — elle respire dans le jour et connaît les moindres souffles du vent, elle oriente la croissance du tronc selon les impressions subtiles qu'elle reçoit à chaque instant de la lumière et de l'air. Et pourtant la vérité de l'arbre repose peut-être plus profondément dans la succion aveugle de sa racine et sa nuit nourrissante*[15].

La forêt comme l'arbre participe du jour et de la nuit,

elle propose à l'imagination un milieu mythique qui exprime les mouvements de la rêverie en même temps que les fatalités de l'inconscient. Elle signifie le monde sauvage, primitif, porteur des vestiges de l'originel et du souvenir des genèses, la fraîcheur du végétal qui ressuscite cycliquement en ne cessant de s'accroître. Elle est une terre favorable aux élans de la méditation soucieuse de s'ouvrir au monde de l'intériorité et de remonter aux sources de la création.

Soit qu'elle évoque les temps primitifs ou le merveilleux des contes de fées, soit qu'elle perpétue le souvenir de « *la forêt galante de Shakespeare* » ou qu'elle s'apparente à un « *décor d'opéra* », la forêt des Ardennes représente un espace privilégié où le passé légendaire chevauche le présent. *Un balcon en forêt* associe plus étroitement que les autres récits de Julien Gracq la fiction romanesque aux éléments de la mythologie. La forêt correspond au milieu magique où se produit l'irruption du *sacré* auréolé des prestiges du mystère et de l'interdit. « *Un fantôme obscur, effrayant, du* sacré *resurgissait tout à coup en pleine forêt des profondeurs de la caserne : ils avaient porté la main sur les arcanes*[16]. » La présence du sacré s'accompagne d'un cortège de mythes, issus de la Genèse et de l'Apocalypse, des légendes celtiques et médiévales ou des contes de Perrault. Le lieutenant Grange s'affranchit de la perception du temps et s'abstrait des menaces du présent ; il s'imagine rejoindre les âges fabuleux des origines, opérer un retour à la vie sauvage, à cette intimité avec l'univers féminin de la végétation dont le contact est plus exaltant que le commerce fraternel que l'on entretient avec les hommes. Tantôt la forêt lui restitue la vision des temps héroïques et barbares des Gaulois ou des Mérovingiens, comme si l'imagination mémoriale, coupée du présent, était incitée à revivre les événements mythiques d'un passé brusquement ressuscité et à ranimer les fantômes surgis des souvenirs collectifs.

> *La forêt respirait, plus ample, plus éveillée, attentive jusqu'au fond de ses forts et de ses caches soudain remués aux signes énigmatiques d'on ne savait quel retour des temps — un temps de grandes chasses*

sauvages et de hautes chevauchées — on eût dit que la vieille bauge mérovingienne flairait encore dans l'air un parfum oublié qui la faisait revivre[17].

Tantôt Grange recrée en son esprit un univers imaginaire, peuplé d'elfes et de fées, un univers où les enchantements viennent déchirer la trame de l'existence comme dans certains romans de la Table Ronde ou dans les contes de Perrault. Il redécouvre dans la forêt non seulement les origines de l'humanité, mais le passé fabuleux de l'enfance avec ses charmes et ses peurs.

C'était une peur un peu merveilleuse, presque attirante, qui remontait à Grange du fond de l'enfance et des contes : la peur des enfants perdus dans la forêt crépusculaire, écoutant craquer au loin le tronc des chênes sous le talon formidable des bottes de sept lieues[18].

Le monde végétal dans lequel il est enfermé lui paraît semblable à un paradis perdu et reconquis, à la forêt de Brocéliande, à quelque domaine enchanté ou à une île mystérieuse, séparée des vivants par la frontière des eaux. Le temps historique est aboli au profit du temps mythique, absorbé par les souvenirs immémoriaux qui se réveillent dans le creux de l'inconscient. « *La pensée du château magique, de l'*île *préservée, refleurissait malgré soi, se glissait encore comme un espoir fou*[19]. » La guerre prend à son tour la proportion d'un mythe, associée qu'elle est aux temps bibliques du Déluge ou de l'Apocalypse. Parmi les présages inquiétants, Grange attend avec une terreur enfantine et surnaturelle l'approche de la fin du monde en cette forêt des Ardennes, parcourue du souffle des légendes et « *en proie au feu du ciel* ». Quant à Mona, image de la femme-enfant telle qu'André Breton l'a célébrée dans *Arcane 17*, elle appartient comme Heide à la mythologie de la forêt par l'essence de son être alliant « *les eaux printanières* » à la fraîcheur de la végétation. Grange la rencontre dans les bois et « *le parfum des branches de mai* » ranimera son souvenir lorsqu'elle aura quitté les Ardennes. Femme à demi féerique et sauvage,

Mona vit en harmonie spontanée avec la nature ; elle représente l'univers de la transparence dans l'opacité de la forêt, une sorte de vestige de paradis, perdu dans la solitude des Ardennes ; elle apparaît comme un génie de la forêt, un être presque fabuleux qui participe des mystères sacrés de la végétation. « *C'est une fille de la pluie, pensa Grange [...], une fadette — une petite sorcière de la forêt*[20]. » Mona symbolise la pure féminité, établie sur la conjugaison du liquide et du végétal, sur cette analogie fondamentale de la mer et de la forêt, chère à l'imagination de Gracq.

La forêt des Ardennes est moins directement associée à l'eau que le bois de Storrvan ; « *l'énorme conque des forêts* » domine la Meuse qui s'insinue parmi les proliférations végétales. La maison forte des Hautes Falizes est perdue dans la forêt comme un navire ou une île isolée de la terre par la surface des eaux. Le désert d'arbres est coupé de rares chemins qui semblent déboucher sur la mer et le bruissement du feuillage est comparable au mouvement des vagues ; dans le dédale de la forêt, l'homme peut s'égarer ainsi que sur la nappe des eaux. Mêlant en leur espace la terre et l'eau, l'air et la lumière, les solitudes forestières, « *pleines de caches et de relais* », éveillent les songes et la rêverie par le contact avec le fourmillement des substances élémentaires. Le lieutenant Grange, en s'enfonçant dans ces retraites, éprouve le sentiment de pénétrer dans l'épaisseur de sa propre existence, à travers le phénomène de la rêverie il identifie sa vie avec celle de la forêt.

> *Ce voyage à travers la forêt cloîtrée par la brume poussait Grange peu à peu sur la pente de sa rêverie préférée ; il y voyait l'image de sa vie : tout ce qu'il avait, il le portait avec lui.*
> *Une idée bizarre se glissait dans l'esprit de Grange : il lui semblait qu'il marchait dans cette forêt insolite comme dans sa propre vie*[21].

La forêt est une représentation symbolique de la vie, parce qu'elle incarne le mouvement et le devenir, qu'elle est, « *à la ressemblance de la vie humaine* », « *un grand être qui écoute, qui respire, qui attend, qui croît* » et qu'elle « *est parcourue du frémissement des signes*[22] » ; parce qu'elle exprime un langage perceptible dans la rumeur du vent, le bruit de la pluie ou les voix tumultueuses de la tempête. La forêt paraît à Grange comme une vaste prison où il découvre l'enivrement de la liberté, s'affranchit des contingences de l'histoire et des obstacles du réel. Elle lui restitue l'image de l'indépendance et du détachement auxquels il aspire. « *Une sensation de bien-être qu'il reconnaissait envahissait l'esprit de Grange ; il se glissait chaque fois dans la nuit de la forêt comme dans une espèce de liberté*[23]. » En son étendue secrète la forêt ressemble à une véritable *jungle* signifiant le contenu de la liberté comme un épanouissement de la vie et une dilatation de l'être à travers l'infini de la rêverie.

La forêt des Ardennes n'a de commun avec les bois de Storrvan que l'épaisseur et la compacité, elle est « *dure et noueuse* », « *basse et rustaude* », touffue, hérissée, elle constitue une étendue repliée sur elle-même. Son extrême densité inspire la sécurité de la retraite et l'insécurité de l'inconnu, elle est tout à la fois accueillante et hostile, protectrice et menaçante. La forêt s'identifie avec un être gigantesque avide d'accroître sa durée et son espace.

> *La forêt était courtaude — c'étaient des bouleaux, des hêtres nains, des frênes, de petits chênes surtout, ramus et tordus comme des poiriers — mais elle paraissait extraordinairement vivace et racinée, sans une déchirure, sans une clairière ; de chaque côté de l'aine de la Meuse, on sentait que de toute éternité cette terre avait été crépue d'arbres, avait fatigué la hache et le sabre d'abattis par le regain de sa toison vorace*[24].

En dépit de sa fermeture et de sa densité, la forêt des Ardennes est moins nocturne que celle de Storrvan, plus perméable aux jeux de la lumière et aux effets du clair-obscur. Alors que Grange ne discerne au premier regard aucune clairière dans la forêt, il en découvre par la suite comme des *îles* de lumière semées parmi la masse confuse de la mer végétale. Il observe que la clarté de l'aurore déchire les ténèbres des bois ou « *que l'aube de la forêt se* [mêle] *à un midi torride, tout électrisé de cigales*[25] ». Il est attentif au « *poudroiement de la lumière* » sur la cime des arbres, aux éclats colorés que le soleil répand sur la surface des bois. « *Le soleil dorait à perte de vue, d'un jaune d'orage, les vagues pommelées de la forêt qui s'élevaient palier par palier jusqu'à l'horizon*[26]. » La forêt des Ardennes est pénétrée par la chaude transparence du soleil ou par le scintillement plus discret de la lune et des étoiles. La pesanteur de la nuit opprime l'âme humaine, mais son opacité n'est pas totale, puisqu'elle est sillonnée de lueurs et d'étincellements durables ou intermittents. « *La nuit de la forêt n'était jamais tout à fait noire*[27]. » Elle demeure sans cesse aux aguets, ouverte aux incursions de la clarté lunaire et stellaire. La forêt est le lieu même du clair-obscur dans la mesure où elle représente une frontière toujours indécise entre l'ombre et la lumière. De jour, ses retraites accueillent la lumière, tout en lui opposant une résistance occulte, de nuit, les ombres des arbres sont parsemées de points lumineux. La forêt correspond à une « *île de clair-obscur* » où apparaissent les signes, au berceau de l'attente, oscillant entre les menaces des ténèbres et les révélations du soleil. Elle reflète au cœur de sa substance aussi bien la clarté sombre des étoiles que l'éclat tamisé du jour ; en tant que centre cosmique, elle est animée par la respiration de la nuit et par les ondulations de la lumière.

L'ambiguïté fondamentale du jour et de la nuit se retrouve dans l'ordre des perceptions auditives sous la forme de l'opposition constante du silence et du bruit. Tantôt les solitudes de la forêt sommeillent dans un lourd silence qui paraît exclure la présence de l'homme, tantôt elles sont tenues en éveil par le craquement des branches, le remuement des bêtes et les cris des oiseaux nocturnes, troublées par les rumeurs proches ou lointaines de la guerre. En hiver, « *la forêt scellée* [devient] *un piège de silence*[28] », alors qu'au printemps elle fait entendre son « *pépiement* ». Davantage qu'ils n'alternent, le calme et le bruit se mêlent en une étrange symphonie évoquant l'imminence du passage des avions et des blindés. « *Le silence écrasé de la forêt* » est envahi de sons qui le rendent alarmant, il est peuplé de bruits suggérant à distance les tumultes de l'invasion. C'est un silence complice du bruit, un silence « *fantomatique* » où se répercutent tous les échos de la guerre.

> *Cette lisière sourdement alertée où les forêts patrouillées de la guerre venaient border on ne savait quel silence respirant et heureux qui tendait l'oreille attirait Grange et l'intriguait.*
> *La nuit sonore et sèche dormait les yeux grands ouverts ; la terre sourdement alertée était de nouveau pleine de présages, comme au temps où on suspendait des boucliers aux branches des chênes*[29].

Les bois ne sont pas seulement parcourus de frémissements sonores, ils exhalent de sauvages parfums, l'odeur vénéneuse des champignons, des lichens et des eaux stagnantes. Le concert des sensations visuelles, auditives et olfactives contribue à faire de la forêt ce milieu magique, équivoque qui favorise l'éclosion de la rêverie en même temps qu'il engendre l'angoisse. La lumière et les ombres, le silence et les sons s'amalgament pour évoquer le bonheur des songes et les signes de la mort.

La forêt constitue, dans l'univers de Julien Gracq, le centre où se recréent les figures ancestrales de la mythologie et le milieu où se retranchent les vestiges du sacré. Elle représente un espace qui permet au mythe de s'incarner, d'opérer la réconciliation du réel et de l'imaginaire ; elle propose un temps cyclique qui, en se superposant au déroulement de l'histoire, établit la continuité entre le passé et le présent ou, plus exactement, inscrit les données du présent dans la trame légendaire du passé. La forêt est un lieu mémorial où les souvenirs de l'inconscient collectif affleurent le niveau de la conscience, où la psyché humaine renoue le contact avec les énergies cosmiques. Qu'elle soit nocturne ou solaire, elle conserve quelque chose de la fraîcheur aurorale des âges primitifs, de la présence des héros mythiques qui se sont voués à l'ascèse de la quête. C'est au cœur ténébreux des bois que se dissimule le Graal et que renaissent les personnages des contes de fées. La forêt, ses refuges, ses clairières, demeurent le réceptacle du sacré, espèce de vaste cercle magique que l'imagination peuple d'êtres surgis du fond des traditions mythologiques.

> *La clarté faible de la lune qui s'était levée et que la nuée ne cachait pas encore s'accrochait à cette pente lisse, mêlée encore à un reste de jour, et faisait de la clairière au-delà de l'étang de brouillard, derrière les cônes très sombres de ses sapins, un lieu interdit et un peu magique, mi-promenoir d'elfes et mi-clairière de sabbat*[30].

Toute promenade en forêt « *devient une merveilleuse escapade au royaume des fables*[31] », une résurgence de l'originel dans la durée intemporelle de la rêverie. Image exemplaire de la destinée, la forêt recèle des chemins qui débouchent sur les rivages de la mort ou sur les berges d'un paradis. S'enfoncer dans l'épaisseur des bois, c'est s'acheminer à travers « *une nuit méphitique, immobile, imprégnée d'une odeur submergeante de caveau mortuaire, de champignon et de bois pourri, qui semble reculer dans les âges* » et redécouvrir « *une idée des puissances maléfiques de l'*Urwald[32] ». La traversée de la forêt correspond à une quête de la lumière et à un effort pour retrouver ici-bas quelques signes des « *jardins d'Eden* ». Elle s'ouvre au-delà de ses dédales sur la splendeur de la clarté solaire qui, par le prestige de la répétition, signifie l'éternel recommencement de la vie et la possibilité de nouvelles genèses. « *Et de virage en virage il me semblait que je me haussais vers les royaumes du Matin*[33]. » La forêt est un foyer de révélations dont sourd le langage intime du psychisme et de l'affectivité. Elle est assimilée chez Julien Gracq à une figuration mythique de l'*anima*, au sens où l'entend C.G. Jung, c'est-à-dire une image archétypale et collective de la féminité. La forêt apparaît comme la composante de la rêverie féminine en l'âme masculine, comme l'image de l'aspiration nostalgique à rejoindre la Terre Mère des origines. Unissant en sa substance ambiguë le pôle diurne et le pôle nocturne, elle symbolise la confrontation de l'homme avec son destin, avec les puissances de l'inconscient qui propage ses feux sombres dans l'espace intérieur.

MARC EIGELDINGER.

NOTES

1. *Préférences*, p. 102.
2. *Lettrines*, p. 32.
3. « Placés sous le signe de l'arbre et de l'eau, les récits de Gracq sont plus proches de l'univers poétique que de l'univers romanesque [...]. On a souligné que, traditionnellement, le romancier créait d'abord ses personnages, puis leur environnement. Gracq procède de la manière inverse ; ses personnages naissent d'un décor. » *Julien Gracq*, Paris, Éditions Universitaires, 1966, p. 105.
4. J.-P. Weber établit dans *Domaines thématiques* (Paris, Gallimard, 1963) qu'*Au Château d'Argol* est dominé par le thème du navire et il met en relief une structure triangulaire entre les trois personnages, selon laquelle Albert s'identifie avec la mer et Heide avec le navire, tandis qu'Herminien, le génie *technicien*, apparaît comme le constructeur du navire. Si une telle structure a l'avantage de déceler dans le récit une cohérence rigoureuse et d'expliciter la relation qui unit les trois personnages, elle a le tort de réduire systématiquement le sens de l'œuvre et des symboles, puis de méconnaître la portée de la mythologie de la forêt en la dépouillant de son autonomie et de sa polyvalence.
5. *Un beau ténébreux*, p. 73.
6. *Au Château d'Argol*, pp. 30-31.
7. *Au Château d'Argol*, p. 30 et p. 105.
8. *Au Château d'Argol*, p. 138.
9. *Un beau ténébreux*, p. 72.
10. *Au Château d'Argol*, p. 99.
11. *Cf. La Fable du monde.*
12. *Au Château d'Argol*, p. 30.
13. *Un beau ténébreux*, p. 10.
14. *Un beau ténébreux*, p. 39.
15. *Le Rivage des Syrtes*, p. 144.
16. *Un balcon en forêt*, p. 234.
17. *Un balcon en forêt*, pp. 70-71.
18. *Un balcon en forêt*, p. 209.
19. *Un balcon en forêt*, p. 229. Gaëtan Picon écrit dans *L'Usage de la lecture II* (Paris, Mercure de France, 1961, pp. 249-250) : « La forêt des Ardennes n'évoque celle du Moyen Age que dans la mesure où l'aspirant qui, en 1940, a la charge de la maison forte des Hautes Falizes, poursuit la quête qui est celle-là même des héros du cycle breton. »
20. *Un balcon en forêt*, p. 53. De même Aldo perçoit chez Vanessa

« l'odeur d'enfance et de forêt de ses cheveux ». *Le Rivage des Syrtes*, p. 155.

21. *Un balcon en forêt*, p. 52 et p. 154.
22. J.-L. Leutrat, *Julien Gracq*, p. 68.
23. *Un balcon en forêt*, p. 159.
24. *Un balcon en forêt*, p. 19.
25. *Un balcon en forêt*, p. 166.
26. *Un balcon en forêt*, p. 208.
27. *Un balcon en forêt*, p. 38.
28. *Un balcon en forêt*, p. 107.
29. *Un balcon en forêt*, p. 98 et pp. 100-101.
30. *Un balcon en forêt*, p. 159.
31. *Lettrines*, p. 201.
32. *Lettrines*, pp. 100-101.
33. *Lettrines*, p. 199.

LE MYTHE DE LA NUIT
DANS LES ROMANS DE GRACQ

Gilbert Ernst

Lorsque la lumière et l'ombre à nouveau se marient en une clarté nouvelle.

Novalis.

Parmi les « images privilégiées[1] » objet d'une rêverie qui de l'aveu même de Gracq a le caractère d'une obsession, celle de la nuit occupe une place de choix, capable qu'elle est d'« électriser » toutes les autres et de vêtir d'ombre le Temps, les personnages et leur destin. Cette présence de la nuit dans le temps et l'espace suffit à elle seule à placer Gracq dans la lignée des grands ténébreux que sont les romantiques. Mais on ne saurait la définir seulement dans ses rapports avec le symbolisme nocturne d'un Novalis ou d'un Baudelaire. Nuit à la fois obscure et éclairée, elle est profondément marquée par la présence du mythe. Et de la nuit terrifiante des romans noirs à la douce nuit que chante Baudelaire ou à la « frangine en noir » que célèbre Léo Ferré, il y a pour l'imagination un long chemin à faire. De cette diversité qui est la marque même du mythe, Gracq joue naturellement, préférant aux pièges de la terreur l'angoisse pure et aux sortilèges du rêve la solennité d'une nuit ouverte sur le ciel et l'Aventure. Qu'il y ait là, et un recours constant à l'arsenal des images mythiques de la « brune » et une re-création constante du mythe, quoi de plus naturel ? Le propre du mythe — et de l'œuvre littéraire — n'est-il pas d'être une création permanente[2] ?

1. Le temps noir

Dans les romans de Gracq, la nuit est au temps ce que le lieu clos est à l'espace. De même qu'il est dans le paysage des demeures élues parées de tous les prestiges d'une clôture redoublée — qu'on songe seulement au fortin des Ardennes que protège comme dans les romans arthuriens la « *terre gaste* » de la forêt —, châteaux-navires coupés du monde par de « *mauvais chemins*[3] » et plus que tous les autres révélateurs d'un destin, de même il y a dans le temps des périodes fastes qui sont par excellence celles de l'« événement[4] ». Ce sont les nuits des Syrtes ou de Bretagne où le héros se tient à l'écoute des signes, moments de vie intense dont le jour, dans sa vacance, n'est en général que le prélude.

Révélateur est à cet égard le premier roman dont l'action ne progresse que par ces grandes nuits que sont celles du fatal baiser de Heide et de sa découverte dans la source, celle du parcours de l'allée qui mène vers Herminien blessé, celle enfin de son suicide, toutes annonçant celle de la mort d'Herminien et de son double. Outre ces épisodes qui font de la nuit l'heure privilégiée du roman, sont également entourés d'ombre ces faits qui ont valeur de signe : l'orage sur Storrvan qui annonce l'arrivée des hôtes et le rayon de soleil qui, nimbant la tête de Heide, signifie à Albert et à Herminien cette « *singulière* altération[5] » de leur rapports dont la mort sera l'aboutissement.

Cette primauté du temps nocturne qui fait que le calendrier gracquien compte comme les calendriers primitifs[6] par nuits et non par jours, nous la retrouvons dans les autres romans, et souvent accentuée. S'il est certes dans *Le Rivage des Syrtes* des matins prophétiques et des jours qui répondent à l'« attente pure[7] » c'est bien dans la nuit que le destin se manifeste : nuit de la chambre des Cartes et de la première visite de Vanessa, « *nuits promises* » de Noël dans l'église Saint-Damase, de la Croisière, de l'entretien avec l'envoyé de Rhages ou avec le vieux Danielo. Il n'est jusqu'au cœur d'Orsenna, la ville du sommeil, qui ne se remette à battre le soir, tant il est vrai que la nuit de Gracq a surtout pour fonction d'éveiller. Pareille constatation vaut aussi pour *Un beau ténébreux*.

Non que le jour soit, comme chez les romantiques, nié dans l'œuvre romanesque de Gracq. Mais il n'est le plus souvent que le temps du répit, où la vie apparaît « *libre de toute entrave*[8] » et celui de l'Attente. C'est en effet de jour que se situent dans *Au Château d'Argol* les épisodes de la baignade et de la chapelle des abîmes, dont l'un est marqué par la tentative que font les trois personnages de trouver dans la mer cette union que seule la mort leur donnera, et l'autre par l'ultime appel d'Herminien, tous essayant de conjurer le destin. Pour Albert le jour n'est qu'attente, et attente « *intolérable*[9] » parce que hors d'un Temps qui n'existe que dans la veillée nocturne. Le soir seul lui donne le « *sentiment de la plénitude*[10] » car d'un drame qui ne se peut jouer que venues les ombres, il n'est que l'« *exposition*[11] ».

Et c'est finalement dans *Un balcon en forêt* qu'apparaît le mieux l'importance dramatique de la nuit, et du même coup la dévalorisation du jour. Et fort paradoxalement ! Car sa vie de sauvage en sursis d'une guerre, Grange la vit de jour. Chaque matin le ramène à Mona et aux charmes de la forêt. Pour lui comme pour le « Chevalier au Gué[12] » des romans arthuriens le Temps est aboli et ses hommes, semblables aux marins des Syrtes ou aux herboristes des *Falaises de Marbre* tentent d'échapper à leur sort en se faisant agriculteurs. Mais chaque soir cette horloge qui n'aurait selon Grange sonné que les quarts d'heure se remet à l'heure exacte, il regarde avec son équipage les rayons des projecteurs qui illuminent les hauteurs de la Meuse et entend l'inquiétant bruit des bétonneuses. Et c'est à la fin de la nuit que les chars allemands arriveront devant le fortin !

Pas plus que l'espace le Temps n'est chez Gracq homogène ni continu. Il n'est perçu par le héros que dans cette discontinuité qui privilégie la nuit et fait du jour cet intervalle heureux où le Temps — et la marche du destin — sont suspendus. Car les Parques ne bougent de préférence que derrière la « pénombre confuse[13] ».

La primauté de la nuit suffit à elle seule à rapprocher Gracq des auteurs des romans noirs anglais, des romantiques allemands et, en France, surtout de Baudelaire. Mais au-delà des influences littéraires, c'est dans l'action conjuguée d'une imagination naturellement ouverte aux multiples résonances du thème de la nuit et de la sensibilité qui le dote d'un « énorme coefficient émotif[14] » qu'il faut chercher l'explication de la réitération obsessionnelle de la nuit dans le temps et l'action. Et l'image que Gracq a de la nuit est — on le verra en la rapprochant de celle des romantiques qui l'annonce —, profondément marquée par les réminiscences mythiques.

2. Le théâtre des ombres

Des deux images fondamentales et antithétiques de la nuit obscure et de la nuit éclairée qui forment le mythe de la nuit[15], la première est celle qui frappe le plus l'imagination, ne serait-ce que parce que le noir est toujours valorisé négativement. Symbole dans les hiérophanies solaires de la mort, fille chez les Grecs du Chaos et mère des Euménides, la nuit reste de nos jours encore grosse de toutes les légendes de l'angoisse, entraînant à sa suite les fantômes qui hantent les nuits du folklore et de notre prime enfance.

Cette image, nous la trouvons dans les romans de Gracq et, avant lui, dans les romans noirs anglais et chez Baudelaire. Dans *Le Moine* ou *Melmoth* les noirs visiteurs ne se manifestent, les sortilèges, les enlèvements et même les noces ne se pratiquent que dans l'ombre. Et quelle ombre ! Les ténèbres sont accentuées qui voilent jusqu'aux étoiles, combattent la lumière et bouleversent la nature. Aux terreurs des apparitions infernales s'ajoutent celles de l'orage et des éclairs, théâtrale vision de la nuit maléfique que l'on retrouve, quoique atténuée, dans *Les*

Fleurs du mal. Et pourtant la critique a montré qu'il y a dans l'œuvre de Baudelaire, par un effet sans doute de son aversion pour cette « singulière religion nouvelle[16] » qu'est le culte de la Nature, comme une « mythique solaire[17] ». Il est d'ailleurs significatif que dans son évocation de l'ouverture de *Lohengrin* la métaphore de la lumière domine. Reste que le chiffre des notations d'ombre, notations presque toujours négatives, est important et nous permet de classer Baudelaire, comme Gracq, parmi les poètes de la nuit noire. On retrouve en effet dans *L'Horloge* le thème bien connu de la nuit symbole du temps « *noir assassin de la vie et de l'Art*[18] » et de l'irréparable. Les ténèbres s'opposent à l'espérance, et trouvant dans son angoisse le « *nigrum, nigrius nigro* » de la nuit, Baudelaire les présente, superlativement noires :

« *sans astres, sans éclairs funèbres*[19] ».

Dans le monde désespéré qui s'oppose à l'Idéal, l'ombre est néant, absence de conscience, et représente tout à la fois le châtiment du théologien blasphémateur et la misère du poète rejeté loin de Jeanne dans les ténèbres de la nuit primordiale. Substance même de l'angoisse, les ténèbres « qui puent[20] » sont la demeure de ces araignées qui envahissent l'esprit en proie au Spleen et des « monstres visqueux » guettent le damné dans l'escalier infernal : bel exemple de la richesse symbolique des ténèbres qui associe au noir le grouillement et la puanteur des larves ! Pour relativement peu nombreuses qu'elles soient dans *Les Fleurs du mal* les références aux aspects négatifs de l'ombre nous permettent en tout cas de montrer ce que Gracq doit à Baudelaire et accessoirement aux romantiques de l'horreur et d'illustrer, dans sa recomposition du mythe, son originalité qui est de nous ramener aux sources mêmes du mythe.

Non que l'image théâtrale de la nuit terrifiante n'apparaisse pas par instants dans les romans. Il est comme Baudelaire sensible à la coloration noire du Temps : la nuit n'est-elle pas ce « *puits noir*[21] » où le jour bascule chaque soir avec la même brutalité. Et comme dans les romans noirs la nuit transforme et bouleverse le monde.

C'est l'instant où l'horreur des bois d'Argol devient plus profonde que jamais. Vorace comme la végétation dont Gracq prédit qu'elle détruira un jour les villes, elle cerne étroitement les demeures avant de remplir le manoir d'Argol de « *lugubres ténèbres*[22] » ou de transformer l'Amirauté en un « *cœur noir*[23] ». Nombreuses sont les allusions à cette dynamique de l'ombre inquiétante qui guette « *les siens au seuil des demeures investies*[24] ». Et ce que l'orage crépusculaire sur Storrvan et les terreurs d'Albert et de Heide dans l'attente d'Herminien doivent aux romans noirs est trop évident pour qu'il faille pousser plus avant cette étude de filiation.

Ces aspects terrifiants relèvent au demeurant par trop des « *pièges ordinaires de la terreur*[25] » et il est significatif qu'ils disparaissent après le premier récit, implicitement abandonnés par Allan à ceux qui associent le sommeil à la nuit et n'ont d'elle qu'une expérience très commune. Or plus qu'à l'inquiétant jeu d'ombres, Gracq rappelant en cela Baudelaire est sensible au mystère même de la nuit et plus qu'aux terreurs qui sentent quelque peu l'artifice à l'angoisse dont, parce qu'elle participe étroitement au destin de ses personnages, il la sent naturellement porteuse. Et ses personnages, qu'ils l'aiment comme Christel ou qu'ils soient comme Allan fascinés par elle, se sentent toujours complices de la nuit et deviennent attentifs au moment qui exacerbe l'angoisse et ravive l'Attente à laquelle ils s'abandonnent avec délectation[26]. C'est l'instant où l'avenir paraît aussi obscur que la nuit, où le héros sans qu'il puisse faire marche arrière se sent désorienté et pourtant singulièrement attentif, nuit qu'exalte le prêtre manichéen de Saint-Damase qui invite Aldo à la soumission à ce qu'il ne connaît pas encore, nuit qu'Aldo passe dans le palais de Maremma « *cherchant l'air*[27] » alors que Vanessa fait des songes tristes.

Mais il arrive aussi que cette angoisse contienne sa part de la Promesse et suscite quelque signe qui paradoxalement la redouble et engage plus avant le héros sur la route inquiétante qui le mène vers son Heure. Telle est par exemple la fonction de ces nuits des Syrtes où les signes sont donnés, où les « *bruits* » de Maremma, le regard posé sur Aldo et qui témoigne et appelle, l'entretien avec l'agent secret puis avec Vanessa, et surtout la vision du transfuge représenté devant le Tängri, écrasant la rose d'Orsenna, se conjuguent pour enserrer Aldo dans un réseau de signes et lui faire entrevoir la nuit promise. On les retrouve dans *Un balcon en forêt* qui stimulent l'attente de Grange et le forcent à rechercher après les promenades nocturnes la présence apaisante de Mona.

Qu'elle soit chargée ou non de signes, la nuit est l'angoisse pure. Telle paraît bien être l'explication dernière de la place que tient dans la symbolique nocturne de Gracq l'heure entre toutes inquiétante du crépuscule. L'expression populaire « entre chien et loup » qui évoque cette heure où par exemple en haute Bretagne les monstres s'emparent des pêcheurs attardés[28] devient ici le « chien et loup douteux[29] » : l'épithète pléonastique est significative qui insiste sur l'ambiguïté de l'heure.

Intéressante est à ce sujet la comparaison avec les romantiques allemands et avec Baudelaire. Analysant le crépuscule dans les poèmes de Brentano, A. Beguin constate qu'il est sensible à la magie du couchant, à « ses jeux de clair obscur[30] ». Au plaisir visuel qui prend sa source dans les métamorphoses du paysage, et que nous retrouverons chez Baudelaire, s'ajoute le bonheur de l'âme alors que la réalité s'unit au rêve. On dénote dans *Les Fleurs du mal* la même euphémisation de l'heure incertaine. Certes dans *Crépuscule du soir* apparaît une image inquiétante de la nuit qui « prend à la gorge[31] » les malades tandis que s'agitent les démons malsains et que s'affiche la prostitution. Et plus frappant encore est le crépuscule dans *Le Coucher du soleil romantique* : la pièce a beau avoir un sens symbolique et la nuit désigner la littérature du temps, il reste qu'à sa venue est associé le grouillement, au bord des marécages, eaux essentiellement mortuaires, des « *crapauds imprévus* » et des « *noirs limaçons*[32] ». Mais ce sont là de rares exemples ! Pour Baudelaire, qui retrouve déjà dans le crépuscule l'image de la « douce nuit », la venue de l'ombre est le « *signal d'une fête intérieure*[33] » qui le délivre des angoisses et de la laideur diurnes. Le paysage du couchant baigne dans une « *chaude lumière* » recouvert « *d'hyacinthe et d'or*[34] ». C'est aussi, comme pour les romantiques allemands, l'heure mélancolique où sons et parfums se répandent, où la Douleur devenue la confidente du poète voit avec lui revenir le passé et

« *surgir du fond des eaux le regret souriant*[35] ».

Tout autre est le crépuscule chez Gracq. « *Déesse à qui rien ne résiste, qui enveloppe tout* », dit Bachelard de la nuit[36]. Et c'est bien ainsi que Gracq la voit qui s'avance et voile le paysage. Dans cette douteuse clarté qui se prolonge, on ne sait jamais quand il fait nuit, remarque Grange. Alors que les ténèbres fluentes envahissent les demeures, les promeneurs vident les terrasses des cafés. L'obscurité change la perspective de telle église où veille Allan et rend grise la neige des Hautes Falizes. Le moindre bruit appelle, note Gracq, « un affinement maladif de l'ouïe[37] » et redouble les angoisses nocturnes. La tombée de la nuit provoque chez l'animal et l'homme la « dépression hespérienne[38] ». Si Allan, plus mêlé à la nuit qu'aucun autre personnage, se sent fasciné par la venue de l'ombre, tous les autres éprouvent « l'angoisse crépusculaire[39] » et par une révélatrice intuition de la richesse symbolique de la nuit noire, telle page du *Balcon en forêt* offre l'image des ténèbres associées à la mort et à l'eau noire : Mona qui symbolise pour Grange le bonheur hors du temps devient soudain attentive aux signes néfastes et pense à la mort pendant que Grange sent monter en lui une « eau grise et froide[40] ». Aldo, non plus qu'eux, n'échappe aux maléfices de l'heure quand l'humidité suinte sur chaque mur de la forteresse.

L'amour seul, et peut-être parce que Eros est frère de Thanatos, peut un instant exorciser la peur qui sourd en eux. Nous sommes loin ici du symbolisme crépusculaire de Baudelaire qui associe la douceur et les envoûtements de Jeanne à la magie du couchant. L'amour si souvent entouré d'ombre chez Gracq n'est jamais heureux. Il ne délivre ni de l'inquiétude ni des ténèbres. Il ne peut que les conjurer et vainement, car la nuit reprend vite ses droits et sa fonction qui est d'être profondément angoissante.

C'est donc le crépuscule qui rend le mieux compte de

la fascination qu'exerce sur Gracq la nuit obscure. Liée dans les romans noirs à tous les fantasmes du monde de « l'en-bas » et chez Baudelaire au thème dépressif du Temps noir, l'angoisse est ici la matière même de la nuit : bel exemple de retour aux sources du mythe.

Mais de même que dans le Mythe l'image de la nuit obscure appelle celle de la douce et sainte nuit — « Nuit divine, chante Euripide, longue est la course que tu mènes, où ton char lancé sur le dos étoilé du divin éther traverse la sainteté auguste de l'Olympe[41] » — de même s'oppose à la nuit incertaine celle de la Promesse et des « grands départs » et à la ténébreuse angoisse la jubilation qui marque la marche sous le ciel étoilé.

3. La nuit initiatique

Dans *Un beau ténébreux* un passage significatif témoigne de l'importance dans le symbolisme nocturne de l'image de la douce nuit. Alors que la « nuit noire » s'est étendue sur Roscaër, Christel rêve que sa chambre est l'avant-scène d'un théâtre qui surplombe la mer. Le théâtre devient bateau et la nuit vague transparente qui envahit peu à peu les lieux. A mesure qu'elle monte, la peur de Christel se transforme en « *joie délirante* », en sentiment de « *sécurité sans limites*[42] ». La jeune fille s'engloutit à la fin dans cette eau transparente où brillent les paisibles étoiles d'Égypte et qui est la nuit même. Exaltation de la nuit implicitement opposée au jour, apparition, comme pour Allan veillant dans l'église, de la lumière qui exorcise les ténèbres, transformation du « mare tenebrum » de l'angoisse en eau limpide et brillante qui invite à l'immersion, apparition du bateau qui associe aux symboles nocturnes ceux de l'intimité, et surtout adhésion de tout l'Être à la nuit qui devient le lieu de l'ineffable communion : la plupart des images qui marquent chez les romantiques l'inversion des valeurs ténébreuses de la nuit apparaissent dans le rêve de Christel.

On a souvent, et avec raison, parlé du romantisme de la nuit de Gracq. Dans l'indétermination des formes et les métamorphoses imprévues des jeux d'ombre surgit pour les romantiques un monde nouveau qui transcende le réel. Le jour n'existe plus, la Sainte Pénombre permet au poète de retrouver l'intégrité primordiale qui unit l'état de veille à celui de sommeil.

Et dans la « *province française*[43] » Baudelaire et Gracq sont de ceux qui se rapprochent le plus des romantiques allemands dans l'exaltation des images de la douce nuit.

L'étude du crépuscule déjà montrait la place que tient dans la poétique baudelairienne le thème lumineux de la nuit apaisante. Le poète est sensible aux bienfaits de la nuit sereine qui console comme Mme Sabatier. S'il n'échappe pas par instants à la tentation de chercher dans les ténèbres cette inconscience que donne la mort dans la nuit, la nuit reste tout de même celle qui

> « *Apaisant tout, même la faim,*
> *Effaçant tout, même la honte*[44] »

le sauve des ravages du temps destructeur. Car, comme pour Novalis, l'ombre est l'instant où le passé remonte librement au cœur. Résurgence du souvenir, la nuit est surtout, comme encore chez Novalis, le lieu privilégié de la création poétique. Refusant les saisons et le réel, retrouvant dans le thème de la nuit les métaphores de l'intimité qui associent à la pénombre cette demeure close sur le Temps et le quotidien et où l'imagination s'exerce librement, Baudelaire construit « dans la nuit » ses « féeriques palais[45] ». L'image noire de Jeanne aussitôt s'inverse : à la présence de la belle mulâtresse que le poète unit à la lune en une même louange sont liées l'évocation du souvenir qui devient rêve et la vision d'un monde enchanteur qui a retrouvé son innocence primitive. Par un effet de cette alchimie nocturne chère aux romantiques, les ténèbres, confondues avec la chevelure de Jeanne et l'océan bienfaisant, se colorent et s'allègent, deviennent

> « *Cheveux bleus, pavillon de ténèbres tendues*[46] ».

En Jeanne, « *noire et pourtant lumineuse* », c'est bien toute l'imagerie nocturne de l'ineffable nuit qui apparaît.

Nous la retrouvons dans la nuit de Gracq. Telle description du paysage d'Argol que la lune baigne avec une « *capiteuse douceur*[47] », telle évocation des arbres de la forêt qui prennent l'éclat de l'argent, telle vision enfin de la gâtine ardennaise sous les étoiles

> « ... *et l'air plus léger des rêves infusait les sous-bois d'un bleu d'encens vaporeux ; la lune se levait et rendait à perte de vue la terre aussi guéable qu'une embellie sèche les chemins*[48]... »,

évoquent la féerie de la nuit romantique : même exaltation de la paix du soir, même transfiguration du décor dont les contours s'estompent dans la brume, même fluidité de l'air et mêmes notations de couleurs. Comme chez Baudelaire la nuit s'oppose au Temps dont elle est pourtant le signe : enfoncé dans les bois à la recherche de Heide, Albert a l'illusion de vivre une vie nouvelle comme si les enchantements de la lune pouvaient arrêter le destin. Typiquement baudelairienne est aussi l'évocation de la nuit du grand départ d'Allan : les ténèbres bleutées deviennent « *chant* », « *vibration silencieuse* », l'espace nocturne s'ouvre et s'anime sous l'effet de la « *neige céleste* » qui descend des collines[49]... : autant d'éléments chers à la poésie romantique.

Et pourtant ce n'est là qu'un décor et un enchantement douteux. Ni les étoiles qui illuminent le ciel d'Argol, ni la magie de la forêt des Hautes Falizes n'invitent à entrer dans le monde du rêve, et cette lune un instant si douce pourrait bien être celle dont s'alarme, selon Gracq, Roméo, « *Lune distante, décevante, tricheuse... qui trompe les attentes*[50] ». Déjà, alors que Heide a pris la main d'Albert, la forêt, par une sorte de dérision un instant transfigurée, attend que sonnent les trois coups du drame. Déjà Grange échappe au charme puissant de la forêt ardennaise... Révélatrice de cette ambiguïté est la nuit de *Lohengrin* qu'évoque Gracq, nuit importante selon lui moins par ce qu'elle montre que par ce qu'elle annonce : la vision au-delà des étoiles de l'estuaire de l'Escaut, le bruit de la mer et sa promesse « *demain, nous voguerons sur la mer*[51] ». Et il est significatif que la nuit ne soit jamais associée à l'image de la féminité bienfaisante comme chez les romantiques : l'amour même entouré d'ombre ne distrait pas de l'Attente, et la femme dans la nuit n'est jamais que la compagne qui participe à la conquête du destin héroïque. Christel qui symbolise au plus fort de la dernière nuit d'Allan la conversion à la douce nuit ne peut rien contre Dolorès.

Nuit ambiguë que la nuit romantique de Gracq : l'enchantement passe et le rêve n'y est qu'une tentation rejetée. C'est que le personnage gracquien est un guetteur dans la nuit aventureuse et que Gracq emprunte aux romantiques plus qu'un décor nocturne : la signification profonde de la nuit qui en fait, dans la vie des personnages, l'instant privilégié où ils ont au plus haut point le sentiment de l'existence et où, comme Aldo dans la nuit de la Croisière, ils s'unissent à leur destin.

Plus qu'à Baudelaire, c'est à Novalis qu'on songe et à cet hymne qui exalte cette nuit qui, au-delà de la nuit physique et des angoisses, est celle de « *l'éternité enfin conquise*[52] ». Dans cette nuit mystique où tout ce qui n'a plus trait à la Promesse est aboli, les signes s'accomplissent et le héros de Gracq est initié à ce qui a donné son sens à « *cette fuite en avant nocturne*[53] », que cette initiation revête l'aspect tragique de la mort d'Allan ou d'Herminien, ou marque, au terme de l'errance nocturne, la révélation de la terre inconnue. L'éclat des étoiles qui marque chez les romantiques le début du rêve devient par un effet d'accentuation proprement épique scintillement, embrasement, lumière d'un monde d'avant les hommes. Engagés dans l'allée fatale, Albert et Heide découvrent d'un coup toutes les étoiles et nombreuses sont dans les autres romans les références à cette « *poussière d'étoiles* » qui guident les personnages comme elles guident le *Redoutable*[54].

A cette clarté sidérale qui accentue la solitude du héros s'ajoute bien souvent « *la pureté mortelle*[55] » de l'air, ou le vent venu « *d'un autre monde*[56] » semblable à « *un fleuve de froid acide* », tous deux symboles de la grandeur conférée au héros. Passé les terreurs et les signes inquiétants, monte en lui cette « *confiance* » qui est « *pure vertu*[57] ». Il s'abandonne, avec la sérénité d'Allan ou la jubilation d'Aldo, à son Heure et voit ce que la répétition des nuits de l'angoisse lui a permis d'entrevoir.

« *Nuit profondément décevante qui est jour* », « *crépuscule perpétuel* » : sans cesse reviennent dans les romans de Gracq les références à la fondamentale ambiguïté de la nuit. Inquiétante parce que douteuse, elle échappe pourtant aux seuls effets de la terreur. Dotée de tous les charmes de la douce nuit, elle ne console ni n'apaise. Et pourtant il y a dans le symbolisme nocturne de Gracq une profonde unité, car c'est à la flamme qui brille dans les ténèbres qu'il appartient de restituer le personnage à sa nuit et à son Heure. Nuit d'au-delà des âges, contenant l'Attente et la Révélation, elle est telle que la définit la question de Vanessa :

> « *Il n'y a jamais eu de nuits, Aldo, où tu as rêvé que la terre tournait soudain pour toi tout seul ?* »

GILBERT ERNST.

NOTES

1. *Préférences*, p. 68.
2. Les ouvrages de Gracq sont représentés par les signes suivants :
Au Château d'Argol : A. (éd. Corti),
Le Rivage des Syrtes : S.,
Un beau ténébreux : B.T.,
Un balcon en forêt : B.F.
Nous nous référons à l'édition Crépet-Blin des *Fleurs du mal*, sauf l'indication contraire.
3. B.F., 42.
4. A., 64.
5. A., 62.
6. M. Eliade, *Traité d'Histoire des religions*, p. 139.
7. S., 139.
8. A., 72.
9. A., 55.
10. A., 77.
11. A., 73.
12. *La Quête du Graal.*
13. B.T., 75.
14. *Préf.*, 68.

15. G. Durand, *Les Structures anthropologiques de l'Imaginaire, cf.* p. 89 et suiv.

16. *Les Fleurs du mal*, p. 463, lettre à F. Desnoyers.

17. L. Bopp, *Psychologie des « Fleurs du mal »*, tome I, p. 117. L. Bopp signale qu'il y a 143 notations d'ombre contre 353 de lumière.

18. P. 42.

19. P. 60.

20. P. 1.

21. B.F., 121.

22. A., p. 64.

23. S., p. 82.

24. B.T., 163.

25. A., 34.

26. La relation entre la nuit et les personnages, l'aspect ténébreux d'Allan, d'Aldo ou de Vanessa ne sont pas traités dans cet article, qui se limite à l'étude de la nuit mythique proprement dite.

27. S., 164.

28. H. Krappe, *La Genèse des mythes*, p. 161.

29. B.T., 78.

30. Beguin, *L'Ame romantique et le rêve*, p. 280.

31. P. 107.

32. P. 197.

33. Ed. de la Pléiade, p. 263.

34. P. 58.

35. P. 195.

36. Bachelard, *L'Eau et les Rêves*, p. 137.

37. B.T., p. 176.

38. Durand, *op. cit.*, p. 88.

39. B.F., 122.

40. B.F., 121.

41. Euripide, cité par Krappe, *op. cit.*, p. 159.

42. B.T., 77-78.

43. A. Beguin, *op. cit.*

44. P. 157.

45. P. 48.

46. P. 36.

47. A., 62-63.

48. B.F., 99.

49. B.T., 192.

50. B.T., 124.

51. B.T., 125.

52. A. Beguin, *op. cit.*, p. 213.

53. S., 213.

54. S., 216.

55. S., 165.

56. S., 232.

57. A., 144.

LE GUETTEUR EN POSTURE D'ÉVEIL

François Van Laere

1. La truite, une nourriture triste

Tremper profondément les mains dans l'eau courante. Attendre qu'elles aient gagné sa température. Attendre ensuite, immobile de corps, longtemps. En mimant, d'abord petit à petit, avec les doigts, la langueur fade et animée des algues de rivière. Attendre qu'une truite, comme sur les algues vraies, où elles se complaisent, vienne installer son ventre froid au boudoir truqué de vos paumes. Caresser longuement les écailles de cette lame, caresser sans insistance mais avec précision le dessous de ces flancs où s'annoncent des fuites. De surcroît, laisser au vénérable poisson le temps, ample, de jouir du lieu. Et alors, saisie la truite aux ouïes, vous la lancez, preste, aussi sec sur la berge.

Ainsi un prêtre irlandais, une sorte d'abbé Troubert parmi d'innombrables abbés Birotteau, racontait-il la pêche à la truite d'Irlande (moi qui n'y connais rien, je crois cependant savoir que la technique existe en France) selon le mode des hommes : à mains nues, qui apprivoisent le ventre. Quant aux femmes d'Irlande, elles usent, paraît-il, de la fourchette.

Le vif-argent qui dénonce le style de Julien Gracq serait bien la trace d'une belle truite, dont on ne pourrait parler, sur le rivage, et à partir d'une prise, que pour avoir contracté quelque anormale température. Mais comment capturer, captiver cette écriture qui nous prend elle-même aux ouïes ? On tâchera donc d'en parler, sans méthode ni technique de pêche, avec le geste simple et maladroit de l'algue. Étant entendu que le poisson, soluble, nous échappera. Et que, peut-être, il ne subsistera visible que la course d'une eau...

Glisser à l'eau, couler en mer, c'est toujours un mouvement qu'oriente un charme chez Gracq quand devient fatal le naturel sobre d'une mort. Sur l'aspirant Grange, « *le silence se (referme) comme une eau tranquille*[1] ». Jeu funèbre aussi que *Le bain* du trio d'*Argol* : « *était-il perdu, noyé au milieu des vagues insatiables, le secret pervers de leurs cœurs*[2] ? » Et Allan refuse d'être « *sauvé des eaux, y ayant même repêché de surcroît une femme charmante*[3] ». C'est que la femme de pluie la plus charmante du monde, ainsi la Mona d'*Un balcon en forêt*, ne peut donner que l'averse qu'elle a, ou qu'elle favorise. En elle, certes, Grange peut se sentir pris par « *une rivière dans l'ombre des arbres à midi. — Comme un poisson dans l'eau, se disait-il*[4] » ; il ne parviendra jamais à rejoindre la mer à laquelle il aspire ; sa mort a lieu tandis que « *la vie retombait à ce silence douceâtre de prairie d'asphodèles, plein du léger froissement du sang contre l'oreille, comme au fond d'un coquillage le bruit de la mer qu'on n'atteindra jamais*[5] ».

Mais il existe des chemins-fleuves sournoisement redoutables, les routes (un mot dont l'étymologie a partie liée avec « rupture »...) de l'écriture ; ce serait bien, à plus proprement parler, d'une de celles-là que, à la première page de *La Route*, le narrateur dit : « *L'étrange — l'inquiétante route ! le seul* grand chemin *que j'aie suivi* » ; et encore : « *On s'engageait dans celui-là comme on s'embarque sur la mer* »...

Quand il y a coït de la vie et de la mort, du prestige et de la fascination, de curieux climats s'instaurent, et d'étranges interversions. Gracq, évoquant sa Bretagne marine, songe que « *la mer, bien sûr, est le spectacle envahissant et plus changeant encore vers lequel la terre — pénétrée, déchirée par elle — dévale de partout : jusqu'à des lieues à l'intérieur la côte ici est placée sous son invocation : Ar Mor*[6] ». Où situer le masculin lorsque se pénètrent les deux « partenaires » de la relation sexualisée ? Car la mer *déchire* la terre autant que celle-ci tente, risque de violer la mer. C'est pourquoi certaines femmes, élues de la mer, se révèlent, sans rien de violateur, d'une nature littéralement *violente*. Qui est Vanessa, sinon cet impératif : « — *Viens, me dit-elle d'une voix brève, et je me levai pour la suivre*[7] » ? Et voici Heide opérant sur Albert : « *avec la lenteur d'une torture, elle noua ses doigts aux siens, chacun de ses doigts aux siens*[8] *avec force, avec frénésie, et attirant sa tête vers la sienne, elle le força à prendre un long baiser qui secoua tout son corps d'un éclair dévastateur et sauvage*[9]. » Chez Gracq, la virilité risque bien de n'advenir au mâle que par la grâce d'une vertu gaillardement féminine. De là sans doute le pouvoir fascinant, à la fois « érecteur » et castrateur de la Kundry wagnérienne, telle que Gracq la dispose vis-à-vis d'un Parsifal aux visages masculins nombreux (Albert, Gérard, Aldo, Grange...) ; pouvoir exorbitant, qui peut induire chez l'homme gracquien le rêve de châtrer la walkyrie trop virile de façon *capitale* : « *Quand Irmgard était couchée sur le ventre, il aimait soulever les cheveux lourds pour découvrir la nacrure de la fraîche lisière rasée, promener sur le chaume dru qui gardait encore le luisant de l'acier un doigt qu'aiguisaient brusquement, en faisant passer en lui une petite vague sensuelle, les deux mots de* coupe au rasoir *: il ne pouvait se retenir de mordiller cette peau, plus nue d'avoir été sous la lame, avec une faim très trouble ; Anne Boleyn et Marie Stuart, la chair blanche des belles aristocrates de la guillotine, s'éveillaient vaguement sous ce doigt envoûté*[10]. » Envoûtement équivoque : ainsi, ne serait-on pas en droit de se demander si le mâle nommé Grange s'est réellement écrié, « *avec une espèce de stupéfaction paisible* » : « *Tu es un paradis*[11] » — à l'adresse pourtant d'une Mona qui va bientôt le « *pénétrer* », puisque, à quelques lignes de là, nous lisons, à propos des seins « *phalliques* » de l'amante, que Grange « *sentait une longue poussée, pleine et nocturne, venue de* *très loin, qui les pressait contre sa bouche. "Comme tu es bon !", lui disait-elle parfois dans cette langue sans mensonge qu'il commençait à épeler et où "bon" avait cessé de se souvenir de tout autre que "bon à avoir" "Je t'ai séduit..." ajoutait-elle avec un petit air satisfait*[12] ».

On pourrait en déduire que, par une douce violence, la mort nous amène à nous rendre à une certaine merci, celle de l'objet possédé qui « *(regarde) autour de lui (...) flotter l'eau lourde de la pièce claquemurée qui dormait debout sous la lune, écrasée par le silence de la campagne*[13] ». Mourir de la sorte n'a lieu, jamais, en vérité, que dans le sein d'une littérature. Et, de fait, il se produit de belles morts littéraires. Il semble même que le deuil sied à des phrases artistement (mortellement ?) formulées.

Il y a l'homme de terre, puis surtout il y a l'homme de mer. Celui-ci ne s'avoue, textuellement, *marin* que par son signe. Rapprochons, non les signes, mais les termes. Ramenée, comme « *une petite mal gardée, perdue dans ces forêts de la guerre*[14] », Mona s'enchanterait-elle de la profération à son amant attribuée : « *Tu es un paradis*[15] *!* » ? Dans le lieu de l'instant, de cet instant-là, si paradis il y a, il ne s'agit assurément point de paradis ordinaire : « *Les Syrtes ne sont pas le paradis terrestre, en cette saison*[16]. » Pas d'homme plus marin, en tout cas, que le capitaine Marino — dont « *on n'a pu retrouver (...) le corps (...). Notre peine à tous a été grande. C'était un officier distingué et un serviteur fidèle*[17] ». La qualité de serviteur exemplairement assumée par Marino en fait, bien sûr, un des supports dans l'œuvre de Gracq de la figure de Gurnemantz. Mais, avant tout marin, il a probablement enseveli son corps dans la mer. Sa disparition n'en est pas moins, aux Syrtes, l'équivalent structural de la mort du terrien Carlo. Mais cette scène d'enterrement est équivoque en ce que, de souche nomade, le vieux Carlo mort dessine un trait d'union entre le peuple d'en face, marin et insaisissable, et la race d'Orsenna pétrifiée dans un songe où se médite l'immobile absolu. Mieux : la mort de Carlo, le père, restitue à ses fils leur essence : « *à voir cette longue file chevaucher indifférente sur la terre plate avec les gestes alourdis des errants, et ces visages tannés que le désert faisait sans âge et sans expression, on* *eût dit un de ces cortèges de nomades barbares qui portaient le corps de leur chef jusqu'aux lointains pâturages d'eaux vives*[18]. » Voyez le lieu où le corps s'enterre : « *ce sol qui bougeait comme les dunes sous ses plis de sable ne tenait pas sa proie pour jamais*[19] » — car que peut valablement assurer la terre qui ne soit bientôt récusé par la fixe mouvance de l'élément marin ? Rejoignez-vous donc, ô morts subalternes, Carlo et Marino, au sein d'une trouble identité — et votre fonction romanesque se trouvera remplie. Et une certaine truite digérée.

Dans toute l'œuvre de Julien Gracq, il n'est que deux morts qui ne se portent, ou ne se comportent, pas bien (bref, qui n'ont pas la décence de Carlo-Marino) et dont l'être, pourtant à peu près gommé dans le texte, paraît échapper à la substance littéraire : pour tout dire, deux *vrais* morts, qui pour un peu iraient jusqu'à sentir mauvais... Du blockhaus Grange a fait tirer — mouche ! — sur une voiture allemande. Les deux occupants, tués, « *des jeunes*[20] », sont ainsi « *résumés* » : « *deux pattes d'épaule gris-vert, deux gros revolvers à barillet, d'un modèle ancien, et quelques plaquettes de couleur gris blond, pareilles à du carton d'emballage : des knackebrot de seigle, qui craquaient dans la bouche avec un goût fade et aigrelet : une nourriture triste*[21]. »

Il suffirait de deux morts authentifiés pour que la littérature entière épousât son panache de néant. Non qu'elle ait à se « *justifier* » par le dehors d'elle-même. Et, davantage, elle n'a pas à se « *justifier* » en soi : il est beau, sans plus, qu'elle tente d'être. Le dehors sera toujours suffisamment vaste pour nier, où que ce soit, le quelque chose qui s'intériorise. Il reste à espérer que ce ne soit pas l'obsession de l'en-dehors qui suscite le désir d'une intériorité. L'espoir, en effet, ne peut consacrer que des noces nulles.

En attendant, observons vis-à-vis du cru, du cuit et surtout du *pourri* humains la règle d'une discrétion noblement littéraire ; bienheureuse *Route* d'écriture qui résout par la bouteille à l'encre « *l'embarras du cadavre*[22] », et s'évoque, aseptisé, un lieu où « *la mort avait cessé de poser des questions : on rencontrait de temps en temps au bord du chemin de petits tas de pierres allongés auxquels la coutume de la Route était d'ajouter seulement au passage un caillou (...) : cette petite moraine d'hommes qui se déposait peu à peu au long de la voie ne pesait pas au souvenir comme la terre des cimetières et ne donnait pas à penser*[23] ».

Qu'il s'agisse ou non de littérature, le littérateur est en tout cas mortel. Et, singulièrement, il s'appréhende dans sa mort quand il saisit la plume. Pourquoi Julien Gracq n'a-t-il écrit, versicolorement modulée, qu'une seule narration ? Parce qu'il ne tend — d'où l'espace d'un texte — qu'à dire le verbe lâche du mourir qui se tâte. De cette folle tentative, rien ne peut détourner l'homme, et surtout pas la femme : ô Vanessa, adamantine obscurité d'une Venise fausse plus belle encore d'être fictive, ô Mona qui en dépit du *monere* étymologique n'avertit personne ! Comment, d'ailleurs, avertir celui qui, dans un roman de Gracq, prend la parole ? — je n'ai pas dit : celui qui prend le pouvoir... (Qui, par exemple, nous tait que *Mona* est une île entre Bretagne et Hibernie, et un lieu « célèbre » comme pays des Druides...).

Circonscrivons (abstraction faite de *La Presqu'île*) : deux textes qu'inaugure la première personne, deux autres qu'« *objective* » la troisième. Match nul ? Non point, car il demeure le scripteur. Qui n'est pas semblable à n'importe quel écrivain : il est de ceux qui s'obligent à la mort même.

Assis à ma table, j'essaie d'être tel. Je commence donc par me prendre non pas pour n'importe qui (ou quoi), mais pour quelque chose. Quelque chose, donc, qui écrive — sans quoi il n'y aurait pas lieu d'écrire à mon sujet. On connaît les assertions meurtrières de Gracq à l'égard du (sans doute dirait-il « soi-disant ») Nouveau Roman. Le tronc commun, ce n'est pas même le Roman — un terme qui ne figure sur aucun texte narratif de Gracq — mais une posture, précise et souveraine, par quoi s'atteste l'écrivain, c'est-à-dire : l'homme qui se dit qu'il ne peut survivre sans adopter une posture telle et qui, l'adoptant, se souvient qu'il ne peut l'adopter que pour, écrivant, nier l'avoir adoptée. Et ainsi de suite, comme on imaginera. Nier ce que l'on est pour tenter d'avoir, posséder au moins sa négation pour barrer en souhait un être positivement irrésolu.

Dieu merci ! l'acte d'écrire résout bien des choses. Et les résout par l'acte ramené à lui-même. De quelle fonction me trouvé-je donc « *relevé* » dès lors que, léger, je prends la plume ? Ne *serais-je* pas la mort même (du genre « rouge » chez Poe) qui entre sans frapper ? Et pourquoi frapper lorsque la présence — ici de l'absence — est assez avérée ? L'histoire littéraire confirme que quantité d'auteurs ne s'assoient à leur table d'écriture qu'après s'être persuadés de leur décès imminent. Parmi les anonymes sereins de ce lot, distinguons, singularisons. Un jour donc, Julien Gracq, une fois oubliée la fuyante truite, une fois (et plus aisément) surmonté le goût d'un « machin » admirablement qualifié comme cette « *nourriture triste* », s'assit quelque part devant quelque chose, avec l'intention souterraine de communiquer un « truc ».

Julien Gracq s'esquive devant l'interrogation « technique ». C'est à bon droit ! N'empêche : la littérature se manie, s'écrit. Un barrage nucléaire d'insultes (et reconnaissons que le surréalisme eut ce génie même de l'insulte qui rend pâle tout guerrier bien né de l'*Iliade*) ne nous préservera malheureusement pas de l'évidence qu'un texte, quelconque, s'écrit face à une mort.

2. Suicide-écritoire

Secouons, *Au Château d'Argol*, quelque structure. Dix chapitres, dont nous escamotons le dernier : *La mort*. Il reste : deux fois quatre encadrant, assez exactement (si l'on tient compte, au surplus, de la pagination), le chapitre, dès lors à tous égards central, où *Le bain* des trois et quasiment seuls protagonistes — exceptons le serviteur toujours assoupi de ce château dormant au bois... — échoue sur l'os de seiche d'un suicide triangulaire renoncé[24]. En ce lieu du livre, étant rappelé[25] que « *l'écriture ne* (peut) *vaincre que sous* (des) *signes consacrés, mais indéfiniment multipliables* », s'offre le flanc qui vibre d'où émane, pour tout le reste, l'avant comme l'après, le discours narratif. C'est là que prennent du sens des signes bientôt onomastiques : un A (Albert) entre deux H (Heide, Herminien). Passons sur le A, d'une force première évidente quoique singulièrement anémique (mais il est le point de focalisation, singulier, du récit), pour considérer les H. Si Heide était un homme, elle serait, en allemand, un païen ; femme, dans la même langue, elle nous octroie la lande, la bruyère, voire, dans l'usage poétique, la forêt ; l'oiseau eider, en français (qui emprunte le terme à l'islandais « aeder »), fournit, comme l'on sait, des plumes recherchées à nos édredons. A travers Heide, on le sent, on le pressent, souffle une tourmente virile. Or, par une curieuse inversion, Herminien semble renvoyer, non seulement à une blancheur, mais aussi — romantisme allemand oblige — à tel prénom germanique qui se traduirait par, disons, une Germaine ou une Armande.

Ne point s'égarer : Heide se situe au-delà du masculin et du féminin, dans la mesure où elle récuse, en vérité, l'*appartenance*. Elle possédera donc pour couleur une candeur mâle, cynique, versicolore comme le serait un être qui, par l'esquive d'une transparence, résoudrait bien des antinomies, dont celle de l'absence et de la présence. *« Elle paraissait entièrement vêtue d'étoffes blanches, d'un travail remarquablement délicat (...). Son visage était divers comme les heures du jour, et la combinaison magnifique des plans y semblait réalisée d'une façon telle que l'on eût dit un prisme où tout rayon de lumière qui l'atteignait dût rester enfermé et rayonner sous la peau d'une clarté douce, une cristallisation animée du jour (...), ce visage, qui semblait fait pour rendre éclatante aux yeux les moins prévenus la distinction essentielle de la qualité et du degré*[26]. » Qui donc est Heide-la-Blanche qui a failli séduire (mais avec pour excuse sa mort prévue) jusqu'au roc suicidaire et marin un triangle exceptionnel ? — sinon une étrange, une créatrice vertu de résurrection, presque technique (j'entends : due à l'obscure nécessité, pour l'auteur, de faire renaître le personnage sous une autre figure — comme on verra).

Cristal, en effet, qui pense, Heide se retrouve destinée à la réincarnation dans une substance plus incorruptible, l'absence y mordant moins, celle, dans *Un beau ténébreux*, de Christel — en qui l'onomastique « cristalline » dénonce, de surcroît, une allusion à quelque (inutile) Sauveur. Pauvre Christel, trop emprisonnée, quand même, cette fois, dans une chair, pour être autre chose que, toujours, « *toute blanche*[27] » « *un peu pâle*[28] », etc. Précisons : « *Christel avait une robe de plage blanche, les pieds nus dans des sandales. Je remarquai à son cou, pour la première fois, une petite croix d'or suspendue à un collier*[29]. »

A première vue, il semble, à comparer les deux romans (*Argol* et le *Ténébreux*), qu'il y ait une déperdition en cours de route, puisque nous partons d'une triple tentation de suicide conduite par une Heide souveraine pour aboutir à l'entreprise singulière (dans l'œuvre, la conjonction du suicide d'Allan avec celui de Dolorès, littéralement, « ne rime pas à grand-chose »...) d'un suicide solitaire face auquel, bellement, la « toute-pâle » Christel se révèle éperdument démunie ; lorsque, celle-ci congédiée, la porte de la chambre d'Allan se rouvre, ultime phrase du livre, c'est pour que l'enlève et possède l'éternelle Attendue : « *De nouveau il entendit la porte s'ouvrir, et, calme, du fond de la chambre, il vit venir à lui sa dernière heure*[30]. »

Il a été excellemment rappelé combien l'œuvre entière de Julien Gracq dérivait du thème de l'attente[31]. L'on pourrait même se complaire dans l'idée — une idée « *de première vue* » — que l'attente est celle d'une mort en fin de compte tellement attendue, précisément, qu'elle en devient élue. Au terme des *Syrtes*, où s'affirme une surprenante, parce que vierge, jeunesse — qui, chez un Gracq-Corneille, eût pu donner un *Cid* plus fol encore —, l'on devine chez Aldo l'espérance déçue d'une mort haute[32]. *Argol* et le *Ténébreux* sont, de manière trop explicite pour qu'on y insiste, funèbres. Plus elliptique à cet égard, bien sûr (mais avec présomptions suffisantes), le récit des *Syrtes*. Quant au *Balcon*, il est presque superflu de désigner la volonté d'endormissement qui caractérise la narration et en fait, très heureusement, une des plus somnambuliques, des plus « médiumniques » de la littérature française.

Encore faudrait-il savoir de quelle « mort » il s'agit. M'a toujours ému cette chanson populaire où un prince (« Ô fils du roi, tu es méchant »), débusquant une mare à canards, « visa le noir, tua le blanc ». Parabole, bien évidemment, de l'écrivain, cet éternel myope qui dissout ou tente de dissoudre — parmi les neiges de quelque page — cela même qui, à l'inverse des étoiles (comme le rappelait Mallarmé), cherche à s'exprimer noir sur blanc. Disqualifions ici la dialectique : à une table s'asseoir une plume à la main, acte en apparence « confortable », tout soudain surgit comme risque (sinon exigence de mort : voire de « mise à mort » — et que l'on songe à la « littérature en tant que tauromachie » de Leiris...) un *quelque chose*. Qui, décisif, finit par s'écrire.

Tigre en papier ! Ce peut être une insulte à la « réalité ». Mais aussi bien un hommage à l'« imaginaire ». Peu d'œuvres dans le secteur *français* (à l'étranger, il faudrait s'envoler vers les cimes d'un James Joyce, par exemple) qui soient autant, aussi radicalement, en *papier* que le *Ténébreux*. Voyons-y de plus près.

Gracq a livré, avec l'aveugle divination de celui qui lit *véritablement*, une édifiante « exégèse » de la *Béatrix* de Balzac[33], dont la trame a servi dans une certaine, et initiale, mesure à fonder le *Ténébreux*[34]. La *Béatrix* balzacienne repose sur un conflit féminin : d'une part, Béatrix même, « la *femme fatale*, blonde élancée », et, d'autre part, « la brune et mate Camille[35] ». De fait, comme y insiste Balzac, « la blonde Béatrix et la brune Félicité (autre nom de Camille) eussent rappelé ces contrastes de keepsake si fort recherchés par les graveurs et les dessinateurs anglais[36] » ; toutefois, il précise que « la Bretagne offre un singulier problème à résoudre dans la prédominance de la chevelure brune[37] », visant par cette indication apparemment innocente (voire naïve) à marquer sa Camille-Félicité du signe — dans le cadre de ce roman-là bien entendu — le plus favorable : elle est « née native » de Bretagne.

Heide, mortelle au double sens du terme, apporte à Argol une mort dont elle sera la première à bénéficier, sommet pour ainsi dire du triangle. Elle est bien pareille, cette « visiteuse du soir », à l'héroïne balzacienne dont Gracq nous dit que : « *Dans cette soirée déjà très sombre où Béatrix apparaît aux yeux de Calyste, elle n'est guère que* fantôme blanc, *reflet de glace, sylphide et vague éblouissement, essence féminine plutôt que femme (...). Les trois personnages s'enferment aux Touches*[38]. »

Roman breton d'un Breton qui se veut (ne serait-ce qu'à cause d'une mythique Bretagne médiévale oscillant entre France et Angleterre) passablement « bretonnant », le *Ténébreux* ressuscite une Heide qui a cessé d'être elle-même. Assurément plus « Bretonne » — au sens où l'est Camille Maupin-Félicité des Touches — que la blonde, la trop blonde Heide, Christel n'a plus guère, à proprement parler, de vertus « mortifères ». Curieusement, l'auteur ne nous révèle la couleur de ses cheveux que tout à la fin du récit : au rebours de ce que faisait attendre le relais Heide-Christel, il s'agit cette fois d'une brune bon teint — le contraire, donc, d'une « femme fatale ». Aussi bien sera-ce pour « la main de Christel » « *une tentation démesurée*[39] » que de vider ce qu'il pourrait subsister de poison dans le verre d'Allan (finalité manquée qui, sans doute, explique les allusions éparses au *Roméo et Juliette*, à première vue quelque peu surprenantes).

A ce stade-ci, et provisoirement (puisque les récits postérieurs remettront en question cet équilibre — qui n'est tel que pour un œil mâle...), la fascination exercée par la Femme-Homme s'est inversée : « *l'enchanteur pourrissant* » dont Allan tient le rôle est, de toute évidence, Homme-Femme. Devant ses ténèbres, volontairement présentées comme dérisoires, la candeur serait, certes, une plaisanterie assez farce...

Non masqué, ce personnage, qui porte le moins français (dédain supplémentaire) des prénoms de Poe, s'avance lourdement bardé — pour, tel un chevalier médiéval, le soulever et poser sur quelque assiette, il faudrait un treuil, ici d'« érudition »... — de littérature, une littérature presque à tout venant, avec mise fausse à mort comme dans toute dérision. Mais cette dérision existe expressément dans le récit, quand a lieu le bal masqué où tous les personnages apparaissent déguisés en héros de romans ou de poèmes. Heide déjà avait connu une de ces étranges métamorphoses : son enterrement par Albert et Herminien[40] est, de toute évidence, celui d'Atala. Il est donc naturel que Christel se travestisse, justement, en Atala[41].

Une mise à mort de la littérature, c'est encore trop peu

dire ! « La fête sans lendemain[42] » que s'organise Allan a pour entours propitiatoires un véritable *potlatch* de références textuelles — que nous ne croyons pas épuiser dans ce qui suit. A Balzac encore deux allusions directes (Béatrix, Rastignac), et deux filigranes, le premier assez cryptique (et qui s'allie bien à la blancheur) désigne *Séraphîta* et le second l'allure d'« *amants migrateurs* » (l'expression est de Gracq) que revêtent Allan et Dolorès. En épigraphe, les huit premiers vers du sonnet 94 de Shakespeare, lesquels évoquent l'agitation, la mise en mouvement qui se produit nécessairement autour d'un être par nature doué de l'immortalité de la pierre (surtout, sans doute, si celle-ci a quelque chose de déjà tombal...). Mais la fin, non citée, du sonnet n'a pas moins d'importance ; « dérobée » par l'auteur — comme on dit : « une porte dérobée » — elle traite d'une fleur qui ne vit et meurt que pour soi, et qui, pourrie, réduit le lis à l'ordure[43] : encore une métaphore pas mal appropriée, au fond, à l'écrivain... Deux citations, en outre, provenues du *Roméo et Juliette*, et, lors du bal masqué, « le noble père d'Hamlet » et Banquo jetés par raillerie dans la conversation.

Edgar Poe, pour sa part (qui n'est pas négligeable), intervient — outre une possibilité tout aussi « railleuse » d'apparition du Spectre de la mort rouge au bal masqué — une fois pour « intemporaliser » les événements, une deuxième fois, à cause du *Portrait ovale*, pour la « mort d'homme » qu'entraîne un « *achèvement* de l'œuvre[44] » — mais, encore une fois, de quelle mise à mort s'agit-il ? — et, enfin, pour des signes mystérieux décrits dans *Arthur Gordon Pym* et qui, pour un peu, rempliraient l'office de « dessin dans le tapis » (ils reconvertissaient en énigme la chambre d'Allan...). Présence de Gœthe à deux ou trois reprises, parce qu'il y a du *Werther* dans l'air, et aussi par référence aux *Affinités électives*. On pourrait même se demander si le *Ténébreux*, qui repose sur le rapport binaire du Journal de Gérard et d'un récit « objectif » à la troisième personne, ne doit pas cette particularité — unique dans l'œuvre de Gracq — à la composition des *Affinités électives* (où le Journal d'Odile s'entrelace à une narration de type « il ») ; mais qu'on nous entende bien :

Gracq, en ce cas, aurait purement et simplement *réécrit* les *Affinités*, auxquelles il reproche un excès de construction et de classicisme volontaire[45]. Ainsi, pour s'approprier le sujet gœthéen, pour y *souscrire* (au sens propre), il lui aura suffi d'y faire souffler les vents troubles du romantisme, de la folie, et d'une Mort plus vraie.

C'est dans le Journal de Gérard que viennent se tracer la grande majorité des citations, allusions, références, suggestions *littéraires*. Après que s'est interrompu ce Journal, elles n'apparaîtront plus guère qu'à l'occasion du bal masqué — dont le thème a d'ailleurs été imaginé par notre Gérard. En somme, délégué à la plume par Gracq, il se produit par son intermédiaire une « mise en abîme » de l'auteur même, dont se poursuit là le songe de *« lancer les dés dans des circonstances éternelles[46] : du fond d'un naufrage », « de jouer, en maniaque chenu, la partie au nom des flots[47] »* — bref une modalité de plus de *« la Folie d'Elbehnon[48] »*. Une folie qui consiste à sombrer dans le suicide immobile du verbe.

Triangle d'*Argol* : une femme, deux hommes. Dans le *Ténébreux*, la configuration, homologue, relie Allan, le sommet, à Gérard et Christel — brelan essentiel que Gracq fait mine de brouiller quand, implicitement, il se réfère à la quadrature du cercle des *Affinités électives*. N'accordons pas à Dolorès (sa couleur de cheveux, à elle, n'est pas même avouée) plus de crédibilité qu'elle n'en a reçu en partage. Disons, bonnement, que, même en littérature, elle n'existe pas — à moins de faire quelque effort d'y croire, en se battant les flancs comme Gérard feint de le tenter. La base, ambiguë, du triangle, de la sorte, désigne une pointe elle-même équivoque : « séducteur » de Gérard, « aimé » de Christel, Allan revêt la nature double d'une espèce de Séraphîta. Un de ces êtres, donc, qui n'émeuvent, ne meurent, ne s'épanouissent, ne se flétrissent ou pourrissent que *pour eux-mêmes*. Christel mise avec fermeté « hors jeu » ; splendidement seul, Allan *« de nouveau (...) entendit la porte s'ouvrir, et calme, du fond de la chambre, il vit venir à lui sa dernière heure[49] »*. Soit l'éternel Minuit de l'écrivain...

Écrivain, Gérard l'est *« avec enivrement[50] »* : ainsi caractérise-t-il son état d'âme quand il travaille à son essai sur un nommé Rimbaud — suicidé de l'écriture s'il en fut... Trois références à Rimbaud, mais dont aucune n'est vraiment significative. Déballons les marchandises littéraires un peu plus rapidement : Almaviva, Jules Verne, Nietzsche, François Mauriac (!), un Dostoïevsky à deux reprises un brin détonnant (*L'Éternel Mari* et *Crime et Châtiment*), la « Nonne sanglante » de Lewis, Hugo, les « Amants de Montmorency » de Vigny, le Lafcadio de Gide, Stendhal, le prince André de Tolstoï (c'est le déguisement que, au bal masqué, Gracq attribue à ce pauvre Gérard, alors qu'il ne le choisirait sans doute jamais pour lui-même...), Oscar Wilde... Des allusions encore plus singulières, ou qui le sont moins dans la mesure où elles empruntent leur oxygène à telle respiration profonde du livre. Ainsi, mine de rien, un Proust secret : le patron de l'hôtel des Vagues, que Gérard a connu autrefois au moment où le brave homme « *faisait des débuts discrets de garçon d'étage*[51] », ne nagerait-il pas, poisson à l'aise, dans quelque hôtel proustien de Balbec ?

Rien de plus sinistrement réducteur que la critique « génétique » ou « biographique ». Nous nous en passerons, sans toutefois passer sur un curieux point d'adhérence : Gérard (« Shem the penman », dirait Joyce...) rappelle « *à Christel la belle phrase de Flaubert, dans* Salammbô *: "Les Celtes regrettaient trois pierres brutes, sous un ciel toujours pluvieux, au fond d'un golfe rempli d'îlots"*[52]. » Dans *Lettrines*, Gracq produit exactement la même citation, afin de situer la Bretagne comme « *une province de l'âme*[53] ». Les amateurs de *Salammbô* (nous sommes de ces lecteurs habitués à rêver sur ce livre qu'il n'est plus guère de bon ton de citer) auront, une puce de deuil mise à l'oreille, repéré de mémoire que si, assurément, cette « phrase » — légères infidélités de notre auteur : il s'agit d'une proposition coordonnée, que le souvenir de Gracq modifie en quelques points[54]... — renvoie, de façon générale, fréquente[55] dans *Salammbô*, à la nostalgie pure et simple des Barbares, elle résume, allusive, un thrène. En l'honneur, chez Flaubert, des combattants rescapés qui demandent à leurs morts de leur pardonner de ne pouvoir les enterrer selon les usages de leur climat natal (« trois pierres brutes »...). Le Fils de l'Homme ne disposait pas même d'une pierre pour reposer sa tête. Il faut comprendre, grâce à la prémonition de Gérard, qu'Allan, en soi et pour soi, se prive de toute sépulture concrète se réduisant à « la pierre brute »...

Des mercenaires que dirige Mâtho, pas un seul survivant ! Mâtho le Libyen, comme l'on sait, naquit aux Syrtes... Et l'on se prend à songer à des interférences[56]...

La mort, dans tout cela, on en parle, on en écrit. Puis elle se trouve là, tout bêtement. Repartons avec Gracq d'une littérature : *« Dormir dans la mer », comme dit Éluard* « — pour aboutir à quelque sorte de question : *« Dormir dans la mort ? A la guerre, il y avait des minutes où la différence ne paraissait pas insurmontable*[57]. » Une mort charmante, ondoyante — mais celle qui, véritablement, nous tend une main fraternelle serait plutôt à l'image du Commandeur statufié : « *dans le cliquetis léger d'un attelage d'ossements — dans ce mouvement rapide de farandole spectrale qu'évoque le Don Juan de Molière*[58] ». Curieux passage que celui que nous venons là d'invoquer, où surgissent, mal réconciliés, les fantômes d'un Baudelaire, d'un Cocteau, d'un Radiguet. La main néanmoins de pierre demeure. Et il est temps de rappeler que ce passage, centre absolu du récit, « cœur révélateur » de toutes les intentions créatrices de l'auteur, prétend « avaler » *La Vie de Rancé* de Chateaubriand, dont il est, en cet endroit, plus qu'admirablement parlé : qui aura lu cette page de Julien Gracq saura mal se soustraire à l'obligation — à l'« imposition » (s'il en est une des mains, pourquoi ne pas consacrer celle des yeux ?) — de lire un livre où l'Enchanteur dissimule sous le givre une incomparable et tardive ardeur. Leçon de Gracq : apprendre à lire !

Allan, aussi bien, se comporte comme un Rancé du suicide, se retirant dans un couvent quelconque (l'hôtel des Vagues) pour soi-même s'accomplir (version Chateaubriand). Ce qui n'empêche pas l'auteur, ni ses personnages, de rêver. Car le *Ténébreux* est aussi le livre de Gracq le plus habité par le rêve : les personnages, tous, y viennent « rêveurs ». Mais... qui rêve, l'auteur exclu, quand s'anticipent d'étranges porosités au flanc d'un avenir ?

Tant il est vrai que se prophétisent les projets — très exactement à la page 183 — du *Rivage des Syrtes* et du *Balcon en forêt.*

Quoique — ou bien : parce que — inexistante, Dolorès se souvient de la phrase, hautement belle, d'André Breton : « la mort (...) est une société secrète[59] ». Vers quels rivages, cependant, s'écoule-t-elle, à perte de vie ? Charon jamais consent-il au rendez-vous monnayé d'une pièce enfournée dans la bouche taiseuse, éternelle ? Une navigation perverse dirige l'écriture : *« le sentiment* — dit Gracq[60] — *qu'on mène le lecteur en bateau, et non en chemin de fer »*.

3. Le guetteur, au gué

Pourriture des fleurs shakespeariennes ! Outre « le lis qui se corrompt » et « sent pis que mauvaise herbe » du sonnet 94, épigraphe du *Ténébreux*, d'autres parfums s'imposent, Gracq n'étant pas homme à lire tel sonnet unique, isolément. Or, dans les sonnets 95 à 99 de Shakespeare, on rencontre beaucoup de floraisons, de senteurs[61], de corruptions virtuelles. Avec, obsessionnelle, l'image du ver dans le fruit.

Dans le *Ténébreux*, la femme aux parfums, *odor di femmina !* c'est la brune Irène. Auprès d'elle impossible de « sentir », dans tous les sens du mot et de la chair, autre chose que la Femme : *« elle est avant tout* la femme *avec tous les appétits, les besoins, les œillères de son sexe. Aucune des galanteries les plus banales, les plus éculées qui ne vienne fleurir d'elle-même sur les lèvres en face d'une des femmes les plus impitoyablement* dépersonnalisées *par son sexe que j'aie jamais vues. Je ne voudrais pas être inconvenant — et cependant il saute aux yeux que cette bouche, cette croupe, ces seins se rebellent à l'idée de pouvoir appeler autre chose que la caresse sommaire de la paume, des lèvres, les mots bouleversés par un émoi charnel*[62] ».

Enterrée Heide-Atala, nous avons affaire maintenant, en dépit de la mascarade « littérarisante », à du bien plus sérieux : la mort étant question de vivant, la Kundry très en chair qui s'exhibe en Irène a sans doute plus que la transparente, la trop évanescente Christel, « partie liée » — une partie qui se joue sur le damier de l'invisible — avec cet Allan à qui il faut de toute façon, quant à la Mort, une entremetteuse, une pourvoyeuse (nous avons supposé brune aussi Dolorès, doublet « amélioré », « rime », comme dirait Queneau, de l'Irène fatale). Et cela, même si le trop-plein de la sensualité paraît répugner à notre ange suicidaire (Allan) autant qu'à ce faux naïf de Gérard.

Pourtant c'est de la « cuisse » d'Irène que sortiront les femmes capitales (capiteuses) des récits ultérieurs : Vanessa, Mona. Chez Gracq, la mort n'advient à l'homme que par la catalyse d'une femme, mais d'une femme véridiquement femme.

La Mort, je crois, s'intéresse à la littérature qu'on lui voue. Et il arrive, comme chez Poe, qu'à force de jouer avec elle, de caresser sa gorge de chatte pour imaginer ses ronrons, on la voie entrer en scène — montrer les dents. N'est-ce pas elle, déjà, qui, par la bouche d'Allan adolescent, fait entendre *« ce* rire sauvage *(qui tombe) comme le chant du coq*[63] » ? Allan aura de même, distant à minutes comptées de sa dernière heure, lorsqu'il va congédier Christel, *« un rire réprimé, sauvage*[64] ».

Gérard définit Allan, au premier abord, comme : *« Le sauvage. Un sauvage de bon goût, tout au moins*[65] » — ce qui nous lancerait plutôt sur la piste, thématique, d'un dandysme du suicide. Mais voyons davantage les choses du point de vue de l'« écriture ». La plume grince, qui dessine les traits de la mort, et un cœur bat — le « cœur révélateur », en quelque sorte, conçu par Poe. Du style aigu, la vie écrite coule fleuve sanguin d'encre, artériel. Charon et sa barque sont là, qui donnent au fleuve son identité. Et sur le bord vivant, *quelqu'un* — l'écrivain ? ou celui que l'écrivain s'occupe de métamorphoser ? (en quoi ?) — est aux aguets, s'écoute anxieux dans les battements de son propre cœur, où se rythme quelque durée dont le lieu même de l'affût révèle au guetteur l'étroitesse. « Étroits — nous rappelle Saint-John Perse[66] — sont les vaisseaux »...

Il se joue une curieuse partie de *cœur* dans le *Ténébreux.* C'est Christel qui fait l'annonce, demandant à

Gérard pourquoi il lui suppose une « tension basse[67] ». Elle ajoute : « *Comme il m'arrive souvent, je parlais à mon propre cœur*[68]. » Gérard, mimétique comme à son ordinaire, ne tarde pas à reprendre le jeu — la métaphore — à son compte. Cherche-t-il une comparaison — et peu importe pour quoi — il évoque « *pour un cardiaque, l'arrêt du cœur qui dure un dixième de seconde de trop et le colle au mur, exsangue, l'œil hagard exprimant cette pensée éloquente, "est-ce que cela va reprendre ?" (...) ce fut un bouillonnement, un pétillement dans les artères, ces yeux voilés, cette main molle et cette gorge sèche*[69] ». C'est ensuite Henri qui peut assurer que son « pouls reste bien normal[70] ». Une trouée dans « *le réseau trop restreint des chances raisonnables que la vie autorise* » sera « *violente comme un coup de sang*[71] ». Et c'est bien d'un as de cœur qu'il s'agit, s'il faut le confirmer : « — *Eh bien ! soit, Allan, brûlons les étapes. Je jouerai franc jeu autant que vous (...)* mon cœur battait[72]. »

Dans le récit, les occurrences de semblables métaphores sont en nombre tel que l'atout, il est à peine besoin de le dire, revient en définitive à l'as de pique, à la mort même. Mais, en cet endroit curieux, central, où se résume *La Vie de Rancé*, nous assistons à une mort suicidaire, quasi « hégélienne » de la Littérature : « *Livre entièrement fait d'harmoniques, comme d'une harpe exténuée qui ne résonne plus que par une sympathie engourdie, à demi gelée, assourdie. C'est bien le* Nunc dimittis *le plus pathétique de notre littérature* » — les harmoniques, par excellence funèbres, vibrant jusqu'au plus intime de la narration gracquienne, où elles retrouvent une existence sanguine ambiguë, destinée à s'épancher par la seule blessure possible, celle qui fige à mort le Livre dans sa vérité : « *Si compliqué, si ramifié, si bien anastomosé que soit le système des vaisseaux, tout le sang des veines peut néanmoins s'écouler par une seule blessure — si grande son envie, dans sa prison de ténèbres, enfin de voir le jour* — de tirer l'affaire au clair[73]. » La main qui a causé la plaie détient, seule, la chance de la refermer. Dans l'attente, un invisible sang de vie s'écoule au flanc d'un roi qui ne peut guérir ni mourir. Cette main : fer de la nuit, dans un gant de velours. Et la lance saigne encore, qui perça le flanc.

A partir de là, plus rien n'est innocent : on peut « n'avoir plus de *cœur* à... », ou bien se découvrir flic, ou encore considérer Allan comme *« un prince de la vie*[74] ». Le suicide « de proposition » s'offrirait-il comme, dans la Bible, les pains, hebdomadaires, de proposition ? Qui aurait chance d'en décider, ou de « trancher », sinon une *image*, celle du « guetteur » ? Naturellement, « dévirginateur » élu de toutes les situations, l'« honnête » Gérard remplira le premier cette fonction d'image, pour lui exaltante : *« Presque toute la matinée, dans ma chambre, je suis resté accoudé à ma fenêtre : j'avais tout l'arc de la plage sous les yeux, et de ces milliers de gens jusqu'à l'extrême bout du sable, pas un pas qui pût m'échapper sur cette toile de fond sans rides* » (il ne peut, pour autant, se défaire des métaphores cardiaques : *« sur ce réseau veineux des sentiers »*, *« ce suçoir des flots amers qui tire le sang d'un grand corps à la peau »*[75]...). Le lieu privilégié du guet : la chambre — dont se réclame Gérard quand il déclare à propos d'Allan : *« à peine l'apercevais-je de ma fenêtre quittant l'hôtel — car je l'ai guetté, guetté longuement, patiemment — que ma chambre me paraissait soudain irrespirable*[76]. »

Henri, pour sa part, ne s'autorise à guetter qu'en songe (on reconnaît bien, là, ses capacités de « censure » au sens freudien du mot). Il a rêvé d'une ville à la fois ordinaire et mystérieuse, bref : fantastique — qu'il serait intéressant, pour les circonstances de l'évocation comme pour certains de ses détails, de comparer à la cité exotique que voit l'*Auguste Bedloe* de Poe. A la manière de Gérard, Henri use d'une comparaison de physiologie pour décrire cette ville : *« un dédale multicolore de veines, de nerfs, de viscères*[77] ». Retenons surtout qu'il y a pour lui *« quelque chose d'écrasant, d'emportant, à (se) sentir là, seul,* à guetter[78] *cette ville de cette cime invisible, comme un aigle planeur, comme un dieu, comme ravi par le démon sur la crête de la montagne — cette ville si désarmée, si fragile, comme tenue dans une serre, au milieu d'un calme fabuleux*[79] ». On reconnaît ainsi chez le guetteur un « enthousiasme » (le prodige, selon l'étymologie, d'être transporté par le dieu) où se mêlent, comme chez le voyeur, une ivresse de possession gobeuse mais non active, une volonté de puissance qui s'apprécie d'autant plus qu'elle refuse tout accomplissement, et, enfin, une angoisse latente quant à l'issue de la situation. Comme dans toute angoisse, c'est le point où, à travers un support vivant quelconque, la mort se parle à elle-même. — A un degré plus éveillé, Henri serait capable d'un affût mesquin — c'est Irène, sa femme, qui l'en accuse : « *Depuis un mois, je le sais, tu cherches à me prendre en défaut, tu me guettes. Après trois mois de mariage, c'est presque atroce. Il n'y a pas de jour, depuis un mois, où tu n'aies essayé, avec une patience dont le pire ennemi se lasserait, de me prendre en flagrant délit d'hypocrisie*[80]. »

Le premier portrait d'Allan en guetteur nous le montre, collégien encore, singulièrement animalisé par de silencieux et distants « échanges » amoureux avec une jeune fille qui passe tous les jours le long du mur du collège : « *Chaque jour, Allan l'épiait, d'une certaine branche de tilleul surplombante, où je le vois encore accroupi comme un jeune jaguar*[81]. » On a là, symbolique, l'extrême pointe de communication qu'Allan se permettra. Et sa chambre à l'hôtel des Vagues sera l'emblème du *noli me tangere* définitif où il se cloître. On a souvent signalé l'importance thématique chez Gracq du lieu clos, de la « chambre », mais il reste à scruter les associations que cet espace privilégié sollicite. Ainsi, il n'est pas indifférent que la chambre d'Allan soit antre de veilleur et tour de guet : elle évoque « *je ne sais quelle idée obscure de* haut lieu, *de dernier refuge, la coupole d'un observatoire, la dernière terrasse d'un gratte-ciel,* la chambre de veille *à l'extrême pointe d'un phare*[82] *(...)* ».

Nous avons indiqué que les projets — plus que cela : les quasi-résumés — des *Syrtes* et du *Balcon* se signalaient dans tel rêve du *Ténébreux* (celui d'Henri aux pages 180-183). Cela se répercute dans les associations de termes que polarise la chambre d'Allan, laquelle sera aussi bien, sur la même ligne, « blockhaus » (la *maison forte* où Grange vient réconcilier en soi Allan et Gérard[83]) et « navire de guerre » (le *Redoutable* des *Syrtes*[84]). Allan voit sa propre chambre sous l'aspect d'« *un grenier à l'abandon*[85] », c'est-à-dire comme un lieu où l'on aurait *engrangé* en vain la paille et le foin des souvenirs (et, dans le même contexte, le suicide d'Allan annonce bien l'abandonnement au mourir de l'aspirant Grange...).

Que tel « blockhaus » devienne *Un balcon en forêt*, rien d'étonnant puisqu'une chambre à vue imprenable sur mer se transmue en « *une* loge de mer[86] ». Des lieux de guet par excellence ; d'autres le seront par nature (même s'il s'agit d'une nature dévoyée) : *la Route* où, « *même de jour, l'impression ne s'effaçait jamais qu'on défilait entre deux lignes de guet invisibles*[87] ». Et qu'est-ce qu'un « *esprit ensommeillé par le ronflement de la voiture* », sinon « *un guetteur aux yeux tendus, essayant de déchiffrer dans (un) paysage (des) signes*[88] ».

Freud, dans sa *Traumdeutung*, vérifie le principe qu'un rêveur *est*, d'une façon certaine mais qu'il reste à « déchiffrer », *tous* les personnages de son rêve. L'écrivain de fiction, rêveur éveillé, connaît une situation pareillement explosée ; il lui faudrait, quoique la littérature même ne l'en requière point, se recomposer une âme — modifiée, modifiante — à partir des sonores éclats, « *tonitruants* » quelquefois, de cet imaginaire où il a consenti à se distribuer selon les règles de l'épars (le *Littré* mentionne que ce mot peut désigner, aussi, « des petits éclairs qui ne sont pas suivis de coups de tonnerre »). Ne serait-ce pas la raison qui fait se livrer, dans le *Ténébreux*, chaque personnage masculin principal (Gérard, Allan, Henri, Gregory même, et Jacques) à une posture fonctionnelle identique : celle de guetteur ? Au malheureux Jacques se trouve dévolue la figure touchante du guetteur endormi : avalé par les aspirations de goule d'Irène, dans la chambre même d'Allan, il revient à lui : « — *J'ai dormi, pensa-t-il bizarrement, le cœur serré, comme s'il eût déserté quelque veille héroïque*[89] *(...).* » A la page suivante, il a « *le cœur alourdi comme d'une nausée* », ce qui s'insère dans le réseau détecté des métaphores « cardiaques ». Le malaise a pour origine un rêve mal résorbé.

De fait, dans le *Ténébreux*, presque tous les protagonistes rêvent. Ou monologuent (Gérard, Christel, Allan, Henri). Ou, si le seul Gérard tient « ouvertement » son journal, seraient susceptibles d'en tenir un ; ou à tout le moins d'écrire quelque lettre significative. Plus diversifiée que dans les autres récits, la technique de Gracq, bien entendu, fait ici allégeance à l'art romantique, qui aimait à varier, à moduler la monotonie[90] d'un sujet en fabriquant une marqueterie où se rejointoyaient journal intime, lettre, monologue expressif, rêve... ; il y a néanmoins plus à dire : ces changements de registre dans le ton narratif contribuent habilement à brouiller les pistes (les dénoncer, c'est-à-dire) du rêve — collectif, global, généralisé — où s'enchante et se fascine par soi le roman.

A la frontière interdite du songe vrai, va s'entendre sourdre la source toute rêveuse, se dresser la mère indivise des fictions — et la figure du guetteur se restitue à son féminin étrange : « la nuit *guettant les siens, inlassablement, au seuil même des demeures investies*[91] ». Et c'est un calice de nuit que célébrait Allan lorsque, tel *Le Roi pêcheur* d'un Graal, « *avec une gravité prenante, il élevait dans ses doigts le verre empoisonné*[92] ». Qu'est-ce qui exactement, franchissant enfin le gué — guetter le cœur était la mission secrète —, retourne à la nuit ? tel personnage ? le livre ? l'homme d'occasion qu'est toujours l'écrivain ? L'aveu final, ultime, se conserve à l'état de *citation*, l'homme ne se signifiant plus que comme un procès verbalisé par l'anonyme : « *Vue sous cet angle, la page finale, le dénouement à tous égards et nécessairement théâtral du livre, la foule, la place publique, la solennité soudaine, ne vise à mon avis inconsciemment peut-être qu'à restituer concrètement à l'aveu ce caractère sacré, comblant, surabondant, cette citation surhumaine, cette lumière d'annonciation dans laquelle l'homme est fait pour s'évanouir, disparaître*[93] *(...).* » Puisque la texture même du livre en vient à se corrompre, à s'altérer (elle devient *alter*, autre...), à « se suicider », afin que, somme toute personne, l'écriture se dissolve dans la neutralité d'une citation, il ne reste plus qu'à tenter, par une élégance du gratuit, de fixer la transe vertigineuse de cette coïncidence qui fait — au cœur évident, manifeste, lumineux, de l'« à-jamais » — la nuit se rejoindre à la nuit.

4. Transe-figurer le guetteur

Difficilement Gracq résiste au besoin, lequel s'écarte avec une prudente raison du strict désir, d'opérer une « mythification » du vécu. Quel beau nom, par exemple, si beau même qu'on le dirait imaginé, que « Hoyerswerda ». Ouvrons, le temps d'une citation, quelque coffret à senteurs : *« Je n'ai jamais vu Hoyerswerda, traversée au retour, à quatre heures du matin, dans un crachin maussade. Sans doute combien indigne du crédit infini que je lui faisais — mais, tenace comme un parfum*[94]*, irritant comme une citadelle inviolée*[95]*, traîne derrière ses syllabes rauques le goût d'une femme qu'on n'a pas eue, qu'on n'aura jamais*[96]. » C'est près de cette ville, pas tellement éloignée de Dresde, que se situait le camp où Gérard fut prisonnier de guerre — Gérard qui possède l'initiale (Lettrine...) en commun avec Grange et... Gracq. Ville, dès lors, interdite, mystérieuse, inaccessible, comme l'annoncent les phonèmes qui la composent ; et souvenons-nous des villes interdites du Farghestan, de cette litanie où semblent s'invoquer les dieux anciens chers à Nerval : *« Gerrha, Myrphée, Thargala, Urgasonte, Amicto, Salmanoé, Dyrceta*[97] ». Personne ne s'étonnera que la femme soit ici et ainsi présente : les analystes freudiens du songe nous ont appris depuis longtemps que, en rêve, un lieu, un paysage, une cité symbolisent généralement un corps sexué, avec ses parties. Plus cachée, même si elle est involontaire, relevons — comme dans un de ces jeux dessinés d'autrefois où les enfants devaient repérer une tête de loup dans la frondaison d'un arbre au pied duquel se trouvait posté un chasseur armé mais perplexe — une singulière épiphanie du guetteur, sonore, dans le « Qui va là ? » *(Wer da ?)* qui termine Hoyerswerda. A l'allemand aussi s'emprunte l'épigraphe du *Balcon* : trois vers wagnériens font appel aux

> *« (...) Gardiens du bois,*
> *Gardiens plutôt du sommeil :*
> *Veillez du moins à l'aurore. »*

Du *Ténébreux* au *Balcon*, en passant par les *Syrtes*,

Gracq suit une trace, celle de la guerre qu'il a connue. Il tâche, difficilement, d'y croire *a posteriori* (il lui sera plus aisé d'accréditer, dans *Le Roi Cophetua*, une Guerre-Vénus aux fourrures d'aviateur, celle, qu'il n'a pas connue, de 14-18). Or, comment croire, sinon par le recours au mythe, au rivage menaçant de quelque barbarie fascinatrice ? Et finalement le mythe va se fondre dans une manière non de réalité mais de vérité autre, de « vérité vraie » pour ainsi parler. Depuis Henry James, la critique anglo-saxonne est heureusement familiarisée avec la notion de « ton narratif » (un peu trop négligée en France peut-être). Or, tout comme le grand James, Gracq tient à assortir la narration de chacun de ses récits à une couleur tonale spécifique, sans pareille possible : le blanc-et-noir pour *Argol*, la nuit aux rêves pour le *Ténébreux*, le brouillard jeté, comme poudre, aux yeux dans les *Syrtes*. Et le *Balcon* ?

Grange est aux Falizes (Ardennes) ; Gracq, sans doute, fut ailleurs : se temporalise fortement, chez lui, une certaine guerre (la même, toujours), notamment dans *Lettrines* : il est rappelé à Quimper, puis cantonne entre Lorraine et Flandre, et commande une section de véritables « sauvages » (quoique Bretons : rien de contradictoire à cela, relisez *Les Chouans* de Balzac[98]...). Par-delà Gravelines, s'accomplit (le « par-delà » étant sans doute un « par-deçà » : tant il est vrai que peut chez Gracq la terre s'équivaloir à la mer) une « *nuit des ivrognes*[99] ».

De quoi peut bien, cependant, s'enivrer l'écrivain, quand bien même, à cet instant-là (que devait éterniser un menu souvenir, demeuré vif, à l'amplification destiné), il n'a pu écrire ni songer qu'il écrirait *cela* ? Comme la joie se « rabat », et encore le gibier, on voit l'écrivain, pour son dommage, se rabattre sur la notion piètre d'expérience : « *On ne peut faire état ici que de sa propre expérience. Toute la première partie du* Balcon en forêt *a été écrite dans la perspective d'une* messe de minuit aux Falizes, *qui devait être un chapitre très important, et qui aurait donné au livre, avec l'introduction de cette tonalité*[100] *religieuse, une assiette tout autre. Et* Le Rivage des Syrtes, *jusqu'au dernier chapitre, marchait au canon vers une bataille navale qui ne fut jamais livrée*[101]. »

En vérité, il importe peu que Hoyerswerda ou les Falizes se puissent configurer ailleurs qu'en terre de fiction. Nous venons de traiter d'une épigraphe. Gracq s'est chargé de confirmer que cette excroissance bizarre de l'œuvre n'est point, chez lui, indifférente, grâce à l'éloge d'un autrui : « *Le génie d'Edgar Poe, presque aussi évident dans le choix de ses épigraphes que dans la matière de ses contes*[102] ». Précisément, l'espace, un peu trop roide, trop « littérairement » institué, d'*Argol*, on va le voir s'assouplir, se disposer selon les plis d'une tenture où un réel risque de s'apparaître (nous visons le *Balcon*) à force — référent, fiction, navigation curieuse de l'« entre-deux » — de jouer au bonneteau avec pas autre chose que l'écriture.

Dans les terres matoises, sourdes, narcissiques, mortelles (au double sens de l'adjectif) que cadastre la Fiction, il est loisible, comme le pense l'aspirant (un terme, aussi, à déployer !) Grange, de prendre « *un train pour le domaine d'Arnheim*[103] » ; et peut-être, hautement absente, sa mémoire d'être fictif lui aura-t-elle rappelé, en gare de Moriarmé, ces sauvages de Bretons (une race à laquelle il est difficile, du bout d'une plume simple, d'appartenir...), quand s'exhibe, bien malgré soi, tel « *morne troupeau de Nord-Africains*[104] ».

Que parvienne un auteur à se persuader, fût-ce de manière quelconque, de son talent ou, plus modeste, d'une virtualité de génie, il s'empresse de brouiller *visiblement* quelques pistes. D'où ces banalités qui font du blockhaus de Grange un « *château magique* », une « île préservée[105] ». Passons outre, en fermant les yeux, pour mieux les ouvrir d'un côté autre. Du côté où il n'y a guère à voir, mais tout à deviner.

Désignant la *maison-forte*, quelqu'un dit à Grange : « *j'appelle ça un piège à cons. Vous serez fait là-dedans comme un rat*[106]. » En vérité, dans l'intime géographie locale que nous explorons, la place de ce qui se nommait si joliment en ancien français « *le sadinet* » — et il s'agit bien d'une sorte de sadinet-piège — est tenue (au Moyen Age un fief « *se tenait* ») par Mona. L'homme, puisatier[107] originel de la femme, redoute obscurément que le métier de besogner ne l'avale. Ainsi Grange, auprès de Mona, sentait-il « *la journée basculer d'un coup au fond d'un puits noir, et une eau grise, froide, monter en lui dont il remuait le goût fade dans sa bouche*[108] ». Qui douterait encore de la menace piégeante en Mona centrée la peut voir se profiler dans une image expressive s'il en est puisqu'elle recourt à la figure d'une traversée guéable, ici risquée, compromise : « *elle (Mona) collait à ses épaules (de Grange), légère et lourde, comme ces enfants-fées qu'on charge dans le gué et dont le fardeau tout à coup plombe les jambes*[109] *(...)* ». Ce piège-là, Grange l'évitera : Mona ? « *Il se demandait s'il l'avait aimée. C'était moins et mieux : il n'y avait eu de place que pour elle*[110]. » Assentiment donné, donc, au « *trou* », cet « *objet* » qu'une vieille plaisanterie définit comme « *un rien avec quelque chose autour* »... Rappelons-nous l'autre pôle de la prémonition : « Vous serez fait (...) comme un rat. » Qu'on le veuille ou non, un pendule s'est mis en marche, qui temporalise l'espace où respire une angoisse, l'attente — cet espace qui se trouve chez Poe occupé, quand il narre avec rigueur *Le Puits et le Pendule*, par, justement, les rats...

Heureusement la « *compulsion* » (au sens où l'entendent les psychanalystes) virtualisée comme rituel a chance d'endiguer la marée anxiogène. Le pont ritualisé qui se jette des *Syrtes* au *Balcon* évoque cette belle camaraderie — nous ne dirons pas « *fraternité* » : on n'imagine point un personnage gracquien capital disposant d'un « *frangin* » — des armes, virile, mâle, attendrie, qui semble s'établir quelquefois entre certains, et se consommer sous l'aspect sensible, par exemple, du *café*. Et c'est le « *Café, mon yeutenant*[111] » qui, en écho, fait que, bien plus loin, Grange, « *vautré à même l'herbe dans sa capote, (...) n'était plus que l'odeur du café chaud que le lieutenant Lavaud, qui était homme de précaution, allait lui verser tout à l'heure d'une bouteille Thermos*[112] ». Bienheureux rite, cette « *pause-café* » qui accorde ceci : « *il (Grange) rêvait de ce qui serait*[113] »...

Mais rien n'est plus difficile à rêver que ce lieu innommable où la pensée collective vient communier parmi les hosties trop consacrées d'une crucifixion (d'une « cru-ci-fiction ») qui s'épèle très littéralement : le réel. Cela dit, cela fait, cela étant, il reste à redévoiler que le piège, toujours, nous raccueille.

Et c'est en se développant qu'il tourne à l'évidence. Trop réduit, le lieu d'intimité physique où brûle Mona ; trop exiguë, sa chambre (juste bonne à faire un cercueil) ; — que foisonne donc, attachante, captivante, la forêt, qui « *scellée devenait un piège de silence, un jardin d'hiver que ses grilles fermées rendent aux allées et venues de fantômes*[114] ». Méfions-nous des spectres : ils sont impunissables. C'est l'écrivain qui, avec des mains secrètes, « dérobées », « chorégraphie » le ballet spectral : « *Mains distraites*[115], *porteuses de clefs, manieuses de bagues, mains expertes aux bonnes pesées qui font jouer les pierres tombales, déplacent le chaton qui rend invisible — je* (nous dit l'écrivain Gracq) *devins ce fantomatique voleur de momies*[116] *(...).* » Le moindre miracle du jeteur de sorts consistera dans l'inversion des signes : le grand doit virer au petit, le minuscule au gigantesque, la forêt au boudoir. De là que Gracq puisse déployer un foisonnement sylvestre pour le plaisir de nous rabattre sur un espace que corporalise un lit, ou, plus indiscrètement encore, sur la faille charnelle, la fente étroite et rigoureuse du protagoniste féminin. De même que la forêt se referme en s'élargissant, le livre s'ouvre comme une aile à l'envol infini pour clore, reclore, clôturer le sens et sa trace. Autrement dit, pour peu que s'étrécisse *absolument* le piège, nous atteignons au tuf de l'idée que déguisaient ses figures superposées (sexe de Mona, chambre, forêt). L'espace ponctuel qui là se découvre n'autorise plus que « l'action restreinte » dont parle Mallarmé[117].

La thaumaturgie qui s'organise ne va pas sans une certaine gravité sacerdotale[118]. Et « *ces paladins tombés du ciel*[119] » aux Falizes vous prennent aisément des airs — dont quelque fumée semble flotter jusque dans leurs noms : Gourcuff, Hervouët, Olivon... — de preux bretons d'une quête du Graal à jamais perdue. Dans tout sacré, au plus saint du pèlerinage, doit striduler la note âcre et rouge, singulière, du sexe ; parce que c'est tout un que d'officier selon une liturgie, de livrer le corps à l'amour, d'obliger la main à l'écriture. Gracq à Montségur : « *J'étais seul, par cette sombre journée de bruine et de pluie. Redescendant, je croisai une jeune fille en veste rouge : sur le sentier trempé, dans les ronciers et les éclats de pierre, elle montait au château nu-pieds. Cela me parut singulier*[120]. »

Cependant l'homme de plume célèbre un sacrifice à rebours, une messe noire sur blanc, puisqu'il transmute la Chair en Verbe. Athée plein de foi, il prétend se conformer à une théologie du doute, ténébreuse d'encre. C'est pour cela qu'il épie au ciel l'absence-présence d'un dieu, qu'il attend le signe d'une épiphanie ; du moins il fait mine de croire à un possible signifié : mais que le « *signe* » fût et de quoi détromperait-il l'écrivain, de croire en la littérature ou de ne point y croire ? Peu nous importe — il nous suffit d'avoir justifié, en passant, la situation haute du guetteur ; comme nous l'avions annoncé, la chambre de Grange est un grenier[121] d'où se peut épier un fleuve... Pour citer un titre de Paulhan, l'aspirant en littérature combat toujours en « *Guerrier appliqué* », sa façon, réflexe, de déserter est de se porter paradoxalement, pour personne, dirait-on, et peut-être pour tous, volontaire au front le plus mortel. Comme dit le capitaine Varin à Grange, qui vient de refuser fermement l'occasion de quitter le blockhaus : « *Je ne déteste pas faire la guerre avec des gens qui ont choisi leur façon de déserter*[122]. » La fonction du guetteur le dispose toujours en posture de contradiction, entre deux mondes, entre deux « réalités » qui se nient, sur le seuil, en lisière, ou attentif à un gué — et il n'a, tâche facile, qu'un seul cri à pousser, à la seule condition de pouvoir infiniment en renouveler la forme : « *de la lisière de la forêt toute proche on entendait monter le qui-vive étrange de la hulotte*[123] »... Cette même hulotte, la chose est significative, se fait entendre une seconde fois tout à la fin du récit, quelques lignes avant son achèvement, à l'heure précise où Grange s'occupe de franchir le seuil de sa mort personnelle : « *Il entendit le chien aboyer deux ou trois fois encore, puis le cri de la hulotte à la lisière toute proche des taillis, puis il n'entendit plus rien : la terre autour de lui était morte comme une plaine de neige*[124]. »

Mais qu'est-ce encore une fois (tant qu'on tient la plume, on peut, n'est-ce pas ? se le demander) que mourir ?

« Souvent dans l'être obscur habite un Dieu caché ;
Et, comme un œil naissant ouvert par ses paupières,
Un pur esprit s'accroît sous l'écorce des pierres[125]. »

Grange s'anéantit en élément liquide. Mais qu'est-ce que l'eau ? — pas seulement « *un corps brûlé* » comme l'affirme Balzac dans la dernière phrase de *Gambara* (curieuse rencontre avec Novalis...). Dans l'irrationnel — et, n'en déplaise à feu Valéry, existe-t-il un seul écrivain « rationnel » ? — la dialectique des contraires, nous en avons déjà touché un mot, joue absurdement. Ainsi le minéral squelette qui est nôtre du temps de notre vive existence a-t-il chance de s'échanger contre une eau lourde parce que de pierre fluante. Par exemple, Grange, dans une attitude prémonitoire, « *regardait monter lentement au-dessus de la forêt une grosse lune blême ; sur le chemin qu'elle éclairait obliquement, la coulée de pierres râpeuse se hérissait d'ombres coupantes, redevenait un lit de torrent ; rien ne lui semblait plus importer que d'être assis sur le bord de ce torrent, au cœur du profond remue-ménage de la terre*[126]. »

En vérité, il n'y a pas que dans le *Ténébreux* que se dissimule une ombre de Balzac. A ce roman du suicide répond quant à ce type précis d'imbibition la narration par excellence d'un *guet* que sont les *Syrtes* — où l'onomastique, de nouveau elle, nous incline à partir de Maremma, de Vanessa, de l'atmosphère liquide et minérale d'une Venise en songe recréée, à tourner nos souvenirs du côté, mettons, de Massimilla Doni...

Dans un feu qu'illuminent des artifices, il vient toujours le moment où « c'est le bouquet ». Engerbons par conséquent ce que fournit le seul récit des *Syrtes*. Quelle, la mission d'Aldo (« lettrine » en commun avec Allan...) ? — « *l'Ultima Thulé des territoires d'Orsenna* » n'étant que la destination géographique. Être un de ces « *yeux célèbres de la Seigneurie (...) : on délègue les fils de famille aux "yeux" dans le même esprit anodin où ailleurs on les envoie voyager à l'étranger*[127] *(...)* ». L'œil a, bien entendu, des « *fonctions d'observateur*[128] » — d'où le titre de « *Monsieur l'Observateur*[129] » auquel a droit Aldo. Ce personnage a affaire à guetteur plus ancien que lui, dont, et pour cause, il tâchera de se différencier : « *Le capitaine Marino entra sans me voir, son dos large complaisamment tourné vers moi pendant qu'il s'attardait à refermer la porte, avec ce sans-gêne né d'une longue intimité avec le vide qu'on voit aux veilleurs de nuit*[130]. » Aldo, certes, possède un point d'attache racial avec Marino : tous deux veillent[131] — mais pas suivant la même stratégie : « *Ce navire endormi que Marino s'employait si bien à ancrer à la terre appareillait, sous mon regard neuf, comme de lui-même vers les horizons (...) ; je me sentais de la race de ces veilleurs chez qui l'attente interminablement déçue alimente à ses sources puissantes la certitude de l'événement*[132]. » Et voici en quels termes, à la même page, Aldo décrit son existence à l'Amirauté des Syrtes : « *Cette vie dénudée s'offrait clairement, dans l'évidence de son inutilité même, à quelque chose qui fût enfin digne de la prendre (...). Son charme désolé était celui qui trompe l'attente d'un guetteur (...) ; son cri de veilleur, appel d'un écho déjà en puissance dans le suspens extrême de l'ouïe qu'il provoquait.* » Puis le fonctionnaire de fonctionner, conformément à son rôle (la chose écrite...) : « *Je guettais, du haut des courtines, le filet de poussière que soulevait de loin, au long de la piste, la voiture qui revenait de Maremma (...) et je sentais que Maremma n'aimait pas le geste d'accueil que, du mur de la forteresse, comme un veilleur sur sa tour, je laissais tomber de trop haut sur ce paisible retour de voyage*[133]. »

Une seule fois (ceci soit dit pour compléter la typologie) nous avons pu épingler un spécimen féminin de guetteur, mais dont la posture est fugace : Vanessa, « *silhouette dominatrice avec un lieu privilégié (...), reine du jardin* (venant) *de prendre possession de son domaine solitaire. Le dos tourné aux bruits de la ville, elle faisait tomber sur ce jardin, dans sa fixité de statue, la solennité soudaine que prend un paysage sous le regard d'un banni* » ; ce guetteur-là se trouve guetté par un autre, Aldo, qui reconnaît que « *dans cette position assez fausse*[134], *l'indécision m'immobilisa, le pied suspendu, retenant mon souffle, à quelques marches en arrière de la silhouette (...). De ma position légèrement surplombante, le profil se détachait sur la coulée des fleurs avec le contour tendre et comme aérien que donne la réverbération d'un champ de neige*[135] »[136].

Il existe des échanges « d'œil à œil » comme il y a des entretiens « d'homme à homme ». Le guetteur Aldo ne surprendra jamais, bien sûr, l'homme par essence de la nuit, le capitaine Marino, habile à singer tous les renards vieux à grimaces et qui songent. Le dialogue, tacite ou verbal, nous blesse par tant de beautés qu'il nous faut, en son honneur, dérouler un long tapis pourpre de citations. « *Alerté par le bruit de mes pas sur les dalles* (dit Aldo), *le regard de Marino* (et c'est un peu comme si nous avions affaire réellement au regard en tant qu'organe d'alerte) *m'avait décelé de loin, d'un clin d'œil rapide, pour s'éteindre aussitôt comme une lampe qu'on met en veilleuse* (toujours l'image de la veille, qui se garde bien de l'extinction prétendue), *et se replonger dans les dossiers. Il me* voyait venir *(...). Il n'aimait pas être surpris (...) ; avant même que ne se fussent relevés les yeux gris, la main presque inconsciemment posa la plume* (acte de l'écrivain), *me signifiant comme malgré elle que c'en était fini du travail pour le matin*[137]. »

Capitale importance de l'œil de Marino : « *Il jeta un long coup d'œil complaisant par la vitre embuée. Je sentais qu'il aimait ces vitres de brume. C'était ainsi qu'il regardait toujours, une taie légère flottant sur son œil gris qui cachait ce qu'il ne fallait pas voir*[138] », et, plus loin, cet « *œil gris, derrière l'écran de la parole lente, quêtait une approbation qui chassât les doutes*[139] *(...)* ». De sa voix autant que de son regard, Marino, pathétique, *s'avoue* à Aldo comme seuls savent le faire les vieillards : « *Je te reproche de ne pas être assez humble pour refuser les rêves au sommeil de ces pierres (...). Je suis vieux maintenant, et j'ai appris ce que c'est que mourir. C'est une chose difficile et longue, et qui réclame aide et complaisance. Je veux te dire ceci, Aldo : toutes choses sont tuées deux fois, une fois dans la fonction et une fois dans le signe, une fois dans ce à quoi elles servent et une fois dans ce qu'elles continuent à désirer à travers nous. Je ne te reproche que ta complaisance.* » Ce qui revient à dire qu'il fait grief à Aldo de la complaisance qu'il semble mettre à l'aider, lui Marino, à mourir — mais de la complaisance seulement, non du

« coup de main ». C'est alors que Marino porte sa plus terrible malédiction : *« Il n'arrive rien aux gens raisonnables*[140]*...* » Tant il est vrai, ainsi que l'assure beaucoup plus tard l'« Envoyé » de la Chancellerie de Rhages, qu'*« il n'est pas bon que l'imagination vienne à un peuple quand il est trop vieux*[141] ».

Le rêveur appartient à toutes ses créatures songées. Il n'est plus de mise d'envisager un départ entre ce qui revient à celles-ci ou à celui-là. Nous préférons, conséquemment, oublier tel propos fascinant qu'aurait pu signer quelque couple Bardèche-Brasillach : *« crois-moi, il vaut la peine de gouverner même un État croulant. On avance entre deux haies d'hommes ployés, et, si l'on est un amateur d'hommes, il vaut la peine d'observer l'homme ployé : cela gagne du temps — et ils ne livrent que là un parfum qui n'est qu'à eux, comme il est plus court de connaître une essence à son odeur intime en cassant une branche en deux*[142]. »

Quand Aldo revient à Orsenna, *« on eût dit que (son) regard même avait changé*[143] ». Il voit enfin une curieuse plèbe bourbeuse, dépositaire des *« instances secrètes de la ville*[144] » : *« A la boue qui les couvrait jusqu'au visage, on devinait que certains étaient venus de très loin jusqu'à la route, et leur faction muette, pendant qu'on s'affairait autour de la voiture, me mettait mal à l'aise ; on sentait que la contrée entière était sourdement aux aguets derrière ces prunelles fixes*[145]. » (Confluence, ici, avec le thème de *La Route.*)

Rassurons-nous, l'homme de plume n'est jamais qu'un « histrion » au sens mallarméen : le seul vivant à hésiter entre la finalité de mourir et la possibilité de s'anéantir pour le mieux. *« La première chose dont la critique s'informe à propos d'un écrivain, ce sont ses sources. Hélas ! (mais cette vérité navrante, il ne faut la glisser qu'à l'oreille) voici qui lui complique la vie : l'écrivain n'est pas sérieux. Le coq à l'âne, en matière d'inspiration, est la moindre de ses incartades*[146]. »

De la sorte mis à l'aise, nous pouvons au guet remonter. *Les yeux bien ouverts*, cela va de soi, comme s'intitule un texte gracquien radiodiffusé[147] qui, fort joliment, ainsi commence : *« "Les Dormeurs éveillés" ? Il doit s'agir là d'une société un peu singulière, d'un club plutôt fermé*[148] »[149]. Dans ce dialogue entre un M. D(emande) et un M. R(éponse), pêchons cette confirmation pour notre « thèse » (si tant est que nous en défendions une) : « *Il me semble, en effet, qu'on retrouve souvent dans vos livres* (Julien juge de Gracq...) *cette image d'un personnage posté, ou porté, sur un lieu surplombant, qui inspecte du regard toute une vaste étendue de terre.* » Et R. de consentir : « *Oui. De pareils endroits m'attirent certainement, en rêve ou en réalité ; je m'en détache difficilement*[150]. »

Les sociologues américains (MacLuhan notamment) parlent, à propos des *mass media*, de *medium cool* et de *medium hot*. L'intermédiaire élu, le médium, se distingue selon nous par un pluriel (entrer en transes) ou par un singulier. Uniquement nous retiendra *la* transe singulière, discrète, soustraite (« *distraite* », dirait Gracq), de l'écrivain-capitaine qui, commandant un *Redoutable*, s'aperçoit que « *les nuages s'écartèrent à toute vitesse comme un rideau de théâtre* (et que l'image est belle d'être fausse, ou sa beauté l'aurait-elle faussée ?). — *Le volcan ! Le volcan*[151] *! hurlèrent d'une voix trente gorges étranglées, dans le cri qui s'élève d'une collision ou d'une embuscade. Devant nous, à la toucher, semblait-il au mouvement de recul de la tête qui se renversait vers la cime effrayante, une apparition montait de la mer comme un mur*[152] ».

Bien sûr, on aura reconnu des harmoniques avec « *la manière qu'a la ruine de* sommer *parfaitement le roc qui l'épaule à gauche et à droite fortement* », — c'est-à-dire avec des lignes extraites aux *Lettrines*[153]. On y peut aussi, commodément, revenir — et quel autre serait notre propos ? — à quelque brin de « littérature » : que s'entend dire un certain Louis Poirier « débarqué à la gare de Gravelines » sinon ces paroles par lui garanties en écriture : « *Maintenant nous sommes sous les ordres de l'amiral Nord (...). Totalement déconcerté par ce nom de guerre insolite, cette infanterie de ligne subordonnée par un amiral, j'imaginai aussitôt — le souvenir de Jules Verne et des* Aventures du capitaine Hatteras *aidant beaucoup — un dictateur masqué surgissant au milieu du désastre sur le pont de son navire et montrant du doigt la direction du pôle :* "Suivez-moi, je suis l'amiral Nord." [154] »

L'amour ne sacrifie qu'à soi, ou bien alors à tel dieu morne qui, plus qu'à la haine, ressemble à l'antipathie simple et bête. Mettons que, pareil à Gracq, j'aie beaucoup aimé Gustave Flaubert ; viendra le jour où je lui réglerai son compte, où je lui proposerai, note en bas de page ou vulgaire réflexion consignée dans un vague faux journal, une addition quelconque qu'il me sera plaisant de, justement, « régler » *pour lui* (quelle que soit la dette par moi à son égard contractée : le fils ingrat restera le plus aimant...) : « *de tous les grands prosateurs* (et j'embaume, linceul ! pour commencer, pour oindre mieux avec *ma* pommade, spéciale...), *Flaubert est peut-être celui qui ignore le plus constamment le changement de ton : son récit s'établit dans une clef et ne la quitte plus*[155] ».

Voilà donc Gustave Flaubert renié, implicitement, en vertu du saint nom de Henry James. Mais non point, car il serait niais de s'y tromper, pour la vulgaire raison d'un ton narratif, changeant ou monotone (même si, de fait, la monotonie, à cet égard, s'irise « discrètement » chez ce baron de Gracq, écrivain, qui tellement peu tient à ce que l'on cause technique...).

Aussi bien remettons-nous à l'écoute d'un homme de plume, lequel est de paille (pour n'étonner personne), puisque à la paille le feu s'accorde, mais que tout de même l'AUTEUR (le *fauteur*) se résigne mal à demeurer autre chose que CELA d'anonyme qui produit la phrase. Qui osera à Gracq demander *pourquoi* (ou : pour quel Noir) il ne suscite plus que des paroles « scribales » où le *souffle* se restreint : de la brièveté du *Balcon* on passe aux récits impossibles à élonger de *La Presqu'île*. Dédain ? orgueil ? renoncement à l'ampleur, aux grandes orgues, à la majesté de l'*opera seria* ? Mais non ! il existe des taciturnités autres. Et si vous reniez Gustave Flaubert, c'est pour adorer mieux Henry James, pour une tour qui n'est pas d'ivoire : volons jusqu'à cette « nulle autre cime » (il s'agit, on l'aura deviné, de Montségur) que celle qui puisse avoir « *cette forme singulière, cette extrusion violente au-dessus de la casse*[156] *pierreuse qui la désigne, ce mouvement d'éveil immobile d'un guetteur*[157] ».

En français, « La Tour, prends garde ! » et *Le Tour d'Écrou*, cela fait songer à la même tour — et avec un certain tour de main l'on peut beaucoup jouer sur le mot... Mais qu'est-ce qui s'y distingue à une suffisante altitude ? — peut-être « *le sentiment qu'au fond c'est toujours le démon qui vous ravit sur la montagne. Celui qui regarde de très haut, invisible, commet une espèce de rapt défendu, il* possède *magiquement, indûment* ». Et Gracq nous confie que : « *Une des impressions de lecture les plus oppressantes que j'aie ressenties, pour cette raison sans doute, c'est cette scène du* Tour d'Écrou *de Henry James, où le mauvais génie*[158] *qui mène le jeu apparaît pour la première fois, accoudé et immobile sur les toits du château, et regarde de haut en bas dans la cour. Je crois qu'on pourrait retrouver dans ce goût pour la contemplation des lieux hauts au fond le même mouvement de recul pris, de détachement et de possession en même temps*[159] *(...).* »

Rien n'est plus triste qu'un médium qui, hors de transe, reprend ses sens et hoche la tête désormais vide qui se réveille. Il demeure par vocation celui qui, parce qu'il dormait, a manqué le spectacle.

5. Rideau levé

Allumons aux mouettes un regard, pour mieux considérer. Et quelle vue jeter vers la p(l)age (écrite), « en se retournant » ? sinon « *le coup d'œil distrait qu'on adresse, le spectacle fini, à la scène vide*[160] ».

Mais, outre « *cette onde de vie et de chaleur que déclenche au cinéma le pick-up qui soudain* (mécanisme docile du temps de l'autrefois) *se met en marche derrière le rideau encore baissé*[161] », il se lève des envies baladeuses, qui s'achèvent en *Route* : « *Il n'y a eu que des départs dans ma vie (...). Je n'ai jamais aimé arriver*[162]. » Tâchons donc, néanmoins, vers un but.

Beaucoup de choses se peuvent dire à propos des choses, et même à propos de rien. Ou de tout (répond l'écho). Et voici retrouvée la littérature. La seule chose au monde pensé dont on ne puisse du dehors parler qu'à condition d'être dedans. C'est le lieu où, bien au chaud, l'on rêve du vide. « *De même* (comme dit Gracq) *m'est-il arrivé de m'imaginer, la représentation finie, me glisser à minuit dans un théâtre vide, et surprendre de la salle obscure un décor pour la première fois refusant de se prêter au jeu*[163]. » Mais de quel jeu, de quelle partie, de quels partenaires (en existe-t-il même deux, un duel ?) s'agit-il ? Laissons Gracq répondre à Gracq : « *J'avoue que pour moi ce qui compte, tout ce qui vraiment en vaut la peine, se présente toujours en imagination au bout d'un voyage ; — il n'y a que là qu'il peut être vraiment question, il me semble, que* le rideau se lève. *Je n'y mets, je n'y cherche pas de sens symbolique, c'est un pli*[164] *de l'imagination, voilà tout, qui joue à peu près régulièrement*[165]. »

Naturellement, sous les pas de Gracq, tous les chemins du monde mènent à la saison natale, et pour ses yeux les voyages superposent des paysages inattendus : « *Il ne serait pas injuste de redire de la Bretagne ce que Claudel rapporte du haut Japon : "Il y a toujours quelque chose qui apparaît et qui disparaît, qui s'élève et qui s'abaisse, qui fume et qui se pelotonne, qui s'enveloppe et qui se révèle... Un cœur lisible, un visage où toutes les émotions se peignent. Un spectacle dont le principal acteur est le rideau*[166]*".*[167] »

Et puis... et puis... — au moment, donc, de ne rien, de tout, de n'importe encore quoi, dire — de nouveau, rendu, reblondoie tout le champ des blés littéraires... — il advient au bras meurtrier du héros une fatigue quand, à nouveau restreint, le piège, une fois de plus refermé, l'installe au cœur du labyrinthe où se tapit un mufle dont nous — et lorsque je dis « nous » !... — ne voudrions pas pour masque. Réveille-toi, Thésée ! tu te retrouves adolescent... Et vous, Julien Gracq, vous considérez une cathédrale avec les yeux puérils de ce Thésée-là : « *Laon : la bizarre émotion qui m'a saisi à voir les bœufs de pierre de ses tours surveiller de très haut les vastes plaines à blé tachetées de nuages — toute pareille à l'émotion que me donnait à dix-neuf ans, à la Tate Gallery, le médiocre tableau préraphaélite (de Watts, je crois) qui représente le Minotaure. L'obtuse figure bovine, si étrangement placée dans la posture d'éveil du guetteur, évoque ici comme aucune le pressentiment dans ce qu'il a d'animal, d'obscur :* la nuit *du pressentiment*[168]. »

Et quoi donc se pressent-il là ? Qu'on ne sache depuis

toujours ? Sinon que — pour ne pas dire « *la plume* » — « *le style* » vise à égratigner la pierre du rêve ou bien « *s'immobilise au songe froid* » du vivant. Et est-ce — mais est-ce à dire ? — que la littérature est, qu'elle a été, qu'elle finira, qu'elle sera peut-être... Exactement comme quelque chose que l'on — un « on-lui-même » peut-être — appelle l'homme.

François Van Laere.

NOTES

1. *Balcon*, 252.
2. *Argol*, 95.
3. *Ténébreux*, 198.
4. *Balcon*, 67.
5. *Ibid.*, 252.
6. *Lettrines*, 195.
7. *Syrtes*, 156.
8. Stylistiquement, *Argol* se différencie des romans ultérieurs de Gracq par une mise en écho de certaines phrases, par une réduplication syntagmatique des essentiels.
9. *Argol*, 64.
10. *Presqu'île*, 67.
11. *Balcon*, 66.
12. *Ibid.*, 67.
13. *Ibid.*, 250.
14. *Ibid.*, 60.
15. *Ibid.*, 66.
16. *Syrtes*, 282.
17. *Ibid.*, 332.
18. *Ibid.*, 283.
19. *Ibid.*, 284.
20. *Balcon*, 234.
21. *Balcon*, 234.
22. *Presqu'île*, 25.
23. *Ibid.*, 25-26.
24. Dans la langue classique, « renoncer » était transitif.
25. Fin de l'« Avis au lecteur » qui figure en tête d'*Argol* (p. 11).
26. *Argol*, 56-57.
27. *Ténébreux*, 74.
28. *Ibid.*, 71.
29. *Ibid.*, 18.
30. *Ibid.*, 201.

31. Pour cette récapitulation, voir surtout le *Julien Gracq* de Jean-Louis Leutrat, Classiques du xxe siècle, Éditions Universitaires, 1966, pp. 33 et *sq*.

32. Il voit « un théâtre vide », mais subsiste une avidité : « *un pas à la fin comblait l'attente de cette nuit vide, et je savais pour quoi désormais le décor était planté* » (*Syrtes*, p. 353).

33. *Préférences*, pp. 203-217.

34. Lequel date de 1945. Alors que *Béatrix de Bretagne* est de 1951, et fut repris dans *Préférences*.

35. *Préférences*, Corti, 1961, p. 212.

36. *Comédie humaine*, Le Seuil, 1965, I, p. 48.

37. *Ibid.*, p. 30.

38. C'est moi qui souligne dans cette citation, empruntée à *Préférences*, p. 213. On concevra l'accent mis sur la blancheur. Non moins important, celui qui devait porter sur la notion de triangle qui (à la différence d'*Argol*) n'est pas absolument vérifiée dans la *Béatrix* de Balzac, où il s'agirait plutôt d'une quadrature.

39. *Ténébreux*, p. 200.

40. *Argol*, pp. 178-179.

41. *Ténébreux*, p. 157. (En cet endroit se justifie sa petite croix d'or au cou.)

42. *Ibid.*, p. 154.

43. Considérons en français (sans snobisme) ces quelques vers, dans la plus qu'honnête traduction proposée par Jean Fuzier (éd. de La Pléiade) :

« Quoique la fleur d'été pour soi vive et périsse,
Elle n'en est pas moins suave pour l'été ;
Mais si la pourriture en cette fleur se glisse,
La plus vile herbe, alors, la passe en dignité ;
  La chose la plus douce en devient plus acerbe :
  Le lis qui se corrompt sent pis que mauvaise herbe. »

44. *Ténébreux*, p. 64.

45. *Lettrines*, pp. 130-131.

46. D'où cette citation de Poe au début du récit :

« T'was night in the lonesome October,
Of my most immemorial year... » (p. 16).

Beaucoup de clins d'œil, d'ailleurs, dédiés à la Nuit, par exemple le cri, cité de Roméo :

« Oh ! swear not by the moon, the inconstant moon...
That tips with silver all these fruit trees tops. » (p. 124).

47. C'est le pari de Mallarmé selon *Le Coup de dés*.

48. Sous-titre d'*Igitur*.

49. Dernière phrase du récit, déjà précédemment citée.

50. *Ténébreux*, p. 17.

51. *Ténébreux*, pp. 108-112.

52. *Ibid.*, p. 69.

53. P. 196.

54. Voici la « phrase » entière : « Mais les Latins se désolaient de ne pas recueillir leurs cendres dans les urnes ; les Nomades regrettaient la chaleur

des sables où les corps se momifient, et les Celtes, trois pierres brutes, sous un ciel pluvieux, au fond d'un golfe plein d'îlots » (*Salammbô*, Pléiade, t. I des « Œuvres de Flaubert », p. 935).

55. L'importance du thème nostalgique et funèbre se marque, en l'occurrence, chez Flaubert par une tendance — qu'il évite d'ordinaire — à répéter certains syntagmes (voir des consonances avec la « phrase » qui nous occupe, *op. cit.*, aux pp. 825 et 899 par exemple), et chez Gracq par une répétition double de la référence.

56. Bien entendu, nous ne prétendons pas que les *Syrtes* furent écrites en hommage à *Salammbô*.

57. *Ténébreux*, p. 46.

58. *Ibid.*, p. 133.

59. *Manifestes du surréalisme*, Coll. Idées, N.R.F., 1963, p. 46 ; voir dans le *Ténébreux*, p. 166.

60. *Lettrines*, p. 91.

61. Le *Ténébreux* est le seul des récits gracquiens à émettre autant de fragrances. *Stormy weather* et « *un incroyable vague à l'âme* » entraînent l'imagination de Gérard (p. 39) vers une ville d'Asie aux « *parfums tout-puissants où se résout l'effort de vivre* » — une ville aux « *parfums noirs* ». Puis : « *Les parfums : une des rares choses qui pour moi* enrichissent *la vie. L'incroyable timidité de notre civilisation devant les odeurs. Un parfum de grand couturier : à cela seul on peut mesurer l'amaigrissement de la sensualité moderne. Il faut toute l'épaisseur de la tradition catholique pour imposer encore sans scandale un arôme aussi corpulent, d'une présence aussi assurée que celui de l'encens.* »

62. *Ténébreux*, 28 (c'est Gérard qui écrit).

63. *Ibid.*, 56.

64. *Ibid.*, 195.

65. *Ibid.*, 40.

66. *Amers.*

67. *Ténébreux*, 24.

68. *Ibid.*, 25.

69. *Ibid.*, 41.

70. *Ibid.*, 93.

71. *Ibid.*, 102.

72. *Ibid.*, 138.

73. *Ibid.*, 134.

74. *Ibid.*, 86-87.

75. *Ibid.*, 42.

76. *Ibid.*, 154.

77. *Ibid.*, 94.

78. C'est Gracq qui souligne.

79. *Ténébreux*, 95.

80. *Ibid.*, 178.

81. *Ibid.*, 53. La citation se poursuit ainsi : « *Elle levait la tête et leurs yeux se croisaient, mais il y avait dans l'œil d'Allan une lueur si dangereusement ambiguë, si tendre à la fois et si cruelle, que la pauvre enfant n'osait s'arrêter et continuait sa route toute rougissante.* »

82. *Ibid.*, 119.

83. Nous faisons allusion à ces lignes du *Ténébreux* : « *Gérard s'arrêta, posa la main sur le bras d'Allan et le regarda d'un air calme et triste. "Vous irez seul maintenant, Allan. Où vous allez — vous le savez —, je ne peux ni ne veux vous suivre"* » (p. 162).

84. *Ténébreux*, 118.

85. *Ibid.*, 193.

86. *Presqu'île*, 116.

87. *Ibid.*, 23.

88. *Ibid.*, 62.

89. *Ténébreux*, 190.

90. Nous n'attribuons rien de péjoratif au terme : que l'on songe à la « pure et monotone ligne » du *Faune* mallarméen.

91. *Ténébreux*, 163.

92. *Ibid.*, 200.

93. *Ibid.*, 140.

94. Nous avons tenté, plus haut, de qualifier la récurrence des parfums dans le *Ténébreux*.

95. Image annonciatrice et des *Syrtes* et du *Balcon*.

96. *Ténébreux*, 105.

97. *Syrtes*, 34.

98. *Lettrines*, 65-66.

99. *Ibid.*, 120-126.

100. Nous tenons à appuyer une insistance sur les variations tonalisées qui se trouvent permises dans cette œuvre.

101. *Lettrines*, 28-29.

102. *Ibid.*, 56.

103. *Balcon*, 10.

104. *Ibid.*, 11.

105. *Ibid.*, 229.

106. *Ibid.*, 82.

107. Selon le petit Larousse, le puisatier est « spécialisé dans le forage des puits de faible diamètre »...

108. *Balcon*, 121-122.

109. *Ibid.*, 119-120.

110. *Ibid.*, 166.

111. *Ibid.*, 25.

112. *Ibid.*, 101.

113. *Ibid.*

114. *Ibid.*, 107-108.

115. Comprendre « distraire » au sens étymologique.

116. Avant-dire au *Ténébreux*.

117. Ce texte où il évoque « *l'occupation de créer, qui paraît suprême et réussir avec des mots (...). Ton acte toujours s'applique à du papier ; car méditer sans traces, devient évanescent* » (Œuvres complètes, Pléiade, p. 369).

118. Mallarmé encore : comment il envisageait d'opérer les lectures publiques du *Livre*... (Consulter à ce propos les conjectures de Jacques

Scherer sur *Le « Livre » de Mallarmé*, Gallimard, 1957, et surtout le commentaire, en page 73, des feuillets 194-195).

119. *Balcon*, 113.

120. *Lettrines*, 64.

121. *Balcon*, 14.

122. *Ibid.*, 139.

123. *Ibid.*, 186.

124. *Ibid.*, 252.

125. Gérard de Nerval : dernier tercet du dernier sonnet des *Chimères : Vers dorés* (et l'épigraphe en dit : « Eh quoi ! tout est sensible ! [Pythagore] »).

126. *Balcon*, 218-219.

127. *Syrtes*, 9-10.

128. *Ibid.*, 27.

129. Par exemple durant tout le chapitre de *L'Envoyé*.

130. *Syrtes*, 35.

131. En examinant le *Ténébreux*, nous suggérions une typologie du guetteur : il y avait, par exemple, un guetteur endormi (Jacques), un guetteur en éveil (Gérard)... Ici, nous dirions que, face à Aldo guetteur éveillé bien entendu, Marino serait un guetteur volontairement endormi, ou qui feint l'endormissement.

132. *Syrtes*, 37.

133. *Ibid.*, 39.

134. Rencontre rare que celle du guetteur sachant guetter qui guette un guetteur guettant. Dans cette occurrence, les guetteurs comme les augures ne se regardent pas sans rire : « *La jeune fille tourna soudain sur ses talons tout d'une pièce et me sourit malicieusement* » (*Syrtes*, 55).

135. L'obsession gracquienne du blanc neigeux renverrait-elle, par une métaphore secrète, au « vide papier que la blancheur défend » ?

136. *Syrtes*, 54-55.

137. *Ibid.*, 46.

138. *Ibid.*, 47.

139. *Ibid.*, 50.

140. *Ibid.*, 52.

141. *Ibid.*, 257.

142. *Ibid.*, 337.

143. *Ibid.*, 303.

144. *Ibid.*, titre de chapitre (p. 303).

145. *Ibid.*, 304.

146. *Lettrines*, 30.

147. Repris dans *Préférences*, pp. 51-69.

148. Rappelons une fois encore « la mort qui est une société secrète » (A. Breton, *1er Manifeste du surréalisme*).

149. *Préférences*, 55.

150. *Ibid.*, 63-64.

151. Il s'agit, on s'en souvient, du Tängri, qui n'est pas sans rappeler le voile de Tanit de *Salammbô*...

152. *Syrtes*, 235.

153. P. 62.
154. *Lettrines*, 120-121.
155. *Ibid.*, 90-91.
156. Si, bien assurément, la casse a pour « définiteur » quelque brisure démembrante, elle peut également se redistribuer en quelque composition typographique.
157. *Lettrines*, 62.
158. Mais, le souvenir s'abuse-t-il qui croit à *deux* mauvais génies, un masculin, un féminin ?
159. *Préférences*, 64.
160. *Presqu'île*, 129.
161. *Ibid.*, 171.
162. *Ibid.*, 144.
163. Avant-dire du *Ténébreux*.
164. Relevons le beau mot mallarméen.
165. *Préférences*, 60-61.
166. Autre idée chère à Mallarmé que ce rideau (ou tel lustre) principal acteur.
167. *Lettrines*, 194.
168. *Lettrines*, 208.

LA REINE DU JARDIN

Jean-Louis Leutrat

Dans l'existence d'Aldo, le personnage-narrateur du *Rivage des Syrtes*, il est un moment décisif qui est à l'origine d'un « subtil désenchantement » et d'une attente qui paraît devoir être interminable : sa rencontre avec Vanessa dans les Jardins Selvaggi. Si l'on y songe, c'est alors que tout commence, l'« histoire » proprement dite, et le récit lui-même qui, par ce retour en arrière, remonte à sa source. Julien Gracq, qui connaît bien l'art des contrastes, a su rendre la valeur de rupture de cette scène en la plaçant sous forme de souvenir à l'intérieur de la vie banale et sommeillante des Syrtes, à la suite d'une conversation matinale avec Marino, farouche partisan de l'*équilibre*, et avant une croisière nocturne. Outre que cette scène reste dans l'esprit du lecteur comme irradiant une lumière propre, insistante, celle des instants élus, elle introduit aussi une temporalité nouvelle. Servant de transition, entre le matin et la nuit, elle occupe une journée entière, ce qui produit un effet de raccourci en même temps que d'allongement. Alors que la journée est comme télescopée, la scène prend des proportions inaccoutumées. De cette manière, l'auteur a tout mis en œuvre pour faire ressortir l'exceptionnel de cet événement, jusqu'à suggérer une perspective d'années qui en verrait la répétition quasi quotidienne.

Mais de quoi s'agit-il exactement ? Aldo a pris l'habitude de se retirer, solitaire, vers l'heure de midi dans des jardins à demi abandonnés qui dominent la ville d'Orsenna. Un jour il découvre à l'emplacement où il se rend une jeune fille. Immobilisé brutalement par la surprise, il se perd dans la contemplation de Vanessa, et le sentiment grandit en lui « *que* la reine du jardin *venait de prendre possession de son domaine solitaire* ». Les deux jeunes gens, par la suite, se rencontrent souvent dans ce lieu, restant longtemps sans rien dire, se contentant de regarder. Le charme qui émane de cette rêverie à deux est si prenant que, le soir, Aldo retourne seul dans le jardin :

> « *dans son immobilité tendue, je fixais jusqu'aux dernières lueurs les silhouettes des arbres sombres qui se découpaient sur la bande lumineuse de l'horizon. Là s'était fixé le dernier regard de Vanessa ; j'attendais de voir paraître ce qu'il m'avait mystérieusement désigné.* »

Cette scène de la rencontre d'une femme dans un jardin est d'autant plus remarquable qu'elle apparaît dans d'autres ouvrages, moins développée, souvent au détour d'une phrase, à l'occasion d'une comparaison, mais suffisamment identifiable. Sa répétition même, son surgissement insidieux permettent d'induire son caractère obsessionnel, au point qu'on peut affirmer qu'elle est l'équivalent pour J. Gracq des figures de femmes devant une cheminée pour Henry Füssli. A travers elle se découvre le *spectre* d'une situation élémentaire et fondamentale, dont les éléments constitutifs sont riches en échos.

Le souvenir de Gérard

Un passage d'*Un beau ténébreux*, qui se présente lui aussi comme un souvenir sur fond d'existence insipide, permet, croyons-nous, de saisir la scène à son stade le plus élémentaire :

« Journées couvertes et fraîches d'été, sans un souffle — je ne sais pourquoi journées d'enfance, presque toujours un après-midi de dimanche désœuvré : — je revois le jardin, sa fraîcheur noire, sa verdure immobile : une lueur douce couchée sous les nuages, tout contre l'horizon, une lueur immobile sur la Loire étale, les arbres et les champs pelucheux de juin. Tout endimanché à travers les allées du beau jardin, j'attendais le son des cloches des vêpres — derrière un repli de la Loire on voyait un clocher, si fin sur la ligne d'horizon, et vers le nord on entendait le bruit d'un train. »

Que découvre une première lecture ? Tout d'abord l'atmosphère d'attente : toutes choses semblent figées dans une sorte d'instantané (absence de souffle, immobilité), un univers clos (le jardin) et ce qui l'environne (eau, arbres, lumière, nuages), deux bruits (celui d'un train, le son des cloches), l'horizontalité et la verticalité (la Loire, les champs et la ligne d'horizon, l'enfant, les arbres et le clocher), des sensations (fraîcheur, pelucheux, noire, verdure...). La plupart de ces éléments, l'écrivain les épelle tous dans le poème intitulé *Le Grand Jeu* où il abat quelques-unes de ses cartes majeures : les grands fleuves, les arbres, la lumière, les nuages, le train qui passe à l'horizon familier (voir également *Vergiss mein nicht*), jusqu'au « *crépuscule soudain, la* petite mort *mélancolique des cloches dans les après-midi écrasés de soleil des dimanches* ». Le poème est clair : à travers les composantes de ce décor réduit à ses lignes de force s'ébauche nettement, se précise, puis s'élève en majesté une figure féminine absente du jardin d'*Un beau ténébreux*, mais que tout dans ce jardin appelle :

« Ce je ne sais quoi d'inconsistant qui flotte sur les quartiers proches des gares — la fécondité des grands nuages blancs de juin sur les prairies vertes, tout mangés d'azur sur les bords comme des veines bleues qui deviennent lait dans une mamelle — ce tendre glacis d'eau sur les yeux, sur les lèvres, cet ombilic de Vénus anadyomène par où baignera toujours pour moi

> *dans quelle eau mère la plus touchante des femmes — le hérissement soudain des eaux et des feuilles dans la lumière poudreuse d'un matin d'été brumeux le long des prairies couchées et des saules des grands fleuves...* »

En replaçant le souvenir de Gérard à la suite de ce qui l'a provoqué, on constate qu'à son origine se trouve une journée d'ennui, de vague à l'âme, de spleen *(« comme les nuages pèsent bas sur la terre ce soir »)*, avec les corrélatifs inévitables : attente vague, désir de départ (le train), abattement (le sentiment d'avoir vieilli). Au cœur de cette morne rêverie, une absente, innommée, Christel, qui se trouve par conséquent également au creux de l'attente dans le jardin.

La mise en parallèle d'un autre poème *Le Vent froid de la nuit* et du passage d'*Un beau ténébreux* qui a attiré notre attention, fait apparaître de troublantes analogies et achève de convaincre de la présence/absence d'une femme. *« Je l'attendais le soir dans le pavillon de chasse, près de la Rivière Morte »* : l'attente au crépuscule dans le beau jardin, près de la Loire. *« En habit de soirée »*, *« comme un marié sur la plaque du photographe »* : tout endimanché. *« L'eau verte et dormante »*, *« la nuit noire était doublée de gel »* : verdure immobile et fraîcheur noire. *« Les murs étaient de grands rideaux sombres, et sur les steppes de neige des nappes blanches, à perte de vue, comme des feux se décollent des étangs gelés, se levait la lumière mystique des bougies »* : les arbres pelucheux et, tout contre l'horizon, la lueur immobile sur la Loire étale. Le poème s'achève sur ces lignes qui réintroduisent le train, et, à sa suite, la présence d'une femme : *« Ah ! les heures creuses de la nuit, pareilles à un qui voyage sur les os légers et pneumatiques d'un rapide — mais soudain elle était là, assise toute droite dans ses longues étoffes blanches. »*

La scène de l'attente et de la rencontre d'une femme (vêtue de blanc) gouverne l'imagination de J. Gracq ; c'est pour bien convaincre de cette idée qu'ont été choisis jusqu'ici des passages où, de prime abord, elle n'avait que faire, au mieux où elle n'était que suggérée. En réalité, à chaque fois, c'est bien elle, déguisée, mais les éléments qui la composent demeurent identiques.

Le beau jardin

Le choix de ce lieu n'a rien pour surprendre. Le jardin a toujours été lié à la féminité, aussi tout pays convoité par le regard, ou l'imagination, possède-t-il ses jardins, la ville de Rhages comme celle d'Hoyerswerda. C'est que le jardin apparaît comme le lieu clos par excellence, protégé derrière ses « murs aveugles ». Il porte en lui les valeurs de l'intimité, du bonheur et de la plénitude : *« c'était des vies si respirantes et si pleines, si présentes, comme si on marchait dans les allées d'un jardin matinal. »* Avec lui prend tout naturellement naissance le thème de l'île déserte, si essentiel à *Un balcon en forêt*, et par conséquent du paradis. Tout jardin est un Éden, et plus que tout autre la très réelle île Batailleuse, avec ses jardins de fleurs, ses saules, ses peupliers et ses *« charmants sentiers méandreux »*. Mêmes sentiers en Sologne, avec le bruit du vent dans les arbres qui *« froisse au cœur le sentiment épanoui et protégé qu'on avait du jardin sauvage »*.

Pour Gracq, comme pour Rousseau, et *La Sieste en Flandre hollandaise* est un texte décisif sur ce point, l'expérience fondamentale (pacte renoué avec la nature ou avec la femme, ce qui revient au même) coïncide avec le sentiment d'insularité. Et, qu'il soit sauvage ou cultivé, le jardin est un lieu strictement délimité, autant qu'un échiquier fermé sur lui-même. Le chemin qui conduit Grange chez Mona passe entre des jardinets :

> *« Une idée de bonheur avait toujours été liée pour Grange aux sentiers qui vont entre les jardins, et la guerre la rendait plus vive : ce chemin lavé par la nuit, gorgé de plantes fraîches et d'abondance comestible, c'était pour lui maintenant le chemin de Mona ; il abordait à la lisière des bois comme au rivage d'une île heureuse. »*

On trouverait des expressions identiques dans *Prose pour l'Étrangère.*

Si le jardin est précisément le lieu du désir, c'est qu'il oppose au regard une opacité qui le rend riche en mystères à découvrir, en voluptés à jouir. De là vient que dans ce jardin perdu, ou à conquérir comme un Graal, on veuille pénétrer, comme si c'était là le plus grand bien. Christel s'imagine prolongeant ses vacances à Kérantec : « *Pour moi s'ouvriraient les jardins vides aux grilles rouillées, les fleurs secrètes de l'arrière-saison, toutes saupoudrées de l'amertume de la mer dans le vent libre.* » Le mouvement qui anime la rêverie de l'auteur, et celle de ses personnages, est le même que dans les scènes très connues du paysage contemplé de haut, ou de la chambre vide subrepticement visitée : il s'agit de posséder « *magiquement, indûment* ». Le jardin, à la manière d'une allégorie médiévale, devient alors le symbole de toute quête, et le corps du monde doit être investi comme celui d'une femme[1].

> « *La terre gardait son mystère, mais ce mystère* pouvait *être forcé, comme on force une femme, d'une façon tout autre que métaphorique. Il y avait un* paradis *terrestre, mais non pas taillé dans l'étoffe molle de la rêverie, mais non pas viande creuse de symbole, mais au contraire avec ses feuilles vertes de vrais arbres, le délice rafraîchissant de ses vraies eaux et* logé, *comme au creux d'une aisselle, à la flexion d'une aine, dans un repli ineffable du monde vierge. Le mystère du monde était en lui caché, mais non pas symboliquement, mais caché non autrement que le sexe dans une femme ; et comme l'amant guidé par la certitude charnelle de son désir, le but inavoué des grands explorateurs, de Jason, de Vasco, de Colomb, n'était peut-être autre que la* possession *enivrée et solitaire de la planète.* »

Des développements semblables, mais à propos de la ville, figurent à divers endroits de l'œuvre, de la manière la plus frappante dans *Paris à l'aube* où la flânerie matinale se voit accorder « *le caractère absorbant et coupable de la possession* ». Il ressort de tels passages que la contemplation du monde est fascinante, mais aussi qu'elle est entachée du sentiment d'enfreindre les limites permises, de violer le tabou. De plus, la possession dont il est question est irrémédiablement au passé, comme le précisent les imparfaits en italique. Le Paradis est derrière nous. Tous les exemples, d'œuvres littéraires ou musicales, où le thème du jardin joue son rôle, et que donne l'écrivain (la fête des Roses de *Penthésilée*, le jardin des filles fleurs de *Parsifal*, la scène du jardin dans *Faust*, Lohengrin montrant à Elsa le jardin en fleurs), parlent chacun à leur manière de paradis perdu, d'éclatement floral, d'harmonie, de plénitude, d'élancement nostalgique. Ainsi que l'écrit Kleist, « le Paradis est verrouillé et l'Ange est derrière nous », mais tout espoir de le reconquérir n'est pas perdu : « nous devons contourner le monde et voir si le Paradis n'est pas ouvert, par-derrière ».

L'eau emblématique

Des jardins d'*Un beau ténébreux* on entend la rumeur de la mer, « *émouvante comme une rumeur d'émeutes au fond d'un jardin endormi de banlieue* », grondement continu, basse fondamentale. Tout naturellement l'élément aquatique est lié à la femme. Celle-ci dans le désir se fait eau, ses lèvres et son regard deviennent humides. Toute « *rencontre sensuelle heureuse* » appelle l'image de la fontaine et celle de la pluie. La femme qui se dévêt « *égrène autour d'elle* » une « *pluie scintillante et tendre* ». Les vêtements de Mona sont « *arrachés d'elle par un vent violent, plaqués partout contre les meubles comme une lessive qui s'envole sur un roncier* ». Souvent la femme est surprise auprès d'un ruisseau : Heide violée par exemple. Tout le passage du *Rivage des Syrtes* consacré à l'escapade d'Aldo et de Vanessa à l'île de Vezzano est placé sous le signe de l'eau.

L'eau qui parle avec le plus de douceur à l'imagination de Gracq, c'est « *cette* eau *emblématique, aux maillons de soleil qui indéfiniment se dissocient et se rassemblent* », « *les doux maillons de soleil de l'eau qui me portait comme un ventre, comme un qui regarde au fond d'un puits redescendaient jusqu'à moi en se dénouant sur le visage d'une femme* » : ainsi s'achève le poème *Moïse*, et l'on devine qu'il ne peut s'agir que de « *la plus touchante des femmes* ». La présence de la lumière du soleil filtrée par les feuillages au-dessus de l'eau, ou donnant une impression semblable, se retrouve souvent au début d'un voyage de quelque importance pour le personnage, et l'accompagne comme un viatique.

Dans la femme, c'est la chevelure qui évoque le plus l'élément liquide. Grange plonge la main dans la chevelure de Mona, « *la crinière longue qui coulait comme de l'eau* », et Aldo est hypnotisé par celle de Vanessa « *que la nuit reprenait et gonflait dans le lit comme la marée une touffe d'algues* », comme le narrateur du *Roi Cophetua* l'est par celle de la servante.

La marée est la respiration même de l'amour. « *Son doux roulis de pachyderme nous prédisposait à l'amour* », dit un poème, *La Barrière de Ross*. Vanessa endormie, Aldo pose sa main sur la poitrine de la jeune femme qui s'élève et s'abaisse sur un rythme régulier. La marée, c'est aussi la lutte insidieuse du noir et du blanc. Le blanc aveuglant des jardins Selvaggi au mois de mai « *vient mordre en festonnements de vagues la falaise opposée de forêts sombres* ». A la fin d'*Un balcon en forêt*, lorsque Grange blessé rejoint la maison de Mona, « *les jardins bousculés par l'écume de mai poussaient contre les maisons noires une marée douce et respirante qui soulevait la nuit, et semblait gonfler immobile sous le ciel d'étoiles* ». Le jardin blanc contre les maisons ou les arbres noirs, c'est très exactement l'image du corps de la femme contre celui de l'homme. Un geste revient fréquemment : « *Dans la grande pièce silencieuse où le soir montait comme la mer, interminablement, à coups légers elle poussait contre moi son front étroit comme une petite vague auprès de son rocher.* » Le lieu d'où l'on contemple le mieux la montée de la mer est le jardin, et c'est une contemplation à deux : « *et le jardin était plus tranquille qu'un jardin de couvent d'où nous regardions la mer monter sur les grèves* ».

Une aspiration avide

Ce que Gracq retient du train, c'est l'impression de rapidité, synonyme pour lui d'une certaine sensualité, mais d'une sensualité proche du vertige et de la nausée. C'est la forme de bonheur que ressent Aldo lorsqu'en compagnie de Vanessa il se rend pour la première fois à Maremma dans une voiture rembourrée de fourrures : *« Vanessa m'emportait dans la nuit légère. Je me rassemblais en elle. Je la sentais auprès de moi comme le lit plus profond que pressentent les eaux sauvages, comme au front le vent emportant de ces côtes qu'on dévale les yeux fermés, dans une remise pesante de tout son être, à* tombeau ouvert. » On songe à la descente en luge de Grange et de Mona dans *Un balcon en forêt*. *La Presqu'île* fournit des variations intéressantes de ce thème. C'est la sensation éprouvée par Simon à l'approche de la mer :

> « *Que ce fût par le train ou en voiture, jamais il n'était arrivé à la mer autrement que comme un cycliste dévale une côte, le cœur battant du sentiment de l'espace qui se creuse, de tous les freins lâchés, de ce vent soudain dans les oreilles si impatient, si pur, qu'il semble n'être né nulle part... dès qu'il approchait un peu près de la côte, il y tombait comme un caillou tombe de la main ouverte...* »

La même image est utilisée pour styliser le mouvement qui porte Simon vers Irmgard, et elle vers lui, l'un dans sa voiture, l'autre dans le train :

> « *Mais, si proche déjà — comme s'embuent les traits d'une image trop rapprochée de l'œil — il n'arrivait pas à la* voir *: dissoute dans une espèce de glissement furieux, saisie d'une aspiration avide, elle n'était plus que ce qui la projetait vers la rencontre imminente — il ne sentait en lui que le bien-être d'un caillou qui dévale une pente, et ne se sent être que parce qu'il accélère un peu à chaque moment.* »

Dans *La Presqu'île* toujours, cette impression de glissade

est rattachée à un rêve d'enfance, fait lors d'une maladie grave, et son importance pour le personnage est cernée avec précision :

> « *Un moment il souhaita se confier jusqu'à la gare à cette pente ombreuse et froide — maternelle — les yeux fermés, les oreilles sifflantes, comme un skieur qui se laisse couler de sa montagne jusqu'à l'hôtel : les seuls moments de sa vie qui lui avaient paru valoir la peine de les vivre avaient ressemblé à cette vrille qui s'enfonçait toujours plus bas à travers les arbres. Il soupçonna qu'Irmgard n'était peut-être que le nom de passage qu'il donnait ce soir à cette glissade panique.* »

Il est tentant de rapprocher ces passages de ceux où Gracq explique l'idée qu'il se fait de la passion, idée singulièrement ascétique, « *idée sauvage* ». Il voit l'amour « *aride, harassant, sans repos* ». Un arbre figure cette conception, le pin, avec « *la torsion dure et violente des branches, la toison dure, ces aigrettes de sabres minuscules en guise de feuilles* ». Le pin que Gracq enfant a appris à connaître à Pornichet n'est pas absent des bois qui environnent le pays d'Argol et se retrouve du côté des Fraitures dans *Un balcon en forêt*. Le décor d'*Un beau ténébreux* est le théâtre même de la passion : avec l'arc de cercle de sa baie (« Dans l'arc de cercle, il y a quelque chose d'inaccompli qui a besoin de s'exprimer et ne peut être complété : *il permet encore le pressentiment* », a écrit Chirico), les dunes et « *le bruissement somptueux des grands bois de pins* » qui se fait entendre tout au long du récit, se confondant avec celui de la mer dans une puissante symphonie dont *Le Vent froid de la nuit* donne la clef : « *Les sapins dans le vent hasardeux de la nuit secouaient des froissements de suaire et des craquements d'incendie.* » Le passage du pin au sapin ne doit pas donner le change puisque dans *Le Rivage des Syrtes* le bruit funeste est celui du vent dans les roseaux.

La passion décape prodigieusement, elle force les êtres à aller jusqu'au bout, elle les jette les uns contre les autres, pour s'achever par le « *duel inexpiable du couple* »,

« l'égorgement rituel du couple royal » que l'on imagine volontiers accompagné par le fracas des grandes gares. Faisant allusion au langage des *« romans à l'usage des cuisinières »* qui parlent *« des cyclones, des orages, des tornades de la passion »*, Gérard dans *Un beau ténébreux* commente :

> *« Façon de parler pleine de sens. La tornade, c'est ce qui transforme un fétu de paille, ou si l'on veut un roseau pensant, en projectile. Et, au centre de la trombe, la succion universelle de cette pointe, où une immobilité médisante naît de l'excès même de la vitesse. »*

S'il est un endroit où est situé le personnage gracquien, il semble bien que ce soit surtout *« au centre de la trombe »*, paralysé, fasciné, immobile comme devant la femme apparue dans le jardin.

Un hibernant

Dans le poème qui porte ce titre, une phrase étonne : *« A midi dans le jardin de neige et d'ouate, debout sur un pied et retenant son souffle, il réaccordait le silence. »* Le geste décrit ramène à la mémoire celui que dans *Le Rivage des Syrtes* Aldo adopte spontanément lorsque dans les jardins Selvaggi il découvre Vanessa : *« L'indécision m'immobilisa, le pied suspendu, retenant mon souffle. »* C'est aussi celui de la servante mystérieuse de la nouvelle *Le Roi Cophetua « l'un de ses pieds touchant le sol à peine par la pointe »*. Nous ne sommes pas loin de la Gradiva de Jensen. Dans le jardin de l'hôtel des Vagues, un nuage *« pétrifiait Irène, la plombait, la changeait en l'une de ces statues de cendre, envoûtées, maléfiques, des jardins pompéiens... »* Et il est dit d'Albert au sujet de ses visiteurs : *« Où qu'ils allassent, il se traînerait aux pieds de ce couple de marbre aux yeux vides et bleuâtres, plus dépaysant qu'une statue déterrée d'un jardin. »* Cette image d'un être surpris, immobile, comme *« le soleil stupéfié et morne de midi, le petit nirvâna cruel suspendu au milieu de la journée d'été* », et le spectacle qui s'offre à lui (Aldo parle de la fixité de Vanessa à ce moment) nous apprennent ce qui fait l'essentiel dans l'œuvre de Gracq, l'attente et le regard porteur de désir.

Le regard pétrifié/pétrifiant implique immédiatement le tabou, l'interdit : la femme est vraiment inabordable (c'est le titre d'un poème). Aldo analyse les sentiments qu'il éprouve à l'égard de Vanessa : « *Son malheur, que je m'exagérais, mettait sur mes joies une arrière-pensée de retenue secrète, et sur les pensées moins chastes qui me venaient comme l'interdit d'un sacrilège ; je l'aimais en absence, sans souhaiter qu'elle me devînt plus proche...* » Précisément, la fascination se nourrit de l'acte profanateur, et le regard est chargé d'intentions. Le personnage se trouve être un voyeur. Dans *Un beau ténébreux*, la situation fausse de Gérard vis-à-vis d'Allan est exprimée par des métaphores policières de filature. Aldo occupe à l'Amirauté la fonction très explicite d'observateur. Lors de la fête chez Vanessa, il constate : « *Plus qu'ailleurs, j'avais la chance d'observer sans être vu* », et, peu après, au cours de sa conversation avec Belsenza : « *Je sentis que la fente où je collais mon œil allait se refermer.* » Belsenza est d'ailleurs à Aldo ce que Kersaint est à Gérard, un double dégradé mais révélateur. Après avoir parlé à Kersaint, Gérard se sent « *maintenant une sorte de haine contre lui, comme quand on surprend un voyeur, tout étonné soudain d'avoir soi-même regardé* aussi ». Le personnage est souvent surpris en flagrant délit, Gérard par Allan, Aldo par Marino ou Vanessa, et dans cette situation il se sent coupable. Ce qu'il s'efforce de faire, c'est de s'approprier l'autre à distance par appel à la magie, à l'aide de substituts symboliques, des images, un objet ardemment contemplé : par exemple, le lit de Heide par Albert.

Gracq a désigné lui-même l'importance de la scène de la pièce momentanément désertée par son habitant, et visitée par le voyeur. Ce sont autant de pièces qui, dans l'esprit du personnage qui y pénètre, sont violées. Tout en elles parle de l'absent et les objets se conjurent pour expulser l'intrus et le renvoyer au vertige de son désir. Le regard se fait alors porteur de tous les excès. Celui de

Piero Aldobrandi (dans le tableau célèbre) contemple le viol de la ville de Rhages, « *surprise dans la torpeur amoureuse de la sieste* », — spectacle évidemment prémonitoire. La rêverie de Gérard sur la plage est elle aussi sans ambiguïté : « *ce sable vide, encore chaud, tiède comme une plage de chair et qu'on voudrait fouler, couvrir, souiller naïvement comme elle* ». On sait comment, dans *Au Château d'Argol*, les fantasmes de viol se cristallisent autour de la figure de Heide.

Le poème *Moïse* débute par les mots « *les yeux fermés* ». A midi, « *les paupières éclatantes de langueur* », le regard de l'enfant découvre le visage d'une femme. C'est qu'il s'agit, selon une expression chère à l'écrivain, de garder les yeux bien ouverts. Que, parmi les pièces de Racine, Gracq ait choisi de commenter *Bajazet* n'est pas surprenant : le sérail est par excellence le lieu où l'on épie et où l'on est constamment épié. Il n'y a rien d'étonnant non plus à ce que le théâtre et l'opéra aient requis son attention. Tout lecteur de ses écrits sait combien ses personnages se révèlent par leur regard, à l'exclusion de presque tout autre trait de physionomie, et comment les conversations s'infléchissent brusquement à une lueur perçue au fond d'un œil. L'image du guetteur placé en un lieu élevé (le mauvais génie de l'ouvrage de James *Le Tour d'écrou*, ou les bœufs de pierre des tours de Laon) l'a toujours fasciné. « *Tant de mains pour transformer ce monde, et si peu de regards pour le contempler !* » Car c'est bien de cela qu'il s'agit : s'abîmer dans la contemplation du monde. Il émane de ce spectacle un appel qui provient du mystère qui y est enfoui. A force de regarder, on voit, comme Aldo, une voile naître de la mer. On voit une femme jaillir d'un jardin inopinément.

Une femme prolongée par un étendard

La première vision qu'Aldo a de Vanessa est des plus évanescentes : « *De ma position légèrement surplombante, le profil perdu se détachait sur la coulée de fleurs avec le contour tendre et comme aérien que donne la réverbération d'un champ de neige.* » Une même impression est rendue dans le poème *Isabelle Élisabeth* : « *C'est tout à coup d'un* profil perdu *de cette figure étrange sur un fond de forêts et de feuilles changeantes qu'est faite — maniaque et toujours à je ne sais quel souvenir perdu attentive — la beauté du visage d'Élisabeth.* » Profil perdu, « *visage à demi dérobé* », dit encore Aldo. C'est là une figure insaisissable, issue comme d'un songe, telle la servante du *Roi Cophetua*. Tous les personnages féminins de l'œuvre gracquienne s'offrent ainsi. Ils éblouissent et en même temps sont très lointains, à peine dégagés d'un décor qui semble les avoir suscités, rappelant les toiles de Max Ernst de la période 1939-1941 ou, mieux, certaines œuvres préraphaélites.

D'où cette prodigieuse faculté d'apparaître et de disparaître qu'ils ont. « *Mais soudain elle était là.* » Il n'est plus question que ces survenants disparaissent. Il faut désormais compter avec eux, rien qu'avec eux.

Dans *Un beau ténébreux*, Irène, la femme trop simplement charnelle, ne jouit pas d'un grand prestige auprès de Gérard. Non qu'il soit insensible à sa « *beauté généreuse* », mais il voit en elle

> « la femme, *avec tous les appétits, les besoins, les œillères de son sexe. Aucune des galanteries les plus banales, les plus éculées qui ne vienne fleurir d'elle-même sur les lèvres en face d'une des femmes les plus impitoyablement* dépersonnalisées *par son sexe que j'aie jamais vues.* »

Quelques lignes après, ce qui fait l'essentiel de la femme gracquienne est très exactement défini, « *pouvoir faire l'ange, émouvoir l'imagination, la rêverie, plus immédiatement que les sens* ». Quelles femmes possèdent ce pouvoir exorbitant aux yeux de Gracq ? Le poème *Unité originairement synthétique de l'aperception* le dit :

> « *Mais, comme les adolescents vont dans les musées bien tenus pour rêver de préférence sur la solution d'un humble problème technique — moi je me suis souvent surpris à contempler une statue de Jeanne d'Arc, ou la photographie d'une pêcheuse de cre-*

vettes —, captivé toujours au-delà de toute mesure par l'image absorbante d'une femme prolongée par un étendard. »

L'étendard claquant dans le vent est probablement la figuration du permis de tout faire accordé à la folle du logis par la vision de ces femmes, de l'exaltation qu'elle provoque. Gérard accompagne Christel au casino et remarque « *qu'autour de son cou s'enroulait une écharpe fanée, pâlie, singulière, une somptueuse étoffe lourde, noble, comme taillée dans la soie d'un très ancien drapeau* ». Heide abandonne au vent « *les plis de sa longue cape blanche avec une merveilleuse majesté* ». L'image du drapeau est ici suggérée. Mais Jeanne d'Arc, c'est aussi la vierge guerrière, « *ce type humain que la France a si magnifiquement réussi historiquement et toujours si complètement manqué littérairement* ». Heide, cette « *âme de feu et de glace* », lorsqu'elle visite notre planète, ses passages coïncident « *avec de puissantes explosions révolutionnaires* ». Et Vanessa, « *pareille, sous sa chevelure lourde et dans sa dureté chaste et cuirassée, à ces anges cruels et funèbres qui secouent leur épée de feu sur une ville foudroyée* », si étrangement semblable dans ce moment à son ancêtre Piero Aldobrandi. A cette figure sublime de la féminité sont liées celles de la princesse, de la reine, reine de théâtre ou reine sur l'échafaud (points de convergence de centaines de regards, mais inaccessibles), aux beautés tragiques, extraordinaires, bouleversantes, fatales. Toutes se caractérisent par leur démarche. Heide se dirige vers la mer « *d'un pas plus nerveux et plus doux que celui de la cavale des sables* », Vanessa va d'un « *grand pas élastique de lionne* », et Christel de sa « *longue démarche élastique, si noble, si dédaigneuse* ».

La pêcheuse de crevettes est une autre figure intéressante qui n'est pas sans évoquer *La Dormeuse* de Toyen. A un premier niveau, elle représente un type de personnage bien particulier.

« *Dans les paysages vrais tout autant que dans les tableaux continuent ainsi à m'intriguer ces flâneurs de la méridienne ou du crépuscule, qui dans un angle crachent, lancent un caillou, sautent à cloche-pied ou dénichent un nid de merle, et rembrunissent parfois tout un coin du paysage d'une gesticulation aussi ininterprétable que possible.* »

Des exemples : une jeune fille sur le chemin de Montségur, à Douaumont « *sur la carapace du fort un sergent noir américain avec sa petite amie, l'air très désœuvrés, claudiquant entre les entonnoirs comme des pêcheurs de crevettes* ». La pêcheuse de crevettes équivaut au flâneur le long de la grève. Promue au rang de personnage plus essentiel, elle devient Mona, avec « *son sautillement de jeune bohémienne et de dénicheuse de nids* ». A nouveau, comme on le voit, la démarche caractéristique. Les silhouettes des femmes rencontrées sur la *Route* ont, de loin, un « *sautillement d'oiselet boiteux* ». La pêcheuse de crevettes représente l'une des figures de la femme, celle de la femme-enfant, de la femme-fée de Breton, et il est bien rare qu'elle n'apparaisse pas chez toute femme gracquienne, mêlée à l'autre visage. A les reconnaître, les femmes de *La Route* se révèlent également des « *bacchantes inassouvies* », « *moitié courtisanes, moitié sibylles* ».

Qu'elle ait l'auréole de la femme fatale,. qu'elle soit reine, ou ce composé exceptionnel de l'actrice, de la prostituée et de la prêtresse, qu'elle soit enfin pêcheuse de crevettes, jeune et ambiguë, la femme impose le respect, interpose entre elle et celui qui la regarde une distance soulignée par le fait que l'homme contemple alors une image, photographie ou statue. Après avoir remarqué l'écharpe que porte Christel, Gérard commente :

« *Ainsi dressée auprès de moi dans la demi-obscurité, elle figurait soudain l'imminence incompréhensible du songe ; une de ces statues qui soudain atterrissent à nos côtés, naissent d'un certain regard oblique soudain jeté en arrière comme lorsqu'on sent peser sur soi un regard insistant, et songeuses, par-dessus notre épaule, fixent obstinément un point à la ligne d'horizon.* »

« *Une divinité aux yeux vides et bleuâtres* », ainsi est désignée la ville de Paris à l'aube, ainsi sont désignés

Herminien et Heide. Plus aisément interprétable apparaît maintenant cette rencontre de statues dans un jardin dont l'œuvre de Gracq offre la répétition exemplaire. Celle qui surprend est figée dans la posture du guetteur, mais en même temps est surprise, dépossédée, happée par la vision de l'autre, dont le regard, comme celui des chevaliers en quête du Graal, fixe « *un point à la ligne d'horizon* ».

Il est dans l'œuvre une série de visages, plus souvent représentés, qui absorbent le personnage. Le portrait de Piero Aldobrandi, « *les yeux mi-clos, à l'étrange regard intérieur, flottaient dans une extase lourde* » ; le visage d'Allan au plongeoir *(« ces yeux mi-clos sur un songe voluptueux »)*, ou conduisant une voiture ; celui de Robespierre et de ses amis, « *têtes de méduse* » ; celui de Heide au moment du bain, « *orageuse vision* » qu'Herminien fixe en lui, et qui l'obsède au point qu'il rassemble dans sa chambre « *les plus attachantes réussites de l'art humain acharné à fixer les expressions d'un visage ravagé par une passion violente et anormale* ». Qu'ont de commun ces figures ? Elles sont possédées, transfigurées dans leur abandon à la puissance de l'instinct. Elles sont figées dans cette extase même. C'est pourquoi elles sont médusantes autant que la statue du jardin. Les rendez-vous d'amour de Vanessa avec le portrait de son ancêtre sont le répondant exact de la scène de la rencontre dans le jardin avec la femme en blanc.

Une lueur douce couchée sous les nuages

Le blanc sert de parure aux héroïnes, quand elles n'ont pas choisi la couleur la plus sombre : peignoirs de Christel, de Vanessa, longue cape de Heide. Le poème *Gomorrhe* comporte une comparaison très précise : « *Le clocher de Jaur flanquait le chemin à quelques jets de pierre, dans la nuit marquée d'un signe tendre, comme une robe blanche dans l'ombre d'un jardin...* », qui réapparaît dans *Le Rivage des Syrtes* lorsque Vanessa vient trouver Aldo dans la chambre des cartes : « *Dans le fouillis poussiéreux de la pièce, la carnation égale et très pâle de ses bras et de sa gorge suggérait à l'œil une matière extraordinairement précieuse, radiante, comme la robe blanche d'une femme dans la nuit d'un jardin.* » Il s'agit bien d'une comparaison ; trois pages plus loin, il est écrit : « *la tache blanche de sa robe s'éteignit* ». Le lapsus est révélateur.

Blancheur virginale, froide, elle est à la fois l'attribut de la neige, de la mort, de l'épousée. Ces diverses valeurs se conjuguent dans les poèmes de *Liberté Grande* qui composent un univers de dentelles, de givre et de neige. Le blanc y développe avec le noir, comme dans l'ensemble de l'œuvre, une dialectique ininterrompue : « *Au bout des robes blanches sur chaque boulevard d'huile noire...* » Le blanc implique froideur et distance. Cette matière précieuse, radiante, c'est le regard qui l'allume, et par-delà lui le désir qui permet au regard, par avance, de se faire toucher : à l'horizon du jardin d'enfance repose, couchée sous les nuages, une lueur douce et immobile sur les champs pelucheux de juin. L'attitude suggérée évoque le début du poème *Villes hanséatiques* : « *Éveil d'une jeune beauté couchée sur le gazon près d'une ville, devant l'étincellement de l'eau et la paresse de dix heures, sous la lumière bleuâtre.* » Nous reviendrons sur elle. Pour l'instant une sensation doit retenir notre attention, le pelucheux très peu éloigné du duveté.

Quelques lignes d'*Un balcon en forêt* permettent de comprendre quelle sensualité peut être enclose dans la couleur blanche :

> « *Ce qui lui plaisait aussi dans ce pays, c'était la pierre, cette craie tuffeau blanche et poreuse (...). C'était comme un matériau féminin, pulpeux, au derme profond et sensible, tout duveté des subtiles impressions de l'air. Quand il revenait de Chinon, s'attardant au long de la Vienne du côté bâti, mis en belle humeur par ses petits déjeuners capiteux de vin et de rillettes, il regardait les secrètes maisons de campagne à l'aise derrière leur grille fermée et leur parterre vieillot piqué des quenouilles défleuries des passeroses — maisons mariées plus que d'autres à l'heure qu'il est, épanouies calmement dans la douce lumière mousseuse, pareilles à une femme au jardin.* »

Dans *Spectre du « Poisson Soluble »*, examinant l'œuvre de Breton, Gracq remarque : *« L'existence d'un toucher tiède et duveteux choisit de préférence, parmi les minéraux,* la craie, *qui est la roche faite duvet (« Ma femme à la nuque de craie mouillée », dira Breton dans* L'Union libre*), et son complément l'ardoise... »* (pour l'ardoise, autre matériau du Val de Loire, et de couleur sombre, elle apparaît dans le poème *Isabelle Élisabeth*). La comparaison avec la nuque se trouve plus brutale dans *La Presqu'île* à propos de chaumières *« au pesant capuchon brun rabattu jusqu'aux yeux, le lait de chaux sur les murs blanc et cru comme une nuque sous la toison tranchée à pleines poignées dans l'épaisseur »*. Ces murs blancs de craie ou passés au lait de chaux sont livrés à la caresse des *« subtiles impressions de l'air »*, expression empruntée à Maurice de Guérin comme l'indique Gracq lui-même, qui la cite dans *Les Yeux bien ouverts*.

Le blanc spiritualise et produit un effet d'éloignement. La femme en blanc s'oppose au corps *« lourd et gorgé, ouvert comme une terre enfoncée »*. Elle est comme l'appel d'une transcendance, que celle-ci ait nom Mort, plénitude ou vertige du néant : *Le Vent froid de la nuit* montre suffisamment que cette parure blanche est celle d'une faucheuse[2]. Inversement, elle peut être signe de fécondité : *« un éther fécondé de béantes mamelles blanches, de cumulus de toiles, d'un maelström claquant de blancheurs, l'impudeur géante d'un lâcher de voiles de mariée », « la fécondité des grands nuages blancs de juin sur les prairies vertes, tout mangés d'azur sur les bords comme des veines bleues qui deviennent lait dans une mamelle »*. Ici les images s'enchaînent imperturbablement. Le blanc renvoie au sein, et au sein les sentiers du jardin : *« Et les beaux galets font des chemins de plaisir, des routes douces entre les pelouses comme le contournement d'un sein. »* Les sentiers, les routes par conséquent, seront blancs, la nuit surtout. Le blanc de la *Route* dans les campagnes crayeuses, *« en nous promettant une étape facile, ajoutait quelque chose au bleu du beau temps »*. Le bleu est à nouveau lié au blanc *(« comme des veines bleues »)*, et précisément le sentier devient veine, comme à Ouessant le *« réseau veineux des sentiers bien tracés »*, et la route femme, comme dans *La Presqu'île*, « *baignée d'un côté dans la lumière déjà presque jaune, dentelée de l'autre par les ombres nettes et aiguës de quatre heures, soudain invitante comme une femme à l'ombre, étendue de tout son long au travers de la terre offerte* ».

Nous retrouvons donc la femme allongée sur le sol de *Villes hanséatiques*. Si nous juxtaposons ces deux images au souvenir de Gérard, nous obtenons une série de parallélismes : les précisions maniaques concernant le temps et les couleurs ; l'atmosphère de torpeur ; l'insistance sur la position allongée ; l'opposition entre un univers horizontal, humide et végétal et un monde vertical, dur, presque agressif, pointu comme une aiguille (le clocher si fin, la ville avec ses clochetons qui « *dentelle un abrupt de rêve sur l'horizon* », les ombres nettes et aiguës qui dentellent également) ; la tonalité érotique enfin, plus ou moins voilée, la présence du désir roi qu'une page du *Roi Cophetua*, décrivant la gravure de Goya, *La Mala Noche*, rattache expressivement à la couleur blanche :

> « *Mais la lumière de chaux vive qui découpe sur la nuit la silhouette blanche, le vent fou qui retrousse jusqu'aux reins le jupon clair sur des jambes parfaites, qui fait claquer le voile comme un drapeau et dessine en les encapuchonnant les contours d'une épaule, d'une tête charmante, sont tout entiers ceux du désir. Le visage enfoui, tourné du côté de la nuit, regarde quelque chose qu'on ne voit pas ; la posture est celle indifféremment de l'effroi, de la fascination ou de la stupeur. Il y a l'anonymat sauvage du désir, et il y a quelque tentation pire dans cette silhouette troussée et flagellée, où triomphe on ne sait quelle élégance* perdue, *dans ce vent brutal qui plaque le voile sur les yeux et la bouche et dénude les cuisses.* »

Lignes remarquables où tout est dit. Voici une image de femme prolongée par un étendard qui ne laisse pas de doute sur l'origine et la finalité du vent qui claque (flagelle)/plaque un voile tantôt drapeau (fouet), tantôt bâillon, et dessine/dénude, trousse/retrousse. Dans la description de la silhouette violentée on note d'abord le contraste entre la brutalité des cuisses dénudées et du voile retroussé jusqu'aux reins (qui « encadrent » le passage) et le conventionnel, le lénifiant d'expressions comme jambes parfaites, tête charmante, et même élégance perdue. Mais Gracq écrit élégance *perdue*, comme il écrit ailleurs profil *perdu* : singulièrement déroutant en l'occurrence. Faut-il comprendre une élégance désorientée, que l'on conduit à sa perte ? Ou bien une élégance disparue qui revit dans cette silhouette ? Ou encore une élégance à tout jamais évanouie ? De toute manière, le visage, lui, est sans ambiguïté perdu, enfoui, encapuchonné, plus qu'à demi dérobé. Les yeux sont voilés, comme ceux d'une victime, mais en même temps ils regardent vers la nuit ce qu'eux seuls peuvent voir, et qui provoque de l'effroi, vite dépassé par une fascination, et de la stupeur, terme qui désigne à la fois un étonnement profond et sa conséquence : inertie, immobilité, nous sommes renvoyés à l'attitude du voyeur, ou à celle du guetteur.

Par un mouvement de bascule, la femme en blanc fascinante est devenue fascinée. Ce n'est pas sans raison que cette description du *Roi Cophetua* est placée dans un récit dévolu à la femme en noir ; pour celle-ci, même visage tourné vers la nuit, même perfection des jambes (*« les longues jambes nobles qui nacraient par-dessous la soie noire »*), même image du vent pour désigner le désir : *« Il n'y avait plus que cette tension fixe qui me roidissait la nuque, ce vent qui semblait fouetter ses chevilles dans les remous de la robe tout au long de l'escalier. »* Mais, outre que nous sommes descendus des cuisses aux chevilles, le cérémonial cette fois ne vise pas le viol d'une victime frappée d'effroi, mais l'offrande d'un corps soigneusement ordonnée : *« Il n'y avait ni surprise, ni attente, ni fièvre. »* Le vent ne dévoile qu'autant qu'il lui est permis : sa folie est contrôlée par une main souveraine, et sa brutalité ne dépasse guère l'intention. Le narrateur, tandis qu'il entend se perdre dans le lointain le vacarme d'un train passant à l'horizon, se demande quelle étrangère hante la maison de Nueil :

« *L'image de la flamme des bougies montant toute droite dans la pièce fermée était revenue se fixer dans mon esprit comme au foyer d'un cabinet de glaces ; il me semblait que l'embellie de la forêt s'était figée autour de cette lueur qui charmait bizarrement la nuit.* »

L'étrangère

Si « *la femme tressaille plus vite que l'homme à ce qu'il passe d'emportant dans certains souffles qui se lèvent sur la terre* », cela sous-entend qu'il existe entre elle et le monde des forces obscures une connivence. A l'homme solaire s'oppose la femme nocturne, fille de la lune. Aldo évoque les nuits passées à Maremma :

« *Vanessa sous ma main reposait près de moi comme l'accroissement d'une nuit plus lourde et plus close : fermée, plombée, aveugle sous mes paumes, elle était cette nuit où je n'entrais pas, un ensevelissement vivace, une ténèbre ardente et plus lointaine, et toute étoilée de sa chevelure, une grande rose noire dénouée et offerte, et pourtant durement serrée sur son cœur lourd.* »

Ce passage, à travers le déroulement des images splendides, montre la richesse du thème de la nuit lié à la féminité. D'abord il désigne le corps dans son aspect le plus charnel, et le plus caché, sa « ténèbre chaude ». La nuit renvoie au domaine de l'obscur, du mystérieux, de l'inconnu, de la mort. Elle fascine et elle est dangereuse, ce que laisse deviner la suggestion de l'enterrement prématuré. Si Aldo parle d'ensevelissement, c'est avant tout pour préciser l'impression que fait sur lui Vanessa, et qu'il essaie de cerner à l'aide de trois adjectifs : fermée, plombée, aveugle. Il ne s'agit pas d'incommunicabilité (Gracq n'en a jamais fait un sujet de prédilection, et d'ailleurs il récuserait le terme), mais force est de constater que, aux yeux de l'écrivain, la femme est par excellence l'Étrangère.

Elle vient d'un ailleurs fabuleux : Mona que la mer a flottée jusqu'à Grange « *sur une auge de pierre* », Heide à qui il arrive de passer sur notre planète, Dolorès au nom exotique. Par deux fois le qualificatif d'étrangère est accolé au nom de Vanessa : étrangère, elle l'est à l'égard d'Orsenna qu'elle abhorre, et à cause de la longue tradition d'exil qui règne dans sa famille, mais elle est également étrangère à Aldo de par sa féminité : « *Je restais tapi, le cœur battant, devant cette étrangère soudain livrée à la grâce trouble de son animalité pure.* »

La femme est hostile à l'homme, ne serait-ce que par la pesanteur de son corps de chair qui se conjugue avec les ténèbres et qui entraîne dans une chute fatale. Pour Gracq, pesanteur, épaisseur sont les « *malédictions* » de l'homme, et la femme ne fait que rappeler cruellement cette servitude tout entière contenue dans le mot « *graviter* ».

En face de la femme, le personnage masculin gracquien reste passif. C'est Heide qui force Albert à prendre un baiser, c'est Vanessa qui va chercher Aldo dans la chambre des cartes. Même « agressivité » de la part de Mona, des femmes rencontrées sur la *Route*, de la servante du *Roi Cophetua*. Rien de plus étranger à Gracq que la stratégie amoureuse du libertin (il reste assez fermé aux *Liaisons dangereuses*). Dans l'épisode de l'île de Vezzano, Aldo est véritablement l'objet d'un rapt. Vanessa lui fait comprendre qu'il est son prisonnier sur le navire. C'est elle qui a préparé l'expédition dans ses moindres détails. Elle le conduit à Vezzano, « Cythère morne ». Tout dans ce lieu consacré à l'amour des deux jeunes gens évoque l'anfractuosité, le trou : les expressions employées sont « *coupure ouverte dans les entrailles mêmes de la roche* », « *intimité silencieuse et pénombre de cette gorge* », « *crypte close* », « *puits d'oubli et de silence* ». L'accomplissement de l'acte charnel s'accompagne toujours de l'image du puits ou de la noyade : « *La chambre sembla s'enfoncer dans un étang d'eau calme.* » C'est presque naturellement que près de la maison de Mona se trouve « *un puits d'eau fraîche, un puits profond* » (les poèmes de *Liberté Grande* offriraient de nombreux exemples d'une symbolique sexuelle associée aux architectures). Le regard lui-même, au cours de la « très intime liturgie amoureuse », parle de profondeur ; ainsi les yeux aperçus par Aldo lors de la fête chez Vanessa, et leur « vide de nausée ».

Mais la chute symbolique des amants au moment de l'étreinte est orchestrée par le son des cloches :

> « ... *les grandes vagues vertes où flottent ses jambes houleuses entre les muscles frais de la mer quand je sombre avec elle comme une planche à travers des strates translucides et ce grand bruit de cloches secouées qui nous accompagne sur la couche des profondeurs* » (Transbaïkalie).

C'est pourquoi Gracq peut parler du « *crépuscule soudain* », de « *la* petite mort *mélancolique des cloches* » — son crépusculaire, « *les cloches des vêpres* », puisqu'il accompagne le voyage nocturne.

La converse du long voyage

Un passage important d'*Un beau ténébreux* compare le monde au « *carré d'hiéroglyphes d'un problème d'échecs où un mécanisme secret est enseveli, dissous dans l'apparence* ». La femme est mieux placée que l'homme pour découvrir ce mécanisme, parce qu'il y a en elle « *une réserve plus grande d'émotion et d'effervescence disponible* », parce qu'elle est l'être même du pressentiment. C'est une femme, Kundry, qui s'efforce de faire trouver à Perceval le Graal, et c'est encore une femme, Vanessa, qui pousse Aldo à agir, et quelles que puissent être pour elles les conséquences de ce vers quoi elles mènent. Vanessa « *était du sexe qui pèse de tout son poids sur les portes d'angoisse, du sexe mystérieusement docile et consentant d'avance à ce qui s'annonce au-delà de la catastrophe et de la nuit* ». Kundry porte les couleurs de l'auteur, de l'aveu de celui-ci parce qu'elle possède cette faculté de pressentir si essentielle à l'univers gracquien, doublée d'une prodigieuse abnégation quasi maternelle. Telle est la femme selon Gracq, « *la médiatrice naturelle* », c'est-à-dire la femme selon Breton également, « *celle dont la fonction par excellence est de rapprocher les choses de l'homme, de se dissoudre dans ce rapprochement même* réalisé ». La femme sert d'intermédiaire mais, son rôle joué, elle doit s'effacer.

Vanessa fascine Aldo, l'amène à abdiquer toute volonté. Mais elle-même est annihilée par ce dont elle a suscité l'intervention. Le regard d'Aldo, éveillé au désir par la présence de Vanessa, passe outre et se perd vers les lointains, vers là-bas. Il semblait impossible à Albert « *qu'à Heide entre toutes pût convenir une solution d'une si équivoque facilité — que la possession de ce corps abandonné et splendide fût — à quelque égard que ce soit — une solution* ». A Vezzano, après qu'Aldo et elle se sont unis, Vanessa ne laisse peser aucune ambiguïté : « *Pourquoi penses-tu que je t'aie amené ici ?* » lui lance-t-elle. Ils gagnent alors le haut plateau de l'île pour contempler le Tängri. Vanessa montre à l'évidence à son partenaire qu'à travers elle il cherchait obscurément autre chose qu'elle lui désigne du doigt, qu'elle lui met sous les yeux, et tous deux s'abîment dans la même contemplation : « *Nos yeux fascinés s'épuisaient à suivre le déploiement de ces phases mourantes...* »

Le récit ne peut que consacrer la défaite de la femme. Celle-ci, lointaine, inaccessible, se voit contrainte d'annuler la distance qui la rendait attirante et mystérieuse. La statue se fait femme de chair et déçoit : « *Et à la surprise des spectateurs jaillirent à l'instant de cette silhouette exaltante les mouvements désordonnés et fragiles d'une femme.* » Le charme est rompu, l'interdit transgressé, la déesse tombée. Dans le même temps, le jardin d'Éden devient paradis perdu. *Au Château d'Argol* fait le récit de ce passage. A l'approche de Heide la forêt du pays d'Argol brille d'un éclat surprenant, annonçant cette femme extraordinaire dont la lumière semble être l'attribut. Se promenant dans les environs du château, Heide « *parut revêtir une robe de fraîcheur et d'innocence* » : si l'on se souvient que son nom signifie « Lande », on évoquera la comparaison de *Béatrix de Bretagne* : « *l'éclatement floral des landes comme une parure d'épousée* ». Après la Chute, Heide dépérit lentement, et avec elle la nature. Cet être impérieux s'abandonne à une vie végétative. Elle revêt alors un manteau sombre et *« se défend des blessantes atteintes du jour »*. Le symbole sexuel de la blessure est chargé de signifier l'idée de Chute. Blessure de Heide, mais aussi cri d'Herminien, d'Amfortas et d'Allan, coûteuses blessures qui justifient le cri : *« Rédemption au Rédempteur »* et le principe de la réversibilité des mérites, et qui rappellent qu'il n'est pas bon que les yeux s'ouvrent sur ce qu'ils ne doivent pas voir. Au bout de sa quête, le regard annule ce qu'il s'était donné pour but d'approfondir.

En définitive, la forme la plus haute de rapprochement qu'on puisse imaginer avec la femme est celle d'une complicité supérieure, celle des sociétés secrètes, consacrée par le baiser sur le front, de Dolorès à Gérard, et des hommes de *La Route* aux *« errantes aux doux cheveux soudain répandus »*, quand ils les quittent le matin. Qui dit société secrète, dit groupe organique, compagnonnage et chasteté. Chasteté d'un Grange, ou d'un Aldo, qui ne vont ni à Maremma, ni à la volière de Charleville. Chasteté d'un Varin ou d'un Marino. Chasteté de Danielo, et du révolutionnaire (Robespierre et ses amis). Les femmes ne sont pas admises à l'Amirauté dans *Le Rivage des Syrtes*. On peut ainsi distinguer deux aspects opposés, celui de la forteresse et celui du jardin qui correspondent parfaitement aux analyses de M. Gilbert Durand :

> *« Les figures fermées, carrées ou rectangulaires, font porter l'accent symbolique sur les thèmes de la défense de l'intégrité intérieure. L'enceinte carrée est celle de la ville, c'est la forteresse, la citadelle. L'espace circulaire est plutôt celui du jardin, du fruit, de l'œuf ou du ventre, et déplace l'accent symbolique sur les voluptés secrètes de l'intimité. »* (Les Structures anthropologiques de l'imaginaire[3].)

A ces deux espaces complémentaires sont liées des figures : Marino et Danielo pour le premier (on peut considérer le Palais du Conseil comme une citadelle), Vanessa pour le second. Il est évident que Marino et Danielo sont des figures du père ; avec Aldo ils constituent même le groupement grand-père/père/fils. Ces trois personnages n'ont pas de patronyme. Ils sont désignés par un prénom. Aldo, à la recherche de son nom, accomplit le meurtre du père et, à la fin de l'ouvrage, est confronté à Danielo, l'Ancêtre. Danielo est l'auteur d'une *Histoire des origines* qui fait autorité à Orsenna pour tout ce qui concerne « *la période de fondation* ». Il est celui qui connaît la filiation des générations, qui sait d'où il vient. Lui et Aldo seront deux figures maudites de l'histoire d'Orsenna, car ils appartiennent à la même lignée spirituelle qui prime celle du sang, ils entrent dans la même confrérie (qui dit société secrète dit recherche d'une filiation).

Vanessa, elle, a une famille, un nom. Mais ce nom, comme l'a remarqué fort justement M. Michel Guiomar, contient celui d'Aldo (Aldobrandi). Et l'on comprend combien les deux personnages sont proches. Tout d'abord le nom d'Aldobrandi jouit d'une fâcheuse réputation à Orsenna. Puis Vanessa ne cesse d'interroger le portrait de son ancêtre Piero, comme pour reprendre des forces dans cette confrontation avec ses racines. L'appartenance à l'ordre supérieur de la communauté élective exalte l'individu parce que tous les membres de cette communauté ont le regard levé par une même aspiration, et l'on sait vers quel horizon commun convergent les regards de Vanessa et d'Aldo. La femme cesse alors d'être la reine du jardin pour devenir la « converse du long voyage ».

Une rêverie pauvre

Dans *Les Yeux bien ouverts*, J. Gracq explique :

> « *Dans une œuvre d'imagination tous les éléments sont* fournis — *ils sont seulement recomposés d'une autre façon. Il ne peut pas en être autrement (...). Je pense ici tout à coup à un titre de poème de Rimbaud qui va loin en moi : "Le pauvre songe". Je serais tenté de croire, en fait je crois très profondément — que la vraie rêverie créatrice est une rêverie pauvre, ressassante, à caractère plutôt obsessionnel. Il s'agit surtout d'avoir la faculté d'accrocher, à quelques images*

capables d'électriser toutes les autres, un énorme coefficient émotif : c'est à partir de là que toute la masse de matériaux empruntés au donné pourra s'échauffer, se colorer de proche en proche, par contact. »

Incontestablement, le souvenir de Gérard est l'une de ces images. Rappelons-en les métamorphoses principales : un poème, *Le Vent froid de la nuit*, une scène du *Rivage des Syrtes*, l'image de la femme allongée et ses variantes, plus un nombre important de résurgences où ne figurent que certains de ses éléments (nous venons d'envisager quelques-uns de leurs prolongements). Nous voudrions ajouter à cette liste trois autres passages.

Nous avons constaté, à propos de l'image de la tornade, que le personnage gracquien se trouvait au centre du tourbillon. Significativement, Gracq utilise la même image, ou presque, lorsqu'il parle de la rêverie, c'est-à-dire pour lui, aussi bien de sa « *disposition à écrire* » :

« *Si j'aime bien l'expression de Hugo "la pente de la rêverie", c'est qu'elle met l'accent sur l'*accélération *qui me paraît être son élément essentiel, et qui s'achève sur l'impression que "la tête tourne", c'est-à-dire que le moment est venu de commencer à* fixer. »

Fixer, c'est à la fois garder les yeux sur quelqu'un, et rendre immobile. L'écrivain est donc semblable au spectateur, ou à l'enfant du souvenir de Gérard. Les images clefs, poursuit Gracq, « *lèvent une espèce d'émotion singulière, une lueur d'apparition (...). On les devine de loin, avant même qu'elles aient pris forme, à l'émotion confuse qui se réveille rien qu'à leur pressentiment (...). L'approche de ces thèmes inévitables est souvent marquée (...) par une espèce d'hésitation, de crainte et de panique, comme si c'était là vraiment ses gouffres intimes, vraiment des appels à l'engouffrement* ». Écrire, au sens propre, c'est fixer des vertiges, fixer le vertige du désir.

C'est à cette activité que se livre Gérard lorsqu'il rédige son journal (il n'est pas pour rien spécialiste de Rimbaud). Il arrive un moment pourtant où il abandonne le récit et cède la place à un narrateur qui « achève l'intrigue » grâce à des confidences obtenues aussi bien de lui, Gérard, que d'autres pensionnaires de l'hôtel. L'utilisation d'un procédé si conventionnel et daté ne peut être que motivé par une exigence profonde. Sans doute Gracq joue-t-il avec les stéréotypes de ce style de roman comme il l'avait fait avec ceux du roman gothique. Mais plus nécessairement, la fin d'*Un beau ténébreux* ne pouvait pas être transcrite par Gérard, parce que l'événement majeur s'étant produit (le suicide d'Allan et de Dolorès), il était impossible qu'il fût raconté, ne fût-ce que par un témoin — de même, dans *Le Rivage des Syrtes*, la destruction d'Orsenna n'est pas décrite par Aldo. L'innommable ne peut être désigné, sinon par un être tout à fait désintéressé, voire désincarné. Que Gérard soit trop impliqué dans l'événement transparaît dans le texte puisque son souvenir d'enfance (la scène initiale) se trouve dilaté dans la conclusion de l'ouvrage.

L'expression « *le vent froid de la nuit* » est employée dans *Un beau ténébreux* juste après qu'Allan vient de révéler par son travesti pourquoi il est venu à Kérantec, lors de sa promenade avec Christel. Alors prend naissance un accord qui sera longuement tenu jusqu'au dénouement. Le lieu de l'action reste quasiment le même, le jardin de l'hôtel où des couples éphémères se forment. Les dix dernières pages de l'ouvrage, pour nous limiter à elles, sans compter qu'elles débutent sur la vision d'une croix noire, la même que dans *Un hibernant* un rayon de lune contre une fenêtre projette sur un lit, proposent tous les éléments découverts à travers le souvenir de Gérard et *Le Vent froid de la nuit*. Le poème dit, par exemple : « *J'étais le roi d'un peuple de forêts bleues.* » Allan se compare à un roi, et, par la fenêtre, regarde le jardin et ses arbres nimbés de bleu. Toujours dans le poème : « *En habit de soirée, accoudé à la cheminée et maniant un revolver dans un geste de théâtre, j'interrogeais par désœuvrement l'eau verte et dormante de ces glaces très anciennes...* » On imagine difficilement Allan vêtu autrement qu'en habit de soirée. Quant au geste de théâtre, il n'est pas absent du récit, loin de là : « *Au milieu de la tache éblouissante de la lune, avec une gravité surpre-*

nante, il élevait dans ses doigts le verre empoisonné. » De même pour la confrontation mortelle avec le double (qui est d'ailleurs le thème leitmotiv de toute la fin du récit) : Allan, de la fenêtre de sa chambre, contemple le jardin ; alors se produit un étonnant vis-à-vis, comme s'il était passé de l'autre côté pour s'observer lui-même : « *La lumière grise effaçait la vie de sa silhouette immobile, la figeait, la purgeait de toute* particularité, *l'incorporait à cette façade silencieuse et aveugle, à ces jardins magiques surpris par un rapide enchantement. "Le convive de pierre", songea-t-il amèrement.* » Enfin, la dernière notation du poème, « *mais soudain elle était là, assise toute droite dans ses longues étoffes blanches* », préfigure l'entrée de Christel, et celle de Dolorès, l'une porteuse de vie, l'autre annonciatrice de mort. De cette suite de rencontres entre les textes, il découle que « *tous les éléments sont* fournis — *ils sont seulement recomposés d'une autre façon* ». De quelle façon ? Il resterait à définir, selon les ouvrages où ils apparaissent, les fonctions jouées par les éléments, et leurs combinaisons, mais ce ne peut être que le sujet d'une autre étude.

Pour l'instant le dernier, et surprenant, avatar de la scène est le récit de *La Presqu'île* dans son entier. Pour avoir trop erré dans les allées du jardin (« *comme dans une allée de jardin* », « *le soir, pareil à un jardin fermé* », etc.), pour être allé voir seul la mer à Pen Run, avec, à l'horizon, sous les nuages, « *cette arche de lumière glauque* », pour avoir épuisé l'attente, et parce que l'heure a passé, Simon, lorsqu'il retrouve Irmgard, ne sait comment la « *rejoindre* ». Mais est-ce si important ? Lorsqu'il arrive auprès de l'océan, il cherche dans sa mémoire « *le nom du motif qui ouvre le prélude du dernier acte de* Tristan », et au bout d'un moment le découvre : il s'appelle *La Solitude.*

JEAN-LOUIS LEUTRAT.

NOTES

1. « *Le symbolisme du jardin clos appliqué, avec sa signification particulière, au corps de la Vierge, provient du* Cantique des Cantiques. » Northrop Frye (*Anatomie de la critique*, pp. 186-187).

2. Quelques exemples célèbres d'œuvres artistiques où le blanc a revêtu une signification terrifiante, ou plus simplement funèbre : *Moby Dick*, le tableau de Caspar David Friedrich, *Les Falaises de craie de l'île de Rügen* (de craie !, ailleurs de marbre), les Chevaliers Teutoniques dans *Alexandre Nevsky*, sans oublier la dame blanche dans les allées du parc de Fontainebleau que décrit l'*Élégie à Marie Stuart* de Ronsard, et cette autre élégie qu'est *L'Année dernière à Marienbad* pour Delphine Seyrig. Qu'on rappelle enfin, dans *Le Rivage des Syrtes*, les bâtiments de l'Amirauté après leur ravalement.

3. Le jardin, espace clos lui aussi, mais duquel on a souvent une vue imprenable. Pour utiliser encore une fois le titre d'un poème de Gracq, disons que chez cet écrivain les jardins sont des *jardins suspendus*.

IMAGES ET MASQUES DU DÉSIR DANS L'ŒUVRE DE JULIEN GRACQ

Michel Guiomar

Si la difficulté est réelle d'étudier le Désir dans l'œuvre de Julien Gracq, la tentation qui nous en a été offerte a l'avantage de démasquer très vite ses dangers, qui sont d'égarer chaque moment de la démarche.

Dans le climat actuel et immédiat du mot, ce Désir éveille une attente de malentendu et, celui-ci évité, se dérobe à l'analyse ; cette analyse, cependant abordée, ne trouve plus ses limites. Si vaste s'exige alors le regard, si intimement lié à tous les grands aspects de l'œuvre se révèle le Désir et si proches se présentent d'autres problèmes, que le titre de notre essai ne masque lui-même qu'une Préface[1].

Qui entendrait en effet que notre intention, autrement orientée que vers le désir nu de la femme et de l'homme s'offrant à leur possession, serait de reconnaître un Désir en soi, Absolu dont les impacts, d'une dispersion infinie, seraient nécessairement, parmi d'autres objets littéraires ainsi créés, des êtres de chair saisis dans leur seule fascination, exercée ou reçue, naissants et vivants de celle-ci, dans une manière d'autogenèse guidée par leurs liens avec ces autres objets et vecteurs éventuels du Désir. On ne peut oublier par exemple que l'un des plus lucides commentateurs du surréalisme — l'affinité gracquienne n'étant même plus à souligner ici — a écrit sur *Le Désir d'Éternité*[2] comme d'autres sur les désirs de Vie ou de Mort[3]. Si Julien Gracq sur cette éternité a prêté à tels de ses personnages, Marino et Grange entre autres, des pensées sceptiques ou agnostiques, il n'est pas interdit d'écouter dans l'œuvre ces désirs et bien d'autres et, tous étudiés à leur tour, de saisir à la fois le jeu de leurs dispersions à partir d'un seul, qui serait privilégié — mais lequel ? — et la convergence de tous en une cosmologie gracquienne qui s'en déduirait.

Notre propos, à supposer que nous l'aurions pu suivre en trop peu de pages, se serait donc justifié : si Julien Gracq a conduit des tendances ou des thèmes, immédiatement hors de toute limite catégorielle, jusqu'à l'extrême d'un climat révélateur d'absolu — toute attente devenant l'Attente ; un bal costumé, Intersigne ; une patrouille de routine en mer, la Transgression —, le désir lui aussi, commençât-il en jeu apparent d'officier, malgré lui désœuvré dans une forêt aux frontières d'une guerre qu'une jeune veuve oublie, sera happé par sa propre force universalisante vers une fin salvatrice autre que le plaisir et, par la Mort, réponse souvent présente, appelé à une fonction rédemptrice, « tétralogique », ce mot ne s'écrivant pas fortuitement. Il nous faudra, il est vrai, privilégier ces masques immédiats du drame humain qu'emprunte le désir, entre la pure émotion initiale, qui crée autour de Vanessa « *le contour tendre et comme aérien que donne la réverbération d'un champ de neige*[4] », et le paroxysme — « *Je voudrais te forcer à ma saison torride, je voudrais que ton flanc saigne et que ton plaisir te crucifie*[5] » —, risquant moins ainsi, oublieux du cadre de notre tentative, d'entrer sur le domaine d'autres essais, fussent-ils plus anciens. Les thèmes, si souvent mis en diverses lumières, de l'attente et de la fascination, du démoniaque qui hante le haut lieu, de la Quête parsifalienne et de son départ funèbre, sont intimement, organiquement liés au Désir et plus directement disponibles sans doute à l'Absolu[6].

Dans sa *Philosophie du surréalisme*, F. Alquié évoque l'amour surréaliste dans le cadre de *L'Attente et l'interprétation des signes*[7], reconnaissant donc les liens de l'attente et de l'amour. Dans la mesure où ces thèmes gardent en Gracq l'empreinte surréaliste, un essai de Ross Chambers semble le dire[8] et, sauf autres précisions, peut-on comprendre *Au Château d'Argol* autrement ? on voit qu'un problème devrait se poser sur la distance qui sépare le désir de l'amour, à supposer, il est vrai, que nous ne sachions pas que le surréalisme privilégie toujours le désir dans l'amour. Si telle vision quasi hallucinée d'Albert ressuscitant en lui des images nues de Heide sont du domaine du désir, celui-ci n'étant pas seulement sensuel, d'autres attitudes intermédiaires sont plus délicates à cerner jusqu'à la pure tendresse où le désir semble se taire. Qui préciserait sans crainte si le geste de Christel à la dernière heure d'*Un beau ténébreux*, dénouant la ceinture de son peignoir pour tenter de le sauver en s'offrant, est de désir ou d'amour, et peut-on, sur cette limite, décider ? La *Prose pour l'Étrangère* oscille incessamment entre les images vierges et les images brûlantes de sang. Dans sa voiture, cheminant seul pour son attente, les images d'Irmgard se partagent vers Simon en images de tendresse pure et de sensualité aiguë, désirante :

> *Il lui sembla soudain que la promesse d'Irmgard venait à lui dans cette douceur protégée — non plus sensuelle et violente comme tout à l'heure sur la route, mais plutôt paisible, alourdie et remise, dans une sorte de tendresse aveugle* (La Presqu'île, p. 92).

L'inversion même de l'attente est éloquente, qui témoigne d'une passivité ; ce n'est plus l'homme qui désirerait, la promesse vient à lui. Mais peu de temps auparavant, il vient de se l'avouer, d'autres images naissaient du plus violent désir :

> *images de bêtes sans frein qu'on terrasse pour les marquer, de bêtes dociles qu'on prend par la nuque* (p. 68).

A double titre ces images extrêmes seront privilégiées ici : l'évidente persuasion qu'elles détiennent est utile et, à cette pointe de feu, le désir, dénonçant sa complicité avec un Désir pur, absolu, se métamorphose en lui, ouvre l'être à une transgression et se prouve comme impact d'une transcendance invisible dans l'œuvre en se donnant des liens étroits d'images avec le monde matériel visible et avec les grands thèmes gracquiens. Un appel à la disponibilité de ceux-ci, évoqués plus haut, évitera donc peut-être que nous banalisions une matière si précieuse, dont la richesse interdit d'écrire ici, sur de trop rares exemples, autre chose que les seules bases d'une véritable étude.

La séduction des êtres, essentiellement étrangère, dans son retentissement qui est notre objet exact, à celle que dispense l'ordinaire roman psychologique, et la signification du désir qu'ils éprouvent ou inspirent, annoncent une dramaturgie ordonnée par l'alliance en eux du charnel et du mythe et capable de révéler une cosmologie gracquienne dont ils dépendent et qu'ils ne conduisent pas, de la même manière que, ce qui ne serait pas une coïncidence, au-delà du jeu paroxystique des désirs et de l'aberration même des passions, les êtres de la *Tétralogie* wagnérienne naissent d'une cosmogonie dont la cohérence est voilée par l'illusion de leur présence scénique dans une intrigue qui, suivie dans sa seule apparence presque banale, se hérisse d'antagonismes inconciliables. Dans de telles grandes œuvres, qui ont su refuser la limitation rassurante de la banale auscultation psychologique, les personnages n'ont pas à rendre compte de leur désir, qui naissent de celui du Monde. Nés par le Monde, ils ne semblent désirer que parce que le Monde vient désirer en eux et ainsi les suscite à vivre de ce qu'il crée en eux. Nous le redirions cent fois, mais une phrase clef s'invite tout de suite, aveu de l'auteur qui, dans la nuit des Syrtes, prête à Aldo sa parole sur le rôle des condensateurs humains qui, pensée essentiellement gracquienne, assument le rêve du Monde et à travers qui « *des millions de désirs épars et inavoués s'objectivent monstrueusement en volonté* » :

un instant du monde dans la pleine lumière de la

conscience a abouti[9] *à eux — un instant en eux l'angoisse éteinte du possible a fait la nuit — le monde orageux de millions de charges éparses s'est déchargé en eux dans un immense éclair — leur univers refluant de toutes parts sur eux...* (p. 219).

Le désir gracquien affirme ici des caractères qui seront les appuis constants de notre propos : même dans ses apparences quotidiennes, il est toujours un aspect de Désir cosmique, transgressif, comme celui d'Aldo cette nuit-là et l'apparente volonté est une métamorphose du rêve et de l'inconscient collectif, une convergence de désirs et, ajouterions-nous, la réalisation fatale des rêves de la Matière. Un tel désir rejoint la philosophie du surréalisme : F. Alquié, envisageant comment l'amour surréaliste peut être la voie vers « *un au-delà immanent, intérieur aux êtres mêmes dont l'expérience nous livre l'apparence* », signale les états

où l'objet, semblant se dépasser lui-même, se révèle à la fois comme quotidien et quasi sacré, naturel et bouleversant (op. cit., p. 116*)*.

Si vers ces états l'amour est la voie privilégiée, l'objet du désir est donc rêvé dans l'ambivalence d'un quotidien transcendé et d'une sacralisation de la vie immédiate et sensible. De cette docilité, d'autre part, et de cette soumission que se reconnaît Aldo à l'occulte pouvoir des désirs collectifs, nous recevons aussi le témoignage, sur le plan de l'amour, dans la philosophie surréaliste. F. Alquié s'appuie ici sur Aragon, chez qui, comme chez Breton ou Éluard, la femme « prend la place de l'absolu » (pp. 119-120) et de l'univers.

A nous lire, un lecteur de Gracq aura déjà retrouvé en lui des faits, scènes, images extrêmes où le désir s'exprime sinon dans le paroxysme, au moins dans une tension aiguë, annonciatrice de transgression possible. Pages souvent dominées par la haute séduction féminine attirant sur elle un désir, fût-il celui du lecteur dont les souvenirs surgissent d'eux-mêmes et se privilégient ainsi, ces témoignages assurent que l'inventaire s'en ferait vite, même systématiquement poursuivi, ce qui n'est pas notre souci, s'ils justifient notre crainte que le désir gracquien se dérobe à l'analyse. Ces lumières renaissent en nous comme elles se créèrent, à la manière d'un fantasme, dont la puissance immobilise le récit, hante la lecture, retient le souvenir. On doit, à en évoquer, saisir que ces moments sont la limite même sur laquelle s'effectue une transgression, s'affirme l'ambivalence ou l'osmose entre l'objet désiré et l'univers. Sur ces faits privilégiés et les images qui les traduisent les grands thèmes gracquiens entrent en jeu et la résultante dramatique est de métamorphoser, de détourner le paroxysme naissant pour un autre acte.

Dans *Un beau ténébreux*, « *la fraîcheur, la senteur légère* » du corps d'Irène sortant de son bain, prêt, sous le peignoir, à recevoir le plaisir inquiet de Jacques, tandis que dans la chambre d'Allan, en cette même nuit, s'esquissent, mais sur une hauteur autre du désir, des gestes analogues, immédiatement bouleversés vers le vrai Désir, celui de la Mort. Heide nue, sur la plage d'Argol, marchant vers la mer sous le regard d'Albert et d'Herminien ; victime du désir près de la source dans la forêt ; sur son « *lit de fête et de splendeur* » dont Albert ne peut écarter la vision hallucinée, trouvant à travers le grandissement du désir incendiant ces scènes la réalisation divine de son essence. Vanessa, offerte à Aldo, dans « *un puits d'oubli et de sommeil* » à Vezzano ; dans les vastes pièces du palais de Maremma, dont « *son impudeur hautaine* » laisse les portes battantes ; ou, comme elle l'avoue avec provocation, se rendant, la nuit, fantomale — « *dans ce peignoir blanc* [comme Irène, comme Christel] *que tu aimes* » — aux rendez-vous d'amour du portrait de Piero Aldobrandi ; nous avons déjà dit pour quelle métamorphose et double transgression d'elle-même[10]. Grange, dans l'aube de la forêt ardennaise vers Mona endormie qui, dès la première heure l'a « *capturé, jeté sur son lit avec cette rapidité folle qui le laissait encore essoufflé* » *(Un balcon en forêt,* p. 88*)*. Toute la brève et brûlante invocation à *l'Étrangère* — « *il n'y a pas un geste de toi qui ne fasse songer que tu peux* *être nue* ». Irmgard, surgissant nue du rêve de Simon dans la voiture qui erre en l'attendant dans une *Presqu'île* bretonne ; quelques images des poèmes de *Liberté Grande*... Serait-ce tout ? Presque, si d'autres événements ne s'associent aux premiers ainsi consacrés que dans une dépendance essentiellement dramaturgique. Ainsi, dans une étude plus large, pourrions-nous reconnaître que la courte mais brûlante scène que découvre Aldo durant la fête de Vanessa, ce couple et surtout ce visage de femme, offert tandis qu'elle se livre, n'est pas une parenthèse érotique inutile, dont les images annoncent les images transgressives du désir des visions du volcan Tängri ; l'intrusion du couple d'Irène et de Jacques dans la chambre d'Allan, lieu de leur première étreinte, durant la nuit du bal, prend l'effet magique d'intersigne, prépare l'effet de Double de la dernière nuit : leur couple de désir se donnant le masque à la place des deux couples de Mort d'Allan et Christel, Allan et Dolorès.

A relire les œuvres, rien n'incline la narration, souvent évitée[11], les descriptions de Heide et les regards sur elle, les évocations des nuits de Maremma, les étreintes de Grange et de Mona, vers la complaisance ostentatoire de tels écrivains pour leurs fascinations personnelles ; si Julien Gracq ne refuse pas à la fièvre de l'homme et de la femme et à son accomplissement un vrai privilège, l'image, intense, dévie dans la libre quiétude de l'être révélé à lui-même par cet épanouissement, dans l'animalité pure d'un monde originel, sans faute, ou s'en évade en marge ou dans un au-delà de l'acte. Contrairement à d'autres êtres que le déroulement romanesque hausse au-dessus de l'essence charnelle primitive sans que celle-ci s'oublie dans la continuité psychologique ainsi suivie, l'être désiré ou possédé des œuvres de Gracq n'est pas exactement sublimé : une mutation, — terme que nous voulons charger de discontinuité matérielle —, le déplace immédiatement et le rend, au sein de la nature brute, profonde, à une vie quasi minéralisatrice, cristallisatrice d'une manière de minerai d'extases futures, où, comme Vanessa, « *paisible et toute rassemblée dans une obscure croissance de forces* » (p. 160), « *lit plus profond que pressentent les eaux sauvages* » (p. 88), il s'assimile à ce qui à la fois doit être le plus ordinairement apaisé, la faim et la soif, et, par la distance prise au regard de l'humain, à ce qui désespère mais transfigure, égare mais vers d'inhumaines voies d'avance consenties. La dualité ainsi écartelée et l'équivoque de la discontinuité annihilent la banale sublimation mais rend d'autant plus disponible l'être désiré en lui laissant le jeu de tous ses atouts d'images entre le minéral, l'animal, la femme, ou mieux l'étagement de ses harmoniques charnels et spirituels, depuis la pierre roide et dure que veut être Vanessa, « *une pierre qu'on jette à la figure des gens* » (p. 181) dans ce contre-désir qu'est le mépris, jusqu'à l'ange exterminateur — « *pareille, sous sa chevelure lourde et dans sa dureté chaste et cuirassée, à ces anges cruels et funèbres qui secouent leur épée de feu sur une ville foudroyée* » (p. 182), ainsi la voit Aldo, métamorphosée au lendemain de l'accomplissement de l'acte de transgression du désir qu'a été la navigation vers le Farghestan depuis la fleur carnassière de la bouche de Vanessa (p. 152) jusqu'à son sourire d'ange noir, surgi de la nuit des Syrtes dans le souvenir envoûté d'Aldo, sur l'aboiement d'un chien des grèves qui, mystérieusement, lui révèle l'heure d'accomplir la transgression désirée. L'être devient élément de matière vivante, universelle, valable à l'homme, selon l'héritage surréaliste de Gracq, en sa vie quotidienne comme en sa destinée, en son Au-delà, immédiatement et par la transgression du Désir, assumé ici et maintenant. Égarante est l'attirance de Heide, qui, dans l'interminable allée et la longue nuit d'Argol, conduit Albert, intemporellement, pourrait-on écrire, jusqu'à ce pôle où la convergence de toutes les allées vient signifier ce passage de l'autre côté. Fraîcheur est, au contraire, l'image de Mona imposée à Grange qui avoue « *cette faim qu'il avait d'elle où il n'y avait jamais ni satiété, ni lassitude* » et reconnaît son corps « *pour son bien et pour sa pâture* » (p. 86). On attendait peut-être que Mona fût animalisée, comme en d'autres images ; la mutation subite renverse l'attente et Mona, intégrée à son paysage, devient une herbe de repos, manne quotidienne. Cependant, à l'heure de la Mort probable et de la dernière solitude, c'est vers son absence, en sa mutation d'invisible, perfection de la transcendance et de la transgression, que Grange viendra affronter sa destinée. On paralléliserait même les images de la première étreinte et celles de l'arrivée dernière dans le village abandonné de Mona :

— *Il s'était trouvé en elle sans même y penser* (p. 66).
— *Il se trouva dans le village avant de s'en être aperçu* (p. 248).
— *Seuls l'imposte au-dessus de la porte et les volets percés d'un cœur faisaient dans l'obscurité deux taches plus claires* (p. 67).
— *Une très faible clarté grise se diluait maintenant dans la pièce, découpant l'imposte de la porte et les cœurs des volets* (p. 349).

Parallélisme qui témoigne que Mona est vraiment passée, invisible, dans son univers.

Aucune héroïne gracquienne, aux nuances probables près, ne domine peut-être davantage sa nature féminine que Vanessa, revêtue des mutations les plus symptomatiques de cette surhumanité. Pourtant elle paraît consentir à satisfaire aussi cette faim immédiate et malgré elle, malgré Gracq peut-être, elle ne serait pas loin de s'évoquer comme la chienne qu'Aldo pourrait prendre dans la rue — elle en proteste même par deux fois, pp. 181-182 — à l'insu de tous, il est vrai. Si le mot est tu, il suffit de cet aboiement sauvage dans la nuit des Syrtes pour que l'image immédiate de Vanessa reflue sur Aldo (p. 217) sur la *provocation*[12] nue de cette lamentation errante qu'il identifie étrangement au sourire d'ange noir, nous persuadant, comme nous le constaterons encore, que l'image aurait ennobli l'animal sans abaisser la femme[13].

Naissent sans doute aussi de puissantes présences charnelles, hautes proues prêtes à s'affronter, de refus ou d'espoir, à ce qu'elles inspirent dans la réalisation de l'impossible dualité de l'inaccessible et du *désirable*, — si la beauté perdue de ce mot peut s'entendre ici. Émanent d'elles contradictoirement l'appel sensuel et le refus de l'assouvissement banal[14], dont les corps, à la fois libres et hiératiques, se dessinent en traits rapides mais incisifs de burin sur un cuivre — tel le contour rembrandtesque de Heide dans le crépuscule d'Argol (p. 61), prêts à une morsure d'acide dont Mona et l'*Étrangère* ont gardé le goût *(« J'ai respiré ton air acide »*, p. 9, *« la sève acide de ta jeunesse mordante »)* et à dresser ensuite *« statues sacrées qu'ont mitraillées les tempêtes de sable » (Prose pour l'Étrangère*, p. 20), en métaphores charnelles du potentiel mythique qui les guettait auparavant. Les *œuvres* qu'elles deviennent ainsi sont souvent d'une *matière* féminine précieuse et, au sens souvent minéral du mot, tendre ou dure. D'une matière et non d'une forme, sauf si sous le regard du désir celle-ci dérobe éphémèrement à la matière son potentiel : Heide au bord des flots se conjugue, en sa matière de chair, à l'horizon pour devenir, sous le regard d'Albert, une croix mais celle-ci, immédiatement, se retrouve soumise à n'être que la matière préparée pour recevoir une coulée de feu du couchant qui semblera alors, les gestes de l'héroïne en témoignent, la posséder. On ne répétera jamais trop avec G. Bachelard qu'on ne rêve d'une rêverie vraie, créante, que sur des matières, et non devant des formes. Les métaphores du désir gracquien répondent admirablement, des preuves s'en dispersent ici, à cette nécessité de l'imagination matérielle... Nous pensons que Bachelard eût aimé la première métaphore de Mona :

> *Elle était spontanée, mais elle n'était pas limpide : c'était les eaux printanières, toutes pleines de terre et de feuilles* (p. 61),

qui emprunte inconsciemment à un chapitre de *L'Eau et les rêves*.

Trouvons même une courte page où, livrée à son « animalité pure », Vanessa rassemble sur elle les Quatre Éléments dans le paradoxe que, tandis que *« pour la première fois, Vanessa s'était faite chair »*, elle est devenue matière : en quelques lignes (pp. 152-153), naissent les images d'*averse* pâle de sa gorge, du *« tremblement qu'on voit à* l'air, *au-dessus d'une* flamme *chaude* (...) » puis :

> *Elle surgissait du* reflux *de mes* rêveries *fiévreuses,*

> *ferme et élastique comme une* grève, *faite pour la plante et la paume, une douce* terre *meuble sous le fouet de la* pluie *de sa chevelure.*

Or le désir, les paroles précédentes le redisent, est un rêve, un rêve de possession. Du moins différencierions-nous les écrivains et plus généralement les créateurs, selon que le désir est projet, donc volonté sur le Monde, ou rêve et docilité à ce Monde. Chez les premiers, le désir est de dominer, qui s'égare à posséder la fausse totalité du Monde, qui n'est que l'apparence selon un clivage accordé à ses besoins. Les autres rêvent de se fondre par le Désir à un Monde d'où l'apparence est consciemment refusée. Chez les premiers la femme, ou l'homme pour celle-ci, est un instrument de la conquête du monde et le veule alibi de tout homme dit d'action[15] ; chez les autres, le surréalisme étant ici encore Témoin, l'être désiré est tout l'univers et l'élément premier, le dramaturge d'un Monde auquel on a d'emblée consenti, une fois défié le scandale des apparences. Il est presque inutile de désigner ici l'attitude créatrice véritable : la Poïetique d'une œuvre, son instauration, implique, non la possession du monde par la sexualité ou de l'objet du désir par une domination réelle du monde, mais une réciprocité de rêverie qui sexualise l'univers, comme le rêve alchimique, et universalise le Désir[16]. Seul un génie sûr de son pouvoir intérieur sait préférer le paradoxe créateur de l'apparente passivité et du renoncement au monde comme volonté. Julien Gracq est de côté. Danielo, dans *Le Rivage des Syrtes*, témoigne pour cette attitude d'une création occulte, obscure par docilité aux Signes. En réponse à une question de Bernhild Boïe sur le bouddhisme zen, Gracq a écrit sans équivoque :

> *Je suis porté à croire aussi à la justesse de la direction dans laquelle il cherche : c'est-à-dire à la non-valeur de l'action, aux vertus de la passivité, de la détente mentale complète, de l'absorption. C'est cette attitude que j'ai en vue lorsque je parle de la plante humaine. En cela [...] l'attitude qui me semble être celle du*

*bouddhisme vis-à-vis du monde et particulièrement vis-à-vis du désir et de toutes les formes d'*action, *ne m'est sans doute pas étrangère (op. cit.,* p. 197*).*

L'aveu donne à constater que si un autre texte évoque la *plante humaine*[17], au-delà de la figure de style, il faut entendre la réalité, la cristallisation de la métaphore matérielle. Gracq affirme alors son intérêt pour un végétal humain, incapable d'agir mais par là doué d'une puissance autre, paradoxale, sur laquelle les romantiques mêmes ne s'étaient déjà trompés[18], celle que donne la docilité créatrice *(« J'ai souvent, éveillé, l'impression de cette docilité du sommeil*[19] *»).* L'arbre, fût-il humain, est ainsi le plus disponible à toutes les osmoses, à recevoir par toutes ses fibres le Désir du Monde : Feu de l'Air, Eau de la Terre. Cette vie végétative, que semble préconiser Julien Gracq[20], est alors le signe, le symbole des échanges de désirs entre l'être et l'univers, l'être et son paysage. Celui qui, passif, accueille et échange sans volonté ou action apparente, comme l'arbre, reçoit davantage et, par son essence, métamorphose tout. Celui qu'anime le plus grand désir, passivement, dans l'attente, reçoit le plus et s'épanouit plus librement et, de cet épanouissement, reçoit encore davantage dans son grandissement immobile qui le convie à des désirs plus exaltants encore, ceci dans un processus créateur exactement opposé au processus de possession désinstauratrice de l'action.

L'identification de l'être et de l'arbre dans une littérature est un fait important car elle avoue cette constante réceptivité réversible où la Matière en ses éléments, étant aussi Signe, féconde et enrichit l'être de signes auxquels il répond par le Désir, dans une dialectique continue entre ce qui est offert et ce qui est reçu, par l'un et par l'autre. On reconnaîtrait aussi la dualité des désirs, fait infiniment remarquable ; on remarquerait que les héroïnes gracquiennes sont des êtres doubles, dont la dualité s'éclairerait encore par la vision surréaliste, car elles sont à la fois l'immédiat et la transgression, et d'une manière, dont l'aspect métaphorique se révèle éclairant, qui pourrait se dire diurne et nocturne. L'arbre a une vie nocturne qui nie sa vie diurne. Les désirs sont contraires. Seule la vie végétative permet ce renversement, cette vie contradictoire, ce grand rythme qui donne les grands créateurs. En son désir d'Aldo, Vanessa n'est pas identique, sauf au niveau des apparences (encore que des images séparent celles-ci ; elle a soudain une seconde voix, « *comme si quelqu'un d'autre [...] eût parlé par sa bouche* », p. 278), bien qu'elle soit la même, à celle qu'elle devient en son désir d'Au-delà et de transgression et nous avons dit qu'elle est Vie et renversement de cette Vie, Mort et dépassement de cette Mort, Vie et Mort, deux contraires qui dans le désir de l'homme sur elle se confondent[21]. On trouverait le même désir pour un être double autour du personnage de Heide, compliqué du fait que deux êtres, ou deux apparences d'un être, Albert et Herminien, la désirent.

On comprend que les images végétales soient, dans les témoignages de ces désirs et de l'extase amoureuse, très fréquentes dans la pensée gracquienne. Le florilège, l'herbier des fibres féminines désirées ainsi constitué, serait immense. En marge des algues marines de Vanessa gonflées par la marée, on citerait de très belles mutations de Mona. Plus encore que Heide, Mona est de cette forêt, vit comme elle. Sa première apparition est en forêt et décrite comme une émanation, une création de l'eau et des bois. Grange lui-même avance dans cette forêt, inondé comme un arbre et au sein du paysage noyé de pluie ; une remarque, « *il y voyait l'image de sa vie* », rappelle cette autre, sur la terrasse d'Argol : « *Voici la nuit qui leur ressemble.* » En d'autres termes, l'être qui va désirer s'identifie d'abord au paysage où il va naître à ce désir, où va naître l'objet de son désir. Rappelons, en incidente, la chambre hypnotisante des cartes et le paysage imaginaire que s'y crée Aldo de la mer des Syrtes, avant qu'y vienne surgir Vanessa, mais mieux encore le cadre, végétal cette fois, des Jardins Selvaggi, lieu magique de la première apparition, et auparavant attirance privilégiée d'Aldo. Ainsi, en forêt ardennaise, à ce moment précis, Grange voit Mona, « *encore à demi fondue dans le rideau de pluie* », et les images végétales, forestières surgissent : « *c'est une fille de la pluie* », « *une petite sorcière de la forêt* » ; « *jeune bête au bois* », « *elle paraissait extraordinairement seule,* à son affaire[22] » ; le détail le plus symptomatique de l'affinité entre elle et la forêt est peut-être enfin qu'elle en attend, et dans un contexte plus poétique que réellement thérapeutique, guérison d'un voile au poumon : l'aveu d'une osmose, d'un échange des respirations est clair. Une remarque amusée indiquerait qu'elle a saisi la pensée de Grange sur l'identification qu'il s'est reconnu lui-même à ce végétalisme noyé d'eau : « *c'est mouillé,* votre forêt[23] », lui dit-elle. Aussi les images de l'accomplissement du désir, né celui-ci tout de suite en forêt, à la première approche — « *il n'était plus qu'un homme qui marche derrière une femme, tout entier sang remué et curiosité violente* » (p. 54) —, ces images empruntent à cette union du paysage et de la femme :

> *les bois ne s'égouttaient plus, la lune devait s'être levée sur la forêt ; il la reprit d'un mouvement doux : de la plante des pieds jusqu'aux cheveux elle frissonnait toute, mais sans fièvre, presque solennellement comme un jeune arbre qui répond au vent avec toutes ses feuilles. Il ne se sentait pas tendu, ni anxieux : c'était plutôt une rivière dans l'ombre des arbres, à midi. (*Un balcon en forêt, p. 67*).*

Plus tard, Grange trouve une image analogue et encore mêlée aux arbres de la réalité :

> *des heures entières, baignés dans le soleil jaune qui faisait doucement sur le mur une résille de branches, elle vivait le long de lui comme un petit espalier*[24].

Dans un identique climat de forêt mais plus attirante du feu qui la menace, Heide devient elle aussi cet être végétal et disponible :

> *Tout son sang bougeait et s'éveillait en elle, emplissait ses artères d'une bouleversante ardeur, comme un arbre de pourpre qui eût épanoui ses rameaux sous les ombrages célestes de la forêt* (p. 74).

Les images de l'Étrangère épuisent tous les règnes, mais peut-être celles du végétalisme sont-elles les plus fréquentes, presque à chaque page ; au hasard on citerait les plus étranges, annonciatrices d'alliances plus puissantes encore, que nous dirons, avec d'autres métaphores, des métaphores doubles : un bouquet de pluie fraîche, des cheveux de prairie, une blonde meule sous les coups de fourche, des rires de feuillage : « *Dans les rues fourmillantes du matin, je marche à tes côtés comme sur la lisière d'une forêt mouillée* » (p. 23).

De la métaphore à l'osmose, un seul pas ferait vivre des forêts organisant le drame du désir, des arbres d'une vie autre, attentifs « *comme un peuple qui s'est rassemblé* », pour assister à la première étreinte de Heide et d'Albert sur la terrasse d'Argol (p. 63), toute une alchimie végétale associée aux métamorphoses du désir.

D'une manière générale, les images empruntent invinciblement à la matière dominante dans laquelle se meuvent les êtres. Dans *Le Rivage des Syrtes*, l'eau, puis le feu — dès que le Tängri aura offert sa première tentation — entourent Vanessa.

Poursuivre toutes les images de mutations, de transferts, de communication totale entre l'être désiré et son univers, l'un à l'autre s'identifiant, donnerait un catalogue immense, égarant par la multiplicité des alliances, chacune obligeant à une étude particulière, qui dans l'acte même d'écrire, sexualisent le monde par la femme qui y règne, comme la « *reine du jardin* » venant « *prendre possession de son domaine solitaire* », comme Vanessa (p. 55), et sensualisent la femme par le monde auquel elle est conviée, « *reine au milieu de ses dons* », comme l'Étrangère (p. 18), et accueillie par celui dont le désir la rend à sa matière primitive et féconde. Il est préférable de dégager, de trop rares exemples, des tendances de la Poïetique gracquienne du Désir.

Nous aurions pu décrire un Paysage du Désir et peut-être y reconnaître la fréquence de la Forêt et de la Grève, dans des significations différentes du désir mais toutes deux marquées des signes de l'extase exaltée par la Mort proche, la révélation, l'attente du prodige masqué, imminent : la Gaste Forêt de Perceval, les grèves de Tristan. De la première, encerclante, théâtre et chambre enfermée en elle-même pour les drames du désir que sont, en marge d'autres significations, *Un balcon en forêt, Au Château d'Argol, Le Roi pêcheur...*, nous avons déjà évoqué les voies de ses pouvoirs. Les grèves de Kérantec dans *Un beau ténébreux*, celles d'Argol et, dans *Le Rivage des Syrtes*, les paysages de la crique de Sagra, ou celle de Vezzano où Vanessa conduit Aldo, les lagunes de Maremma, les grèves de *La Presqu'île* nous assurent que l'image est une constante gracquienne qui, dans un accouplement matériel symptomatique allie l'Eau et la Terre, quand la Forêt alliait, semble-t-il, la Terre et l'Air, ou mieux l'Invisible. On rechercherait efficacement sans doute, d'une manière plus générale, les alliances de matières dans les images du désir, deux à deux, dans une union quasi charnelle de la matière, dans cet acte devenant femme, se sexualisant : « *Lisse et vierge comme une grève offerte que le flot a visité la nuit* » est l'Étrangère (p. 20), tandis que « *la carnation égale et très pâle* » des bras et de la gorge de Vanessa suggère à l'œil « *une matière extraordinairement précieuse, radiante, comme la robe blanche d'une femme dans la nuit d'un jardin* » (p. 84). Merveilleuses transgressions du désir, prises au hasard pour leur seule simplicité, d'une ouverture imaginaire pourtant très grande, la première image fait de la femme un univers toujours renouvelé en une pureté quotidienne, une « *pureté sans nom* », parcouru dans la contemplation mais assuré que le flux, signe de présence cosmique dans le quotidien, effacera la griffe des pas, la morsure du désir et de l'acte, restituant la femme, en sa nudité neuve chaque fois, au désir renouvelé ; la seconde image, animée par le désir naissant d'Aldo qui retrouve ici Vanessa, non plus fantôme du souvenir, mais être réel de chair déjà contre lui, voit la chair se revêtir elle-même d'une matière nocturne à peine réelle de robe. D'une manière fréquente, et paradoxale, le désir désincarne et l'être en tire étrangement sa séduction ; il déshumanise peut-être mais les nombreuses images minérales, végétales, animales devraient se qualifier de « transhumanisantes ». L'identification métaphorique, loin de dégrader l'être désiré, comme pourraient en menacer, nous l'avons vu, ses mutations et la confusion des règnes, revalorise, par son « animalité pure » ou le caractère originel de toute autre référence à un autre règne, l'issue de la métaphore et dans la dualité de l'être exhaussé et de sa métaphore matérielle, ce n'est pas la part transgressive de l'être qui peut risquer l'abaissement, mais l'empreinte de l'image qui s'en trouve privilégiée, de devenir la base même de la vision dualiste de l'être. Quand Aldo serre en rêve les lèvres sur les cheveux de Vanessa (p. 215) comme une touffe d'algues, toute la respiration de ces algues gonflées sous le flux se hausse à la féminité de la femme qui, elle, devient, non cette seule matière d'eau marine et de sa flore, mais la respiration du Monde qu'est ce flux de la mer, de la même manière qu'en d'autres circonstances permises par la dualité de sa nature, elle fut, dans l'insomnie d'Aldo, exalté comme s'il eût passé avec elle sa première nuit d'amour,

> *la floraison germée à la fin de cette pourriture et de cette fermentation stagnante — la bulle qui se rassemblait, qui se décollait, qui cherchait l'air dans un bâillement mortel,* etc. (p. 183).

L'osmose est évidente qui permet un échange de qualités réciproques de l'être et de sa métaphore et nous ajouterions que ces précédentes images et cette vie soudaine du désir naissent l'une sur la mer nocturne des Syrtes, l'autre à Maremma ; ici encore la matière féminisée emprunte à son paysage. En même temps qu'elle charge l'univers onirique d'Aldo, de nuit humide, d'odeurs de fleurs dans le noir, de marée, donc d'une vie invisible et profonde de la nuit, Vanessa féminise la Mer et s'identifie au Désir absolu d'Aldo, comme dans sa floraison vénéneuse de marécages elle était une Mort désirée comme une femme.

A ces exemples se précise déjà comment la Matière vient rêver, désirer dans l'être ou désirer cet être. Les images de la matière que nous évoquions, opposées aux images de la forme, montrent en fait que Gracq réalise souvent la description corporelle comme un alliage de matière, d'objet non exactement décrit dans sa forme mais par sa seule identité (grève, robe, algues...) et d'une abstraction qui contient en puissance matière et objet. La première page de la *Prose pour l'Étrangère*, à elle seule, rassemble des images de ces curieuses synthèses dont les présences de Dolorès, Heide, Vanessa, Mona, Irmgard... feraient naître ici des analogues : *saison hasardeuse, montagne d'avril tigrée de jacinthes et d'avalanches, fleur désastreuse épanouie aux doigts des saints de glace, printemps sans tiédeur, sourire enfendu de perce-neige, voie sombrée de parterre nocturne, creux d'eau de glacier au bord d'une joue de prairie neuve...* Si l'analyse grammaticale ne reconnaîtrait peut-être pas l'identification exacte de ces images à l'être ici désiré, dans une incantation poétique extrême difficile à poursuivre dans un roman, mais aux impressions ressenties par le poète, l'important est que sous le désir les images naissent dans leur floraison autonome avant toute dépendance logique pour former un paysage imaginaire. Cette matière aux confins de l'abstraction et de l'objet naissant, à peine parfois reconnaissable, témoigne d'une cosmogonie de chaque instant poétique, d'un Monde en perpétuelle révélation sous la puissance du désir. La tendance gracquienne pour la transmutation alchimique de la chair vers des métaphores universalisantes, — reflet d'attitude créatrice avouée dans *Les Yeux bien ouverts*[25], ressentie dans la forêt d'Argol[26], transmet à l'écriture la transgression du corps en matière du Monde et une création d'un Monde par la matière désirante.

Le désir transformé à mesure qu'il s'aiguise, l'acte créateur même de la succession des métaphores et mutations de l'être en capte la puissance, en canalise la violence ; le désir détourné masque son paroxysme sous l'incantation trouvant en elle-même l'ivresse, vivant de son propre rythme, ne se séparant pas de son objet premier, mais celui-ci devenant témoin d'une démarche vers un autre objet, dans une vision autre. C'est sans doute dans ce climat de transfert qu'il faut voir Aldo et

Vanessa accéder des profondeurs de crypte de Vezzano, où, si nous comprenons bien la discrétion du texte, ils viennent de se posséder, à la haute falaise, où, création de leur désir, jaillira la lointaine lumière du Tängri qui va les envoûter : pages incantatoires, criblées d'images magiques, exaltiques, vivantes.

Quelle que soit la signification qu'elle voudra donner à ce mot, les « rendez-vous d'amour » de Vanessa au pied de son ancêtre figuré en premier plan de ce même Tängri sont appelés par un désir réel, avoué dans la fascination et ce désir crée, venue d'une autre vie obscure d'elle-même, la vision destructrice qui la visite en sa solitude nocturne de Maremma. Cet acte nous persuade de la sexualisation du tableau, de son rôle mythiquement vrai, l'ancêtre et le Tängri se métamorphosant dans une vie onirique réelle (souvenons-nous de la nuit qui prend figure, de l'ombre qui se peuple, p. 272) et dans une agression masculine d'images (l'agrippement de patte géante des pentes du volcan, l'effet, souligné par Gracq, de *buisson ardent*, « *la fleur sanglante et lourde, la rose rouge emblématique d'Orsenna* », écrasée par le gantelet d'Aldobrandi, tandis que sous le regard d'Aldo le volcan devient une montagne et s'invite à la féminité « *en sa virginité déserte et étoilée* » (p. 164).

Les extases de Heide et d'Albert, semblablement transférées à une sorte de Double cosmique de leur désir, organisent aussi la dramaturgie du *Château d'Argol* ; sans en approfondir ici l'étude, on peut en tracer le transfert. Dès le premier soir, un signe en est peut-être le brusque changement de temps en plein récit :

> *L'air était d'une fraîcheur délicieuse. Et lorsque Heide et Albert arrivent au bord du parapet de pierre* ... (p. 63).

L'irruption au-dehors, au sommet symbolique du château et au bord de la forêt encerclante, devient ainsi l'instant initial d'une osmose qui actualise la communication et identifie leur désir et le Désir universel qui va les entourer. Comme il nous est signifié : « *l'âme* ne peut[27] *pas ne pas répondre à cet insensé, ce merveilleux espoir* »

(p. 63) d'un monde naissant pour eux, autour d'eux à la vie, se théâtralisant par son public d'arbres, sa rampe de lumière baignée de lune et l'attente même des trois coups ; que l'acte commence, que la dramaturgie s'accomplisse du désir déjà transgressé. Le désir du couple ne sera désormais que docilité à l'événement, à l'imagination de la matière qui les crée acteurs dans un rôle qu'ils ne savent pas :

> *Ils ne savent ce qu'ils vont devenir, ni quoi que ce soit de ce qui sera décidé pour eux* (pp. 63-64).

Une ignorance qui témoigne de la docilité que nous avons remarquée à l'événement, au désir du Monde en eux, un monde qui est leur Double. En effet, sous cette main obscure ils sont « *pris tout à coup dans le rayon de ce regard de la lune et de la forêt* », devenue vivante, et miroir d'eux-mêmes déjà, en lequel coïncide ce qu'ils sont et ce qui les entoure, leur désir et le désir qui les regarde ; nous en avons déjà dit la phrase témoin :

> « *Voici la nuït qui leur ressemble* » (p. 64).

Si du moins faire la clarté sur un tel récit n'est pas dénoncer qu'on ne l'a pas compris, on saisit peut-être les liens désormais établis entre les trois êtres qui ne vivront que de désir : Albert peut-être n'aime pas, mais dès le premier soir, sinon avant même la rencontre, son désir est transféré, universalisé dans une prémonition du sacrifice par son geste de sacralisation sacrilège dans le cimetière et, cultivant le paroxysme comme tel et comme seul écho profond au désir féminin sur lui, son rôle conduira ce désir féminin à son paroxysme pour ce paroxysme, dans un effet de miroir nu, voire vers une révélation qui viendra peut-être, pour lui devant la gravure parsifalienne, pour Heide dans la Mort. Heide pourra être domptée, possédée en son corps par Herminien, l'événement de violence, qui fascine Albert, plus peut-être que ce corps lui-même, loin d'apparaître comme un accident du parcours mythique du trio ou de l'onirisme hypnotisé d'Albert, prend le caractère indubitable de la nécessité et n'altère en rien, au contraire, l'essence de Heide qui est d'être nue, désirée, divinisée, dans une égalité et une réciprocité trinitaires de ses attributs. Sa possession véritable n'est pas de ce monde ; jouant son rôle en forêt, comme Kundry aux jardins de Clingsor, elle tente une séduction réelle d'Albert, en vain, quand celui-ci en accueille la séduction hallucinative dans ses obsessions, sans que l'issue finale, la rupture totale, par la disparition de Heide, des liens entre les êtres, puisse s'éviter. Au contraire, c'est dans le même transfert que se situe cette grande nuit parcourue par Heide et Albert dans l'allée démesurée, aux limites du réel, qui magnétise leur délire cosmique où le désir vient se fondre, se consumer et devenir cette « *nuit du monde dans sa privauté sidérale* » (p. 145) qu'ils s'imaginent vivre ?

Un étrange paysage naît du transfert d'un désir et hante les dernières pages d'*Un beau ténébreux* quand Christel tente de s'offrir à Allan pour l'éloigner de son désir de Mort ; un instant presque vaincu, il serre contre lui « *cette chair tiède, héroïque, douce comme une pluie de printemps* » ; l'image déjà intermédiaire, universalisante, annonce une autre. Ce n'est pas Christel, mais la nature, l'Au-dehors qui accède à l'extase :

> *Il dégagea ses mains, la baisa au front et la conduisit vers la fenêtre. Il contemplait longuement le jardin, pâmé sous la lune jusqu'à l'impudeur, cette nuit fondue, adorante. Elle le suivait des yeux, fascinée* (p. 196),

comme si l'adoration de Christel et le désir, éphémère, d'Allan s'étaient déplacés à la nature entière. On serait, il est vrai, fondé à renverser le sens du transfert ou de l'osmose, à dire que ce qui passe en eux, et le désir de Mort lui-même, est docilité au monde. Car l'extase environnante de ce Seuil désiré de la Mort a précédé l'entrée de Christel. Cette nuit n'est extasiée, fascinée que par elle-même et elle n'est extasiante que parce que les métamorphoses qui l'ont rendue vivante, désirante même comme si elle attendait sa proie, ont commencé bien auparavant (*cf.* p. 191). Y ont surgi des images qui ne trompent pas, si semblables à d'autres accessions de la nature à une vie autre, sous le désir de l'être qui la contemple, à cette docilité réciproque que nous entendons dans les autres romans de Gracq : arbres qui semblent bruire tout proches, coupoles de lumières, gradins de rêve, nuit sacrée, fumée bleue des sacrifices, fluide bleu, neige céleste... La théâtralité insolite, lieu des osmoses, est instaurée dans ces images qui rappellent les clairs de lune d'Argol, et annoncent les apparitions du Tängri. Puis cette « *douche bleue* », féerique se poursuit, insistante jusque dans la chambre d'Allan (p. 193). Nuit plus vaste encore, puisque, à remonter le récit, nous rencontrons Henri, en désarroi, en fuite, en cette même nuit, contemplant la même métamorphose, dont son errance et son éloignement agrandissent le cadre, « *des champs nus, terrassés par la magie nocturne* » (p. 186), « *une danse d'elfes au clair de lune* » (p. 185), « *des bouquets de fantômes blancs* »... Ce qui donne à la contemplation errante d'Henri son poids est ce pressentiment des événements imminents de cette nuit, devant lesquels il a fui ; cet éloignement lui accorde en effet une qualité de visionnaire des échanges entre les êtres et leur univers ; alternent alors en lui, devant lui ces images crépusculaires, puis nocturnes et les scènes du drame qui se noue à l'hôtel des Vagues. Il devient le témoin de cet échange, de cette réciprocité de l'extase entre la nuit et les êtres et ne peut-on même dire que l'échange qui se consomme au même moment entre lui et Jacques dans le désir de sa femme, Irène, est son œuvre (un psychanalyste n'aurait là-dessus aucun doute, si nous restreignons nous-même la portée imaginaire de cet acte). Ici encore les images sont cependant éloquentes pour dire le rôle de meneur occulte, inconscient, d'Henri, sur la marge lointaine de ses désirs amassés :

« *Il se sentit soudain glacé, les dents claquantes* (p. 187).

C'est dans le même frisson du visage qu'Irène accueille au même moment Jacques.

« *L'œil d'Henri fouillait machinalement cette pénombre*

soudain dérobée ; où des bouteilles, des verres luisaient vaguement. »

Dans la chambre d'Allan :

La lune fouillait la pièce comme un grenier à l'abandon, extrayant de l'ombre çà et là un détail inimitable (p. 193).

L'issue de cet examen d'Henri sera l'approche d'une vieille femme tricotant (on nous autorisera d'y voir la Mort) et une main glacée sur lui, qui s'évanouit... Dans la chambre d'Allan, qui se verse le poison (Henri est alors dans un bar...) vont entrer Christel, intersigne, puis la Mort. Qui met en scène ici, Henri ou Allan, le Désir ou la Mort, où est le vrai décor, où le miroir, les chambres de l'hôtel et leurs murmures de vent ou du désir du couple en faute, ou la nature en son extase d'elle-même ? Saisissons ici dans quel sens et pour quels problèmes il faudrait faire la dramaturgie du Désir gracquien.

Sur une autre route dans *La Presqu'île*, monodrame du désir, évoquée ici en simple parenthèse, surgit un transfert inattendu du désir qui renverse exactement le sens habituel par lequel l'être désiré s'insère au monde :

il regardait la route s'allonger devant lui [...] soudain invitante comme une femme à l'ombre, étendue de tout son long au travers de la terre offerte (p. 95).

La nuit pâmée et impudique précédente, cette route invitante, cette terre offerte... ces images ne sont elles-mêmes qu'invitations à dénombrer, inventaire ici encore trop lourd pour quelques pages, les paroles où la nature, la chose inanimée, une ville, Orsenna par exemple... sont ainsi féminisées, offertes, désirées, livrées.

De tels transferts vers le Monde permettent que se taise ou s'étouffe, sous une extase ou une souffrance substituée, l'une et l'autre maîtrisables d'être reconnues comme masques mais cependant réelles d'être liées par cette matière vivante au mythe personnel, le Cri du désir triomphant, de la passion de l'âme égarée ou de la chair refusée, sauf peut-être à *l'Étrangère* et pour elle seule, et nous savons que cette Prose ne nous était pas destinée. Le désir se crée ainsi un faisceau d'armes secrètes et un répertoire de masques immédiats, non par intention de blesser encore mais par crainte — retenons le rôle de la Peur, étrange alliée du désir dans les œuvres de Gracq, non par pudeur — le mot, usé, discréditerait —, mais le privilège le plus séduisant du désir gracquien et son masque le plus visible et le moins pénétrable est une exigence de pensée et du style qui éloigne l'insistance du regard et ferme les portes ; même quand Aldo s'inquiète qu'elles soient toujours battantes et de se croire couché dans la rue, Vanessa a raison de prétendre que les gens ne les verraient pas.

Si ces portes s'ouvrent, l'objet du désir premier, qui, préférentiellement s'il s'agit d'une femme, est un être menacé, désarmé, proie possible de la Peur — ainsi Heide, Mona, Christel et même Vanessa —, porte l'empreinte de l'Absolu qui le recréa dans le secret de l'Acte. Métaphore vivante de ce Désir et par là, matière du Monde, cet être est prêt, nous l'avons entrevu, à une aventure d'un autre plan, dont il serait intéressant d'étudier, en manière d'exemple et de fin, la transgression extrême, absolue, de l'absence finale et du passage dans l'Invisible. Un tel désir s'identifiant, en effet, s'il est possible d'écrire, à sa métaphore matérielle, réalise alors l'identification finale de l'être et de son Double, de l'être à lui-même, thème gracquien essentiel, dont il est symptomatique que pour en exalter la valeur, non plus dans l'imaginaire romanesque mais dans la réalité de la création et au niveau de cet acte, Julien Gracq ait appelé André Breton, ce poète du Désir absolu, en lui prêtant les démarches d'un Double, Don Juan, qui, « *acharné à ne pas se laisser rejoindre au moins avant le seuil final*[28] », fut aussi et par excellence le dramaturge, à lui seul voué, d'un désir féminin s'exaltant et se renouvelant de ses assouvissements mêmes et, déjà haussé au mythe, trouvant par cette grâce du surréalisme, la voie de la Transgression, nous voulons dire, reconnaissant enfin la femme comme l'être « *signifiant autre chose qu'elle et moi, incarnant une valeur universelle, et contenant, en une sorte d'éternité, le secret du Monde*[29] ». On comprend que l'héroïne désirée inspire davantage le souvenir que l'émotion immédiate, qu'elle agisse par la vision hallucinée ou le fantasme qui visite le narrateur plus que par sa présence physique, dont Aldo, pourtant comblé, ne peut taire quelque désabusement (*cf.* pp. 177 et 179) ; on comprend aussi que se constate parfois la disparition féminine et donc un retrait de vie secrète du désir pour une vie en profondeur bien avant l'issue du drame, au moment où la métamorphose de la femme en valeur universelle et du désir en connaissance du secret du Monde, en accession cosmique, étant effective, l'absence ou plutôt l'invisible est la métaphore finale que l'être désirant rejoint.

Absente, la haute présence fantomatique de Vanessa dans la navigation dans les Syrtes, son souvenir qui hante « *l'enivrante* vitesse mentale » qui anime Aldo ont des pouvoirs d'exaltation et de persuasion. Vanessa disparaît avant la longue fin du *Rivage des Syrtes*, immense attente du cataclysme, veille d'une destruction qui, sur ce plan du moins, a été son rêve et son désir, nous le savons depuis ses visions apocalyptiques (p. 271) dont l'aveu ferme son rôle apparent. Dans ce crépuscule tragique, son nom même est à peine dit, malgré l'évidence qu'elle a mis au monde cette Mort rédemptrice d'Orsenna et qu'il a bien fallu, sur un plan onirique et mythique, qu'il y ait eu un accouplement de son Désir et d'un Autre.

Mona, la plus apparemment accessible des gracquiennes, la plus immédiatement possédée dans un plaisir quotidien sera aussi, nous l'avons annoncé, devenue absente, la matière invisible de la lisière crépusculaire de la Mort vraie pour Grange blessé ; sa chambre, témoin de leur plaisir, devient enclos menacé ; le miroir, signe universel du désir, fût-il celui de Narcisse, le lieu d'un Double sans complaisance et sans mensonge pour ce qu'il va devenir, « *ombre grise* », « *ombre voilée* », « *mangée de partout par le noir* » (pp. 251-252). La mémoire et le retour imaginaire du désir métamorphosent le devenir, s'universalisent dans le temps, hantent l'espace total des deux côtés du miroir, pour la transgression appréhendée et se constituent en viatique de la métamorphose de celui qui désire, en matière du monde, à son tour devenant l'invisible.

Heide se déploie en pleine forêt, « *entièrement offerte* » devant Albert insensible, mais les pages brûlent quand le désir visionnaire de celui-ci la fait vivre en lui (pp. 130 et *sq.*). Elle meurt la première et sa mort, entendons l'accomplissement du Désir autre que celui qu'apparemment elle témoigna ou que celui qui se porta sur elle, et qui sont toute son essence apparente, est le signe de l'issue aussi mortelle du récit, comme si la transgression de ses désirs de femme en désir de Mort avait immanquablement dissous la chair niée dans l'invisible et que, ne vivant aussi que du désir d'elle, la dualité Albert-Herminien fatalement devait se rompre, et donc mourir, rejoindre. Au soir de l'ensevelissement de ce désir commun qui leur donna, sur Heide, des regards différents dont ils se métamorphosèrent au point de rompre les liens tissés entre eux autrefois, Albert et Herminien décident obscurément le grand départ, la réunion dans la Mort, et, comme pour Grange, le souvenir remonte. Quant à cette matière du monde vers laquelle ils s'avancent, nous savons que la course meurtrière se fait dans l'allée mythique, magique, suivie par Heide et Albert et nous en savons déjà les pouvoirs.

Le désir de Simon pour Irmgard dans *La Presqu'île* devient un chemin, réseau d'itinéraires, doublement hanté de souvenir et d'absence : rêverie vers l'enfance, désir du passé lointain, rêverie vers Elle, désir sans ambiguïté de sa possession. Que ces rêveries soient mêlées dans un cheminement onirique révèle que Simon trouve en l'absence la mutation la plus disponible, la plus riche de « transgressivité », non plus seulement en espace et en matière mais aussi dans la réalité du temps ainsi partagé par l'attente entre le passé et le devenir. Quand Irmgard arrive enfin, la mutation a trop bien joué et la dernière parole dit bien l'angoisse du désir perdu, transféré, à reconquérir difficilement.

Allan, contre toute apparence, est seul quand il voit venir sa Mort, ayant écarté, dispersé, détourné vers d'autres les désirs qui se concentraient sur lui, créant, dirait-on, des couples de désir. Sans doute, le poison versé, il reçoit Christel mais dont les symptômes d'absence sont éclairants. Elle est déjà un fantôme, elle est sa mort. Les mots jaillissent du texte, qui constituent son identité d'Au-delà, la confient déjà à l'invisible : silencieuse comme une ombre, voix blanche, basse, *seconde*[30], à peine timbrée, forme blanche flottant doucement, visage blême *« tapi dans les lourds cheveux sombres, comme un crime au fond d'une maison noire »* (p. 194), démarche errante, frôlante de somnambule. Ainsi la tentation qu'elle offre dans *« une fierté brûlante » — « Me voici »* — est finalement celle de la Mort. Elle n'est pourtant qu'intersigne ; une autre, peut-être, — est-ce dit — va la suivre quand elle aura quitté Allan. Dolorès ? Le contexte, un aveu précédent — *« Oui, nous mourrons ensemble »* — veut le dire, mais puisque le nom ne revient pas, que règne le doute, que le récit refuse même toute apparition réelle :

> *De nouveau il entendit la porte s'ouvrir, et, calme, du fond de la chambre, il vit venir à lui sa dernière heure* (p. 201).

Nous saisissons que, même si, présence ultime du désir, une image féminine entre alors, elle est déjà absence et déjà et enfin fondue avec lui, Allan, s'identifiant à sa vision, dans une matière qui n'est plus de l'univers de ce récit.

Même pour une Préface imaginaire les choses ont été dites ici trop fragmentées. Avons-nous au moins annoncé qu'une étude exhaustive devrait en reprendre chaque point de vue, envisager une classification des images du désir selon leur appartenance matérielle, dans une hiérarchie des règnes auxquels elles empruntent leurs métamorphoses naturelles, reconnaître les alliances qu'elles espèrent entre elles, les attributs qu'elles deviennent de chaque héroïne, de tout personnage, sans négliger ce que peuvent enseigner les fréquences des mêmes images, la répétition des images d'un même climat, naissant dans des paysages analogues, dans chaque œuvre, sur chaque être, en toute circonstance identique... On ne saurait aborder autrement que sur ces préalables le rôle dramaturgique du désir, découvrir sa vertu instauratrice de l'Œuvre et dans celle-ci, le jeu fatal, l'échange incessant et quasi scénique d'un dialogue entre l'être et son propre désir, entre le désir et l'événement, l'être et son univers, dans une réversibilité permanente à la fois de la révélation et du masque, le désir charnel immédiat masquant peut-être un idéal de transgression et ce Désir absolu venant capter la séduction première de l'être dans tout un jeu de révélations s'offrant dans l'étagement ainsi créé entre le quotidien et le sacré. Un Désir d'éternité, en un seul instant du désir de l'homme et de la femme, assouvi.

Parmi les œuvres si brièvement étudiées, dont nous savons trop celles qui nous sollicitaient plus que nous pouvions le faire, on aura remarqué notre discrétion envers l'œuvre, par sa fonction théâtrale et son propos, la plus précisément offerte à une analyse dramaturgique du Désir : *Le Roi pêcheur* ; au risque, il est vrai, de nous égarer davantage. Pour refermer provisoirement cet essai en rassemblant les climats que nous venons de parcourir, le quotidien, la révélation, l'absolu, la naissance de l'être au Monde par son désir et la naissance d'un monde sous le désir de l'être, ou le désir de Mort lié à tout désir, nous n'en donnerons qu'une parole, une phrase clef (p. 35), qui ouvre aussi, s'il est vrai que Kundry, criant ici son attente dans un dialogue qui l'écartèle entre l'animal et le sacré, porte les couleurs de Julien Gracq :

> *J'attends le vainqueur. J'attends le jour qui me prouvera que je ne suis pas née — le jour qui explosera dans la joie et dans le désir sept fois comblé ! Au prix de mon sang — au prix de ma vie. J'attends le triomphe du Graal !*

> Clingsor :

> *Je rêve ! — ou ces murs s'écroulent ! Kundry attend le Pur ! — Il te fera fouailler avec une longe d'écurie et chasser dans le marais comme une truie par les valets de meute.*

Kundry :

Plaise à lui ! Il vient en conquérant (...). Il va devant lui, merveilleux, et l'accomplissement de son désir est la mesure de sa journée.

MICHEL GUIOMAR.

NOTES

1. L'ampleur d'un projet primitif se lirait à la prétention du titre qui eût été nécessaire : Le Visage et le Masque, Le Corps et l'Univers, Images et Dramaturgie du Désir...

2. F. Alquié, *Le Désir d'Éternité*, Paris, P.U.F., 1943 (2ᵉ édit., 1966).

3. *Cf.* bien que trop récent pour que nous ayons pu y prendre des éléments de méthode : J.L. Martinon, *Les Métamorphoses du désir et l'œuvre*, Paris, Klincksieck, 1970.

4. *Le Rivage des Syrtes*, p. 55. La bibliographie de J. Gracq étant donnée dans ce Cahier, et supposant connus les personnages romanesques, nous limiterons souvent nos références à l'indication des pages.

5. *Prose pour l'Étrangère*, p. 31.

6. *Cf.* entre autres Bernhild Boïe, *Hauptmotive im werke Julien Gracqs*, chap. II, 3, 4, 5, 6 et chap. III, 1 ; J.-L. Leutrat, *La Fascination de la nuit*, *Artsept*, nº 1, 1963, pp. 95-103. L'auteur y montre un parallèle entre *L'Année dernière à Marienbad* et le climat de Gracq, dont témoigne que ce « film sur le désir » est fatalement aussi d'une attente ambiguë entre la crainte du néant et l'attente de la plénitude. *Cf.* aussi, *id.*, *Gracq*, Classiques du XXᵉ siècle, pp. 33-46 et 47 et suivantes.

7. F. Alquié, *Philosophie du surréalisme*, Paris, Flammarion, 1955 ; 2ᵉ édition, 1970, pp. 116 et *sq.*

8. Ross Chambers, *Le Rivage des Syrtes, ou l'origine des Signes, Revue des Sciences humaines*, Lille-Paris, 137, 1970, pp. 141-154.

9. Souligné par Gracq.

10. *Cf. Un paysage de la Mort,* Le Rivage des Syrtes *de Julien Gracq, Revue d'Esthétique*, XV, 2, 1962, pp. 166-188. — *Inspiration et Création, d'après* Le Rivage des Syrtes (...), *id*, XVIII, 1 et 2, 1964, pp. 83-104. — *Principes d'une Esthétique de la Mort*, Paris, José Corti, 1967, pp. 394-397.

11. Comme dans *Un beau ténébreux* : « *Elle se mit à gémir doucement, "Viens", murmura-t-elle, les dents claquantes, d'une voix hâtée, brusque... Lorsqu'il se réveilla, à demi-conscient encore, il lui parut que la chambre était soudain devenue très sombre* » (p. 190).

12. Souligné par Gracq.

13. Sous le regard de Gérard, Irène est ainsi suggérée dans la même implication d'un animal nu *(« l'une des femmes les plus impitoyablement* dépersonnalisées *par son sexe que j'aie jamais vues. [...] il saute aux yeux*

que cette bouche, cette croupe, ces seins se rebellent à l'idée de pouvoir appeler autre chose que » etc.).

14. Précisément le cas d'Irène : « *Et ce qui enorgueillirait la plupart des femmes, Irène le ressent comme une humiliation* » etc. *(Un beau ténébreux*, p. 28).

15. Ainsi la très belle *Creezy* du trop médiocre député de Félicien Marceau.

16. Entre autres travaux de Bachelard, nous évoquerons ici *La Psychanalyse du Feu.*

17. *Les Yeux bien ouverts*, dans *Farouche à quatre feuilles*, Grasset, 1954, p. 79, ou dans *Préférences*, Corti, p. 54.

18. Entre mille exemples, le rôle et la puissance symboliques du frêne, du tilleul, du sapin, dans la *Tétralogie.*

19. *Les Yeux bien ouverts : Farouche...*, p. 78. *Préférences*, p. 53.

20. *Les Yeux bien ouverts : Farouche...*, pp. 83-84. *Préférences*, pp. 55-56.

21. *Op. cit.*, plus haut.

22. Souligné par Gracq.

23. Souligné par nous, p. 55.

24. P. 87. Témoin d'un curieux transfert de cette féminité végétative romanesque au plan de l'acte créateur lui-même, cette remarque de Gracq, rappelant un mot de Degas : « *Il y a un mot, de Degas, je crois, qui m'a toujours rassuré sur ce genre de vie plutôt végétatif, parce qu'il n'est pas seulement applicable à la peinture. "Un peintre, c'était son mot, doit se mettre en espalier."* » *(Les Yeux bien ouverts, Farouche,...* p. 81. *Préférences*, p. 54.)

25. « *Ce qui est important (...) c'est d'être capable par moments de cet état d'écho, de bruissement, de* mise en rumeur *si vous voulez, qui accueille le tout-venant pour en faire aussitôt tout naturellement de l'insolite.* » (*Les Yeux bien ouverts, Farouche...*, p. 89 ; *Préférences*, p. 58.)

26. « *Il semblait que partout (...) fussent sensibles derrière d'impénétrables voiles une redoutable alchimie, la lente préparation par la forêt de tous ses mystères nocturnes* » (p. 124).

27. Souligné par Gracq.

28. *André Breton, quelques aspects de l'écrivain*, p. 9.

29. F. Alquié, *Philosophie du surréalisme*, p. 129 (édit. 1970).

30. Souligné dans le texte.

JULIEN GRACQ
ET LE TEMPS PERDU*

Serge Gaubert

« *Le monde s'est desserré... la possibilité explose*[1]. » L'univers de Julien Gracq cède à l'appel ou au vertige. A la gravitation habituelle, endormie dans les ornières et les souvenirs, le héros préfère le mouvement neuf, même catastrophique. A la douce science de l'homme expérimenté, l'aventure, même folle. Et toujours, s'entend, pour un au-delà ou un ailleurs inconnu. Aller on ne sait trop où ; céder à l'ivresse d'un « lâchez-tout », « *au charme étranger du fil de l'eau*[2]. »

> « *Je me sentais, étrangement perdu, flotté, soudain très loin de toutes les amarres*[3]. »

Plus sensible que personne aux signes avant-coureurs, aux souffles qui se lèvent sur la terre, et aux ondes qui portent jusqu'à lui le bruit de ce qui sera, le héros est un

* Nous faisons référence, pour tous les ouvrages de J. Gracq, à l'édition Corti, sauf pour *Un beau ténébreux* que nous avons lu dans l'édition du Club français du Livre. Pour plus de commodité nous écrivons : *Le Rivage des Syrtes* : R.S. — *Un beau ténébreux* : B.T. — *Un balcon en forêt* : B.F. — *Au Château d'Argol* : C.A. — *La Presqu'île* : P. — *Lettrines* : Let. — *Préférences* : Préf. — *André Breton* : A.B.

homme de pressentiment. Son aventure est attente d'un événement. Aventure, événement, avènement. Le présent prend forme peu à peu sous la lumière ou l'ombre d'un fait à venir. Tout devient signe de ce qui n'est pas encore. Mystère et lumière échangent leur électricité dans un clair-obscur fantomatique. Attente pure, sans qualification. L'homme ne sait pas ce qui sera mais que quelque chose sera ; l'angoisse le cède à la fascination, « *c'est une peur merveilleuse, presque attirante*[4] ».

Devant cette carrière ouverte où le désir est roi et l'attente, la mémoire n'a que faire. Elle n'est qu'obstacle, amarre ou contre-feu. Marino s'attache au passé comme à cette terre dont il est devenu l'intendant. Aldo, dans la salle des cartes, rêve de prendre la mer. Le premier cherche dans l'arrière-pays, l'arrière-temps, des ancrages que l'autre sent qu'il devra bientôt abandonner, pour libérer l'avenir. Le capitaine retourne à Orsenna, Aldo part pour Maremma. Albert, Aldo, Vanessa, Allan, Christel, Grange, Simon sont sans mémoire, ou presque. Leurs souvenirs d'enfance, quand ils en ont, sont souvenirs de départs. Ce n'est plus tant régression que reconnaissance en soi d'une nature qui répugne à toute régression.

> « *De très loin, du fond de mon enfance, des souvenirs me reviennent, enivrants ; souvenirs de départs, et, pour moi, c'étaient presque toujours des départs pour une plage*[5]. »

Voyage et vacance. Disponibilité et aventure. L'homme ne retrouve guère, dans son jeune âge, que l'image seulement imparfaite de ce qu'il est devenu : un guetteur.

Si son passé pèse sur lui et l'entrave, il l'écarte. Ainsi Christel :

> « *C'est comme si je rejetais le néant au néant avec une espèce de rage. Que le temps perdu soit au moins perdu*[6] »

ou Grange « *qui sent sa vie battante et tiède*[7] » ou Albert qui « *s'est détourné des succès que chacun lui promettait à Paris avec une fermeté singulière*[8] » ou Simon qui, dans son pays d'enfance, cède moins aux souvenirs qu'à un appel.

> « *Il roulait vers la mer, vers la mer, sans savoir pourquoi*[9]. »

Homme sans liens ou qui se délie, le héros répond au signalement que Gracq donne dans *Lettrines*[10] :

> *Lieu de naissance : non précisé*
> *Date de naissance : inconnue*
> *Nationalité : frontalière*

Mal raciné, il est souvent aussi déraciné. Le lieu où il est appelé, avant de s'y sentir attaché et de s'y attacher, l'écarte de son passé. Lieu de vacance : Château d'Argol, hôtel des Vagues ; lieu de garnison : maison forte des Falizes ou Amirauté, il y vient toujours dans un voyage qui est rupture. Aldo quitte Orsenna :

> « *Nous roulâmes de longues heures à travers ces* terres de sommeil[11]. »

Albert « *a signé un recours en grâce insensé à la chance*[12] ». Il entre dans un pays neuf, adulte, où rien ne le renvoie à lui-même. Haut lieu, battu des vagues ou cerné de forêts, situé à un de ces « *nœuds des vibrations humaines de la planète* », à ce point où les éléments se font porteurs d'échos ; carrefour ou lieu de passage : routes forestières, hôtel ou rivage. Les moindres mouvements y sont amplifiés par des matériaux exceptionnellement ductiles, et l'homme s'y met spontanément en position de vigie. De là sans doute que la route ou le chemin fascine le romancier et singulièrement celle, sans âge ni usage, qui relie les temps aux temps comme les lieux aux lieux et donne aux voyageurs la noblesse des aventuriers.

L'amour conjugue curieusement ses effets à ceux du dépaysement ou du voyage. Christel bien sûr, et Heide, mais aussi Mona ou Vanessa ou la ténébreuse officiante de Braye-la-Forêt précipitent plus qu'elles ne retardent l'événement. Elles ne retiennent pas leur amant, elles ne le ramènent pas vers les tièdes atmosphères d'une enfance retrouvée. Plus amazones que mères, elles l'aident à rompre avec son passé ; comme si le désir de la femme — celui qu'elle ressent et celui qu'elle suscite — était accordé à l'attente et la destinait au rôle d'intercesseur. C'est sur le chemin des Falizes que Grange rencontre Mona.

> « *Mona sans le savoir était venue démuseler dans sa vie ce besoin de faire sauter une à une les amarres*[13]. »

Qui s'étonnerait que, requis par l'aventure, l'homme ne sache plus « rejoindre » celle qui fut à l'origine, vite oubliée, de son vagabondage ?

Dans ces voyages, dans ces amours, on rompt avec ces villes endormies où les hommes vivent leur mémoire, c'est-à-dire l'oubli de ce qui en eux pourrait être naissance et conscience.

> « *C'était comme si tout l'effort séculaire d'Orsenna, toutes les images qu'elle s'était complu à donner de la vie, eussent visé à une chute de tension presque effrayante, à une égalisation finale où se fussent déchargés toutes les choses et tous les êtres de leur affirmation de présence et de leur dangereuse électricité : les formes trop humanisées, trop longtemps usées par un frottement trop continu au milieu desquelles se perpétuait la vie lui faisaient comme un vêtement de plus en plus profonde inconscience, au travers duquel nul contact ne la réveillerait plus*[14]. »

Il faut qu'on vienne rendre à Orsenna sa jeunesse. Alors que le vieux Carlo meurt parce qu'il ne peut plus « *soulever ce qu'il a fait*[15] », Aldo redonne vie à sa ville.

> « *L'acte que je pouvais faire, baptisait le monde. Au lieu qu'il fût un aboutissement, tout partait de lui à neuf*[16]. »

Pour ne pas mourir, il faut céder à l'imprévu, ou le

provoquer. On ne vit que « *sur une marge d'inconnu*[17] ». Il faut savoir vivre chaque jour et chaque nuit comme une nuit de Noël.

> « *Heureux celui qui sait se réjouir au cœur de cette nuit de cela seulement qu'il sait qu'elle est grosse*[18]. »

Le monde se charge alors de forces dont on ignore comment elles vont jouer et pour quel résultat. Chaque fait — si infime soit-il — devient signe, oracle ou présage. Quelque chose va naître dont l'approche fait déraison et galvanise les êtres. Le monde devient merveille.

Gracq le romancier, n'a pas trahi Gracq l'ami d'André Breton. Il fait sienne la définition de celui-ci :

> « *Dans le domaine littéraire, le merveilleux seul est capable de féconder les œuvres ressortissant à un genre inférieur tel que le roman et d'une façon générale tout ce qui participe à l'anecdote*[19]. »

Au demeurant, le récit ne participe qu'à peine de l'anecdote. Bien peu d'événements : un voyage, un séjour ; aucun qui ne s'éclaire par référence mystérieuse au mystère de l'Événement. L'attente et l'approche du singulier détournent du pluriel. L'œuvre elle-même est lourde d'une « *chose endormie* » qui fait en elle un « *creux de futur* ». Ce creux intéresse le romancier plus que le futur lui-même. L'œuvre s'achève quand l'anecdote l'emporterait. L'auteur oriente notre attention moins vers les choses que vers leur qualité de conductibilité ou de réverbération, moins vers leur identité ou leur essence que vers ce qui, à travers elle, se manifeste. L'insolite investit tout naturellement la réalité. Éveillé, dans ces minutes où rien ne se passe mais qui concentrent dans leur immobilité une réserve de futur, où rien n'arrive mais où tout approche, on croit rêver.

Aussi le romancier peut-il accepter la forme du récit la plus traditionnelle. Là n'est pas la nouveauté. Le récit qui ne fait en lui-même aucune place ou presque aux souvenirs, est toujours pris dans la lumière du souvenir. Tout y est réminiscence. Les promesses et les signes de l'événement — comme l'imperceptible frisson d'une aile qui va se déplier ou la congestion de l'écorce à la place du bourgeon — il faut, pour les reconnaître et les traduire, savoir de quoi ils sont promesses. Il faut les observer à travers leur avenir, comme la nuit à travers l'aurore. *Un beau ténébreux* commence d'une manière qu'à la première lecture on dirait presque proustienne : la plage d'arrière-saison, je ne sais quelle Balbec et un narrateur esseulé cédant à sa mémoire.

> « *J'évoque dans ces journées glissantes, fuyantes de l'arrière-saison, avec une prédilection particulière les avenues de cette petite plage*[20]. »

Mais cet éclairage rétrospectif doit respecter la libre divagation des premiers mouvements. Même pressenti, un événement reste toujours imprévisible. La nuit n'est que l'attente de l'aurore, son désir. Il s'agit donc de laisser à l'inouï sa vertu, aux commencements leur saveur de source, de montrer le monde comme il se donne en naissant, pur encore de toute interprétation ou de toute reprise ; la nuit, « futur de l'aurore ».

Difficile équilibre entre ombre et lumière, pressentiment et découverte. Le romancier, plutôt que de souvenir, préfère parler de ressouvenir. Le passé qui remonte en Aldo au moment qu'il le raconte, doit-on dire qu'il se le rappelle ou qu'il le revit ?

> « *Quand le souvenir me ramène à cette veille où tant de choses ont tenu en suspens, la fascination s'exerce encore de l'étonnante, de l'enivrante vitesse mentale qui semblait à ce moment pour moi brûler les secondes et les minutes*[21]. »

Qui plus est, il semble que la présence du lecteur au présent du récit — ce présent qui s'invente et hésite au bord du futur — ne puisse être parfaite que parce que ce récit est au passé. Présent vécu comme tel, mais pressenti lourd de signes, happé de loin, entraîné dans un « appel de sens », en quelque sorte déjà armé. Présence du lecteur, co-naissance. Dans *Un beau ténébreux*, par référence à Poe, un de ses intercesseurs, le romancier donne à Gérard de définir ce qui paraît bien être son propre idéal.

> « *Je sens déjà combien je serai inhabile à en rendre la couleur... l'ambiance nocturne et lunaire dans laquelle elle ne cessera de baigner dans mon souvenir. Il faudrait pour cela évoquer Poe, cette atmosphère de naissance et de ressouvenir, de temps encore à l'état de nébuleuse, de scène réversible*[22]. »

Dans le même récit, le romancier, échouant en partie à trouver la meilleure formule, réserve de façon artificielle cette marge d'incertitude que la forme du récit — la reconstitution d'un drame à partir de documents retrouvés — risquait de réduire à néant. Il intervient :

> « *Le dénouement de cette intrigue à l'heure même où j'écris ces lignes me laisse encore sombrer dans un obscur sentiment d'incertitude*[23]. »

Ailleurs, point n'est besoin de pareille précaution. Il suffit de quelques mots soulignés ou signalés et dont le rôle de pierres d'attente ou de pôles magnétiques ne peut échapper, pour dessiner l'horizon du récit. Horizon lointain, « à perte de vue ». En suggérant ainsi la présence dans la moindre action d'une réserve, l'auteur donne aux temps du récit — singulièrement à l'imparfait, d'ordinaire si banalement employé qu'il en est décoloré — une force et une signification nouvelles. Toute action éloignée de nous — si nous savons ou pressentons lourd de péripéties le temps qui nous en sépare — se trouve investie par ce seul éloignement d'un véritable magnétisme. L'imparfait qui place souvent le récit sous le signe de la désillusion ouvre au contraire la phrase et la fait entrer en résonance sur ce « creux de futur ». Ce n'est plus le sourire las et résigné de l'homme revenu de tout, c'est l'image d'un temps à la fois vécu et ouvert.

Dans le magnifique essai de J. Gracq sur Breton — un des exemples les plus achevés de cette critique « partiale, poétique et politique » que Baudelaire tenait pour la seule estimable — on trouve — comment s'en étonner ? — dans les mots mêmes qu'il emploie pour décrire la tentative de son ami, une définition de l'écriture qui pourrait bien s'appliquer à la sienne :

> « *Tout écrivain connaît parfaitement ce creusement en lui d'un moule encore vide doué d'une force de succion sur le magma verbal, cet élan aveugle de pensée qui tire sur la plume, cette arabesque presque mimée du contour dont l'amorce de la courbe est déjà grosse sans pourtant s'en faire autre chose que le pressentiment*[24]. »

L'écriture est ainsi à la fois découverte et mémoire. On y progresse comme le long de cette route du Perré à la fois solidement amarrée au sol et au passé et tendue vers un horizon ouvert. « Four à brûler le réel », elle permet — éliminées les scories — de ne garder que le plus pur du déjà vécu, pour un nouvel acte. Gracq est partout présent dans son œuvre. On sent que s'exerce en elle constamment cette forme de mémoire que le romancier prête à certains de ses héros-narrateurs, Henri, Aldo et à l'ami de Nueil dans *Le Roi Cophetua*. « *Ce coin de toit rose* » et « *cette envie d'applaudir* », ce « *clocher si fin sur la ligne d'horizon* » et cette question : « *c'est tout et j'ai le cœur prêt à crever. Que m'arrive-t-il ?* », ces impressions qui requièrent expression, c'est assurément beaucoup plus qu'un simple rayon de lumière proustienne venue jouer dans l'univers de Gracq. Breton, admirant qu'il restitue dans *Un balcon en forêt* « l'atmosphère si spéciale des derniers mois de la guerre » parle de « l'incomparable mémoire affective[25] » de son ami. Cette atmosphère nous est restituée une nouvelle fois dans *Le Roi Cophetua*. Et le narrateur précise :

> « *Aujourd'hui encore, au creux d'une nuit d'hiver, il m'arrive de me réaccouder pour quelques instants aux bras de ce fauteuil en dérive*[26]. »

N'intéresse en effet l'écrivain que ce que devient son passé lorsque, remodelé, il vient enrichir de ce qui n'appartient qu'à lui un acte qui le prolonge et rétrospectivement lui donne un sens. Du passé n'est conservé que ce qui fut semence et reçoit sa vérité de la plante achevée.

> « *J'ai fait "Dunkerque", il n'y avait rien pour moi là-dedans. Dans l'artiste il y a aussi le soma et le germen*[27]. »

Filtre ou champ magnétique, la mémoire affective ordonne ou réordonne, elle est déjà, pour une part, création. Albert est témoin de curieux phénomènes d'aimantation :

> « *Il lui parut qu'un travail obscur commençait à se faire au fond de sa mémoire, sans que son esprit, prostré et entièrement inactif, y apportât le moindre concours. Dans la masse de ses souvenirs, des décrochements, des déplacements légers et presque moléculaires semblèrent se faire sous la pression d'une énorme profondeur et comme la limaille d'acier orientée sur une feuille par un aimant invisible, parurent s'ordonner et s'ordonnèrent enfin, selon ce qui semblait dès maintenant une* figure *interprétable, mais dont sa raison enfiévrée, frappée d'une rageuse impuissance,* faisait le tour *sans succès et, comme sous l'effet d'un charme, reconnaissait les lignes clairement orientées sans en pénétrer encore par l'intuition la signification brusquement éblouissante*[28]. »

Julien Gracq trouve un équivalent de cette physique secrète dans le « tri génial » qu'ont opéré les traditions orales aux âges où le grain le plus pur échappait seul au tamis du temps.

> « *La figure ailée, parfaite, on dirait qu'une loi non écrite la condamne à ne jaillir du cocon qui l'a incubée que lorsque tous ses traits matériels s'y sont consommés jusqu'au dernier*[29]. »

L'œuvre est donc à la fois lourde d'une longue mémoire et ouverte, racinée dans une expérience et aspirée de loin par un sens et une forme vers quoi elle tend. Elle progresse vers un point d'achèvement que l'artiste ignore. Le pressentiment traverse un roman de Gracq que cet achèvement pourrait se payer de mort. Allan connaît bien *Le Portrait ovale* de Poe. Le passé, on ne sait pas si un jour on saura de quoi il était semence. L'œuvre prolonge une vie, lui permettant d'aborder, comme le portrait si peu « réaliste » du Christ ou de Jeanne d'Arc, à sa quatrième dimension. Elle naît de cette vie, née et nourrie de sa propre attente. Si Vanessa appelle poètes les hommes par qui vient l'événement, on pourrait dire du romancier qu'il est poète parce qu'il sait créer en lui les conditions d'un autre avènement, celui d'une œuvre. D'une œuvre dont la dernière page n'est pas, comme dans le *Temps perdu*, écrite en même temps que la première. Littérature de « portes battantes ». Voyage, mirages, aimantation. Le romancier rencontre pour illustrer son procès d'écrivain des images que le lecteur de ses œuvres connaît bien :

> « *Un élément essentiel risque de manquer toujours à la critique littéraire... ce sont les fantômes de livres successifs que l'imagination de l'auteur projetait à chaque moment en avant de sa plume et qui changeaient avec le gauchissement inévitable que le travail d'écrire imprime à chaque chapitre... A chaque tournant du livre, un autre livre, possible et même souvent probable a été rejeté au néant... La trace sinueuse du voyage de l'auteur à travers le désert des pages blanches, vous ne pourriez l'expliquer qu'en tenant compte non seulement de l'échelonnement des puits, mais des mirages vers lesquels il a si souvent marché*[30]. »

On pourrait tenir pour caractéristique du procès de l'écrivain ou plutôt du progrès de l'œuvre, que le *Balcon en forêt* ait eu pendant quelque temps pour pôle magnétique une nuit de Noël, la messe de minuit aux Falizes.

Allan, le poète tragique de l'événement, est aussi un lecteur attentif. Il cherche dans le livre

> « *ce mot central, focal qui m'échappe toujours et que pourtant me désignent, courant à travers la trame du*

style, certaines orbes grandioses... Peut-être, s'il le trouvait, de nouvelles aimantations bouleverseraient-elles les constellations incertaines de ces caractères d'imprimerie tombés en pluie sur ces pages selon en définitive une série de hasards dont la contingence absolue ne peut d'aucune manière nous échapper... peut-être l'achèvement de l'œuvre, comme dans Le Portrait ovale, *entraînerait-il, qui sait, mort d'homme*[31]. »

Secret d'une œuvre poursuivi dans l'écriture, secret d'une vie poursuivi jusqu'à sa résolution, la mort. Allan sent que s'exerce dans l'art d'écrire la passion que mettent à vivre ceux qui tentent de faire de leur vie une œuvre.

« *Le romancier s'ébroue dans l'espèce de terre promise qu'il se croit vocation de conquérir*[32]. »

Tentative sur l'absolu, élan créateur. A perte de vue, dirait Breton. On ne peut figurer ce mouvement par l'image très proustienne du cercle. Proust et ses émules parlent de retour, de retrouvailles, Gracq de départ, d'élan, d'événement, de trouvaille. De là vient sans doute que J. Gracq, d'ordinaire si décidé dans ses engouements ou ses refus, hésite quand il s'agit de Proust. Il l'admire mais ne peut dire qu'il l'aime ; il le range parmi les écrivains myopes mais admet qu'on ne saurait l'égaler dans la description d'un « paysage de neige ». A l'incubation, ce phénomène naturel, dont il faisait implicitement l'image de la création, il oppose pour figurer la démarche proustienne un procédé : celui de la dessiccation.

« *L'émerveillement que Proust me cause me fait songer à ces sachets de potages déshydratés où se recompose dans l'assiette, retrouvant même sa frisure soudain, un merveilleux brin de persil. J'admire. Mais je ne sais si j'aime ça. L'aspect et même le mouvement récupéré de la vie ne laissent jamais oublier la dessiccation préalable*[33]. »

Les « signes inconnus » que Proust demande à l'écrivain de porter à la lumière et de traduire, pourquoi seraient-ils tous inscrits dans « le livre intérieur » ? L'attention proustienne, explorant les abîmes du conscient et de l'inconscient « comme un plongeur qui sonde », s'interdit les avenues du songe et de l'aventure. Il est vrai que cette « lecture du livre intérieur consiste en un acte de création », vrai aussi que le *Temps Retrouvé* est en soi-même une aventure et que l'écriture y est définie comme évasion, on se souvient des aéroplanes qui annoncent ou symbolisent la découverte du narrateur ou de Bergotte. Rien en revanche n'est plus étranger aux préoccupations de Gracq que les complaisances de ces hommes penchés sur eux-mêmes et qui, par crainte que le souvenir ne leur échappe de leur moindre extrasystole, l'enregistrent dans leur journal. Redoutant de laisser échapper quelque chose précieuse, ils se condamnent à ne jamais rien trouver.

> « *L'écrivain ne m'intéresse que par la puissance de rétention du filtre. Qui réagit à l'excitation m'ennuie*[34]. »

Seule sauve l'œuvre romanesque de la vanité son aptitude à ouvrir le monde à la vérité des songes, à faire fleurir en aventures ce qu'on appelle la réalité.

> « *Quand il n'est pas songe et, comme tel, parfaitement établi dans sa vérité, le roman est mensonge... et d'autant plus mensonge qu'il cherche à se donner pour image authentique de ce qui est*[35]. »

SERGE GAUBERT.

NOTES

1. B.F., p. 144.
2. B.T., p. 157.
3. P., p. 226.
4. B.F., p. 225.
5. B.T., p. 102.
6. B.T., p. 14.
7. B.F., p. 110.

8. C.A., p. 16.
9. P., p. 62.
10. Let., p. 32.
11. R.S., p. 20.
12. C.A., p. 15.
13. B.F., p. 209.
14. R.S., p. 176.
15. R.S., p. 207.
16. R.S., p. 339.
17. B.F., p. 171.
18. R.S., p. 194.
19. Breton : *Second Manifeste*, Idées, N.R.F., p. 24.
20. B.T., p. 4.
21. R.S., p. 218.
22. B.T., p. 5.
23. B.T., p. 174.
24. A.B., p. 134.
25. Breton : *Le Surréalisme et la peinture*, Gallimard, 1965, p. 257.
26. P., p. 233.
27. Let., p. 105.
28. C.A., p. 121.
29. Let., p. 35.
30. Let., p. 27.
31. B.T., p. 63.
32. Let., p. 79.
33. Let., p. 39.
34. Let., p. 105.
35. Let., p. 80.

JULIEN GRACQ
ET LE FIL DES IMAGES

Hubert Juin

Avec Julien Gracq, au moins sommes-nous dans le vif du sujet sans autrement attendre, ni nous embarrasser d'approches douteuses, l'auteur de *Préférences* ayant marqué, avec une belle autorité, les bornes de l'intérêt : *La relation de l'écrivain au lecteur est une relation singulière, et elle est une relation immédiate,* — si bien que défense est faite à qui n'éprouve pas *immédiatement* l'autorité des ouvrages de Gracq de s'en occuper, de s'en distraire (et de les distraire d'eux-mêmes). Nous sommes avec eux dans un rapport d'attraction passionnée : c'est un schéma digne de Charles Fourier et que Julien Gracq appliquait, dans son *André Breton*, à l'examen du groupe surréaliste. Le refus de la littérature de divertissement, en effet, est ici d'une puissance indéfiniment maintenue, et cela dans le cœur d'une œuvre dont le rapport « historien » avec le monde est des plus faibles qui se puissent voir : les héros ne sont d'aucun temps ; les lieux échappent à la géographie de ce que les princes nomment l'aménagement du territoire (Julien Gracq est parmi les moins « hexagonaux » de nos écrivains) ; l'Histoire perd son fil, devenant une attente anxieuse d'autre chose qu'elle, d'un événement qui la vienne compromettre, d'une statue insolente qui la nie. Ce serait cependant faire erreur que mélanger à l'Histoire la vie, et faire de l'une et de l'autre une même passée de lumière à elle seule capable de tout expliquer de ce qui revient à celle-ci qui est abstraite, et à celle-là qui est concrètement aventureuse. J'entends que Julien Gracq, lorsqu'il s'est penché sur André Breton a bien vu que la fascination venait de la présence beaucoup plus que du témoignage, — ce qui signifiait aussi bien que la relation de Gracq au surréalisme se cimentait davantage sur le plan du « groupe » que sur le terrain théorique (il maintenait Paul Claudel, ce qui était insolite ; il critiquait l'automatisme, ce qui le faisait étranger à l'orthodoxie). Lorsqu'il écrit : *C'est par ses admirateurs surtout que le symbolisme a été grand. Il a mis presque tout son génie à choisir ses patronages*, il faut examiner avec attention son propos, et sur plusieurs plans : d'abord, sur celui du symbolisme, dont Julien Gracq est un héritier indirect, je veux dire qu'il reprend volontiers à charge ce fameux patronage, situant Edgar Poe, Richard Wagner, il y en a d'autres, dans son propre ciel, mais, lui, avec cette médiation qu'il récuse volontiers, ne cachant pas certains traits d'humeur, dans *Lettrines*, face à Mallarmé, auquel, semble-t-il, il préfère Paul Valéry et son ironie pataphysicienne, refuse, et peut refuser, l'écrasement qu'aux symbolistes il reprochait, l'agenouillement (si l'on veut). Encore me semblerait-il indiqué que quelque chercheur, un jour, mette en lumière le lien très secret il est vrai, mais existant, qui réunit à Villiers de l'Isle-Adam la rêverie du *Château d'Argol*. Et je ne pense pas que le rôle d'agent de liaison puisse être Hegel, ce qui vient à l'esprit un peu trop aisément : l'entrain qui portait (dans les premiers livres au moins) Gracq vers Hegel me semble soutenu très vivement par la traduction en langue française due à Véra de *La Philosophie de la Nature*, ouvrage-météore, beaucoup plus que par la fréquentation d'*Axël* ou d'*Isis*. Villiers, c'est autre chose : autre chose que la lecture partielle et finalement tronquée d'Hegel, beaucoup plus que le voyage aux sources wagnériennes avec Judith Gautier, beaucoup plus que les « divagations » pseudo-scientifiques de Tribulat Bonhommet. Il y a là l'écriture limpide et lointaine, brûlante et dédaigneuse, lente mais sans détours ; puis aussi le sens exact de l'image, sa non-gratuité, sorte de métaphore *éprouvée*, comme les pages dernières des *Mémoires d'outre-tombe*. Cela se retrouve des *Contes cruels* au *Rivage des Syrtes*, avec — en guise de rideau de velours — l'hommage par Gracq rendu au connétable du tournebride de la rue Rousselet : Barbey d'Aurevilly, ce qui est un signe...

D'autre part, Julien Gracq, qui est né en 1910, est de la seconde vague des surréalistes : par cela même, le patronage est indirect, compte tenu que les querelles politiques sont passées, mais aussi les excommunications majeures : c'est ce qui permet à Gracq d'introduire dans la « société » surréaliste le roman, — mais aussi, me semble-t-il, d'occuper un lieu particulier, si l'on songe que Breton disait ne reconnaître dans l'avant-siècle qu'un seul romancier, et qui est Péladan. Il est vrai que le bon ton, qui a toujours tort, veut aujourd'hui que l'on tourne à plaisanterie l'œuvre romanesque du fameux Sâr. C'est injuste. Et à lire, sans lorgnon de commande, *Le Vice suprême* (j'en possède, sans être bibliophile, un exemplaire dédicacé par Péladan, *en souvenir de l'époque d'aurevillyienne*, à Judith Gautier : nous sommes en pays de connaissance), ou bien *Pereat !*, ou bien encore le splendide *Isthar*, l'idée vient que cet auteur décrié vaut mieux que le dédain où le plongent les commentateurs de la hâte. Julien Gracq l'a dit : *Notre idée de l'immortalité, ce n'est guère que la permission pour quelques-uns de continuer à vieillir un peu une fois morts.* L'essentiel est de bien voir, de bien lire — mais il faudrait admettre dès lors que la bibliothèque soit bien faite, et suffisamment désordonnée pour permettre au vrai de paraître, et à l'humeur, — pour restituer Péladan romancier à cette littérature hiératique (d'attitude) dans le cours de laquelle, à son heure, s'est inscrit Julien Gracq : en témoignent *Au Château d'Argol* et *Un beau ténébreux*, explicitement certes, mais encore, me semble-t-il, ne peut-on sans injustice rejeter hors de ce dessin le Simon de *La Presqu'île*, non plus que le visiteur du *Roi Cophetua* ! Dans les écrits récents, la cambrure des personnages est moins soulignée : Albert et

Herminien, comme s'ils sortaient d'un édifice construit par Villiers ou par Péladan pour pénétrer dans la Bretagne de Gracq, emportent avec eux une bibliothèque énigmatique pour une grande partie mais d'où émergent les têtes « penseuses » de l'idéalisme romantique, on songe à la bibliothèque d'Axël ! Et si, d'autre part, retour est fait à Péladan, une autre entreprise s'ébauche : le tissu romanesque, dans son ensemble, est tendu vers l'*événement* qui doit, c'est la marque du destin (ce goût de démesure, qui est chez Balzac, et cette psychologie moins sommaire qu'il n'y paraît à première vue : l'appel du malheur), surgir et bouleverser. Le propos romanesque devient un piège. D'évidence, il existe entre les braconniers une fraternité pudique : lisez ce que Gracq écrit de Barbey d'Aurevilly, c'est à la louange des traqués de la nuit ! Parce que, chez Barbey d'Aurevilly, c'est la même chose : voyez *L'Ensorcelée* ! Que se passe-t-il, dans ce roman ? Une suite de désastres, c'est indéniable, mais à bien voir le trajet de l'auteur, ces désastres comptent peu en regard d'une certaine incertitude soudaine qui touche le réel et en compromet l'ordonnance officielle. Gracq aime beaucoup le mot « aimanté » : disons que des livres de cette sorte sont des ouvrages « aimantés », ils sont hors du bruit et de la fureur qui les animent par larges secousses, ainsi la mort de Heide, les suicides. Ils semblent prendre le large, avec impudence, et ne tenir à rien d'anecdotique : cela est dans le même temps faux et vrai. L'image motrice — de plus en plus — qui se dégage de la lecture continue (dans un seul temps de lire) des romans et récits de Gracq, c'est celle d'une guerre d'attente : *Le Rivage des Syrtes*, sous cet angle, et *Un balcon en forêt*, sont l'un et l'autre reflets, mais reflets sous des angles différents, d'une même situation présentée au miroir, dans ce temps de saison morte de 39-40. Et d'ailleurs, cette saison qui est d'une épée dessus la tête tenue par un Damoclès renversé, vu dans un miroir, n'est-elle pas, par vocation, par « destination », celle de cette disponibilité que l'on voit dans Albert louant sur un coup de tête, et comme obligé, le château d'Argol ; mais que l'on découvre aussi dans la réunion de personnages d'*Un beau ténébreux* ; sans oublier, bien sûr, le périple à la fois gratuit et imposé de Simon dans *La Presqu'île* ?

Gracq haussait les épaules aux propos d'Aragon disant qu'avoir vu la débâcle puis Dunkerque rendait différentes les « choses », et l'on comprend, certes, pourquoi ce refus, — mais encore faut-il voir que si notre auteur n'avait pris de ses coudes appui sur l'incertain balcon d'une forêt égarée dans le temps suspendu de la guerre, il aurait perdu ce curieux regard, de guetteur et de guetté, dont l'ambiguïté, chez lui, partout se retrouve. Le « délié » de la situation romanesque, chez Gracq, cette suspension de l'acte, ce temps en pointillé, un peu comme l'écart à tous points de vue fascinant de l'éclair et du tonnerre, je dis que l'auteur en a eu la révélation dans le cantonnement des Ardennes où la vie, entre menace et coups, battait étrangement au ralenti. Il n'est pas inutile, sur ce plan, de remarquer que la conversion de Barbey d'Aurevilly, dont on parle, n'est pas tant le signe d'une option religieuse (il s'en faut, si l'on s'en réfère aux dates) que celui d'une découverte foudroyante de l'univers normand qui fut celui, vécu sans attention, de l'enfance. Je gage qu'il serait, au chercheur attentif, loisible de découvrir chez Péladan une *surprise* du même genre. Mais aussi : il va de soi que pas plus cette attente dans la guerre suspendue que le lancement du paquebot *Ile-de-France* ne suffisent à rendre compte de l'œuvre dans son entier. Ce serait oublier le singulier climat automnal qui ne se peut distinguer du discours gracquien, à tel point même qu'il ne serait nullement outré de prétendre qu'il le révèle. A propos du livre *La Côte Sauvage*, de Jean René Huguenin, Julien Gracq remarque : *Il y a dans la littérature française comme un moule secret (le* Dominique *de Fromentin en est sorti) où semblent prendre forme, à des intervalles éloignés, des œuvres courtes en général, de lignes simples, de tonalité unie — de valeur très inégale, mais qui toutes conjuguent la transparence tranquille de septembre à la morsure d'un gel caché qui rompt les fibres, comme si on y entendait vibrer en même temps la sonorité du cristal intact et celle de la fêlure.* Ailleurs, Gracq précise que son automne à lui n'est pas celui des feuilles mortes, et l'on comprendra que ce qui le requiert est tout dans cette façon que la lumière a, soudainement, de frapper de biais, et de révéler l'objet en valorisant son ombre. C'est la lueur du Nord, frisante, laiteuse, matérielle à ne pas croire, semblable aux spectres qui affectaient les instruments de mesure de l'Institut de Parapsychologie. Cette épaisseur de la lumière, on en trouvera confirmation par le truchement de l'emploi chez Gracq d'un mot privilégié : *passée.* Il parlera, en chasseur, de la *passée* des bêtes, mais, dès *Au Château d'Argol*, nous verrons les « passées » de l'orage, et les « passées » de la pluie. Ce mot singulier, qui *passe* étrangement dans la traverse des œuvres de Julien Gracq, est révélateur (comme on dit dans l'art photographique), — ainsi, lisant *La Route*, comment n'être pas alerté par cette phrase, que le mot clef rehausse étrangement : *Les signes d'activité ancienne qui jalonnaient encore la route — parcelles encloses, bergeries, moulins, villages abandonnés — toutes ces éraflures encore luisantes de la trace humaine où nous nous repérions, tout cela semblait à la race singulière dont nous recoupions ici et là les passées devenu aussi suspect qu'à une bête des bois les brisées ou les fientes d'une bête d'une autre espèce* ? Il faut poursuivre, — comme à la trace chasseur et gibier. La « passée », chez Gracq, est une notion ensemble active et passive : qui modifie, et qui témoigne ; qui est, c'est l'orage, la pluie, — ou qui fut, c'est l'homme, la bête, ce prodigieux rien qui dit tout à qui sait voir et entendre. Dans *Le Roi Cophetua*, un autre exemple : *Derrière la passée de lumière qui glissait le long des murs, il me semblait qu'un gel figé reprenait possession de la maison...* Ce déplacement du sens, cette « alerte » donnée (j'y reviens), voilà ce que l'on trouve avec fréquence dans les pages écrites par Julien Gracq. Et, justement, à propos de cette « passée de lumière » que penser, dans ce même récit du *Roi Cophetua*, de l'évidente métamorphose, à tous sens, du mot « embellie » ? Il en va du même processus : un déhanchement parfois panique, mais pas toujours, et qui souligne (comme si, brusquement, le texte que le lecteur a sous les yeux non seulement s'immobilisait, mais encore, dans cette immobilité soudaine, vacillait) l'ambiguïté : *il me semblait que l'embellie de la forêt s'était figée autour de cette lueur qui charmait bizarrement la nuit*, phrase où tout le propos (le trajet) à la fois se dessine et se fige, parce que y paraît l'« embellie » justement dont la chevelure noire et le corps blanc tantôt vont se recomposer « autour » de cette lueur exactement automnale qui est celle de la bougie...

C'est l'occasion, il me semble, de prêter attention à l'usage que Julien Gracq fait des termes ou vocables imprimés en caractères italiques. D'abord, il convient de remarquer à quel point le discours gracquien refuse de déborder de son parcours, mais, au contraire, s'y tient, et, mieux, s'y colle : rares sont les auteurs modernes (ou, voire : anciens) qui, autant que celui-ci, se montrent rétifs à l'aphorisme, à la citation, à la phrase « dégagée ». Que l'on prenne les textes dits « critiques » de Julien Gracq, et l'on verra jusqu'à quel point s'impose l'articulation entre l'auteur et son sujet (objet), et de telle sorte qu'il faut prendre pour vue subjective et neuve l'ensemble du propos, alors qu'aucun point de détail n'attire l'œil. L'écriture (au sens de l'usage d'une langue) n'admet ici nulle contestation : elle est rigoureuse, joue des nuances, utilise les passe-droits les moins éprouvés peut-être mais les plus légaux, — mais la contestation, et c'est cela qui est remarquable, vient de l'ensemble, de cette « aura », de ce « nymbe » (cher Péladan !) qui conforte l'ensemble et fait du tout signification. La rectitude du langage ne débouche d'évidence pas dans le réalisme romanesque, lequel, quoi qu'on prétende, est non seulement étranger mais encore hostile à l'hiératisme dont j'ai, plus haut, parlé : *Quand il n'est pas songe, et, comme tel, parfaitement établi dans sa vérité, le roman est mensonge, quoi qu'on fasse, ne serait-ce que par omission, et d'autant plus mensonge qu'il cherche à se donner pour image authentique de ce qui est.* Il me semble, dès lors, que le roman ne peut se comprendre qu'en tant qu'il est « rêverie », ce qui nous ramène (j'allais écrire : nous rameute) à Charles Nodier, lequel fit du « conte » l'activité la plus gorieuse et la plus désespérée de l'homme. Notre auteur disait à tel micro de la radio, parlant de la « rêverie » dont on l'accusait (ou presque) d'être un adepte : *un état de tension accrue, le sentiment d'une* circulation *brusquement stimulée des formes et des idées, qui* jouent *mieux, qui s'accrochent plus heureusement les unes aux autres, facilitent le jeu des correspondances.* Ici, l'attention doit se fixer, car Julien Gracq ajoute quelque chose de fondamental, ceci : *Si j'aime bien l'expression de Hugo « la pente de la rêverie », c'est qu'elle met l'accent sur* l'accélération *qui me paraît être son élément essentiel, et qui s'achève sur l'impression que « la tête tourne », c'est-à-dire que le moment est venu de commencer à* fixer. *Remarquez d'ailleurs que le peu d'expériences qu'on a pu faire sur le rêve proprement dit souligne toujours l'extraordinaire rapidité du film mental à de pareils moments : on sait qu'un rêve de réveil, compliqué et riche à souhait, peut se dérouler, en fait, en une fraction de seconde...* Il me semble que la lecture des ouvrages de Julien Gracq, plus ou moins, étrangement, ressemble à ce schéma, ou s'en approche : par une pente hiératiquement signifiée, depuis l'ameublement du château d'Argol jusqu'à l'approche de l'hôtel des Vagues dans *Un beau ténébreux,* sans omettre les rêveuses marches des bois des Ardennes qui se dénudent dans *Un balcon en forêt,* il se produit brusquement, passé le seuil, un « précipité » de l'histoire, du conte, du récit, — comme si, très exactement, le maître de cérémonie se dispensait de l'ordonnance convenue, et usait à sa guise d'une *pente de la rêverie* telle que nous y succombions comme, un peu, sur les hauts sommets, à la raréfaction de l'air : *On se préoccupe toujours trop dans le roman de la cohérence, des transitions. La fonction de l'esprit est entre autres d'enfanter à l'infini des passages plausibles d'une forme à une autre. C'est un* liant *inépuisable.*

Dès lors cependant que « la tête tourne », la lenteur intervient : à la raréfaction de l'air correspond la raréfaction des gestes, mais le signe est le même toujours, c'est celui des hauts sommets. Je songe, ici, à des écrivains qui furent partie prenante de l'épopée du surréalisme belge, et précisément à Marcel Lecomte dont *La Servante au miroir* demeurera le modèle de l'entreprise. Diverses toiles de René Magritte dévoilaient ce même vertige, dont l'ampleur tient à l'instable immobilité. Ces gens-là, et Julien Gracq lui-même, dans une certaine mesure, furent fascinés par le soudain équilibre qui se fait au centre du périlleux. Il y a, dans le cinématographe, un procédé semblable, qui consiste à figer un temps l'image, à couper (si l'on veut) le fil, dans le flot même qui l'emporte. C'est alors que paraît, dans le texte de Julien Gracq, l'usage du caractère italique : les mots soulignés ne le sont pas pour leur préciosité, ni pour telle valeur de citation qu'ils auraient, ou pour un usage dévoyé qui en serait fait. C'est au contraire : il s'agit maintes fois de locutions communes, de termes patinés par l'usage courant, de lieux communs (parfois). Nous devons, pour comprendre le sens de cette manie graphique, revenir à cette notion privilégiée, qui est celle de l'« aimant » : ce sont des mots qui, d'être autrement écrits, fixent l'attention, figent en quelque manière l'immédiat de cette relation nécessaire et naturelle qui fait, entre lecteur et auteur, jonction. Cet aimant, c'est aussi bien le signal d'alarme : par les caractères italiques l'esprit s'éveille ; on dirait d'une corne au coin d'un bois qui rameute les chiens pour les lancer aussitôt sur la passée des daims ou des sangliers. De la même façon, cette machine de guerre qu'est le roman, genre faux par excellence, se doit, du moins dans la conception gracquienne, de déboucher sur la route sans issue, cette route qui est à la fois dans *Au château d'Argol*, préfiguration peut-être de l'œuvre dans son ensemble ; et qui, on n'en peut douter, est le thème de *La Route* justement : *à la manière de ces fragments de chaussée romaine qui commencent et finissent sans qu'on sache pourquoi au milieu d'un champ, comme une règle qu'on laisserait tomber sur un échiquier...* Donc, ces mots élus, isolés, qui sont des bornes, figurent une aimantation, et, semble-t-il, obéissent aux signes de cette capricieuse excitation électrique capable de faire vibrer d'aigrettes les tempes du lecteur, oui ! mais aussi d'assembler, comme en prévision d'orages une provision d'éclairs, les puissances du récit en vue de l'événement ravageur (dans les premiers récits) ou rongeur (dans les derniers). Ce qui est dit, dans *Au Château d'Argol*, de Heide et d'Albert : *ils ne pourront libérer leurs cœurs de la pesanteur alarmante de* l'événement (ce dernier terme étant écrit dans une graphie différente fait sentir justement cette pesanteur promise dont il est chargé) — vaut pour tout lecteur, pour chacun d'entre nous. Il y faut simplement répondre par cela que l'auteur exige : une attention aimantée !

A d'autres occasions, les mots imprimés en caractères italiques prennent à charge l'ambiguïté. Ils deviennent des plaques tournantes, lieux « où tourne la tête », ainsi, dans *Au Château d'Argol*, ce passage explicite : *Et peut-être seul le mot* rendez-vous, *avec le double sens qu'il implique — par un jeu dont on peut saisir ici la profonde cruauté — de machination exacte et combinée et en même temps d'entière abdication de tous les réflexes proprement* défensifs, *pourrait traduire l'impression éperdue que communique à l'instant aux spectateurs de cette scène la perverse inutilité de ce grandiose décor...* En d'autres endroits, la clef n'est pas livrée : souligné, le mot d'élection fige le temps, impose à la course de l'esprit l'hésitation inquiète qui est semblable à la chute du heaume géant dans la cour du château d'Otrante. J'aimerais que l'on fasse ainsi distinction entre les mots *soulignés* par Julien Gracq, selon qu'ils mettent tantôt le temps en pointillé ; ou bien qu'ils donnent — par un arrêt imperceptible, un accroc dans le tissu de l'écriture — promesse de l'événement futur, étant alors accordés aux lézardes dans les murs de la maison Usher, ou mieux encore : le premier des trois coups qui préludent au lever de rideau sur la tragédie de *Bajazet*. Ma requête est normale : quiconque lit véritablement les ouvrages de Julien Gracq sera sensible à la « prononciation » des mots en caractères italiques : ce sont des mots « articulés », posés soudain sur le fil des vocables par une voix froide et nette, voix de statue peut-être mais douée, cette statue, d'un *regard médusant*, et mots de gel aussi bien qui font craquer et se fendre les fibres du discours. A prendre ces mots « italiques » au mot, quel lecteur ne perçoit qu'ils ont finalement pour charge d'annoncer *la venue déroutante de* l'objet *atroce et ineffable*. Ils délimitent les perspectives de ce théâtre sur la sonorité duquel le roman peut se jouer.

Je n'en ai pas fini avec cette idée de l'« aimant ». Il me semble, en effet, que le soin que Julien Gracq met à se maintenir dans le mi-temps de la vie, et de plus en plus, au fil de l'œuvre, est souci d'un *écouteur* : à ce titre, et c'est perceptible, en vibrations constantes, dans la totalité du *Rivage des Syrtes*, l'auteur, lui, perçoit et transmet les intersignes. Je ne veux pas, ici, faire recours à cette Bretagne qui lui tient au cœur, ni non plus à l'admirable Anatole Le Braz, qui fit catalogue de ces « vibrations » légendaires en pays d'Armor ! Dans le même temps, et de la même manière, analogiquement, Julien Gracq est un *éveilleur*, ainsi que l'on peut logiquement dire qu'éveille l'ange noir. Bref, notre poète est l'*animateur* de ce qui du passé au futur (ainsi que l'aimant) *polarise*.

En fait, l'écriture de Julien Gracq, mais il serait souhaitable d'en suivre l'entier parcours dans la série des textes de *Liberté Grande*, s'ordonne autour de quelques « embellies » qui permettent à la lumière (diurne/nocturne) de s'annoncer. Une lecture, fût-elle rapide, de ces *morceaux* qui tissent *Liberté Grande*, ne peut pas ne point « révéler » quelques-uns des points de référence les plus immédiats, — et dès lors ce ne sont plus les mots écrits en caractères italiques qui jouent aux aimants, mais ces images valorisées : il y aurait ainsi deux cheminements possibles de la lecture, deux routes à la fois parallèles et croisées... Ceci paraît confirmé par l'image-mot, et à diverses reprises. Simple exemple, mais privilégié : le « balcon ». On vérifie que ce mot-image, avant de devenir le titre que l'on sait, *Un balcon en forêt*, revient avec constance heurter à la vitre, dans *L'Explorateur* :

> *... au songe odorant et au vide sous le soleil de ce village accoudé à la forêt comme un après-midi d'été au balcon de sa nuit sauvage...*

mais aussi dans *L'Appareillage ambigu* :

> *... les balustrades géantes où s'accoudaient pour l'adieu-vat les figurants majestueux...*

si bien que le titre, enfin, *Un balcon en forêt*, lorsqu'il se précise, véhicule avec lui ces souvenances langagières qui sont inscrites dans les textes antérieurs. Encore faut-il remarquer que chaque image privilégiée, « nommée », peut, aussi bien qu'une autre, servir à la nébuleuse de noyau. Cette position, par exemple, d'être accoudé, regardant, à la balustrade, implique une exploration du silence, cela va de soi, et cette seconde construction, sans aucunement compromettre la première mais venant à son appui, devient un plan nouveau de la lecture. Dans *Les Jardins suspendus* :

> ... *un silence plus prenant que celui d'une émeute avant le premier coup de feu...*

dans, ailleurs, *Les Hautes Terres du Sertalejo* :

> ... *un silence de haute lande, de planète dévastée,* etc.

ou bien, dans *Pleine eau*, cette métaphore ressentie :

> ... *le silence, profond comme un grenier à blé abandonné, gorgé de chaleur et de poussière...*

Être « au balcon », c'est faire halte, — comme dans le flux des paroles, l'arrêt du silence. Ceci est clairement signifié dans *Paris à l'aube*, lorsque l'auteur (alerté) remarque :

> ... *Il y a dans toute trajectoire un passage à vide qui retient le cœur de battre et écartèle le temps...* une perte de vitesse *où la ville qu'on habite... se change en fantôme rien qu'à laisser sentir un peu son immense corps...*

C'est également que l'idée même de « balcon » fait référence à une construction, que celle-ci soit naturelle et fugace (échafaudée de *passées*) ou bien urbaine, tantôt *Villes hanséatiques* :

> *... les places triangulaires sous le soleil cruel avec leurs senteurs puissantes d'immondices...*

tantôt *Venise* :

> *... au-dessus de moi claquait au vent, solennel comme un portant de théâtre, le volet d'une haute fenêtre...*

tantôt — dans *Gang*, par exemple — cités anonymes :

> *... ce quartier tournant projetant par saccades vers les routes de banlieue le flot de ses voitures comme le barillet d'un revolver...*

C'est par ce biais, n'en doutons pas, que les mots-images jouent le même rôle, au sein d'une composition multiple, que les mots italiques souvent : ce sont des plaques tournantes qui engagent la rêverie dans des croisées de chemins où l'hésitation impose une *perte de vitesse* extrêmement favorable aux « intersignes ». L'œuvre de Julien Gracq est entièrement dévouée à un fantastique latent, menaçant, — un événement « frôleur » que l'attente et la lenteur angoissée qui lui est propre ne démasquent pas, mais suscitent.

Au fond, il s'agit d'une lecture active au fil de laquelle le lecteur achoppe contre *ces* drôles d'idées *qui naissent parfois aux choses et laissent soudain interdite la pire fantaisie.* A cet égard, apparaît illusoire la tentative assez constamment soutenue de faire partage dans l'opus gracquien de ce qui relève du fantastique (et qui devrait, dit-on, se placer tout sous l'*avis au lecteur* au début de *Au Château d'Argol*, où il est dit : *Le répertoire toujours prenant des châteaux branlants, des sons, des lumières, des spectres dans la nuit et des rêves, nous enchantant surtout par sa complète familiarité, et donnant au sentiment du malaise sa virulence indispensable en prévenant d'avance que l'on* va *trembler, n'a pas semblé pouvoir être laissé de côté sans que fût commise une faute de goût des plus grossières)* et du quotidien : l'erreur vient justement d'ignorer combien la partie avouée comme fantastique hante la partie proclamée limpide, et combien aussi cette part du fantastique explicite n'est que l'ombre / la lumière portée de ce qu'il y a, dans le lisse, par exemple, du voyage de Simon dans *La Presqu'île*, de « fantastique » véritable. La nature, ici et là, présente le même arsenal d'hiéroglyphes. Les correspondances, ici et là, jouent avec la même constance. Dans *Gomorrhe*, vous lisez :

> *... le plus beau, c'était cette soirée d'été qui tenait les champs éveillés si tard, surnaturellement...*

L'écriture de Julien Gracq est à la fois magnifique (munificente) et glacée (retenue). Elle exige une attention soutenue au maximum — et jusqu'au point de rupture — mais dans le même temps elle libère cette attention, libère plus exactement l'esprit, l'*animus* comme disait Paul Claudel... si bien que l'attention (j'y reviens) du lecteur bientôt s'égare dans la rêverie. Par ce singulier suspens, le lecteur bascule, l'*accélération* se fait au fil de cette *pente de la rêverie*, — et l'intersigne, faisant intrusion dans le réel, s'avoue, se précise, se vit (analogiquement, cela va sans dire).

HUBERT JUIN.

GRACQ LECTEUR
DE BARBEY D'AUREVILLY

Philippe Berthier

pour Alain Rouveret

Lire Gracq lisant *Les Diaboliques*, c'est moins s'interroger sur la parenté ou la différence de deux écritures, que poser le problème de la définition même d'un écrit qui ne serait qu'écrit, chimiquement réduit à sa pure essence « graphématique », ayant évacué toute scorie de parole, pour n'être plus que silence et solitude au cœur d'un exercice impossible à partager. Michel Butor faisait remarquer, dans *Les Mots dans la peinture*, qu'en face d'un tableau, notre vision n'est jamais simple vision, mais se trouve véhiculer un considérable apport verbal, dû à l'étiquette, au titre, à la signature, aux phylactères, à des insertions calculées de légendes ou de phrases qui agissent sur le contenu proprement pictural de l'œuvre et le gauchissent en le contaminant d'éléments allogènes. On pourrait montrer dans la littérature de semblables empiètements d'un domaine sur l'autre ; et le cas de Barbey d'Aurevilly, réfracté à travers les brèves pages que lui consacre Gracq dans *Préférences*, peut paraître singulièrement éclairant sur ce point.

Gracq observe que la relation entretenue entre Barbey et son lecteur échappe à la règle ordinaire. D'habitude, c'est entre un homme seul écrivant et un homme seul lisant que s'instaure un dialogue muet. Mais le rapport entre l'auteur et le lecteur des *Diaboliques* est médiat : il passe par un intermédiaire, qui est l'écoute passionnée d'un salon où Barbey, dos à la cheminée et regard magnétique, raconte une histoire que le lecteur a le sentiment de surprendre indûment. Le lecteur devient ainsi complice de l'attention intense d'un groupe choisi, réuni dans un espace de jeu où la parole, investie de ses immémoriaux pouvoirs de rituel, de fascination et d'exorcisme, a tout loisir de se déployer et d'agir. Autour de Barbey, prêtre du dire, s'arrondit le cercle clos de ceux qui reçoivent la communication dans un suspens essentiellement collectif, où le groupe éprouve son privilège d'être à la fois celui par qui la parole enchaînée se libère (puisqu'il s'agit en général d'histoires confidentielles, ou intimes, ou scandaleuses, ou secrètes) et celui par qui la parole ne se libère pas (puisqu'on réserve le secret à ceux qui en sont dignes et que rien de cela ne doit sortir d'un certain monde, qui est *le* monde). C'est donc une participation à une manière de connaissance par la parole, de sacrement dont une parole initiatrice transmet la grâce ; et cette grâce, d'autant plus précieuse qu'elle est janséniste et ne s'épand pas sur tous, resserre les liens du groupe élu qui communie dans une révélation dévoilée à son être pluriel. C'est pourquoi Gracq relève chez Barbey divers procédés d'essence évidemment orale qui se glissent au sein de l'écrit pour l'animer de gestes, de clins d'yeux, de mimiques, et camper devant le lecteur une silhouette vraiment *parlante*. Inutile d'ajouter que la biographie confirme ce que révèle le style : Barbey, exécutant incomparable de « sonates de conversation » et jouant à fasciner les belles par la magie d'un verbe pyrotechnique, ce n'est pas d'abord un mythe, c'est une réalité de chaque soir, par laquelle et contre laquelle l'œuvre écrite a dû s'édifier. Mais dans la présentation même de l'œuvre, cette disposition spontanée à s'adresser à un auditoire, par-dessus la tête du lecteur solitaire, ou plus exactement sans s'occuper de lui, comme s'il avait été admis en surplus et par inadvertance, s'observe aisément : quatre au moins, sur six, des *Diaboliques* sont de ces récits que Gérard Genette[1] propose d'appeler *métadiégétiques*, c'est-à-dire, d'une manière ou d'une autre, au second degré : histoires racontant des histoires, selon une structure gigogne que Balzac n'avait pas ignorée. Ce qui permet à l'auteur de creuser deux fois cet espace galvanique où jaillit la parole et qui permet au charme né d'elle de lui revenir, grâce à la présence d'un double public faisant office de caisse de résonance, pour des effets curieusement stéréophoniques. Nul doute que Barbey ne s'entende écrire ; mais moins à la manière d'un Flaubert quêtant, grâce à l'épreuve du gueuloir, l'adéquation absolue de la forme à son contenu — ce qui signe une démarche typique d'*écrivain* — qu'à la manière d'on ne sait quel rhapsode se résignant à transposer sur le registre écrit quelque chose qui d'abord avait été pensé pour une déclamation dramatique — ce qui signe une démarche typique de *diseur*.

On sent alors tout ce qui sépare Gracq d'une pareille attitude. Loin qu'il faille devant lui, comme il dit qu'il le faut devant Barbey, mobiliser l'oreille qui écoute, l'œil qui suit l'effet produit sur les auditeurs, et même la mémoire, qui, au-delà de celui qui parle, commente et prolonge ce qu'il dit de tout ce qu'elle peut savoir sur lui (sa légende), le lecteur placé devant Gracq se trouve démuni de ces diverses *prises* qui lui sont volontairement refusées. La présence de Gracq refuse le secours de ces artifices extra-littéraires. D'ailleurs, que savons-nous de lui ? Il a tout fait pour dissoudre ses contours et n'existe que par son écriture. Impossible de faire écho à son style tout court par son style de vie, aux fables qu'il écrit par la fable qu'il serait. C'est dans l'écriture, et l'*écriture écrite* seule qu'il se place, ne concédant au lecteur que l'inévitable et inconsciente récitation intérieure qui accompagne le mouvement des yeux ; l'intimité qu'il cherche à créer, ce n'est pas comme chez Barbey le frisson presque physique de se sentir, grâce à la parole, appartenir à une communauté définie par la dévalorisation de tout ce qui n'est pas elle : c'est l'intimité qui rayonne d'une écriture qui ne cherche à renvoyer qu'à elle-même. D'*une* écriture pourtant, et non de l'écriture. Et c'est là tout le mystère. Car à la diction trop péremptoire d'un Barbey exagérément préoccupé des réactions de son public imaginaire, et toujours lorgnant plus ou moins vers lui en savourant sa propre maîtrise à le faire marcher, il ne s'agit pas d'opposer un « style zéro » d'une neutralité d'eau pure, un *ça écrit* incolore, pour échapper au péril d'un *je parle* envahissant. C'est bien Gracq qui, dès la première phrase, écrit ; mais sans doute est-ce à lui d'abord qu'il écrit, dans l'autarcie d'un exercice qui n'a besoin d'exister que pour soi. Écriture reconnaissable et même inconfondable, non pas absente ou désincarnée, mais s'enfermant et se dilatant en elle-même sans souci d'être reçue, et n'espérant de répercussion que de sa propre attention à elle-même ; écriture qui crée dans le mouvement de sa propre genèse la distance et l'écoute et qui, s'il faut absolument la comparer à un langage, ne cherche pas comme la parole homérique à replier ses ailes pour se poser, mais s'élève avec l'inutilité d'une voix qui n'a jamais attendu de réponse.

PHILIPPE BERTHIER.

NOTE

1. *Figures II*, Le Seuil, p. 202.

FASCINATION DE CHATEAUBRIAND

Béatrice Didier

L'univers de Gracq est celui de la fascination. Tel me semble être le thème central et presque uniquement de toute l'œuvre. « *Pouvoir brutal, désinvolte comme la foudre, où l'intelligence, la valeur, la beauté, le langage ne sont rien, mais seulement une électricité animale, une polarisation qui se développe subite. Tomber sous le charme. Et sans retour. On n'en parle jamais : il y a un tabou là-dessus ; mais à une simple inflexion de voix, à des yeux brusquement détournés — des années, des années plus tard les initiés au détour d'une conversation reconnaîtront soudain le passage de l'ange.* » Du *Château d'Argol* au *Beau ténébreux* on retrouverait une structure curieusement identique : annonce de la venue de l'Ange. Il arrive, longuement préparé par cette attente, et autour de lui s'organise tout le roman, les personnages, comme les paysages. Le narrateur est fasciné. Le lecteur aussi. Et probablement l'auteur. A la limite, il n'est même pas nécessaire que l'Ange arrive. La seule attente sera une fascination : en cela *La Presqu'île* est l'aboutissement nécessaire des œuvres antérieures. Mais déjà le Graal avait été pour Gracq le symbole et le signe, le sacrement de l'attente fascinée.

Gracq ne rend si admirablement ce rapport de fascination que parce qu'il y est lui-même fort sensible. Il est, en effet, un critique fasciné — ce qui est peut-être le meilleur moyen d'être un critique, la meilleure « approximation », la plus sûre approche du texte. L'étude consacrée à André Breton est axée sur cette donnée fondamentale. Un instinct infaillible pousse Gracq vers ces œuvres où il connaîtra la visite d'un dieu — « *instinct divinatoire qui me mène toujours en aveugle vers le livre le plus singulièrement assaisonné à mon humeur* », note-t-il à propos de *La Vie de Rancé*. Le monde critique de Gracq est aussi partial, cohérent que son univers romanesque : Baudelaire, Poe, Lautréamont, *Les Falaises de marbre*, Chateaubriand auquel il se réfère fréquemment et consacre une étude aiguë et profonde : *Le Grand Paon*. On notera encore *Béatrix* de Balzac, « *tragédie presque anonyme de la fascination amoureuse* » ; *Bajazet* qui offre « *l'image d'un être fasciné et modelé par un abus d'intimité avec la mort* ».

On voit bien où se situe cette cohérence entre Breton, Lautréamont, le Balzac de *Béatrix* et le Racine de *Bajazet* : ces textes se situent dans les eaux profondes d'un romantisme éternel. Il n'était pas étonnant que Gracq remontât jusqu'à l'Enchanteur dont le charme s'exerce par-delà les siècles, « Phares » des temps modernes. « *Au lointain de toutes les avenues du parc romantique, au bord du miroir d'eau, il y a ce bel oiseau qui gonfle ses plumes (...). Nous lui devons presque tout.* » Ainsi se termine l'étude parue en 1960 dans les *Cahiers du Sud* et reprise dans *Préférences*. Chateaubriand est pour Gracq un des Anges de la Visitation poétique, ou un Visiteur du soir. Il traverse l'œuvre critique tout entière. Les références aux *Mémoires*, à l'*Itinéraire* constituent la trame des *Lettrines*. Enfin les allusions à Chateaubriand forment un leitmotiv de l'œuvre romanesque. En profondeur, l'image de l'Enchanteur informe les personnages de Gracq, tandis que les harmonies et le rythme de ses paysages et de sa musique en prose retentissent d'un écho sourd et persistant.

Gracq est de ceux qui ont contribué — et très efficacement — à épurer l'image de Chateaubriand, à la délester de l'inessentiel, pour mieux faire saillir sa grandeur vraie.

*« Délesté des trois quarts de son œuvre écrite, puisqu'on ne lit plus guère ni l'*Essai, *ni le* Génie, *ni* Les Martyrs, *ni* Les Natchez, *il donne l'impression d'en être plus riche. »* Il suffit de comparer l'*Itinéraire* où Chateaubriand *« veut être objectif et savant, et il est froid : il ennuie »* — avec les *Mémoires*, pour conclure : *« Chateaubriand a compris très tard ce qu'il apportait. »* Le vrai Chateaubriand est celui de la vieillesse, si généreusement mis en lumière par une universitaire qui est d'abord un poète : Marie-Jeanne Durry. Gracq représente admirablement ce courant de la critique du XIXe siècle, peu sensible aux œuvres qui eurent le plus de retentissement sur le moment : *René, Le Génie du christianisme*, et pour qui Chateaubriand est essentiellement l'auteur de *La Vie de Rancé* et des *Mémoires d'outre-tombe*, les deux œuvres où le Temps est le personnage central : les *Mémoires* par la remontée du souvenir et par leur dimension historique ; *La Vie de Rancé* continûment visitée par l'image de la mort. Des *Confessions* de Rousseau aux *Mémoires*, *« quelque chose de fondamental dans la conscience que l'homme a de son univers a craqué. La différence entre le livre de Rousseau et celui de Chateaubriand, c'est la différence entre une vie — celle de Rousseau — qui se conçoit comme un exemple absolument intemporel (...) et une autre, celle de Chateaubriand, entièrement, dramatiquement, consciemment replongée dans le lit de l'histoire, une vie allongée de tout son long dans le fil du fleuve qui jamais ne remontera vers sa source »*. C'est parce que sur le monde de Chateaubriand règne le soleil noir de l'histoire qu'il est si moderne. C'est aussi de là qu'il tire son chant le plus grave ; l'histoire devient un *« outil privilégié de la délectation morose »*. Sous les mille regards du Paon, de l'Oiseau-prophète, le monde se trouve réduit *« à une pure transparence rêveuse, laminé entre ce qui a été et ce qui va être dans une formidable pince du néant »*. Quant au sens profond de *La Vie de Rancé*, cette biographie entreprise un peu comme un pieux pensum et qui devint de façon bouleversante une *« Confession délirante »*, Julien Gracq y a parfaitement perçu le pas de ce visiteur de la nuit : *« On croit entendre marcher à pas de loup dans ce livre, déblayé à grands coups de pelle comme le cimetière*

*d'*Hamlet, — *où les échos se font plus amples, plus cristallins, comme dans une longue enfilade de pièces vides, où l'on entend longuement craquer sous les pas les brindilles sèches dans les chemins gelés de l'hiver. Quelque chose approche : quelle surprise ! c'est la Mort ? Ce n'est que la mort.* » Gracq éprouve à la lecture de *Rancé* ce qu'éprouve Grange quand il vient mourir dans la maison de Mona, à la fin *d'Un balcon en forêt*, ce qu'éprouvent finalement tous ses héros qu'il conduit toujours, par une fatalité longuement ourdie — et qui forme parfois la seule trame du roman — jusqu'à la Rencontre suprême.

Chateaubriand, tel que le voit Gracq, est un frère d'Herminien ou d'Allan. Essentiellement « cavalier seul ». Malgré toutes ses femmes, célibataire comme le sont les héros de Gracq. Seul par goût romantique de la solitude, mais aussi par sa supériorité même qui l'isole au sein de notre littérature, « *isolément — éclatant, immédiat — dans la supériorité. Dès que Chateaubriand paraît, sur son terrain il est seul* ». C'est peut-être faire bon marché de Mme de Staël, de Benjamin Constant, de Senancour. Et pourtant, il faut bien convenir que, historiquement, le succès du *Génie du christianisme* a été unique. Et, en dehors de cette perspective chronologique, il est vrai aussi que, ni Mme de Staël, ni Constant, ni Senancour n'appartiennent absolument au même registre que Chateaubriand — ce qui n'ôte rien, bien entendu, à la valeur intrinsèque d'*Oberman* ou d'*Adolphe* —, au contraire. René a encore ceci de commun avec les héros de Gracq : tout pour lui, dans sa carrière comme dans sa vie, « *est acquis du premier coup, et pour toujours* ». Comme Allan, il possède cette étrange incandescence de l'*ailleurs* qui est celle de l'aérolithe. Comme Allan, il est de la race des voyageurs, habitant d'un « *palais déménagé* » : Combourg, ou ses diverses résidences d'émigré, — au fond ce ne sont jamais que des auberges le long de la route. Voyageur aussi, et avec quelle nuance de désenchantement funèbre, par son art qui prend sa source dans les « *thèmes du lâcher-prise : la mort, l'isolement, l'écroulement des empires, la fuite du temps, le déclin de l'amour* ».

Herminien ou Allan entrent fort en composition dans le « *Grand Paon* », mais sans que, pour autant, la balance délicate de la vérité en soit forcée et pour cette raison essentielle : sans Chateaubriand, le héros gracquien n'eût pas été exactement ce qu'il est. Une certaine qualité d'âme hautaine, une tonalité de l'ennui, une obsession du suicide qui n'est que la forme aiguë de la présence de la mort : tout cela crée, de Chateaubriand à Herminien et à Allan, une parenté qui se situe dans les profondeurs de l'être. C'est dans cette confrontation avec la mort que se révèlent la qualité propre des personnages de Gracq, leur façon très moderne, certes, et sans qu'aucune ride vienne vieillir leurs jeunes visages — d'être nos René du XXe siècle.

Par une fatalité qui est celle même du couple et de l'amour, ces héros suscitent des héroïnes qui tiennent d'Amélie, d'Atala ou de Cymodocée. Bien que dans son œuvre critique Gracq leur accorde peu d'importance, *Atala* et *Les Martyrs* semblent avoir secrètement orienté chez lui plusieurs scènes romanesques. La sépulture de Heide dans *Au Château d'Argol* rappelle les funérailles d'Atala de façon frappante, et peut-être d'ailleurs l'image plastique du tableau de Girodet intervient-elle également. « *Les funèbres préparatifs furent vite achevés. Le soleil se cacha derrière d'épaisses brumes lorsque Albert et Herminien, portant sur leurs épaules le fragile cercueil de Heide, et les mèches folles de leurs cheveux tordues dans les dernières passées de l'ouragan, s'acheminèrent lentement vers le cimetière des grèves. Leur macabre voyage — au travers d'une brume floconneuse et irréelle qui s'accrochait de toutes parts aux aspérités des landes rases, étouffant le bruit de leurs pas et le craquement monotone des planches assemblées en hâte — fut étrangement silencieux.* » Dans *Un beau ténébreux* la parenté est encore plus nette. Lors de cet admirable bal masqué qui annonce la fin du roman, Christel est déguisée en Atala, et comme pour les autres personnages, comme pour Allan et Dolorès, costumés en Amants de Montmorency, le travesti est préfiguration, se charge de tout un poids de signification. « *Christel, brunie, était une Atala fort baptisée et fort décente. Elle avait passé sa petite croix d'or à son cou.* » Vingt siècles de christianisme pèsent plus lourdement sur les belles épaules de Christel que les discours d'un missionnaire sur la jeune sauvage du Nouveau Monde. Qu'importe, la passion n'est pas loin d'affranchir Christel et de lui faire recouvrer toute la violence des forces premières. Ainsi s'annonce son rôle final : la mystérieuse visite qu'elle rend à Allan. Celui-ci se plaît à citer ironiquement ses références : « *La vierge des dernières amours. Quel rôle pour vous, n'est-ce pas, et combien héroïque !* » L'assimilation de Christel à Atala, si elle n'éclate que dans les pages ultimes, avait présidé à l'organisation du roman (tout autant et peut-être davantage que le poème de Vigny, ou le suicide de Kleist et de sa fiancée), comme il s'avère que tout le roman, toute la fascination émanée d'Allan tenaient dans le dénouement tragique, dans ce suicide de longue date voulu, attendu consciemment par Allan et Dolorès, inconsciemment par les autres personnages.

Et ces êtres si nettement parents de leurs aînés romantiques évoluent dans des paysages très proches de ceux de Chateaubriand, car chez Gracq, comme chez l'Enchanteur, un lien indissoluble, consubstantiel, unit le personnage et le paysage. Celte comme René — quoiqu'il n'appartienne pas à la même Bretagne — il demeure hanté par ces paysages premiers dans tous les sens du terme : parce qu'ils furent contemplés, aimés, nourriciers dès l'enfance, mais aussi parce que, fondamentaux, ils permettent par une sorte d'ascèse un retour à un état premier, idéal, d'où tout naîtra : un état de paradis terrestre. Les *Lettrines* offrent un très attachant *Tableau de la Bretagne* : « *Ni le chaos théâtral de la montagne, ni la nudité du causse, mais partout une espèce de maigreur noueuse, tendineuse — et, si l'on veut, le sentiment de "la peau sur les os" —. Et surtout une mer fée, et parfois mauvaise fée, grosse encore de prodiges.* » De même que Chateaubriand n'oublie pas sa forêt bretonne lorsqu'il est censé promener son lecteur dans les savanes du Nouveau Monde, Gracq ne se contente pas de placer ses romans dans des terres authentiquement bretonnes comme Argol ; la Bretagne réapparaît étrangement, mais par une superposition toute naturelle, au milieu des Ardennes dans *Un balcon en forêt* et, comme l'a bien fait remarquer Jean-Louis Leutrat, la mer du *Rivage des Syrtes*, malgré Orsenna et les consonances latines, n'est pas la Méditerranée, mais bien l'Océan.

Il ne paraît pas que Gracq ait cherché à éviter les thèmes majeurs du paysage chateaubrianesque. Au contraire. Il a su passer outre les clichés romantiques, et redonner leur force, leur nouveauté à ces deux leitmotive : le clair de lune, et l'orage si évidemment désiré. Les temps importants d'*Un beau ténébreux* sont tous marqués d'une lueur d'orage, et de très beaux clairs de lune baignent les nuits du monde romanesque de Gracq. Heide et Albert, dans *Au Château d'Argol*, « *arrivent au bord des parapets de pierre* ». « *Ils restent là tous deux, pâles, sur la haute terrasse, et pris tout à coup dans le rayon de ce regard de la lune et de la forêt ; ils n'osent reculer, l'œil rivé à ce bouleversant théâtre.* » Gracq paysagiste est bien de la race de Chateaubriand, c'est-à-dire, pour reprendre une distinction empruntée à *Lettrines*, des paysagistes « *presbytes* », non des « *myopes* », de « *ceux qui ne savent saisir que les grands mouvements d'un paysage, déchiffrer que la face de la terre quand elle se dénude* ». A cette lignée se rattachent, selon *Lettrines*, Chateaubriand, Tolstoï, Claudel. Nous y ajouterons Gracq lui-même. Car c'est un grand paysagiste — et de cette famille justement — que révèlent les romans comme le *Rivage*, *Au Château d'Argol*, ou *Un beau ténébreux*, mais aussi ces très purs poèmes en prose de *Liberté Grande*.

Au plus profond du mécanisme créateur, dans le rythme même de la phrase, s'affirme encore cette consanguinité de Gracq et de Chateaubriand. Pour en revenir à *Liberté Grande : « Le désert a ses perspectives où l'imagination s'engouffre, la forêt, la vie cachée de sa pénombre et de ses bruits »* : extraordinaire contrepoint, et combien cher au voyageur que fut René, entre le désert et la forêt.

Ou, encore dans *Un beau ténébreux*, « *ce secret des forêts proches de la mer* », qui rattache Gracq à cette lignée de paysagistes de la mer et de la forêt, où il faudrait refaire une place à Bernardin de Saint-Pierre que Chateaubriand avait beaucoup pratiqué. Mais surtout ce paysage de lune au début d'*Un beau ténébreux* où par-delà le rythme de telle ou telle phrase, c'est le rythme de tout le paragraphe qui fait songer au meilleur Chateaubriand : « *Le sable était d'une surprenante blancheur, froid déjà comme une neige, sous cette lune admirable. La marée baissait, on n'entendait presque plus la mer. Rien n'égalait le vague de ce paysage, perdu d'un côté vers le large marin, de l'autre à l'horizon brumeux des landes dans une poussière de perle.* » Il n'est pas jusqu'à certain usage de l'imparfait pour sa valeur descriptive, à ce balancement entre deux horizons infinis et indéterminés, jusqu'à cette « *poussière de perle* » qui ne reflète le célèbre « *gris de perle* » des nocturnes de René. Et cette extrême attention auditive plus encore que visuelle, ce « *on n'entendait presque plus* » qui justement permet si bien au lecteur d'entendre, grâce au rythme de la phrase, le rythme du paysage auquel il se moule, s'informe dans une si parfaite adéquation. L'harmonie du Verbe est alors très exactement créatrice, génératrice de ces Harmonies de la nature, dans ce monde de correspondances et d'analogies où pénètre le poète.

Il ne s'agit en rien de dépister ici une « influence », de faire jaillir une de ces innombrables « sources » dont l'ancienne histoire littéraire était assoiffée. On s'est assez moqué des « sourciers » et de leur quête — bien vaine parfois, il est vrai. Je ne crois pourtant pas que l'œuvre de Gracq eût été telle sans la présence de l'Enchanteur. Mais là n'est pas la question, et il est bien inutile de s'interroger sur ce qu'aurait été l'univers imaginaire d'un auteur sans telle ou telle rencontre. Plus intéressante m'apparaît cette concordance presque totale entre la musique intime de deux grands poètes de notre prose. Situés dans un espace-temps qui est bien le même : une durée de l'attente et de la mort, un espace du retranchement, de la solitude. La route de *La Presqu'île* « *mêlait les temps plutôt qu'elle ne traversait les pays* », car cette route s'inscrit dans une seule dimension. Le voyage à travers l'espace-temps des héros de Gracq ou de Chateaubriand est le périple d'êtres du « lâcher-prise », fascinés par leur propre attente, et qui croient trop à la fatalité pour espérer en la révolte ou en la révolution. La guerre a inspiré à Gracq des réflexions qui auraient pu être celles de Chateaubriand devant 1789. Dans *Le Roi Cophetua* : « *Le monde dément de la guerre est autour de moi et me cerne de son écroulement indifférent de cataracte. Le temps coule pesamment vers le plus creux de la saison noire (...).*

Mais qu'importe ! Une liberté confuse se lève derrière cette pluie noire (...). Plus rien n'existe que mon attente. » Si la révolte de Sisyphe est impossible qui briserait brutalement le cercle, l'attente, elle, est suspension du temps et de l'espace, immobilisés soudain comme l'accord non résolu et indéfiniment prolongé d'une cadence musicale qui ne parviendrait pas à sa conclusion. Alors l'instabilité du monde et l'inquiétude du héros se trouvent un moment en arrêt, et la mort est comme retardée. Car ces deux univers sont profondément traversés, ravagés par la mort. Allan est le plus vivant des personnages de Gracq parce qu'il va mourir, comme l'impulsion vitale de René se concentre en une tentation de suicide. Poètes du Temps et de la mort : là se trouve la clef de Gracq et de Chateaubriand, le sésame de leurs paysages, le secret de ce retombement désenchanté de la phrase où le rythme intérieur affleure, et vient battre sur nos rivages.

BÉATRICE DIDIER.

L'OISEAU-MÉROPS

Jean-Noël Vuarnet

De l'alitérature des grands solitaires à l'*hyperlittérature* des groupes et des écoles, la littérature moderne est une littérature dans laquelle *il y va de la littérature*. L'œuvre de Julien Gracq se caractérise au contraire par le recours à des formes stables et bien établies que, comme par mégarde, elle réactive et met en jeu — jusques et y compris dans le retour à la sage artificialité d'une allusion constante au romantisme le plus allemand. Quelles raisons avons-nous, nous, à supposer que nous vivions dans l'espace moderne, et que cet espace à juste titre puisse être qualifié tantôt « d'alittéraire », tantôt « d'hyperlittéraire », d'attacher du prix à l'œuvre plus « moyenne » de Julien Gracq ?

Les réponses ne peuvent qu'être générales et brèves, aussi philosophiques (survolantes ?) que la question. Ce qui a pu déterminer un écrivain comme Gracq à verser son vin nouveau dans les vieilles outres du roman romanesque et du roman romantique est peut-être avant tout un mépris très grand des formes mêmes qu'il utilise : une sorte de nihilisme scriptural. Non pas ce nihilisme qui pousse tant d'écrivains à fabriquer les romans d'amour ou d'aventure que le public attend d'eux, mais un nihilisme à la fois tragique et actif. *Tragique*, parce qu'il repose sur l'intuition d'un inéluctable processus qui, évacuant, comme on dit, le « référent », doit vider à la longue le roman Nouveau de son contenu — *actif*, parce qu'il refuse ce processus d'effacement du texte par lui-même, au nom d'une affirmation qui est celle d'un recours (ou retour) à l'inactualité intempestive du pur jeu romanesque. Gracq, mime *désabusé* du romantisme, le consacre à la promotion de ruines que, non sans une ironie d'esthète, il construit dans le moment même où il les désigne comme ruines — le long d'un rivage à la fois actuel et révolu : *Rivage des Syrtes* — ... Ainsi, cette œuvre vit, dans la lumière d'un crépuscule, la vie masquée, la haute falsification de l'intempestif.

En ce point comme en d'autres, Gracq est semblable à cet oiseau chimérique nommé *Merops* qu'imaginèrent les Grecs et dont ils racontaient qu'il volait à reculons. Entré à reculons dans l'histoire de la littérature, Gracq dévoile, au même titre que des auteurs plus directement significatifs, la nature fondamentalement *comédienne* de la parole moderne : parole qui, ayant perdu son point d'identité, n'est plus que ce qu'elle choisit, emprunte et imite à d'autres paroles — tirant son actualité de l'inactualité même, et par là capable d'une force intempestive qui se définit seulement par rapport à quelque autre parole antécédente, voire à la bibliothèque tout entière.

Certes, Gracq n'est pas Joyce, ni Pound, ni Borges. Souligner dans sa démarche un élément qui le rapproche d'écrivains en apparence si différents de lui, surprendra peut-être. Cette lecture qui, de l'inactuel à l'intempestif, repose sur l'idée que, pour une bonne part, la recherche contemporaine (et celle, précisément, de Gracq) repose sur une sorte de *mimétique*, n'est rien d'autre qu'une interprétation. En tant qu'interprétation, elle présente, entre autres inconvénients, celui de s'effectuer *a priori*, de ne reposer sur aucun commentaire direct. Mais il convient de tenter la situation d'une œuvre dont le pouvoir fascinant n'est pas éteint par la résistance qu'elle oppose aux schémas et aux termes des récentes théorisations littéraires — bien que ou parce que, comme plusieurs autres, sans être inactuelle, elle vole en quelque sorte *à reculons* dans la bibliothèque.

JEAN-NOËL VUARNET.

LES ÂGES,
L'HOMME

D'UNE ENFANCE COMMUNALE

Edmond Humeau

C'est en octobre 1916 que Louis Poirier apparut élève, dans la cour des petits, à l'école communale de Saint-Florent-le-Vieil où, depuis trois ans, j'avais été l'élève aussi de Mme Courcault dont j'aimerais savoir s'il éprouva la même admiration que m'inspira cette austère personne à lorgnons, le chignon d'un bel ébène cadencé par deux masses généreuses, les formes opulentes, corsetées certes, dégageant un buste émouvant. Je n'étais déjà plus dans cette classe — il n'y en avait que deux — et les garçons de cet âge affectaient de s'ignorer aussi bien dans les récréations que d'une classe à l'autre, malgré l'identité des pupitres et des encriers qui étaient de petites tasses blanches d'émail.

Tant d'autres identités auraient pu s'alterner entre l'enfant Poirier et l'enfant Humeau. Je songe à nos pères qui se retrouvaient au conseil municipal mais surtout dans une salle de bistrot, le dimanche et même le samedi, qu'ils nommaient le Cercle et ils y jouaient à la manille ou bien aux boules, dans le jardin attenant. Nos mères ne se fréquentaient point. Elles se saluaient quand elles se rencontraient mais la distance était telle entre la jeune femme du vétérinaire qui n'oublia jamais qu'elle avait été servante d'auberge et Mme Poirier que la bourgeoisie écartait aussi inexorablement d'une familiarité sensible.

Il se peut bien que les différences maternelles aient joué obscurément contre notre communauté de gosses. Je ne me souviens pas, en effet, d'avoir partagé un seul jeu avec Louis Poirier et pourtant nous avons dû avoir des camarades communs quand je songe à ceux du bas de la ville qui se nommaient Pouplard, Bodet, Martin et que je retrouvais volontiers avec ceux du haut de la ville et ceux des fermes. Louis Poirier habitait en bas de la ville, la seule gendarmerie séparant la maison (qu'il a d'ailleurs gardée) du bras de Loire dont le quai, avec ses quelques barques et ses tas de sable, finissait pourtant par m'attirer, bien que les grèves fussent à l'aval du pont suspendu reliant la rive des Mauges à l'île Batailleuse. Or, même sur le quai, je ne me souviens pas d'avoir rencontré Louis Poirier dans nos courses de garnements. La plupart du temps, d'ailleurs, je préférais monter de la Févrière par la Bellière et me rendre sur la grève par la garenne que je descendais depuis la terrasse du mont Glonne qui ne tient peut-être pas autant d'importance dans la vision de Julien Gracq que dans la mienne. Cependant j'ai lu avec délices, dans sa *Géographie sentimentale de la France*, ce qu'il écrit des « *Grèves de la Loire dans l'île Batailleuse* » et je comprends mieux pourquoi nos chasses ne pouvaient nous approcher :

> « *Le plus bel aspect arborescent des rives de la Loire à Saint-Florent, je le découvre le long de l'île Batailleuse, en amont du Pont de Vallée : une grise et haute fourrure de saules, mousseuse et continue, doublée immédiatement en arrière par une muraille de peupliers. Le saule trempe aux eaux brumeuses et les marie aux berges aussi doucement que le petit-gris bordant la peau nue ; le peuplier en arrière déploie sa voilure haute, avec cet air noble et sourcilleux qu'il a de naviguer toujours par file d'escadre : l'arbre de l'eau et l'arbre de l'air s'apparient et se conjuguent sur cette lisière tendre — et le soir d'été qui embrume légèrement et qui lie cette gamme éteinte des verts fait*

de ce coude de la Loire, à s'y méprendre, un bord de fleuve de Marquet. »

Ainsi Louis Poirier, indiscutable « promeneur solitaire », partait à l'est alors que les bandes auxquelles j'appartenais s'en allaient à l'ouest vers le Marillais et jusqu'aux rives de l'Èvre. La même école communale qui nous a donc assemblés, d'octobre 1916 à juillet 1919, n'aura point réussi cette approche de deux enfances qui se développèrent pendant que la société de nos familles craquait et que nous prenions élan pour nous évader. Que je m'en veuille de cette méconnaissance, c'est l'évidence depuis que l'octobre 1919 m'expédia sur le collège Saint-Julien d'Angers et, l'octobre suivant, j'étais au Petit Séminaire de Beaupréau pendant que Louis Poirier entrait au lycée de Nantes. Le sens de nos évasions s'était géographiquement inversé car voilà que la Bretagne allait être pour le jeune lycéen l'approche du *Château d'Argol* et de *La Presqu'île*.

Il est probable que cette dissociation dont la hantise me poursuivit au point où je me suis demandé si je n'avais pas renié mon enfance angevine, Louis Poirier l'aura également éprouvée sur un mode tout à fait différent. Probable aussi, mais les circonstances de la vie nous paraissent singulièrement hasardeuses, que les événements de notre enfance permettent à Julien Gracq d'accueillir « *cette froide et pénétrante odeur de vase et de poisson qui sort d'elle* — [il s'agit de l'eau de Loire] — *dès que le soleil descend, et qui reste pour moi l'odeur des soirs d'enfance, en été* » tandis que je songe, bien sûr, aux peupliers d'automne mais plus encore à l'odeur du chèvrefeuille dans les haies des Mauges que j'ai désertées naturellement. Car la clandestinité permanente de la poésie, comme nous en convenions avec Adrian Miatlev, s'ouvre dès l'enfance que l'on prétend sauvage et je me demande bien quel enfant de six ou sept ans pourrait l'entendre autrement du moment qu'il a ouvert les yeux sur un monde qu'il aura tant de peine à écarter comme à préserver, ainsi qu'à s'en écarter et à le réduire en l'exprimant.

Bien qu'il fût loin déjà d'être un sans-famille car il y a

toujours une sœur et plusieurs cousines à ma souvenance, je l'aperçus souvent au milieu des siens, le dimanche à l'église de la paroisse, je ne sais pas si l'enfant solitaire qu'était Louis Poirier, tel qu'il m'apparut du moins à l'école communale de Saint-Florent-le-Vieil, éprouva l'analogue mouvement de détachement et de rattachement, au fond cette combustion de fanes ou même de tourbes, comme je les vis brûler en ces années de misère ; ce mouvement que je ressens encore avec gêne aujourd'hui devant les feux de broussailles mais dont justement Julien Gracq me semble avoir tiré, d'un surréel fort naturiste, la fantastique apparition qu'il devait nommer, sans la féminiser d'avance, *Un beau ténébreux*. De telles surprises devançaient probablement l'innocence merveilleuse d'un *Roi pêcheur* dont nul de nous n'aura été le témoin, en définitive.

EDMOND HUMEAU.

LES ANNÉES DE JEUNESSE*

Henri Queffélec

Avec Julien Gracq, l'amitié doit savoir qu'elle s'accompagnera de mystère. Une amitié qui harcèle de questions, qui brûle de s'appuyer sur des ressemblances, des confrontations minutieuses, n'a que faire près de lui. La rencontre et un dialogue naturel doivent suffire. Il faut accepter que beaucoup de choses restent dans l'ombre.

Mise en scène ? reste d'anglomanie ? Je ne le crois pas du tout. Je verrais là l'exercice d'une vertu, assez caractéristique de milieux purement français, et qui trouverait son modèle dans ce que les Pères de l'Église d'Égypte nommaient « *discrétion* ». Ils entendaient le mot d'abord au sens intellectuel, il valait pour les rapports de l'homme avec soi-même autant que pour ses rapports avec les autres. Deviner plutôt qu'interroger. Méditer plutôt que discuter... Le vieux pays de Loire connaît cela. Et les artisans, sinon les artistes.

Lui ai-je demandé jamais pourquoi il avait choisi le pseudonyme de Julien Gracq ? Membre de l'enseignement, il avait préféré, m'a-t-il dit un jour de lui-même, ne

* Ce titre n'est pas de l'auteur.

pas écrire sous son nom — et l'explication se discute — mais pourquoi ce pseudonyme précis, je n'en sais rien. Libre à lui de le révéler s'il le désire. *Julien* peut témoigner d'une ancienne admiration pour Julien Sorel. Pour *Gracq*, je sèche complètement.

Le souci de ne pas trop se livrer et de ne pas conduire les autres à le faire va-t-il s'interpréter comme sécheresse de cœur ? Mais les démonstrations seraient-elles le gage obligatoire d'un sentiment fort ? Gracq pratique à un haut point le respect de l'amitié, de la camaraderie. On a pu le déclarer secret ou peu bruyant, je ne l'ai jamais entendu qualifier d'asocial. Il aime les petits groupes et, seul ou à l'intérieur d'un de ces groupes, à sentir les vibrations d'une foule, dans une salle de cinéma comme sur un stade... J'ai suivi près de lui des matches de football, je me rappelle comme son visage s'éclairait par instants.

« *Conscrit* » à l'École normale (élève de première année) alors que j'y étais « *carré* » (élève de deuxième année), je l'avais repéré tout de suite pour la bonne raison qu'il portait une imperturbable cravate blanche en un lieu où le non-conformisme vestimentaire se traduisait plutôt par le laisser-aller. La dite cravate énervait certains « *cubes* » et « *bicas* » (troisième et quatrième années), il n'en avait cure. Il venait aussi bien du lycée Henri IV.

C'est chose admirable de constater comme la liberté, le lyrisme, l'instinct de défense, le je ne sais quoi — tant pis s'il n'y a pas de terme exact — se jouent de l'uniformité universitaire. Entre les lycées Henri IV et Louis-le-Grand qui étaient alors les deux grands pourvoyeurs de la section des Lettres de l'École normale et que ne séparait guère plus que la longueur d'un Panthéon et demi, existait, en pleine République une et indivisible, et au niveau des classes de Première supérieure, une intense rivalité doctrinale. Louis-le-Grand représentant le travail, Henri IV l'invention. Louis-le-Grand l'usine des bons élèves, Henri IV le collège des disciples de la Gaye Recherche. La Μαθησις et la Φυσις. Oxford et Cambridge. Vins de Bourgogne et vins de Bordeaux.

Ce qui fondait essentiellement un clivage qui s'autorisait de tout, l'orientation des fenêtres comme l'âge des marronniers, était l'enseignement de la philosophie et, pour le dire avec plus de précision, le fait que le professeur exerçant à Henri IV fût Émile Chartier, que tous ses élèves appelaient de son pseudonyme littéraire, Alain, personnage d'une extraordinaire indépendance et grand séducteur du royaume des idées. Comme Platon désigne souvent les disciples de Socrate par « ceux de Socrate », les élèves de Henri IV étaient *ipso facto* « ceux d'Alain », de même que les collègues d'Émile Chartier ne pouvaient plus se définir que par lui : discipline après discipline, il devait ressortir de la comparaison entre les lycées que tous les professeurs de Khâgne au lycée Henri IV avaient introduit dans leurs classes un grand libéralisme.

La Khâgne de Henri IV avait moins d'élèves que celle de Louis-le-Grand. Quel que fût le brio d'Alain, elle comptait proportionnellement un peu moins de reçus à l'École normale. Elle rattrapait cela en reprochant à la Khâgne de Louis-le-Grand un caractère d'usine à décerveler, à vider les gens de leur individualisme, et en exaltant l'atmosphère de cercle fermé, de club de l'indépendance philosophique, où les siens pouvaient vivre... A l'École normale, on reconnaissait les anciens de Henri IV, qui formaient un groupe, à « un certain sourire ». Ils avaient subi l'initiation réservée à un petit nombre. Pénétré sur les pas du grand prêtre dans l'enceinte où l'oracle parle... Je songe, aujourd'hui, que cela faisait un milieu apte à recevoir l'influence du surréalisme.

La cravate du conscrit Louis Poirier ne tenait aucunement à un élan d'admiration pour un Pierre Laval dont la cravate blanche faisait alors le bonheur des journalistes, elle était la marque d'un ancien de Henri IV habitué aux mots de passe et aux libertés farceuses que peuvent prendre d'office les disciples du Maître.

Si ma mémoire est bonne, la turne à laquelle il appartenait se signalait par ses cris, ses éclats de rire, ses sorties bruyantes dans les couloirs. Bien que je fusse carré et ancien de Louis-le-Grand, j'avais eu vite fait de le connaître autrement que par sa cravate ou sa réputation de terreur du Concours général. Une camaraderie était née comme spontanément.

Elle allait se développer et nous engager pour la vie à la suite de la candidature que nous posâmes l'un et l'autre, sans nous être concertés, à un séjour d'un mois, durant l'été 1931, dans l'Eotvös Kolegium — institution établie sur le modèle de l'École normale — de Budapest. Le gouvernement hongrois offrait trois bourses. Il n'y eut que trois candidatures, acceptées sans peine. Ô l'extraordinaire voyage. Le développement actuel des moyens de transport lui donne un caractère farouche en même temps que naïf. Deux nuits de « dur » — pas de couchettes — pour atteindre l'étape de Vienne. Entre Vienne et Budapest un ancien officier supérieur de l'armée austro-hongroise vint s'asseoir à notre table, dans le wagon-restaurant, parce qu'il nous entendait parler français. Il avait le visage tout balafré et se présenta comme un Hussard de la Mort — c'était pour nous comme si une image de manuel d'histoire tombait de sa page et se mettait à gesticuler. Avec dédain il nous montra son fils, un grand dadais, et sans l'ombre d'ironie, dans un mélange d'anglais, d'allemand et de français, nous demanda — il nous tenait d'office pour des connaisseurs — comment il devait s'y prendre pour le déniaiser au plus vite. C'était pour lui un souci grave... Louis Poirier ne broncha pas. Je regrette d'avoir oublié les recettes qu'il dut conseiller avec un sérieux admirable.

A l'Eotvös Kolegium il apparut immédiatement que lui et moi nous serions toujours ensemble — avant de quitter la France, Petitbon avait eu « des adresses » en Hongrie et nous ne le voyions qu'à peine. Deux chambres étaient à notre disposition pour trois : nous laissâmes l'une à Petitbon et nous réservâmes l'autre. Les journées, dans la puissante monotonie du climat continental, allaient leur train rituel. Une seule ombre au tableau : le réfectoire, dont la pauvreté du pays réduisait les menus à une succession de yaourts, de pastèques et de verres d'eau claire. Mais quoi, nos compagnons hongrois étaient originaux et « braves », nous nous entendions à merveille avec eux. Celui qui chantait de sa basse terrible des couplets mélancoliques sur la misère paysanne, ou le scrupuleux aux yeux noirs abîmé dans le mysticisme. Le sceptique, admirateur de Gide, ou l'ancien aviateur, rendu amnésique par une blessure à la tête, qui demandait chaque matin des nouvelles d'un certain nageur français dont à peine si nous savions le nom. Un jour, sans m'avoir prévenu de son coup, Poirier répondit, avec une glaciale assurance, que le nageur en question était « complètement gaga ». Je faillis m'étrangler. Ce fut pire lorsque l'autre, excusable au demeurant d'ignorer le mot « gaga », cria dans le réfectoire d'une voix exultante : « Ah oui ! complètement gaga ! Tout à fait célèbre ! Gaga ! Remarquable ! »

La chaleur assommait la ville à la fin de la matinée, les rues se vidaient, il fallait se résoudre à une sieste de deux heures. Nous obéissions, mais, après une heure de somme, d'un divan à l'autre bavardions ferme. Le traité de Trianon et le morcelage de l'Europe de l'Est. Baudelaire. Edgar Poe. Le Stade rennais. *Les Copains* de Jules Romains. Le flegme des *policemen* anglais. Le Danube. La Loire. La Bretagne. Katherine Mansfield. *L'opéra de 4 sous*. André Gide. L'U.R.S.S. La mer... Il n'était pas rare qu'à un détour de phrase l'on rencontrât le nom prestigieux d'un Alain dont mon camarade se plaisait à souligner la verve. Et comment, à partir d'une donnée quelconque fournie par l'immédiat, la couleur d'un nuage ou la réflexion d'un chauffeur de taxi, il accédait et faisait accéder son auditoire, dans un cours improvisé, au profond des problèmes de l'être... Un silence et nous nous retrouvions, les oreilles bourdonnantes de phrases magistrales, au sommet d'une petite colline de la rive gauche d'un Budapest écrasé par le soleil, au fond d'une Europe matraquée par une guerre sanglante et que peut-être en menaçait une plus sauvage.

Avec précaution nos amis hongrois nous avaient présentés à de jeunes Allemands invités comme nous par l'Eotvös Kolegium. Près d'une dizaine et la moitié portaient la croix gammée. Nous n'étions pas chauds, mais ne voulions pas jouer les empêcheurs de danser en rond et il y eut une sortie commune dans un cabaret populaire et une grimpée en commun sur le mont Gellert, une des hauteurs de Budapest, pour voir le coucher de soleil. Pas un mot de politique... A cette époque, Poirier m'avait confié qu'il aimait le radical-socialisme, ce qui m'avait laissé rêveur, il me semblait qu'un humoriste n'avait rien à voir avec les radsocs. Mais c'était Louis Poirier, ses opinions lui appartenaient, je n'ai pas dû lui objecter grand-chose.

Une fois nous avons passé toute la journée dehors. Je sais cela de raison raisonnable mais les images de ces heures ont le tremblement du rêve. Ce fut si brusque, il faisait un tel soleil et nous avions bu un si grand nombre de ces bouteilles pâles à long col dont le vin sent la garrigue et le miel de sarrazin. Étions-nous en amont ou en aval de Budapest ? Nous avons pagayé sur un Danube qui s'élargissait avec la lumière comme un fleuve d'Afrique, débarqué dans des îles basses, nagé, dormi sur des pelouses de Concert champêtre, donné, formé des chœurs, mais était-ce bien nous, quelqu'un ne nous racontait-il pas une belle histoire, ces pagayeurs sur le Danube ressemblent à des silhouettes de Dufy dans un film d'Enrico ou de Renoir, cette journée réelle s'insère dans le temps de Budapest comme un matériau d'une autre texture, un morceau de surréel.

Le directeur de l'Eotvös Kolegium, grand ami de la culture française, nous invita un soir. Il nous passa des disques de Wagner, dont il était fou — il avait dans sa discothèque presque tous ses opéras. S'apercevant que j'écoutais la musique en fermant les yeux, il fut ravi, me reversa à boire, décréta qu'il m'inviterait spécialement pour une audition des *Maîtres chanteurs*. Le détail m'amuse et me rend aujourd'hui un brin honteux car, avec sa discrétion, Poirier, qui en savait beaucoup plus long que moi sur Wagner et qui éprouvait pour lui le même fanatisme que notre hôte, n'avait soufflé mot. Heureusement le directeur changea d'avis, nous fûmes conviés tous les deux.

Peu avant le coucher du soleil, on entendait un concert d'insectes. Ils jouaient sur la colline de l'Eotvös le soir de notre arrivée. Je ne me retins pas de demander ce qui faisait ce bruit, notre compagnon étudiant répondit sans hésitation : « Des cigales d'été. » Budapest, où je ne suis jamais retourné et qui fut dans un passé récent la ville d'une telle tragédie, demeure pour moi cette capitale toute pénétrée de nature qui s'endormait en août sous un ciel lilas dans le chant des cigales et j'écris cette phrase parce que je ne puis douter que Poirier, un homme qui pourrait reprendre à son compte la devise de Tchekhov « Rien ne passe » telle est la vigueur de sa mémoire, doit se trouver à l'égard de Budapest dans les mêmes dispositions. Certaines images clefs perdent peut-être leur application comme ces clefs matérielles qui n'ont plus de portes à ouvrir après la destruction d'une ville par le fer et le feu, mais elles existent aussi intensément que ces mêmes clefs. Dans la réserve à lyrisme de Poirier les violons tsiganes qui ne jouent peut-être plus dans les cafés actuels d'un Budapest qui n'est pas plus vrai que l'ancien, continuent de vibrer et de se lamenter, comme se déroule encore, entre fleuve et terrasses d'hôtel, au-delà de la statue du poète Petöfi, la frise estivale de ce millier de jeunes filles au regard clair et à la démarche lente qui vérifiaient chaque soir de l'été le vers de Valéry :

Ô douceur de survivre à la force du jour...

Dans le train, entre Paris et Vienne, nous avions lié connaissance avec un médecin hongrois des plus sympathiques. Il eut à cœur de nous retrouver. Par lui, par un camarade étudiant, nous pénétrions dans des familles. L'accueil était chaque fois charmeur et triste. La Hongrie de 1931 restait la Hongrie qui ne comprenait pas pourquoi l'on avait fait d'elle cette chose minuscule, ce fragment de territoire perdu. Quelque chose était paralysé dans les esprits, la notion d'avenir leur était dénuée de sens. A de certains moments, fût-ce en pleine liesse de czardas, l'on avait l'impression de vivre dans une légende. Nous avions par hasard remonté le mécanisme qui faisait bouger des personnages, mais, d'une seconde à l'autre, n'allaient-ils pas se rencogner dans leur sommeil ? Encore du surréalisme... Un grand joueur d'échecs — coté dans les dix premiers de la hiérarchie mondiale — assistait à l'une de ces réunions. Poirier le connaissait de renom : il était déjà passionné d'échecs. Il eut avec lui un long aparté. Je l'admirais du coin de l'œil. Les deux hommes n'échangeaient que des phrases très courtes, isolées par des silences au cours desquels ils ne se regardaient pas. On sentait qu'ils réfléchissaient ensemble. Ils avaient mieux à faire que de s'épier.

Retour de Hongrie en France par Liubliana et Venise. Une Venise surpeuplée où nous avons passé trente-six heures et qui, malgré le nombre et la vigilance de ses moustiques, chantait la joie de vivre — pleine de fruits et d'enfants elle n'était certes pas la Venise pour laquelle il faut aujourd'hui faire la quête. De la sauvagerie invisible des montagnes yougoslaves tomber dans la longue illumination du Grand Canal, quelle première nuit. Les feux d'un Vaisseau Fantôme glissant vers la mer se reflétaient dans la lagune avec l'insolence inquiète des regards de Narcisse. Où étions-nous, qu'aurait pensé Alain ?... La mer, au Lido, avait pour moi une odeur d'étang. Je regrettai les eaux bretonnes tandis que Petitbon, originaire d'Auch, justifiait la Méditerranée, une mer latine. Il ignorait, comme nous, que la mort le frapperait sur le pont d'un bateau de guerre, en juin 1940, devant Dunkerque.

Dans la fin de septembre, trois semaines plus tard, Poirier me rejoignait à Brest. J'appuie automatiquement sur la plume de mon stylo en écrivant cette phrase comme on se cramponne à un objet pour supporter une nouvelle. Brest existe-t-il ? La ville qui aujourd'hui porte ce nom ne l'a-t-elle pas usurpé ? Celle qui le portait en 1931 a rejoint dans la mort les régimes politiques de l'Europe centrale d'avant-guerre. Plus de Régent Horthy, ni de ce 33, Place du Château qui se réveillait avec la diane. *Rivage des Syrtes. Balcon en forêt.* A l'extrémité occidentale de la France une ville qui croyait l'invasion impossible se trouverait occupée par un ennemi qui la défendrait un jour comme son propre bien contre un ami qui devrait la détruire. Au lendemain du siège, en 1944, j'ai retrouvé tranquillement mêlés dans les ruines de ma maison comme des noceurs ivres morts les éclats des grenades incendiaires allemandes et ceux des bombes américaines. Quatre étages effondrés dans la cave qui avait servi d'abri dérisoire et suffisant pour des gens de cœur — ils récitaient le chapelet sous les alertes pour que les avions qui frappaient la ville ne fussent pas atteints par la D.C.A.

Septembre 1931 était jusqu'au bout mois de lumière. Quelques orages seulement, comme le jour où nous avons gagné Roscoff. Au-dessus de l'île de Batz, un ciel encre de seiche. Un soleil caché irritait les varechs et les fucus découverts par la marée basse, cuivrés comme je ne les avais jamais vus ni ne les ai revus. La présence de mon camarade, qui connaissait Nantes et La Baule, non la pointe de la Bretagne et pour lequel je me réjouissais que le Finistère se mît sous ses armes de beauté, devait m'exciter les yeux. J'ai vu, depuis, tant de goémons et d'algues, merveilles souvent comme dans la Chambre des Glénans ou dans le chenal qui sépare Litiry et Quéménès, mais une teinte pareille fut réservée à ce jour.

Poirier avait apporté à Brest pour me les offrir les deux disques de l'ouverture de *Lohengrin*. Nous allions les écouter au salon, petite pièce très sombre, pleine de chinoiseries. Bien qu'à cette époque je me défendisse de trop aimer Wagner, comme s'il fallait vraiment qu'on ne pût s'enthousiasmer à la fois pour plusieurs génies, je subissais l'action électrique de cette lente incantation. Les appels du cor réveillaient en moi tout le fond celte... Pauvre cire, elle allait fondre elle aussi et disparaître en 44 dans le magma des décombres, avec les vitres, les ferrures du balcon, les chinoiseries, les armoires normandes, voire le petit tableau que j'avais acheté en 1937 à Berlin, des chevaux franciscains peints par une main japonaise.

Sans forcer le ton jamais, avec une douceur légèrement sèche qui convenait aussi bien au rappel gêné d'une évidence qu'à une affirmation de principe, mon camarade marquait parfois dans la causerie que Wagner l'*enchantait*. Il y avait un air de *Lohengrin* qu'il fredonnait, d'une façon détachée et comme distraite, en évitant tout éclat de voix, et c'était celui du Graal.

Nous sommes allés à l'île d'Ouessant. Journée wagnérienne par excellence. Sur la côte du Créac'h, dans le noroît de l'île, où viennent cogner en lames fantastiques des ondes nées à des milliers de kilomètres, il est des rochers auxquels l'érosion a donné des profils de ruines sacrées dans le style de Montserrat et de la Meije et qu'on appelle spontanément le Repaire du Chevalier ou le Doigt de Dieu. A cette saison, en cette époque d'avant la fièvre touristique, nous étions presque seuls avec les oiseaux, les moutons, les paysages. Nous nous sommes baignés, nous avons suivi les sentiers de côte. Il faisait un fier soleil auquel nous nous sommes prêtés tant que nous avons pu, environnés de rumeurs de mer et de parfums de dune qui sonnaient et sentaient des ères abolies.

Le voyage, entre l'aller et le retour, représentait huit heures de bateau admirables. Les îles et les récifs de l'archipel de Molène, le mouillage devant Le Conquet, le passage des Vieux Moines et de la Pointe Saint-Mathieu, la route du goulet de Brest. J'étais sonné au retour comme un boxeur, mais rudement heureux. Le soleil maintenait son amitié jusqu'au bout. Assis tout à l'arrière du bateau, nous pouvions le voir, en tournant la tête, qui se tenait à quelques doigts de l'horizon dans l'axe même de notre sillage, immense chemin de fascines de houle et d'écume et de rayons orange, chef-d'œuvre absolu. Ébloui, je cherchais le regard de Louis Poirier et je ne l'ai pas rencontré. Je lui saisis le bras, voulant décocher une phrase de louange, fût-elle banale, sur la beauté du monde, je sentis que ce serait peine perdue : le visage de l'ami s'était fermé.

Nous allions nous réaccorder avant dix minutes, mais je n'ai pas oublié l'incident. Poirier me tient pour un homme plus sauvage que lui, plus susceptible d'émotions frustes. Il n'en demeure pas moins qu'il aime intensément la nature et ne s'y promène pas d'un cœur citadin, habité devant les sites « pittoresques » par une euphorie banale — ce soleil dans l'axe du bateau eût émerveillé un saint François et un Baudelaire, pourquoi pas lui ? Avait-il pris un coup de pompe ? Était-il saturé de paysages ? J'imagine qu'il se trouvait en état de fausse distraction et qu'il réfléchissait. Il possède à un degré éminent la haute qualité intellectuelle qui se nomme l'attention et dont Simone Weil, autre élève d'Alain, a prononcé l'éloge attendrissant et farouche. Là, dans ce goulet de Brest, harcelé par la beauté du monde comme par une troupe de marchands, il refusait la griserie du *lied* : « *Ha ! Wie schoen ist diese Welt !* » (« Ah ! que ce monde est beau ! ») L'honnête homme ne se laisse pas déborder. Il choisit au-dehors, s'il le faut pour sa clarté d'esprit, un détail, et il le contemple, l'examine. J'ai vu plusieurs de mes camarades tenir un carnet de notes au cours de leurs excursions — un temps pour le regard, un autre pour le résumé écrit — Poirier, ou plutôt Gracq, récuse une telle méthode. Rien dans les mains, rien dans les poches, que des cigarettes et des allumettes. Noter sur le champ dispose le style et l'âme à l'emphase. Mieux vaut convoquer ses forces d'attention et de mémoire et ne pas perdre le mûrissement intellectuel par une cueillette prématurée.

Gracq a toujours dit qu'il ignorait le tourment du livre et traversait sans en souffrir de longues périodes où il n'écrivait pas. Le « *nulla dies sine linea* » ne figure pas dans ses devises. Ce serait plutôt : « Pas de jour, pas de minute, inattentifs. » Dans l'été 1940, dès le début de sa captivité en Allemagne, il tombe malade et on le rapatrie sur Marseille où je le retrouve amaigri, chargé de foulards, mais le même sang-froid, la même lucidité dans le visage. Nous bavardons et il me parle peu de lui-même et de son oflag, il laisse des silences, il regarde et il écoute en lui, il songe. S'il a contracté de l'amertume envers certaines institutions, il lui a fait sa part. Nous plaisantons de Goering et de Goebbels, il allume une cigarette et me dit d'une voix très basse, presque inaudible par instants, qu'il est inévitable que l'Allemagne et la Russie en décousent avant quelques mois. Je ne proteste pas. Mais, comme les journaux suisses que je puis acheter à Marseille ne mentionnent rien de ce genre, je le fais répéter. La phrase est redite mot pour mot. Aucune argumentation ne vient à la suite, la voix serait seulement un peu plus forte et le regard plus vif. Comme s'il me priait de le comprendre intuitivement, quitte à cheminer plus tard par les mêmes inductions. Il ressemble à un joueur d'échecs qui, ayant découvert la solution d'un problème, la juge très simple et serait honteux qu'on l'admirât.

Le soleil du goulet de Brest, pour en revenir à lui, ne serait pas resté inaperçu. Il avait rejoint les soleils de Saint-Florent-le-Vieil et de Budapest, de Paris, de Venise. L'alchimiste n'avait pas de comptes à rendre. Savait-il quelle œuvre un jour s'imposerait à lui ?...

Le camarade heureux de vivre, le luron dont une des phrases favorites dans les rencontres matinales était : *« Alors, tu te défends ? »* se manifestèrent le lendemain, chez un oncle très haut en couleur qui avait pris sa retraite dans les environs de Brest. Mon oncle avait parcouru le monde. Son extraordinaire jovialité puisait quelque peu dans l'Almanach Vermot — il rachetait cela par une liberté d'esprit qui devait séduire le disciple d'Alain... Nous sommes revenus de Saint-Renan à pied, escortés pendant les premiers kilomètres par mon oncle et ses chiens de chasse, Dick (surnommé *« Dic, duc, fac, fer »*) et Tobie (surnommé *« ... or not to be »*).

Encore qu'il soit artificiel de hiérarchiser sous le rapport de l'intensité bretonne les multiples régions et sous-régions de Bretagne, il me paraît que pour la première fois Poirier pénétrait aussi profond dans une province qui compterait tellement pour lui. Les paysages de terre léonarde vus ce jour-là avaient leur rudesse de glèbe, mais aussi leur mystère. L'automne touchait partout des bosquets. La lumière et le silence de la fin du jour se chargeaient d'une austérité insigne.

Crozon, Morgat, la baie de Douarnenez, furent pour le lendemain. Pour que j'aie choisi Morgat, lieu de mes vacances d'enfant, qui était devenu mon Domaine du grand Meaulnes ou mon Frontenac, je devine combien l'intérêt manifesté par mon camarade envers ma province natale m'attendrissait et combien je désirais le nourrir. Nous eûmes chacun son voyage. Je fis le guide, mais sans rompre la discrétion que je devais et à mon camarade et à un univers familier. Nous avons déjeuné dans un hôtel rose en bordure de plage où je n'avais jamais pénétré qu'une fois, le considérant comme le symbole de luxe interdit — je découvrais une salle à manger solitaire et bon enfant, des propriétaires grands connaisseurs de la beauté de leur pays, il faisait un azur aux teintes de vieille bruyère sur une mer extasiée, c'était l'automne et c'était le printemps, les ajoncs fleurissaient, nous avons marché dans un bois de pins sableux, nous sommes descendus sur les plages, défaisant par intervalles une troupe de mouettes qui allait chaque fois se reformer au-devant de notre marche, et les falaises... Gide écrirait : « Les falaises, *ah !* », l'exclamation n'esquiverait-elle pas la difficulté ? Je ne sais non plus ce que je dois dire des falaises, sinon que je les examinais pour la première fois d'un œil critique — j'avais rompu avec l'enfance et j'étais en Bretagne aux côtés de mon camarade le proviseur qui montre son lycée à un inspecteur —, et voici que je m'apercevais avec ravissement de leur perfection multiforme.

La presqu'île de Crozon, surtout vers sa base, dans la région de Landévennec, de Telgruc et du Ménez-Hom, m'a toujours paru avoir aidé à l'inspiration du *Château d'Argol*. Du temps où il était professeur à Quimper, Poirier l'a bien connue. Les thèmes wagnériens confinent au celtisme et il y a dans ce secteur un majestueux fouillis et emmêlement de beautés venant de la mer et de beautés venant des arbres et du roc, ou de larges paysages, ouverts à l'évasion, et de sites étroits, clos dans leur secret.

Comme beaucoup d'autres, je n'ai pu ne pas songer, en lisant le premier roman de Julien Gracq, au village juché dans ce coin de terre et qui s'appelle, précisément, Argol. Les amis de la ville d'Ys et de son roi le connaissent... Poirier, que j'ai interrogé, parlerait volontiers d'une coïncidence, mais il ne dément pas qu'une inspiration ait eu lieu. Ces choses-là ne se déroulent pas de façon claire, même pour un écrivain tel que lui.

Lorsque je lui dis que le long bain raconté dans *Au Château d'Argol* évoque pour moi, irrésistiblement, la plage de Pen-trez, appelée « La Lieue de Grève » en raison de son étendue, il ne dément pas non plus, il sourit, essayez de savoir comment un paysage se dessine dans l'imaginaire. La Lieue de Grève ? Peut-être. Et ajoutons Sainte-Anne-la-Palud, Trezmalaouen, et enfin Laber, près de Morgat, où en ce dernier été, dans le début de septembre, j'ai pris un bain matinal merveilleux qui me donnait l'impression, comme aux personnages du livre, que je ne reviendrais jamais au rivage — la haute mer libre m'attirait.

Je me suis baigné dans des fjords de haute Norvège — leurs eaux n'étaient pas plus pures que celles de Laber, ce même Laber où l'on a envisagé, l'an dernier, d'installer des réservoirs de pétrole...

N'aurait-on pas touché non plus, du même coup, à Landévennec le wagnérien ?

Au Château d'Argol a paru avant la guerre, alors que dans la montée des périls qui menaçaient les paysages l'on n'osait comprendre ce qui s'est appelé depuis l'aménagement touristique. N'importe, l'on craignait pour le monde. Il n'était pas question d'entendre les légions nazies fouler le sol de Bretagne du même pas retentissant que certaine avenue de Munich, mais déjà les vociférations hitlériennes blessaient les âmes et sans consulter de sorcières quelques hommes sages avaient la prescience des massacres.

Il ne me semble pas indifférent pour l'histoire littéraire, qui entre dans l'histoire générale, qu'André Breton, accompagné de Georges Sadoul, soit allé vers ces époques à l'île de Sein et sur-le-champ ait contracté une passion fervente pour une petite terre qui n'était pas seulement un conglomérat de galets, de sable et de rocs, mais le lieu d'un rassemblement d'énergies humaines ainsi que le prouveraient les événements de juin 1940. L'on qualifie trop de mythes ce qui ne saurait se livrer à la mémoire des ordinateurs ni, par conséquent, se retrouver dans leurs verdicts. Tels grands thèmes qui cheminent avec la conscience des hommes ne mériteraient-ils pas cependant plus de respect que les éléments matériels composant les ordinateurs ? Parmi eux, avec autant de force que Poirier, je placerais la recherche du Graal. Je ne m'étonne pas qu'André Breton eût de l'île de Sein adressé à Julien Gracq, comme un capitaine de poésie à l'un de ses matelots préférés, des cartes postales où la représentation photographique du réel illustrait, si peu que ce fût, l'enthousiasme des « profondeurs ».

Quand Poirier visite pour la première fois la pointe de Bretagne, il a déjà son idée de la province et il y apporte la musique de *Lohengrin*. *« Qui peut rien connaître sinon ce qu'il reconnaît ? »* a dit, plus ou moins d'après Hegel, un Villiers de l'Isle-Adam maître de Saint-Pol-Roux comme celui-ci devait l'être d'André Breton. Les déceptions n'en existent pas moins : l'homme de Lancelot du Lac et du Graal, instruit ou confirmé par Alain en lucidité critique, aurait pu être appelé à sentir que la Bretagne manquait à sa mission ou à sa renommée. La mésaventure n'eut pas lieu. Julien Gracq a reconnu la Bretagne. Elle portait le celtisme en elle toujours intact. Il allait de mieux en mieux la découvrir... S'il ne la choisirait pas, au moins de façon officielle, comme cadre de ses romans, elle resterait pour lui l'un de ces asiles où l'on se retrempe en sens calme du mystère, du prodige, de l'insolite, même quand on a rompu avec la transcendance, dans un monde fragile et qui boit le lait pervers de l'angoisse.

HENRI QUEFFÉLEC.

JULIEN GRACQ EN FLANDRE

Suzanne Lilar

Cependant que Julien Gracq n'était encore à Paris qu'une figure discrète, négligée des rabatteurs, ses traces, pourtant savamment brouillées, avaient atteint l'Allemagne, l'Autriche et jusqu'à ces provinces belgiques de langue flamande où vivaient ensemble — et plutôt mal que bien — une minorité de gens parlant français et une population de langue flamande. Gracq ne comptait pas moins de lecteurs et d'amis dans celle-ci que dans la première et, parmi eux, l'écrivain flamand Richard Declerck, alors gouverneur de la province d'Anvers, que je rencontrais dans un cercle qui portait le nom d'*Échanges*. Fondé sous l'Occupation, ayant vu grandir ses ambitions dans l'euphorie de l'après-guerre, ce cercle conviait à sa tribune des musiciens, des poètes, des littérateurs. L'idée nous vint d'y inviter Julien Gracq. Et c'est ainsi qu'à l'initiative d'un Brugeois et d'une Gantoise, le poète de *Liberté Grande* vint faire à Anvers sa première conférence à l'étranger.

Car il vint, moins attiré, me paraît-il, par les fastes de notre association et les noms de ses prédécesseurs — tout de même Georges Bataille, Eugenio d'Ors, Olivier Messiaen (noms que j'avais dû faire sonner un peu lourdement puisqu'il me répondit, non sans gentille moquerie : « Vous me voyez bien intimidé d'avoir à parler après des conférenciers aussi illustres ») — que par Anvers et toute cette région des *lage landen* qu'il allait bientôt décrire de manière incomparable.

> « *J'aurai plaisir à voir là-bas des amis inconnus,* m'écrivait-il le 25 avril 1949, *et aussi une ville qui m'a semblé très belle — même de la voiture d'un officier allemand, lorsque je la traversai en juin 1940 sur un pont de bateaux avec un convoi de prisonniers.* »

Donc, me trouvant l'attendre un soir de décembre 1949, je vis apparaître cet homme sans âge plutôt que jeune (on m'accordera qu'il n'a guère changé depuis vingt ans, ni même depuis Normale, si j'en crois une photo qui le représente entre Hoog et Caillois, photo jadis découpée dans un journal mais où je le retrouve aujourd'hui le crâne ceint d'une auréole tracée à l'encre d'une main facétieuse qui ne saurait être que celle de Françoise Mallet-Joris). Enrobé dans son intimidante timidité, incroyablement défendu, *réservé*, je le découvrais sans faille, sans prise, et tandis que de la salle voisine nous parvenait le murmure de son auditoire, je mesurais soudain la témérité et comme l'inconvenance de mon projet. Faire parler cet homme secret, farouche, ce *pur* dont la seule présence, à la manière d'un révélateur, me dévoilait les insuffisances d'un public mêlé, divisé — public de bourgeois francophones que nous avions eu la hardiesse alors impensable de truffer de quelques écrivains flamands !

Or j'avais compté sans la magie tranquille de cette voix assourdie et de ce débit un peu monocorde mais qui, petit à petit, allait prendre son auditoire au filet serré et sans accroc de la parole. Gracq avait choisi de parler du surréalisme. Il en disait tout ensemble la volonté de saccage et la puissance d'affirmation, et « *cette nostalgie poignante de paradis perdu et pressenti qui résonne en lui de bout en bout* ». Cependant que je notais le geste répété du conférencier pour ramener plus étroitement son vêtement sur l'épaule (comme s'il avait voulu se couvrir davantage, se cacher, disparaître pour n'être plus qu'une voix), je sentais peu à peu l'attention se napper et se prendre — une qualité particulière du silence attestant que, par un phénomène de conduction bien connu mais encore mal expliqué, une *circulation* avait été introduite dans la masse composite de l'auditoire, lui conférant une singulière cohésion. On put le constater lorsque, le conférencier s'étant tu, on vit le public se dégager comme à regret d'un même envoûtement. Chez les intellectuels flamands l'événement parut assez considérable pour que le texte de Gracq fût retenu par la revue *Nieuw Vlaams Tijdschrift* qui, fait sans précédent, le publia dans sa version française intégrale.

Une promenade sur l'Escaut avait été organisée pour le lendemain. Nous devions être quelques-uns à embarquer sur le petit caboteur mis à notre disposition par la société *Flandria*. Mais le bruit courut que l'excursion n'aurait pas lieu — car en dépit du soleil, il soufflait ce jour-là un noroît glacial. Gracq et moi fûmes finalement seuls au rendez-vous. Étrange voyage, tout entier en va-et-vient entre le pont où nous subissions l'agression du vent et la cabine où ronflait un de ces poêles dénommés *duivelke* (petit diable). Les mains tendues au-dessus de ce couvercle de fonte chauffée à blanc, nous nous prêtions aux premiers sondages d'une amitié née sous le signe du feu (et qui fut toujours riche en présages, je n'en veux pour exemple que ce rêve où, plusieurs semaines avant l'attribution inattendue du Goncourt à Julien Gracq, j'annonçais l'événement à Françoise Mallet-Joris). Nous faisions route vers cet estuaire vaseux de l'Escaut, évoqué déjà dans *Un beau ténébreux*. Plus stoïque que moi, Gracq demeurait longtemps sur le pont. Il en redescendait songeur, pas fort causant, mais avec un beau visage, éclairé de l'intérieur et tout rechargé de souvenirs. Il me confia assez vite qu'en mai 40, il avait été immobilisé pendant quelques jours sur l'une des rives qui défilaient sous nos yeux. De là, il avait contemplé longuement les tours d'Anvers qui — avant le clocher d'Hoyerswerda — avaient un moment concrétisé pour lui la « magie des villes du Nord » et le thème de la *cité interdite*. Bref, loin de regarder mon pays de haut, avec la gentille condescendance à laquelle mes amis français m'avaient habituée, ce poète avait rêvé de la Flandre — et même, si j'en crois Jean-Louis Leutrat, de la Belgique : « Pour Gracq, le Graal existe » et « sur les cartes le pays a un nom : Farghestan ou Belgique ».

Cette descente de l'Escaut, réveillant ses souvenirs de guerre, marqua-t-elle sa sensibilité ? Toujours est-il que dans les mois qui suivirent, il consacra aux « bas pays » un de ses plus beaux textes et qu'il eut l'attention de me le dédier. Il s'agit de *La Sieste en Flandre hollandaise*, important poème en prose dont Leutrat a dit la magnificence. *« J'étais content de vous offrir ce petit texte »*, m'écrivit-il de Saint-Florent-le-Vieil au cours de l'été 1950, *« il concerne un pays qui vous est proche, je ne sais si je le comprends bien, mais il a fini par devenir pour moi un singulier lieu de convergence. J'ai tant rêvé autrefois au cygne de Lohengrin et à Elsa de Brabant — puis la guerre m'a amené sur ces bords de l'Escaut au mépris vraiment de toute saine considération stratégique — et ces derniers mois y ont situé d'autres rencontres. Enfin c'est un lieu qui m'est très sensibilisé. Les trois jours passés là en 1940 (je voyais de très loin les clochers d'Anvers par-dessus les peupliers) m'ont laissé une impression persistante, étrange. »*

Un autre repère de sa visite anversoise demeure dans *Le Rivage des Syrtes*. De même que la mer des Syrtes, avec ses marées, évoque l'Atlantique plutôt que la Méditerranée, c'est une chambre anversoise — celle de la Maison hydraulique où se réunissait la Corporation des Brasseurs — qui a servi de modèle pour une salle du palais d'Orsenna, « petit paysage historique » que Gracq lui-même situe aux pages 329-330 de son roman. Et sans doute, ce qui a été emprunté à la belle demeure anversoise, c'est moins *« la matière épaisse des tables équarries »* et des *« cathèdres barbares »*, les *« ors éteints des plafonds »* ou les *« cuirs lourds qui s'écaillaient aux murs »* — dont tout de même je fus priée de lui envoyer la photographie (et comme je comprenais ce besoin de fournir un support à la rêverie !) — qu'une particularité étrange qu'avait cette salle de retenir comme l'arôme d'une présence évanouie, de telle sorte que le visiteur hésitait sur le seuil, tempérait sa voix, étouffait ses pas, attentif à capter dans l'air quelque chose d'indéfinissable. Gracq décrit cet air comme « *imprégné faiblement d'une essence plus volatile, de celles dont on dit expressivement qu'elles existent à l'état de* traces, *qui fuyait l'attention après l'avoir alertée et dont on sentait que dans sa distillation subtile le* temps — *un temps qui au lieu de se dévorer semblait ici se décanter et s'épaissir comme la lie d'un vin vieux, avec cette succulence presque spirituelle par où certains flacons très nobles font pour ainsi dire exploser les années sur la langue — avait compté pour presque tout...* » Ainsi la visite anversoise avait-elle ranimé un autre de ses thèmes, celui de la chambre vide, visitée en l'absence de ses habitants.

Il revint quelquefois, découvrit Gand, Bruges, leurs abbayes, leurs béguinages, leurs canaux, le vieux Pand gantois, aujourd'hui restauré, l'immense carène renversée de la grange de Ter Doest, les villes mortes, Damme, Sluis, Vere. Visiteur zélé, affable, presque docile, il m'accompagnait complaisamment que ce fût à Bruges, au Jeu du Saint-Sang, ou à Damme, sur la tombe de Van Maerlant, hauts lieux du chauvinisme flamand. La splendeur liturgique du Jeu avec ses 2 800 exécutants, ses chœurs parlés, ses mouvements de foule, ses sonneries de trompettes, de cloches, de carillons, le toucha et il voulut bien le comparer à Bayreuth. Mais je crois qu'il n'aima rien autant que les tours massives qui jalonnent le rivage de la mer du Nord, tours d'église qui furent en même temps tours de guet et phares : Lissewege, Oostkerke, Damme, Sint Annater Muiden où nous montâmes par un glorieux matin d'été. De là-haut il découvrait un de ces paysages qu'il aime et qu'il a décrits dans *Liberté Grande* : villes maritimes, prêtes à appareiller ou, mal ancrées au sol, « *à céder à je ne sais quelle dérive sournoise* », ports ensablés, ciels toujours prêts à virer et qui se confondent indiscernablement avec la terre et l'eau. Nous parlâmes de l'étrange repos que goûte l'esprit devant ces efforts d'uniformisation du paysage. C'est là, je crois, que je commençai d'entrevoir la fascination de la métamorphose sur cette imagination d'alchimiste qui ne cessait d'accoupler les choses que pour opérer leur transmutation, opération qu'il lui arrivait de suspendre, moins pour arrêter son cours que pour la décomposer, afin de la montrer en train de se faire et de la livrer en quelque sorte sur le vif. D'où cette poésie du *suspens* plutôt que de l'attente, d'où ce « *goût de dédoublement* » confessé par le poète, cette quête mallarméenne d'un *deux à deux* rongeant les objets pour en « *établir les identités secrètes* » et non déboucher sur leur néant (comme l'insinue Sartre).

J'écrivais alors le *Journal de l'Analogiste* (où l'on peut reconnaître son influence) et comme lui, comme Jünger que nous admirions l'un et l'autre, je me passionnais pour les *chasses subtiles*. Je n'étais pas certaine cependant qu'il courût le même gibier. Éblouie par la somptuosité de cette prose, ne voyant rien dans notre littérature vivante qui pût lui être comparé, j'imaginais Julien Gracq en quête de pure beauté formelle, génial chasseur d'images, collectionneur de mots rares, inventeur exquis de montures syntaxiques où les enchâsser, et je méconnaissais, en deçà de ces effets, l'organisation d'un esprit tendu vers la totalisation et le rassemblement. Aujourd'hui je me dis que ces images si longuement répercutées, que cette suite d'incidentes, groupées comme autant de modulations autour de la principale, auraient pu m'éclairer dès alors et m'apprendre que, comme Jünger, ce poète ne pourchassait que « *l'Unique à travers la hiérarchie des arcs-en-ciel* ». Car enfin qu'est-ce qu'une syntaxe à longues phrases, lorsqu'elle n'est pas simple débridement ? Qu'est-ce qu'elle révèle sinon l'ambition d'affirmer toujours à nouveau le triomphe de l'Un sur le Multiple ?

L'envie me vient aujourd'hui de relire la *Sieste* sous cet éclairage. Comme chaque fois qu'au cours des années, j'ai rouvert un livre de Gracq — et si captivée que j'aie pu être par un autre grand magicien — je me prends aux sortilèges de l'écriture. Dans ce corps à corps de l'écrivain et du lecteur où c'est à qui possédera l'autre, j'accepte de jouer perdant et je me prête à la description insinuante de cette Flandre que le poète nous montre à demi immergée, e,t pour parler comme Enea Balmas, « à mi-chemin entre le solide et le fluide, entre la forme achevée et le mouvement ».

Je note qu'il m'invite à y pénétrer au crépuscule, lorsque les lignes verticales des clochers et des tours commencent à bleuir, que les routes vides semblent perdre leur sang peu à peu, s'étoilant et s'étiolant en chemins qui fuient indéfiniment, qu'aucun toit ne pointe plus derrière les masses des arbres et qu'aucune lumière ne brille encore, que les troupeaux couchés dans le lointain déjà brumeux semblent pris dans les remous figés de l'herbe haute comme dans la glu d'une banquise molle. Que me rappelle ce paysage dont l'auteur a pris la peine de si bien noyer les traits, que me rappelle ce brouillage, cette imprécision savamment ménagée ? Poursuivant ma lecture je note de nouvelles images d'expansion ou de confusion, je bute contre la répétition de mots comme *exubérant, éclatant, submergeant, envahissant, touffu, bruissant, crémeux, pelucheux, suintant, juteux.* Quel écho éveille en moi ce vocabulaire du débordement ou de l'*illimitation*, avec ses épithètes qui dilatent ou gomment si étrangement les contours ? N'ai-je pas rencontré déjà cette terminologie du vague, de l'amorphe, du pâteux, du gluant ? N'ai-je pas été confrontée avec un monde préadamique où les règnes eux-mêmes s'illimitaient, se mélangeaient, où les mers rampaient, où les fleuves avaient une peau et les arbres grattaient la terre de l'ongle ? Que me rappelle cette végétation qui monte à l'assaut, luttant de vitesse avec l'eau pour venir à bout des parcellements tracés par l'homme, que me rappelle cette lèpre verte, féroce, vorace, et sa menace, partout exsudante — menace de *figement, d'empêtrement, d'engourdissement* mais aussi d'engloutissement et de dévoration ?

Je reconnais ce vocabulaire. C'est celui de la *contingence.* Cette menace d'étouffement et d'absorption, c'est celle que « l'existence brute » fait peser sur le promeneur du Jardin public de Bouville. Mais voilà, ce qui est objet d'abomination pour Roquentin, pour le visiteur des *bas pays* n'est que douce attirance. Car *il fait bon* rouler sur ces routes *touffues* et *sourdes*, dont *on arrive très vite à douter qu'elles mènent nulle part, zigzaguant* sur la crête des digues. *Loin de se ressaisir*, on *se laisse aller* à ce *charme* fait *d'oubli* et *d'ensevelissement. Nulle angoisse* dans ce *labyrinthe* au vert *profond* de pelouse anglaise. Pour y échapper, il suffirait d'ailleurs de faire un signe, « mais c'est l'envie de faire ce signe qui manque, et on s'aperçoit que le besoin cesserait très vite, pris dans le dédale obsédant des chambres de verdure, de s'orienter vers aucun point de ralliement ». Bref, comme le dit si bien Gracq, *on cède de tout son long à l'herbe.*

On comprend qu'Enea Balmas ait nommé Julien Gracq un « anti-Sartre ». Non que l'on ne puisse reconnaître chez ces deux écrivains une même tentation — celle de se perdre dans une ébriété d'indistinction. Mais tandis que Sartre se raidit devant « l'extase horrible », devant « l'atroce jouissance », se figeant dans le refus désespéré de *l'antiphysis* (et succombant ainsi au danger même qu'il voulait éviter), Gracq s'abandonne sans restriction à ce qu'il ne craint pas de nommer *« une ivresse d'acquiescement aux esprits profonds de l'Indifférence »* — ivresse dont l'expression culmine dans une dernière page grandiose et dans ces derniers mots : *« il n'y a plus d'ailleurs — il n'y a jamais eu d'ailleurs — toutes choses communient parfaitement dans le perméable ; on se sent là, aux lisières attirantes de l'absorption, une goutte entre les gouttes, exprimée un moment avant d'y rentrer, de l'éponge molle de la terre. »*

Pourquoi Gracq ne craint-il pas et Sartre craint-il si fortement de sombrer dans la plénitude du végétatif, pourquoi l'auteur de la *Sieste* se laisse-t-il glisser bénévolement dans cet « immense volume de calme », alors que celui de *La Nausée* se cabre et s'arc-boute, pourquoi ce qui est scandale et menace mortelle pour ce dernier ne l'est-il pas pour l'autre ? Ne serait-ce pas que Gracq ne court pas le même risque, certain qu'il est d'en pouvoir réchapper — d'autant que son dégagement est déjà amorcé. Comme il s'en est admirablement expliqué dans l'un de ses meilleurs textes critiques[1], l'acquiescement qu'il approuve et pratique (et dont assez curieusement il prend pour exemple Claudel, du moins une certaine attitude de Claudel) est celui qui revendique « l'expression de la *totalité* de l'homme, qui est refus et acceptation mêlée, séparation constante et aussi constante réintégration ». Chez Gracq, le *sentiment du oui* (plus d'une fois rattaché au Féminin) implique celui du *non* dont il est prêt déjà à se délivrer — alors qu'un Sartre *s'hypnotise* sur le *non* (comme il arrive qu'un Claudel, avec son

« formidable appétit d'acquiescement », s'hypnotise sur le *oui*). En somme l'opposition est moins entre l'adhésion et le refus qu'entre la souplesse indolente, la flexibilité du *oui* gracquien et le systématisme buté du *non* sartrien, donc entre le mobilisme et le statisme.

Peut-être y a-t-il dans la *Sieste*, plus significativement qu'en aucun texte de Gracq, dévoilement de l'attitude de l'écrivain à l'égard du monde. En dépit de l'éloignement observé à l'égard de la métaphysique, l'imagination chez ce poète est trop puissamment motrice, pour ne pas le porter jusqu'à ces *grands fonds* où se présentent et se prennent les options fondamentales. Plus secrète, plus voilée (et l'on pourrait invoquer ici « l'intimité mouvante du dévoilement et du voilement » de Heidegger) mais non moins ferme que chez René Char, il y a chez Julien Gracq une démarche spécifiquement héraclitéenne, vive à se mouler sur le mouvement universel. Ductilité plutôt que plasticité, l'adhésion chez Gracq est adhésion au fait que tout change. Tout un lot d'images de fuite, d'écoulement, de glissement remémorent le *panta rei* de l'Éphésien (voire la *fluidité* de Thalès), cependant que d'autres, plus précises — images de circulation, d'irrigation, de respiration, de diastole et de systole (dont les derniers mots de la *Sieste*, avec leur représentation de la terre-éponge, d'abord pressée puis relâchée, offrent une ingénieuse variante) — rappellent l'articulation et le rythme binaires d'une pensée d'autant plus tendue entre les extrêmes que son ambition est d'en affirmer plus spectaculairement l'identité.

Irrécusablement, Gracq demeure ainsi dans l'orthodoxie du surréalisme, tout particulièrement du texte si souvent cité mais nullement éculé d'André Breton : « Tout porte à croire qu'il existe un certain point de l'esprit d'où la vie et la mort, le réel et l'imaginaire, le passé et le futur, le communicable et l'incommunicable, le haut et le bas cessent d'être perçus contradictoirement. Or, c'est en vain qu'on chercherait à l'activité surréaliste un autre mobile que l'espoir de détermination de ce point. »

S'efforçant à définir cette quête, Gracq écrit : « *Elle est essentiellement suppression des contradictions, élimination des antinomies, son pressentiment est celui d'une totalité sans fissure où la conscience pénétrerait librement les choses, et s'y baignerait sans cesser d'être, où l'irréversibilité du temps s'abolirait avec le passé et le futur*[2] .» Une totalité où la conscience baignerait sans cesser d'être ! Autrement dit, l'En-soi-pour-soi sartrien ? Dieu ? Le mot émerge chez Gracq[3] comme chez Sartre. Mais tandis que Sartre rejette l'idée de Dieu parce que contradictoire, Gracq nous dissuade seulement de l'interpréter « *dans un sens si peu que ce soit chrétien* ».

Car il y a aussi un *pari* surréaliste, avec « toute la vie et tout l'au-delà de cette vie à gagner ou à perdre », il y a un « acte de foi inconditionnel » en cette surréalité dont la conquête s'accomplit « probablement au-delà de la parole ». Cette conquête, Gracq ne l'envisage que comme un acte suprême de conscience, même si elle se prépare dans la vie végétative, même si l'homme se prête à sa condition de *plante humaine*, magiquement réaccordée aux forces et aux rythmes de la terre. Car (pour reprendre une image de Degas retenue par Gracq) un artiste qui *se met en espalier*, diffère encore de l'arbre en ce qu'il a conscience de se disposer en espalier. Vivre de la vie d'un arbre — ou même d'un veau, comme s'appliquait à le faire le romantique allemand Karl-Philipp Moritz — lorsqu'on est un homme, c'est penser ou tout au moins rêver que l'on est arbre ou veau, ce qui implique un déboîtement de conscience qu'un poète comme Gracq ne cesse d'explorer. Même résolu à donner congé à la pensée — ou, comme il est dit dans la *Sieste*, « *à lui faire évacuer ses postes de guet fastidieux* » et « *replier le réseau de ses antennes inutiles* » —, même résolu à s'immerger dans « *la pure conscience d'être* », encore faut-il, pour ne pas manquer la cible, cette courte résistance, cet instant furtivement dérobé aux *lisières* mêmes de l'immersion. Car s'abîmer n'est rien, mais savoir qu'on s'abîme.

D'où cet accent mis par Gracq sur l'*intervalle* et cette faveur consentie à la *mixité* (transparaissant tant dans les thèmes gracquiens de l'attente, de la cité interdite, de la chambre vide que dans le goût confessé pour le dédoublement du jeu et du théâtre). Expérience du *vide interstitiel* que l'on peut sans témérité nommer métaphysique et même mystique[4] et que la visite en Flandre maritime ne fut pas sans influencer, ce lieu de métamorphose lui fournissant peut-être les conditions d'une activation, d'un forçage.

Comme l'observe justement Jean-Louis Leutrat, loin d'être frappé de suspicion, le langage chez Gracq devient instrument d'investigation, la pensée naissant « au sein d'une image qui tend à s'élucider », — une fois de plus donc dans un intervalle, dans l'entre-deux de la comparaison. C'est assez dire que l'écriture, à la fois relation et mouvement, rejoint ici les plus augustes significations du *logos koinos*. Le sentiment qu'on en éprouve, et qui est celui d'une extrême pureté et comme d'une raréfaction de l'air, suffirait à nous renseigner sur l'altitude à laquelle atteint et nous entraîne ce poète. L'exquise réserve de Julien Gracq, son quant-à-soi, son extraordinaire *tenue*, son dédain de tout jargon ne doivent pas nous induire en erreur. L'expérience que son œuvre laisse transparaître est expérience fondamentale de l'Esprit, engagé dans l'aventure humaine. Quant à son témoignage, il est sans prix, puisque dans une société périlleusement adonnée au systématisme du refus, sa voix s'élève solitairement pour exprimer l'adhésion au monde et pour célébrer, face à la Nature, le sentiment poétique de la merveille.

SUZANNE LILAR.

NOTES

1. *Pourquoi la littérature respire mal* (*Préférences*, p. 73).

2. « Le surréalisme et la littérature contemporaine », *Nieuw Vlaams Tijdschrift*, 1950, p. 1132.

3. « Et peut-être un mot de Rimbaud, qu'ils ont reconnu aussi comme un précurseur, dévoilerait plus crûment l'ambition qui se cache derrière ce mot de surréel, un mot clef que je me garde bien pour ma part d'interpréter dans un sens si peu que ce soit chrétien : Par l'esprit, on va à Dieu. » (*Ibidem*, p. 1133).

4. Elle fut celle de nombreux mystiques. *Cf.* l'auteur du *Cloud of unknowing* : « Car le silence n'est pas Dieu et la parole n'est pas Dieu... et il en est de même pour toutes ces paires d'opposés. Dieu est caché entre les deux... »

RENCONTRES AVEC JULIEN GRACQ

Jean Ballard

Puis-je dire que le connais Julien Gracq ? Au cours de mes visites parisiennes je ne manquais pas de lui faire signe. Mais je mis quelque temps à identifier l'être réel à celui que j'avais imaginé d'après ses premiers livres. Au premier contact il me plut par son accueil limpide et sa simplicité. Son naturel courtois vous mettait à l'aise bien qu'une légère réserve, qui témoignait de beaucoup d'usage dans le commerce des hommes, tempérât sa cordialité. Mais de son abord rayonnait la confiance dès les premiers mots, quand il s'enquérait aimablement de mon séjour, de sa durée et de mes parcours, de la même voix posée qu'il eût questionné sa classe, sans curiosité ni malice. Bien au contraire, sa prévenance discrète rappelait la politesse d'un André Breton chez qui le ton cérémonieux eût fait place à la bienveillance.

J'aimais ces prises de contact qui ne préludaient qu'à une heure de détente et à une agréable causerie sans visée aucune. Ce qui était un vrai luxe pour un visiteur aux heures comptées et davantage pour lui sans doute qui devait son temps à l'Université.

Quand nous étions installés dans un petit restaurant de la rue de Grenelle, tous les soucis qu'on avait traînés jusque-là se dissipaient par enchantement. Comme à part deux ou trois thèmes favoris qui nous rapprochaient, nous nous découvrions assez différents par les goûts de l'âge et par nos attaches diverses de pensée, nos entretiens trouvaient dans la sympathie une ouverture inépuisable. D'où nous venaient alors cette chaleur, cette impatience qui nous jetaient dans un réseau de commentaires et de réflexions ? Toujours maître de son propos, ne haussant jamais le ton d'une conversation animée, il savait provoquer la réponse qui stimulerait sa pensée. Il me guidait avec finesse car il est de ceux qui, enseignant par profession, ont pour souci d'élargir leurs connaissances en tendant l'appât au partenaire.

Parlions-nous de ses livres ? Très peu, sinon par allusions, et quand le sujet s'y prêtait. Pas davantage de ses activités car le propre des esprits avisés est de situer l'entretien dans le général pour en tirer par analogie des indices sur l'interlocuteur. Ses rares confidences faisaient état de week-end ou de vacances en pays de Loire. Il y rejoignait sa mère et sa sœur à qui on le sentait très attaché. Mais, de sa vie personnelle il n'était guère question. Je me montrais certainement plus disert sur la mienne, mes efforts et ceux de mes amis. Il s'étendait par contre volontiers sur l'agitation des gens de lettres, la jugeant avec une sévérité ou une moquerie apitoyées, et je retrouvais alors des échos de *La Littérature à l'estomac*. Mais ses thèmes favoris étaient ceux qui avaient accaparé sa pensée de bonne heure et qui touchaient aussi aux préoccupations de notre équipe.

De ces déjeuners qui se renouvelaient à chacun de mes séjours je retirais l'impression d'une aisance où je sentais croître ma sympathie. Sa présence offrait l'agrément d'un jardin où je respirais de vieilles essences nobles. Sagesse et culture résolvaient en lui dans un équilibre constant des contradictions entre un naturel raisonnable et l'esprit baroque, un solide esprit classique et une propension aux vertiges romantiques, comme aux charmes du légendaire.

Je mesurai ses dons critiques au cours d'une visite que je lui fis dans un nouvel appartement depuis peu déniché rue de Grenelle. Il songeait à le rendre plus conforme à ses goûts et s'excusa de m'offrir comme siège un pouf très coquettement capitonné de satin rose qui donnait la note de l'ameublement. « *J'ai dû accepter,* m'expliqua-t-il, *avec les murs le mobilier de l'occupante qui m'a précédé et je vis actuellement dans un boudoir. Mais n'allez pas croire sur la foi du cadre que mon style de vie en sera changé. Vous savez que mes personnages, même féminins, ne sauraient s'y plaire,* et *que je ne cultive pas le genre « cocotte », cher à Willy. Tout cela va d'ailleurs disparaître.* »

Je le crus si bien que je ne suis pas revenu voir et j'ai le regret d'ignorer l'aspect de son appartement rénové. Toutefois j'avais eu le temps de découvrir sur un meuble le numéro *Romantique Allemand* et je vis l'occasion d'aiguiller l'entretien sur ce domaine. Je le sentis plus détendu d'être doublement chez lui, et je le devinai prêt à plus d'abandon.

Après quelques mots pour louer l'ouvrage il en releva l'équivoque qui pouvait naître sous la Résistance d'une telle publication, mais je n'eus pas de peine à lui montrer le parti que nous sûmes en tirer pour la dignité de la culture. Ce numéro spécial était sorti en 1937. Il correspondait à notre profession de foi surréaliste et versait dans le culte fervent des grands romantiques. Il en appelait à une Allemagne des esprits nobles, à une Allemagne intemporelle. La guerre hitlérienne nous fit obligation de mettre entre parenthèses les rêveries romantiques ; elle exigeait de nous le plus strict silence pour éviter l'équivoque.

Mais Gracq que passionnait la chose me fit observer que notre véritable pensée se fit jour plus tard lors de la réédition de 1949 lorsqu'il fut loisible de dégager de *L'Europe et la Chrétienté* de l'insoupçonnable Novalis lui-même les prodromes du mal de conquête, de cette boulimie intellectuelle déjà en puissance sous la bannière de l'Église, dans l'expansion de l'esprit de Communauté européenne qu'on voit grandir aujourd'hui, particulièrement outre-Rhin. Novalis ne pouvait certes prévoir que les fins politiques du nazisme s'alimenteraient à l'eschatologie chrétienne ! Mais lui-même ne croit-il pas inconsciemment au peuple élu ?

Je vis là se manifester la finesse d'esprit de Julien Gracq et sa parfaite intelligence du romantisme que sa complaisance de poète ne rendait pas moins clairvoyante. Notre ouvrage l'avait alerté et je devinai qu'il aurait place privilégiée sur ses futurs rayons.

Du romantisme allemand ma pensée sauta naturellement au Graal, thème dont je savais mon hôte très épris. J'avais été frappé par l'interprétation qu'il présente d'une gravure qui reposait au chevet d'Herminien dans le *Château d'Argol* (p. 163) et qui n'aurait pas manqué de surprendre les conteurs cisterciens de la Queste du Saint Graal. Pour eux l'effusion du sang d'Amfortas provoquée par la lance mystique de Parsifal et glorifiant la blessure du roi à l'égal de celle du Crucifié sur la Croix eût paru un blasphème et plus encore l'hypothèse qu'elle consacrait le Cycle du Graal comme une « Rédemption du Rédempteur ».

Nous avions destiné un numéro spécial qu'il devait connaître à l'élucidation de ce grand sujet. Effectivement il m'en parla. Ayant écrit une pièce sur le *Roi pêcheur* qui met en scène l'épisode de la visite de Parsifal à Montsalvage, je l'entrepris sur la blessure d'Amfortas, le roi « méhaigné ». Il est blessé dans sa virilité et la chanson de geste dit seulement « à cause de l'amour d'une femme» « dans un tournoi, d'un coup de lance » (cela est dans Chrétien de Troyes).

Or, c'était resté lors de nos entretiens avec Joe Bousquet un point obscur que nous interprétions librement.

Dans notre cercle, Bousquet évoquait le Roi du Graal par son ascendant et son impotence. Il avait été frappé à l'épine dorsale d'un éclat d'obus et son corps, malgré tous les soins, restait inerte au-dessous des lombes. Mais alors que la blessure de guerre de Joe Bousquet s'était avec le temps stabilisée, quoiqu'il restât incurable, celle d'Amfortas suppurait et ne se fermait pas. « C'est qu'elle est de nature infectieuse, disait Bousquet, et qu'elle provient des jeux de Vénus. » Le poète faisait remarquer que la lance du Graal saignait aussi mystérieusement à chaque présentation. Et Nelli d'ajouter que la science de l'époque se gardait bien de trancher, ni de suggérer un symbole que nous qualifierions de freudien.

« Cependant, dis-je à Gracq, vous n'hésitez pas à prêter à Amfortas un propos qu'il avoue plus tard être un mensonge, « Kundry ne soigne que les blessures qu'elle a faites », ce qui semble bien un aveu, même s'il est démenti par la suite.

— *Oui, le silence du poème sur ce point et la nature purulente du mal,* me répondit-il, *permettraient cette audace que la liberté de l'époque ne condamne pas. Ni de même le caractère de la pécheresse autrefois soumise à Klingsor... et tardivement repentie. Enfin le sang impur d'Amfortas empoisonne Montsalvage, désormais « Terre Gaste », c'est-à-dire maudite et désolée par la faute et la déchéance physique du Roi pêcheur, et ce mauvais sort n'en sera pas levé tant que le Chevalier sans tache qu'on attend n'aura pas prononcé les questions fatidiques... Cela est dit dans votre recueil... N'est-ce pas ?* »

Je confirmai et pour mieux m'en assurer, lui fis parvenir l'ouvrage.

J'ai depuis revu René Nelli qui nous a établi le numéro spécial *Lumière du Graal* et qui sait pertinemment ces choses et bien d'autres encore. « L'interprétation de Gracq est très soutenable, a-t-il conclu. Je ne crois pas qu'il y ait lieu de l'opposer sur le plan littéraire, aux sources. On peut toujours prétendre que sur le plan fatidique, sur le plan de l'inconscient, Amfortas a souhaité son mauvais destin, qu'il l'a mérité par sa souillure ; on peut dire aussi qu'il est un détenteur jaloux du Graal, qu'il a vocation de grand *avorteur*, confirmant ainsi le mot de Gracq[1]. »

Cela, je n'ai pas eu l'occasion de le répéter à ce dernier. Qu'il se sache donc justifié.

JEAN BALLARD.

NOTE

1. Préface du *Roi pêcheur*.

LES RENDEZ-VOUS IMAGINAIRES

Stanislav Jirsa

C'est un grand honneur pour moi que de confesser le bonheur des heures de recueillement vécues en compagnie de deux romans de Julien Gracq, *Un balcon en forêt* et *Le Rivage des Syrtes*, les seuls qui jusqu'à présent aient été traduits en tchèque. Comment ne pas éprouver une gêne en déclarant votre prédilection au poète que vous aimez ? Que la distance et le regret d'une rencontre personnelle manquée dont la possibilité avait été alors inattendue — de même qu'elle ne peut plus se renouveler aujourd'hui — que cette distance puisse au moins excuser le ton personnel de cet aveu.

Je ne veux pas tenter une analyse critique : l'ample mélodie de la période presque baroque de son œuvre (la musicalité des thèmes étant liée au charme des motifs et de la parole) entraîne le lecteur, et le traducteur en premier, dans les profondeurs du monde gracquien. Le ténébreux Allan, le témoin Gérard, les lieutenants Aldo et Grange, ces jeunes héros aux aguets, ces quêteurs rebelles de l'incertitude de l'absolu dans les forêts irréelles de la Bretagne ou de l'Ardenne, dans un château mystérieux, dans une forteresse abandonnée au milieu d'un taillis, ou délabrée sur les bords d'une Méditerranée hors du temps, sont de la même race, et vous devez prendre leur parti si vous voulez les aimer et voir le monde avec leurs yeux, bien que leurs antagonistes (des capitaines de préférence) tâchent de prouver le contraire. Et ce n'est qu'après avoir fait connaissance de l'univers de plusieurs romans de Gracq que l'on peut commencer le travail de traduction. Mais avant de mettre le premier mot sur la page, relisez encore le roman que vous avez choisi, et lisez-en les pages préférées à haute voix. Peu à peu, vous n'entendrez plus les pourquoi de la raison, vous ne voudrez plus dépister ni temps ni espace, vous subirez le charme de l'envoûtement. Et vous commencerez à traduire ; vous ne déposerez pas la plume avant le mot ultime.

Ce qui ne veut pas dire que le langage de Gracq ne pose pas de problèmes au traducteur. Loin de là ! L'ample période, souvent débordante, se perdant dans des sinuosités, avec des bifurcations, des parenthèses, puis se retrouvant enfin, le choix méticuleux des épithètes, le crescendo des images — quel piège que les redoutables *comme si, il semble, il paraît.* Ajoutez au surplus les différences syntactiques. Le caractère du tchèque s'oppose avec véhémence aux propositions relatives dont le français est épris. Et il y en a dans Gracq ! Oui, ce sont justement elles qui rendent la construction claire et logique en créant en même temps un large souffle d'incantation. Voilà ce qu'il fallait conserver à tout prix : l'enchaînement des idées et des images, l'atmosphère de mystère ne doivent pas être rompus. Et croyez-moi, il n'était pas facile de surmonter cet obstacle.

Le Rivage des Syrtes n'était pas ma première traduction de Julien Gracq. C'est *Un balcon en forêt* qui m'a ravi et qui m'a introduit dans l'univers gracquien. Dans ce récit passionnant, le heurt de la réalité et du monde intérieur rempli de pressentiments est encore plus fort. Du point de vue linguistique apparaissent le problème de l'argot militaire et d'autres incertitudes encore. Comme je n'osais pas les résoudre, je me suis adressé à M. Gracq qui m'a donné des éclaircissements là-dessus avec une grande amabilité. J'aurais bien voulu poser aussi d'autres questions, mais je n'ai pas osé. Le *Balcon* a fait saigner de vieilles plaies. J'avais beau me dire qu'on avait tort de le considérer comme un reportage, le destin des hommes de la maison forte n'est que le prétexte aux variations artistiques de l'auteur. Le lieutenant Grange (de même que son prédécesseur Aldo) n'est pas responsable de son seul destin à lui. Combien de fois ai-je interrogé Grange sur le sens de son attente, de son hésitation ? « Eh bien, mon cher ami, nous voilà dans le même sac, lui disais-je, nous autres Tchèques après Munich et vous. Comment auriez-vous pu espérer gagner la guerre si tous les vôtres avaient agi comme vous l'avez fait ? » — Et au fond du cœur je savais qu'il avait raison.

Mais quatre ans plus tard, l'amiral Nord des *Lettrines* a enfin répondu à ma question.

Lorsque vous avez déposé la plume, et encore longtemps après avoir remis votre travail à l'éditeur, vous demeurez dans ce monde d'attente, en proie à l'indécision de l'esprit, mais aussi à une indécision professionnelle : comment traduire la dernière phrase du *Balcon* si le verbe final vous permet de choisir entre la mort et la vie — dormir ou bien mourir ?

Je fus hanté pendant longtemps par certaines pages de cet ouvrage, par l'évocation de Chinon par exemple ; ainsi je ne pouvais plus résister au désir de visiter ce pays. Il ne m'a pas surpris, l'illusion du déjà vu étant complète. Le poète a vaincu l'historien. A vrai dire, on voit toujours très nettement le paysage de Gracq, du vaste horizon jusqu'à la brindille des sapins de l'Ardenne. Nous autres continentaux privés de mer nous en ressentons peut-être par trop l'attrait, mais il y a peu de poètes qui sachent la décrire aussi bien que Gracq. Sa nature et ses objets sont toujours les véhicules de symboles — la chambre des cartes, le portrait d'Aldobrandi, la forteresse réparée au clair de lune, l'Orsenna à la veille de sa fin respirent le mystère de l'au-delà. Terminons par la parousie de l'An Mille lors du sermon de la messe de minuit : elle met le traducteur en nage, la période étant tendue à la limite du possible, la moindre inattention pourrait mener facilement à une anacoluthe, une seule épithète de trop suffirait à détruire l'équilibre de l'atmosphère et de la tonalité.

Cette lutte acharnée, ces dialogues fictifs et l'amabilité de M. Gracq m'ont rendu son œuvre très chère.

Enfin, je voudrais exprimer ma gratitude à M. Corti auquel j'allai rendre visite immédiatement après être descendu du train lorsque je réussis à revoir Paris après de longues années. Je voudrais le remercier de son aimable accueil et de m'avoir fait connaître, grâce au don qu'il me fit, *La Littérature à l'estomac* et l'excellent essayiste des *Lettrines*.

STANISLAV JIRSA.

POUVOIRS D'UNE INCANTATION

Louis Charvet

S'il n'y avait eu cette expérience d'une Représentation (intégrale) du *Roi pêcheur* dans un village de Savoie, rien ne m'eût désigné pour porter sur Julien Gracq le témoignage de l'admirateur anonyme. Et si cette expérience n'eût eu d'autre suite que de nouer entre nous des rapports où sa constante et amicale gentillesse répondit à un attachement qui n'était plus seulement littéraire, ce que j'avais constaté de son éloignement pour tout ce qui pourrait, à son sentiment, le mettre indiscrètement en lumière, m'eût dissuadé de le rendre. Mais il se trouva que cette expérience lui laissa du village de La Chapelle Blanche, où elle eut lieu, une impression qu'il rendit publique en une lettre adressée, pour lui servir de Préface, à l'auteur d'un recueil de poèmes qui tenait son titre de ce village et du « mythe » dont il pouvait être chargé[1] ; et qu'aussi bien cette expérience montra ce que pouvait être l'emprise d'un tel drame sur un auditoire que rien ne semblait y prédisposer. On verra plus loin comment elle entraîna celui qui en prit l'initiative dans des voies, pour lui, tout à fait imprévues — dénonçant par là dans l'incantation du drame un pouvoir d'ébranlement susceptible d'étendre ses ondes bien au-delà du cercle enchanté où la magie du verbe avait tenu, par une belle soirée d'été, les auditeurs du *Roi pêcheur*.

La Chapelle Blanche en Savoie n'a que 318 habitants. Elle se dispose sur un ensellement qui ménage, entre deux cimes boisées, un seuil menant de la Combe de Savoie aux arrière-vallées où s'ouvre l'amorce de routes qui furent des routes d'Italie. Les eaux sauvages d'un torrent ont ouvert en ce seuil une profonde estafilade. Ainsi ce village qui prend quand on y accède figure d'un reposoir, apparaît-il, de l'autre rive du torrent — en regard de la « maison aux arcades » où se donna *Le Roi pêcheur* — suspendu sur une dévalée de rocs et d'arbres agrippés — Chapelle Blanche, Chapelle aux Abymes ? Non, ce n'est qu'une agglomération modeste aux maisons de pierres plates ou crépies, couvertes de lauzes ou d'ardoises, parmi des jardins et des champs, que surplombent bois et prairies. Un nombre grandissant de ses habitants travaille, une bonne part de leurs journées ou de leurs nuits, dans les usines des vallées voisines. Ces hommes, les femmes, les adolescents et même les enfants de ce village — et de quelques villages voisins — constituèrent, de la représentation du *Roi pêcheur*, comme de toutes celles que donnèrent les « Festivals de La Chapelle Blanche », l'essentiel du public.

Ces Festivals eux-mêmes étaient nés de la plus imprévue des rencontres. Un bel artiste, musicien et chef d'orchestre, directeur au Conservatoire national[2], eut l'idée — l'année où fut célébré le centenaire de la réunion de la Savoie à la France — d'amener dans le village près duquel il passait ses vacances quelques-uns des jeunes tragédiens — amateurs ou professionnels — qu'il avait formés, afin de solenniser cette date mémorable d'une fête qui ne fût point une kermesse. Ainsi demanda-t-il au maire de la commune, seul à posséder sur ses pentes des cours et terrasse suffisantes pour accueillir artistes et public, de les mettre à sa disposition pour y présenter *Bérénice*. L'accueil fut tel — et l'élan qu'il donna aux jeunes artistes — que ce fut dès lors — prenant comme décors les différents arrière-plans de ce clos : les arcades du perron, un hangar à colonnes, une grange déployant au-dessus d'une entrée charretière trois baies aux arcs surbaissés — la représentation, chaque année, d'une œuvre magistrale : *Suréna, Pelléas et Mélisande, Phèdre,* puis *Le Roi pêcheur.*

Point n'est besoin de connaître le texte publié par Julien Gracq dans *Farouche à Quatre Feuilles* pour percevoir la place que tient dans son œuvre le thème de l'Attente. *Le Rivage des Syrtes* (que l'avenir aura peut-être motif à révérer comme l'une de ces Œuvres prophétiques, auxquelles il faut rendre grâce d'avoir contribué à écarter les menaces dont elles rendent brusquement hallucinante l'imminence) est le monument d'une Attente qui se rompt sous son propre poids comme aux saisons où il fut écrit où l'on pouvait craindre qu'il en fût de la Guerre froide, attente d'une conflagration à tout moment possible (ne fût-ce que par l'énervement des chefs d'État excédés ou des équipages qui de jour et de nuit tournaient dans une ronde sans trêve aux frontières de l'éventuel ennemi) et qui eût pu faire crouler dans les flammes, comme Orsenna, le Monde occidental. *Un balcon en forêt* qui suivit *Le Rivage des Syrtes* fut lui-même un roman de l'Attente — Attente imposée et que seule devait rompre l'action imprévisible de l'ennemi. Le héros du *Balcon en forêt,* après le coup de boutoir de l'adversaire enfonçant les lignes dont il avait la garde, blessé lui-même et se rendant compte qu'il n'a plus « rien à attendre », s'endort dans la maison de ses brèves amours... Cependant, par-delà cette attente savourée et en définitive consentie, *Le Roi pêcheur,* publié en 1948, haussait ce thème jusqu'à mettre l'Attente au-dessus de l'accomplissement même, puisque Perceval n'y fera pas le geste qui la romprait pour l'élever au comble de ce que semblaient être ses vœux. Une telle préférence n'est point non plus sans exemple de nos jours.

Cela seul eût suffi pour désigner *Le Roi pêcheur* à l'attention d'un lecteur envoûté par l'atmosphère des œuvres de Julien Gracq ; mais aussi bien lui semblait-il discerner que ce drame offrait à une jeune troupe exaltée par la représentation, deux ans auparavant, de *Pelléas et Mélisande,* l'attrait d'une œuvre contemporaine aussi largement ouverte aux effluves qui passent dans une nuit d'été qu'apte à exercer sa juvénile ardeur.

La présentation du *Roi pêcheur* se fit devant un mur que les projecteurs douaient d'une curieuse vibration et comme d'une vie secrète le crépissage ocré — l'offrant en un sertissage aussi fruste que pouvait l'être, pour les récits des trouvères, celui des châteaux du temps.

Que Julien Gracq y eût consenti, l'organisateur de la représentation en était le premier surpris. Grâces en soient rendues à José Corti qui le convainquit de lui poser la question ! Grâces surtout à Julien Gracq qui agréa aussitôt l'idée d'une expérience dont il dit plus tard qu'il ne l'avait pas vue venir sans « beaucoup d'appréhension ». Il tint à venir lui-même à La Chapelle Blanche et c'est en sa présence que se déroulèrent les ultimes répétitions. C'est en sa présence qu'eut lieu, par une belle, mais obscure soirée d'été, l'unique représentation du Festival.

Après son retour à Saint-Florent-le-Vieil Julien Gracq voulut bien m'écrire : *« La représentation m'a beaucoup intéressé et même appris. » « La bonne volonté chaleureuse de tous, et pour certains leur talent, qui m'a surpris, ont fait qu'à mon avis on voyait la pièce dans son vrai éclairage mieux qu'on ne le faisait à Paris — ce qui, joint à l'attention très bienveillante du public, a été pour moi une surprise plutôt réconfortante, car je ne croyais plus guère aux possibilités scéniques de la pièce. »*

De ces possibilités scéniques, chacun de ceux qui y assistèrent peut en fait se porter garant.

A l'heure où les projecteurs s'éteignent — au moment où dans la nuit revenue opaque chacun se dirigeait, qui vers la maison où se réunissaient les jeunes tragédiens, qui vers la sortie — les suivant de terrasse en terrasse, un fanal érigé sur la contre-pente de l'obscure vallée surplombée semblait s'offrir comme un guide. C'était le flot de lumière qui depuis l'année précédente inondait chaque soir d'été la tour maîtresse d'un château qui depuis le Xᵉ siècle porte le nom — étrangement évocateur pour qui sortait d'une célébration du mystère du Graal — d'Avalon.

Nul ne s'était jusqu'alors avisé de rechercher si cet Avalon, berceau d'un certain Hugues qui, au temps où

Chrétien de Troyes allait écrire le Conte du Graal, passait de ce pays alpin à l'Angleterre pour achever de réconcilier Henri II Plantagenêt avec le Ciel, après le meurtre de saint Thomas Becket, et dont la renommée était parmi les plus éclatantes du siècle, n'était pas celui que mentionne en son *Estoire du Graal*, qui constitue depuis le tronc commun de tous les poèmes et romans du Graal, Robert de Boron, originaire du même « Royaume de Bourgogne » que cet Hugues d'Avalon.

... Au moment où les compagnons de Joseph d'Arimathie, premier dépositaire du Graal, vont (le laissant s'éteindre en Orient) se mettre en marche vers l'Occident, l'un d'entre eux, nommé Pierre, confirmant la prédiction d'un Ange, annonce qu'il ira « se retraire » aux « Vaus d'Avalon » et qu'il ne quittera pas ce monde sans y avoir reconnu, investi et instruit celui qui sera le troisième Maître du Graal...

Ce texte ne laisse pas que de poser aux commentateurs de l'*Estoire* un fort embarrassant problème. Où situer ces Vaus ? Ce ne saurait être au voisinage de l'ancienne abbaye de Glastonbury en Somerset qui revendique, quoique à l'intérieur des terres, d'être l'île d'Avalon où les fées portèrent le roi Artus. Rien n'y correspond à ce que l'on désignait par Vaus au siècle de Clairvaus ou des Vaus de Cernay. Mais pourquoi ne seraient-ce pas ceux au-dessus desquels s'élève le château où naquit le saint que vénéraient déjà Bourgogne, Angleterre et France ? Une lecture attentive des textes le concernant montre qu'en un temps où la doctrine de l'Église concernant les Saintes Espèces n'était pas encore définie, l'esprit dont est imprégnée la Queste du Graal répond à celui qu'enseignait Hugues. Ainsi se dessinait pour celui qui avait pris l'initiative de ce Festival, sans se douter où cela le conduirait, une hypothèse que venaient étayer de multiples « coïncidences ». Car, poursuivant son initiation au Graal à travers les œuvres de Gaston Paris et de Pauphilet, jusqu'aux traductions magistrales de Jean Frappier — cependant qu'il achevait sur des éditions britanniques pratiquement inconnues en France l'étude des textes écrits en latin sur la vie de saint Hugues, par les témoins et compagnons de cette vie, il ressentit un choc à constater que dans « la

Queste du Graal », selon « Gauthier Map », les prodiges qui jalonnent et authentifient l'élection de Galaad qui mena à son terme la grande aventure, paraissaient comme transcrits de la contemporaine *Vita Magna* de saint Hugues, dont la figure voilée dominait ainsi l'illustre Légende[3].

C'est ainsi qu'une soirée d'été lança celui qui en avait désigné le thème dans une quête imprévue dont il semble bien que rien n'ait jusqu'ici contredit les conclusions[4], cependant qu'une mystérieuse corrélation s'avérait entre la présentation du *Roi pêcheur*, exaltation de l'Attente, sur le plateau qui les domine, et ces Vaus désignés par Robert de Boron comme ceux où devrait se poursuivre, jusqu'à ce qu'il y apparût, l'attente du troisième Maître du Graal.

LOUIS CHARVET.

NOTES

1. Évrard des Millières, *La Chapelle Blanche : Lever d'un mythe,* Rougerie éditeur, 1968.

2. M.A.L. André Thiriet, dont l'épouse Marguerite Revellin joua comme « assistante de production », un rôle de premier plan dans les Festivals.

3. Louis Charvet, *Des Vaus d'Avalon à la Queste du Graal,* José Corti éditeur, 1968.

4. De ces recherches, dont Julien Gracq fut tenu fidèlement au courant : « *Vous savez combien ces problèmes m'intéressent et m'ont même passionné* », m'écrivait-il deux ans plus tard, « *encore que l'érudition et la compétence me manquent.* » Il voulait bien ajouter, après avoir marqué qu'elles apportaient là « *un élément de solution tout à fait neuf, imprévu, vraisemblable* » : « *tout s'enchaîne si bien dans cette hypothèse que j'en suis pour ma part ébranlé. Que de chemins se seraient ainsi croisés autour de La Chapelle Blanche, et j'avoue que la beauté de ces Vaux est pour moi une raison très concrète de croire à votre explication...* » Cette beauté était déjà célébrée au début du XIIIe siècle par l'auteur (normand ou anglais) d'un poème de la Vie de saint Hugues.

TEXTE DE JULIEN GRACQ

LE SURRÉALISME
ET LA LITTÉRATURE CONTEMPORAINE*

Aragon, en faisant allusion dans le *Traité du style* à la vague de snobisme qui s'enflait à cette époque autour de Rimbaud, remarquait en 1928 que toute allusion au *Bateau ivre* ne pouvait plus être tenue que pour le signe le plus certain de vulgarité. J'avoue qu'un conférencier qui prend aujourd'hui la parole sur le surréalisme ne se défend pas d'une appréhension du même ordre. Nous sommes à une époque où les mots perdent leur vertu et s'usent plus vite qu'à une autre par *frottement* — ce frottement même des disques de radio et des disques publicitaires qui fait de la parole la plus vivante un gavage insipide que refuse très vite notre estomac. Il faut d'ailleurs faire bonne mesure. Un même avilissement rapide, plus rapide peut-être, menace le mot rival d'existentialisme dont la fortune a été plus prompte encore. Il y a une *tarte à la crème* du surréalisme, et si j'ai une excuse à présenter pour vous en parler, ce ne peut être que le projet de nettoyer un mot qui a brillé pour certains, et à une certaine époque, en lettres de feu — et de le débarrasser de cette trace d'innombrables doigts sales qui finit par nous cacher l'effigie même des monnaies qui ont beaucoup roulé.

* Texte publié dans *Nieuw Vlaams Tijdschrift* (mai 1950). Nous remercions M. Ivio Michiels qui, au nom de cette revue, nous a autorisé à le reproduire.

Le surréalisme a été victime de son succès, disons — pour être exact — d'un certain genre de succès. Il n'a pas vaincu, je veux dire forcé à la reddition ou au silence ses adversaires, comme ont pu le faire à un moment donné le classicisme et le romantisme. Il n'a pas cessé d'être moqué et même combattu avec acharnement : quand Mauriac parle, encore de nos jours, de la « peste noire » surréaliste, qui selon lui ronge notre poésie, il ne manque certes pas de gens pour l'applaudir. Le succès du surréalisme n'est pas là. Il n'est pas de ces triomphes que décèlent des statistiques de vente ou des épidémies de conversions. Il est dans une aptitude rarement atteinte par d'autres doctrines à la dissémination à distance, à la dilution jusque dans des eaux étrangères et lointaines, à la contamination. Il est dans son caractère *volatil*, dans son aptitude particulière à s'ajouter à des manifestations ou à des comportements qui lui sont par essence étrangers — à s'y ajouter comme un signe qui en change le sens — disons, si vous le voulez, et le langage de tous les jours nous en est garant, qu'il tend volontiers à prendre la forme adjective plutôt que substantive. On dira, par exemple, guidé instinctivement par un détail suspect qui se révèle toujours difficile à isoler, qu'une rencontre, une affiche, un jeu de mots, un groupement fortuit d'objets sont surréalistes. Je ne puis mieux faire ici d'ailleurs que de me référer à un remarquable article de Blanchot qui écrivait à propos du surréalisme dans *L'Arche*.

« Il n'y a plus d'école, mais un état d'esprit subsiste. Personne n'appartient plus à ce mouvement et tout le monde sent qu'il aurait pu en faire partie. Il y a dans toute personne qui écrit une vocation surréaliste qui s'avoue, qui avorte, apparaît quelquefois usurpée, mais qui, même fausse, explique un effort et un besoin sincère... Le changement est considérable, l'éclairage est différent... Mais enfin le surréalisme est partout. C'est un fantôme, une brillante hantise littéraire. A son tour, métamorphose méritée, il est devenu surréel... »

Mais un adjectif, on le sait, parce qu'il essaie de fixer une impression essentiellement fugitive, se défend mal contre la déformation particulière à chaque sensibilité, et il en résulte que ce mot de surréalisme en vient à recouvrir communément par abus d'interprétation des significations bien différentes. Tantôt on nomme surréaliste tout ce qui est, dans la littérature ou l'existence courante, bizarre, surprenant, gratuit, cocasse, ou fantastique. D'autres fois, si l'on se place plus résolument sur le terrain littéraire, on visera par l'épithète « surréaliste » — et d'ailleurs avec une égale hostilité — deux positions en réalité contradictoires. Pour les uns, le surréalisme évoquera la chapelle littéraire dans ce qu'elle a de plus exclusif et de plus insolemment fermé — un club d'admiration mutuelle où l'on utilise comme mot de passe des formules cabalistiques, et dont on claque la porte avec scandale et contusion sur les naïfs qui se croiraient le droit d'entrer. Pour d'autres, au contraire, le surréalisme symbolise la démagogie littéraire la plus basse, « la poésie à la portée de tous les inconscients ». « La poésie faite par tous », « le communisme du génie » — en somme un nivellement ruineux par le bas du « talent littéraire » puisqu'il suffit pour être poète de prendre une plume et d'écrire, en se gardant seulement d'aller à la ligne. Vu sous cet angle, le surréaliste, profitant d'une coïncidence de date, vient aisément se superposer à l'image du bolchevik de la légende. Il devient le partageux du talent, le spoliateur de la réputation acquise, le violateur de la règle — quelque chose comme le poète au couteau entre les dents.

J'ai cité là quelques acceptions communément répandues de l'entreprise surréaliste, et sur lesquelles il n'est pas autrement besoin de s'arrêter. Si nous voulons situer dans le mouvement de la littérature actuelle sa place et son enseignement, il nous faut d'abord lui restituer sa vraie figure.

Observons tout de suite que le surréalisme n'était pas sans prêter le flanc à des interprétations contradictoires. Le propre du mouvement, comme l'a fort bien montré Jules Monnerot, était, comme c'est sans doute le propre des mouvements vraiment vivants, d'allier tant bien que mal des positions et des doctrines contradictoires, préoccupé surtout qu'il était de ne rien laisser échapper de ce qui comptait. Ce n'est pas autour d'une doctrine logiquement déduite (tout le surréalisme y répugne) que se groupent ses membres — bien plutôt ils participent d'un esprit — « l'esprit nouveau » —, ils sont les dépositaires d'une illumination, « d'une révélation générale » qui, selon Breton, est le lot commun des esprits représentatifs de chacune des hautes époques. La cohésion, d'ailleurs toute relative, du groupe, témoigne au fond de la vérité du mot de Proust selon lequel « la communauté des opinions importe moins que la consanguinité des esprits ». Mais, plus encore que ses contradictions apparentes ou réelles, ce qui égare dans l'interprétation commune qu'on donne du surréalisme (et même Sartre dans son étude : *Qu'est-ce que la littérature* n'est pas indemne de cette erreur d'optique) c'est qu'on ne prend pas le surréalisme dans sa perspective historique, dans sa réalité historique, qui est, s'il annonce sans doute quelque chose, de succéder avant tout à autre chose, qu'on confond volontiers avec lui. On prête volontiers aux riches, et par exemple au surréalisme ce qui revient en fait expressément à son prédécesseur, le mouvement dada.

Le mouvement dadaïste, dont on sait qu'il est né à peu près simultanément vers la fin de la Première Guerre mondiale, à la fois en Suisse, avec Tzara, aux États-Unis avec Duchamp et Picabia, et à Paris, a longtemps égaré sur son sens véritable par l'allure scandaleuse qu'il a réussi à se donner de danse nègre et de saccage organisé. En réalité, avec le temps, ses éléments se laissent aisément réduire à une manifestation essentielle que je définirais pour ma part comme une explosion brutale, une véritable déflagration de pure négativité. Le mouvement dada, né dans l'année où la guerre mondiale présente les premiers symptômes d'une complète décomposition, est bien la tentative la plus résolue et la plus conséquente de destruction et de saccage que la littérature ait connue. Il vise à la désintégration sociale complète et prêche d'exemple : l'un de ses promoteurs, le boxeur Cravan, se signale comme « déserteur de 17 nations ». Il poursuit la destruction de l'objet par l'humour objectif qui nous montre l'apparence de tout repos de la matière comme sujette à de curieux accidents ; c'est l'expérience connue des morceaux de marbre, substitués par Duchamp à des morceaux de sucre. Le même Duchamp poursuit avec ténacité la liquidation de l'expérience individuelle, par le moyen des « ready-made » ou objets tout faits : il expose, en les signant, un porte-bouteilles acheté dans le commerce, une lithographie représentant un paysage d'hiver qu'il intitule *Pharmacie*. L'expression elle-même, si neutre pourtant qu'elle puisse être, est poursuivie jusque dans sa valeur d'échange : on compose un poème avec des mots tirés au sort dans un chapeau et mis bout à bout. Au mot articulé, on substitue l'onomatopée, le cri, l'agrégat syllabique de hasard dont « Dada » est le symbole. Défense d'écrire, car, comme le dit Artaud, « toute l'écriture est de la cochonnerie ». Défense d'agir, en vertu, comme l'écrit Vaché, « de l'inutilité théâtrale et sans joie de tout, quand on sait ». L'homme dépouillé de ses attributs essentiels, il ne reste, pour les plus conséquents, qu'à s'en prendre à son existence même : « Il est inadmissible, écrit Tzara, qu'un homme laisse une trace de son passage. » Logique avec lui-même, Vaché se suicide, en prenant soin de simuler l'accident, Rigaut se suicide, et Cravan disparaît de nuit dans le golfe du Mexique où son embarcation ne laissera aucune épave.

Toutes les braises ne sont pas éteintes de cet énorme feu de joie. Une filiation sans rupture, — et c'est ce qui encourage l'équivoque — unit le dadaïsme au surréalisme. Tout d'abord les *grands ancêtres* que se reconnaît toujours le surréalisme se situent là : Vaché, Cravan, Rigaut, marqués d'une espèce de signe sacramentel par leur suicide même, continuent à briller fixement à son zénith. Duchamp, Picabia, si loin qu'ils poussent le désœuvrement et le silence, continuent à jouir auprès de lui d'un crédit inépuisable. Et puis les surréalistes presque tous ont passé par Dada et ils en gardent une espèce de *pli* ineffaçable, une coloration amère et violente qui se projettera sur toutes leurs manifestations : le goût de blesser et de déplaire, le goût du scandale pour le scandale et de la provocation pour la provocation, le culte de l'humour aussi dans ce qu'il a de plus destructeur, de l'humour noir, considéré comme le moyen de désintégration le plus efficace, le « rayon invisible » qui leur permettra de l'emporter sur leurs adversaires. Quelque chose de tout autre va succéder à Dada, qui est le surréalisme, mais aucune rupture vraiment spectaculaire ne les sépare en apparence, parce que le surréalisme, et là résidera en grande partie son ambiguïté déconcertante et apparente, est un *système d'idées* qui s'est accommodé tant bien que mal d'un *style de vie* qui lui préexistait, qui n'était que très vaguement taillé à sa mesure, et qui était le legs du dadaïsme.

En fait le surréalisme succède au dadaïsme vers 1922 comme une phase constructive à une phase destructive. Les emblèmes et les signes de ralliement restent les mêmes ; la substance a profondément changé, il s'opère une rapide remise en ordre. Tout extérieurement d'abord une autorité forte se fait sentir qui agit moins par la contrainte que par une docilité spontanément consentie et obtenue et qui tient au magnétisme personnel d'André Breton. Une discipline formelle et parfois puérile s'instaure : il y a un *groupe* surréaliste qui comporte des rites d'admission et des exclusions tranchantes — un organe, *La Révolution surréaliste*, une morale avec même des péchés capitaux : saluer le drapeau, être journaliste, faire du sport, lire des ouvrages de Cocteau — une propagande qui se fait par des papillons dont Nadeau a recueilli le texte dans son ouvrage, *Documents surréalistes* — une Centrale où l'on procède à des expériences curieuses. Il y a même eu un véritable Index des lectures défendues, qui semble avoir échappé à Nadeau et que je retrouve au dos d'un catalogue de publications surréalistes.

Lisez :	*Ne lisez pas :*
Héraclite	Platon
Scève	Ronsard
Swift	Molière
Rousseau	Voltaire
Sade	Mirabeau
Fichte	Mme de Staël
Rimbaud	Verlaine
Freud	Bergson
Apollinaire	Mistral
Vaché	Valéry
	etc.

Le surréalisme, en rupture violente avec la négation totale de Dada, ne répugne même plus à s'insérer dans une tradition, à se reconnaître des ancêtres, que Breton invoque expressément dans le *Premier Manifeste*.

« Bon nombre de poètes pourraient passer pour surréalistes, à commencer par Dante et, dans ses meilleurs jours, Shakespeare. Les nuits d'Young sont surréalistes d'un bout à l'autre, c'est malheureusement un prêtre qui parle, un mauvais prêtre, sans doute, mais un prêtre.

Swift est surréaliste dans la méchanceté
Constant est surréaliste en politique
Hugo est surréaliste quand il n'est pas bête
Desbordes Valmore est surréaliste en amour
Baudelaire est surréaliste dans la morale
Jarry est surréaliste dans l'absinthe
Nouveau est surréaliste dans le baiser
Fargue est surréaliste dans l'atmosphère
St John Perse est surréaliste à distance. »

On voit à quel point, par rapport à Dada, la vapeur est renversée. Ici, encore, il faut céder la parole à Maurice Blanchot : « Les surréalistes sont apparus à leurs contemporains comme des destructeurs. Et le caractère de violence non conformiste était naturellement le plus frappant. Aujourd'hui, ce qui nous frappe, c'est combien le surréalisme affirmait plus qu'il ne niait. Il y a en lui une jeunesse ivre et puissante. D'une certaine manière, il a besoin de faire table rase, mais c'est qu'ayant tout il cherche son Cogito. »

Quel est donc ce Cogito surréaliste, cette base sur laquelle tout repose, et qui nous permettrait de saisir enfin par le centre un système d'idées qui semble échapper à mesure qu'on veut mieux le saisir ? Le mieux est de se laisser guider par le vocabulaire, et par le nom que s'est choisi le mouvement, s'il ne l'a pas inventé : un surréaliste se définit par un acte de foi inconditionnel en la surréalité. Reste à définir cette surréalité, et la chose n'est pas facile, car elle ne peut l'être que dans l'acte même, probablement au-delà de la parole, qui permet de la conquérir. Elle est essentiellement suppression des contradictions, élimination des antinomies, son pressentiment est celui d'une totalité sans fissure où la conscience pénétrerait librement les choses, et s'y baignerait sans cesser d'être, où l'irréversibilité du temps s'abolirait avec le passé et le futur. Breton n'en a jamais mieux donné, à défaut de la définition, le pressentiment et l'exigence que dans la formule souvent citée, mais qu'il faut rappeler encore : « Tout porte à croire qu'il existe un certain point de l'esprit d'où la vie et la mort, le réel et l'imaginaire, le passé et le futur, le communicable et l'incommunicable, le haut et le bas cessent d'être perçus contradictoirement. Or, c'est en vain qu'on chercherait à l'activité surréaliste un autre mobile que l'espoir de détermination de ce point. »

Il ne faut pas sous-estimer, à côté de l'immensité de l'ambition affichée, la grande modestie qui perce dans cette définition quant à l'estimation des chances de l'entreprise. Elle est la seule qui vaille d'être tentée, mais elle n'est qu'un espoir et elle l'est dans la nuit. Elle est la tâche essentielle et expresse, j'y insiste, de l'homme, car ce point d'où se résorbent les contraires, c'est « un certain point de l'esprit » et sa conquête Breton ne l'envisage que comme un acte suprême de conscience (il a salué un jour avec enthousiasme la formule de Malraux « Plus de conscience »). Peut-être l'idée de *Savoir Absolu*, telle que Hegel la définit dans la *Phénoménologie de l'Esprit*, comme terme suprême de l'évolution de la conscience ayant enfin surmonté toutes ses contradictions fournirait-elle pour cette notion de surréel l'équivalence la meilleure. La pensée hégélienne a toujours été reconnue par les surréalistes comme toute proche d'eux et il n'est pas inutile d'indiquer que les surréalistes faisaient leur avec enthousiasme, au point de la reproduire en tracts, en « papillons surréalistes », la formule décisive du même Hegel, qui semble faite d'avance pour fortifier leur espoir : *« On ne saurait rien attendre de trop grand de la force et du pouvoir de l'esprit. »* Et peut-être un mot de Rimbaud, qu'ils ont reconnu aussi comme un précurseur, dévoilerait plus crûment l'ambition qui se cache derrière ce mot de surréel — un mot clef que je me garde bien pour ma part d'interpréter dans un sens si peu que ce soit chrétien : « *Par l'esprit, on va à Dieu.* »

De cette résolution sur un plan surhumain des contraires, conçue comme son but suprême, le surréalisme tire cette note d'une nostalgie poignante de paradis perdu et pressenti qui résonne chez lui de bout en bout, ne fût-ce que dans les titres si singuliers de ses ouvrages, qui nous parlent d'un état de naissance du monde, d'innocence spontanée et édénique, d'inexprimable et merveilleuse confusion : *La Vie immédiate, L'Immaculée Conception, Les Yeux fertiles, Point du jour, L'Amour fou, Le Livre ouvert.*

A partir de cette affirmation centrale du surréel considéré comme accessible, comme la mesure même, définitivement conquise, de l'esprit, le surréalisme présente, me semble-t-il, à défaut d'une articulation logique qu'il récuserait certainement, une cohésion indiscutable.

En découle d'abord son attitude vis-à-vis de la religion, et tout particulièrement du christianisme. La chose vaut qu'on s'y arrête, car depuis quelques années, le surréalisme a été l'objet de la part de certains chrétiens d'une politique de la main tendue fort suspecte. Vis-à-vis du christianisme, l'attitude surréaliste ne peut être et n'a été en fait qu'une hostilité déclarée et totale. D'abord parce que le christianisme, par les interdictions et les tabous de toute espèce qu'il promulgue, restreint systématiquement cette liberté entière de l'homme en tous les domaines qui semble aux surréalistes essentielle pour parvenir à la récupération de ses pouvoirs. Parce que aussi, selon la formule connue, c'est « ici-bas et maintenant » et non dans un au-delà hypothétique que le surréalisme a toujours entendu assumer cette tâche de conquête du surréel. Enfin parce que la notion de péché originel, en justifiant sur le plan moral une impuissance et une limitation intolérable pour l'esprit, s'oppose en tous points à cet état de révolte permanente, *d'exaspération* justifiée dans lequel les surréalistes reconnaissent le levier le plus efficace.

Beaucoup plus proches d'eux au contraire leur apparaissent les cultes, et, d'une façon générale, la mentalité des primitifs. Le primitif, baigné qu'il est dans un monde entièrement magique, c'est-à-dire où s'établit une résonance, un unisson continuel entre l'homme et les choses, où sautent les barrières de la conscience individuelle, leur est toujours apparu comme l'incarnation de pouvoirs oubliés par l'homme et que le surréalisme brûle de reconquérir, et aussi comme un porteur de clef, le détenteur d'un grand message que Breton a tenté d'aller chercher jusque dans les cérémonies vaudou des Antilles et chez les Indiens Hopi : à savoir que le monde est perméable à l'esprit et la conscience à chacune des autres, et que cet état panique, cette conscience panique qui s'éveille au rythme des tambours nègres et qui nous fait accéder sans doute au pressentiment même du surréel, n'a jamais cessé de vibrer tout près de nous, à portée même de la main.

« On ne saurait rien attendre de trop grand de la force et du pouvoir de l'esprit » : c'est encore à cette formule clef qu'il faut en revenir pour comprendre avec quelle frénésie le surréalisme a revendiqué toujours et passionnément pour lui la liberté, toutes les libertés. C'est par là que se justifie son adhésion, d'ailleurs traversée d'orages, au marxisme, et sa volonté de travailler à une révolution qui se donnait pour tâche nominale d'en finir avec l'aliénation de l'homme. S'il a repris à son compte avec enthousiasme le message de Freud, celui de Sade, c'est qu'il a vu en eux essentiellement des libérateurs, et le moyen d'opérer, à la lumière orageuse de l'un comme à la lumière froide de l'autre, une réduction définitive des tabous sexuels. Et c'était bien une libération aussi à sa manière que l'écriture et que le dessin automatiques ; une libération véritable de la pensée, parce que, selon le mot de Tzara, « la pensée se fait dans la bouche », et que l'automatisme l'arrachait à l'appauvrissement, à la domestication de la logique, la ramenait à cet état de naïveté infaillible où, comme l'affirmait le *Manifeste* : « par définition la pensée est forte, et incapable de se prendre en faute. »

Mais surtout, dans cette quête du surréel, le groupe va être amené à mettre consciemment l'accent sur trois mots qui sont pour lui vraiment des mots de passe : l'imagination, l'amour, la poésie.

Un hymne délirant à l'imagination remplit à lui seul toute la première partie du *Manifeste* ; et le premier mouvement est de penser que de la part d'un poète il n'y a rien là que d'attendu et de banal. Mais entendons-nous bien. L'imagination surréaliste n'a rien à voir avec la rêverie et la fantaisie. Elle n'est pas une légère broderie, un voile plus ou moins séduisant destiné à cacher quelques minutes la nudité d'un monde réel auquel elle se réfère par tous ses éléments et qu'il ne peut pas être question de récuser — elle est une puissance majeure, souveraine et incontrôlable, une contestation décisive du réel, une *instance* suprême devant laquelle au contraire l'insignifiance opaque du monde extérieur va être citée et condamnée. Son usage sans frein n'est pas une distraction innocente, mais un vice — un stupéfiant, dira Aragon — capable de faire parvenir son adepte à « l'état de distraction continuelle auquel les surréalistes espèrent bien parvenir ici-bas ». Non seulement le monde imaginaire enveloppe le monde réel et le transcende, le dissout en l'imprégnant de possibilité (Breton a eu le projet d'écrire un « Discours sur le peu de réalité ») mais il jouit par rapport à lui, semble-t-il, de ce poids d'être supplémentaire que le surréalisme a toujours tendance à reconnaître aux états *naissants*, à ceux qui « ne sont plus l'ombre et ne sont pas encore la proie ». De quelle *créance* privilégiée l'imaginaire mérite qu'on le gratifie, c'est ce que précise une des formules les plus significatives de Breton, où la foi se voit transférer du sens vulgaire au sens intime, et confère à l'imagination en tous les cas le caractère imminent de l'hallucination : « L'imaginaire est ce qui tend à devenir réel. » C'est lorsqu'elle est vraiment sans frein, lorsque le monde extérieur cesse de lui opposer la référence de sa machinerie morne, lorsqu'elle ne « *pardonne pas* », que l'imagination mérite surtout d'être servie et vénérée, et c'est de là que tirent leur valeur privilégiée aux yeux du surréalisme *le rêve*, où le monde extérieur rentre dans une trappe et se recrée autour du dormeur, où « la facilité de tout est inappréciable », et *la folie* qui représente pour le surréalisme quelque chose comme l'état de sainteté imaginative, l'état limite du rêveur qui juge définitivement irrecevable *le correctif* que le monde réel tente d'apporter à celui qu'il a créé, et où le fou, dans un isolement exemplaire, trouve à l'univers qu'il habite « assez de charme pour supporter qu'il ne soit valable que pour lui ».

L'amour, c'est presque un lieu commun aujourd'hui que de le dire, a vu son expression poétique transfigurée par le surréalisme. *« On ne peut plus parler d'amour après Éluard et Breton,* dit un de ses critiques, *comme on en parlait auparavant.* » Je n'en suis pas pour ma part tout à fait sûr : je crois plutôt qu'après l'effarante accumulation des romans dits d'analyse qui portent depuis plus de trois siècles le scalpel dans les épanchements intimes, le surréalisme, ici entièrement conséquent avec lui-même, a projeté de nouveau sur l'amour cette même lumière magique qui avait été celle du Moyen Age, celle de Lancelot et de Tristan. L'amour pour le surréalisme n'est pas une démarche psychique mécaniquement conditionnée, dont on démonte les rouages, il est un acte immédiat, magique, d'affranchissement et de connaissance supérieure, il est une contradiction surmontée et même volatilisée. A condition que, comme à l'imagination, on lui sacrifie tout, qu'on se donne à lui sans arrière-pensée et sans calcul, qu'il soit vraiment « l'amour fou », il est l'accès à un mode de vie rayonnante, il est vraiment la porte du surréel, dont sa lumière est l'éclairage même. Non seulement il est communion totale, fusion de deux consciences entre lesquelles sautent des frontières jusque-là intangibles, perte de leurs limites au profit d'une espèce de *conscience objective* plus vaste qui est au fond tout le thème de la poésie d'Éluard, mais encore il fait de la femme, ici hautement privilégiée, une médiatrice irremplaçable entre l'homme et les choses qu'elle rapproche de lui. « Je suis, tout en étant près d'elle, dit Breton de Nadja, plus près des choses qui sont près d'elle. » Il y a pour les surréalistes un *au-delà* de la présence féminine qui nous apporte le monde, qui le dénoue pour nous, qui fait vraiment de la femme, au sens plein du terme, *une fée.* L'un des derniers livres de Breton, *Arcane 17*, est en partie un essai délibéré de réanimer un monde languissant à partir du principe de l'éternel féminin, mais de tout temps, aux yeux du surréalisme, l'amante est nécessairement et toujours fée : Viviane, Esclarmonde, ou Mélusine, dont les noms reviennent sans cesse sous la plume de Breton, elles détiennent le secret du rythme qui unit l'esprit aux choses et qu'il appelle la royauté du sensible. Un des plus beaux titres de gloire du surréalisme est dans cette recréation très belle et très neuve d'un des thèmes majeurs de toutes les littératures, mais il faut souligner que, pour les surréalistes, elle n'a pas été un thème littéraire : dans cette transfiguration de la conscience et du monde qui reste leur objectif dernier, ils se sont tournés vers la femme comme vers un des plus puissants intercesseurs.

L'amour la poésie — sans virgule — est le titre d'un des recueils d'Éluard et il met l'accent sur les affinités étroites que le surréalisme reconnaît entre les deux termes. Il semble qu'avec ce mot de poésie pour la première fois nous retombions dans le domaine proprement littéraire dont notre étude jusqu'ici nous avait tenus bien loin. Bien au contraire. Il n'entre rien de spécifiquement littéraire dans la conception que se font les surréalistes de la poésie. La poésie, pour eux, n'est pas une certaine impression esthétique produite par la mise en jeu de moyens littéraires : elle est une *démarche* active et comme telle trouve place indifféremment dans la littérature, dans la peinture, dans le rêve, dans un jeu de mots ou dans un incident de rue, dans le style de la vie quotidienne ou dans le choix qu'on fait de sa mort. « Qu'on se donne seulement la peine de *pratiquer* la poésie », dit Breton dans le *Manifeste*, soulignant de façon expressive la conception très neuve qu'il s'en fait. Est poésie tout ce qui met un instant entre parenthèses le monde de contradictions qui nous enferme, crée un état *d'absence violente* (c'est-à-dire de profonde présence à autre chose) que Breton reconnaît de façon presque physique à la sensation d'une aigrette de vent autour des tempes. Elle est, selon une autre belle définition que j'emprunte à Jules Monnerot, « ce sentiment du "oui" porté au sommet d'un instant que traversent frissons, battements d'ailes ». Est poésie, en définitive, pour les surréalistes tout moyen, quel qu'il soit, de s'introduire par effraction, ne fût-ce qu'une brève seconde, dans l'état de surréalité, l'image dite poétique n'en constituant qu'un des aspects, le plus exemplaire peut-être, mais à aucun titre le seul. Au point qu'on ferait aisément avouer à Breton que parmi ceux qu'il tient pour les plus grands poètes — je songe à Vaché, à Cravan — figurent des gens qui n'ont jamais écrit même une ligne capable de leur servir de passeport pour un manuel littéraire.

J'ai tenté, un peu longuement, peut-être, de retrouver avec vous, au-delà des jugements hâtifs et des ironies faciles ce qu'on pourrait appeler non pas l'armature logique (il s'en défendrait, il s'est toujours fait le champion de *l'esprit contre la raison*), mais tout au moins les lignes de force du surréalisme. Et voici que nous aboutissons à un résultat désappointant au possible : que peut avoir à dire, en quoi peut influencer en effet la littérature contemporaine un mouvement qui est, si l'on veut, une philosophie, une conception du monde, une règle de vie, un ordre, ou, si l'on préfère, un désordre moral, mais qui *en tout cas* se défend d'être une esthétique et stigmatise même la littérature comme « un des plus tristes chemins qui mènent à tout ». Un mouvement qui proscrit le roman et le théâtre, la fiction et l'histoire et dans sa hâte d'ailleurs à désavouer des disciples possibles s'empresse de déclarer que « les futurs poncifs du surréalisme ne l'intéressent pas ». Je rappelle ici avec quel ton de mépris suprême Breton parle du roman et pour les amateurs en donne la recette dérisoire.

« Pour écrire de faux romans, qui que vous soyez, si le cœur vous en dit, vous ferez brûler quelques feuilles de laurier, et, sans vouloir entretenir ce maigre feu, vous commencerez à écrire un roman. Le surréalisme vous le permettra : vous n'aurez qu'à mettre l'aiguille de "Beau fixe" sur "Action" et le tour sera joué. Voici des personnages d'allure assez disparate : leurs noms dans votre écriture sont une question de majuscules, et ils se comporteront avec la même aisance envers les verbes actifs que le pronom impersonnel *il* envers des mots comme : *pleut, y a, faut,* etc. Ils les commanderont, pour ainsi dire, et là où l'observation, la réflexion et les facultés de généralisation ne vous auront été d'aucun secours, soyez sûr qu'ils vous feront prêter mille intentions que vous n'avez pas eues. Ainsi pourvus d'un petit nombre de caractéristiques physiques et morales, ces êtres qui en vérité vous doivent si peu ne se départiront plus d'une certaine ligne de conduite dont vous n'avez pas à vous occuper. Il en résultera une intrigue plus ou moins savante en apparence, justifiant point par point ce dénouement émouvant ou rassurant dont vous n'avez cure. Votre faux roman simulera à merveille un roman véritable : vous serez riche, et l'on s'accordera à reconnaître que vous avez « quelque chose dans le ventre », puisque aussi bien c'est là que ce quelque chose se tient. Bien entendu, par un procédé analogue, et à condition d'ignorer ce dont vous rendrez compte, vous pourrez vous adonner avec succès à la fausse critique. »

Et il n'est pas question, remarquez-le, de suspecter la bonne foi de cette dénégation véhémente : je me rappelle encore Breton me faisant part il y a dix ans de son effarement à constater qu'au lendemain de la publication des *Champs magnétiques*, le premier recueil de textes automatiques, les gens continuaient à publier comme si de rien n'était des poèmes, des romans. La foudre était tombée, et ils ne s'en étaient pas aperçus. Comment peut-il dans ces conditions y avoir une influence littéraire du surréalisme ?

La réponse à cette question est que les courants littéraires d'une époque n'entretiennent d'ordinaire que des rapports très distraits avec les gens précisément qui cherchent à les influencer le plus directement. Il y a en règle générale un bon moyen de perdre le contrôle de ce que la littérature d'une époque roule pour l'avenir d'essentiel, c'est d'essayer de la prendre à la remorque d'un manifeste littéraire. Ce qui donne à la littérature d'une époque, par-delà des ressemblances toutes formelles, un air de famille qu'elle ne se connaît pas elle-même et qu'on lui reconnaît un siècle après, ce ne sont pas des principes esthétiques consciemment appliqués, donc sans importance, ce sont quelques images exemplaires, douées d'un haut pouvoir de suggestion commune, qui polarisent et rechargent la sensibilité d'une époque et restent pour la plupart à demi enfouies dans le subconscient. Ce qui nous rend compte de la profonde parenté des œuvres du

XVIIe siècle, c'est bien moins sans doute l'*Art poétique* de Boileau que le petit lever du Roi-Soleil et le Christ aux bras étroits de Port-Royal. Des œuvres romantiques, bien moins la préface de *Cromwell* que Byron à Missolonghi ou à Venise, ou Bonaparte au pont de Lodi. Et, plus profondément enfoui encore que ces images trop parlantes, c'est un climat privilégié, un sort jeté sur certains objets plus significatifs que les autres et promus au rang magique de totems, les totems inavoués d'une époque : les potences de Villon, les Grecques de Racine, les châteaux lézardés des romans noirs à la veille de 89, les odalisques de Flaubert, de Gautier, et de Nerval, les divans de Baudelaire, les obus en fleur d'Apollinaire. Or, c'est à cette profondeur exactement que le surréalisme a su s'installer, c'est par la racine qu'il a attaqué la littérature moderne, c'est là qu'il s'est révélé comme un détecteur incomparable des tendances du subconscient de son époque. Qu'il puise dans son propre fonds ou dans celui des autres le mannequin de Chirico, le revolver de Jarry, le monocle de Vaché, le passage de l'Opéra, les couvertures de *Fantômas*, les papiers collés, les affiches déchirées de Picasso, l'étoile de sang d'Apollinaire, autant de totems qui cristallisent autour d'eux la « révélation générale » impartie à notre époque, et que Breton appelle encore ailleurs « l'air du temps ». C'est le surréalisme qui nous a dit le *temps qu'il faisait* à notre époque, je veux dire la configuration de nuages plus ou moins orageux qui s'assemblait en nous tous. Lorsqu'un recul de quelques dizaines d'années nous livrera la parenté profonde des œuvres si disparates en apparence de l'entre-deux-guerres, c'est en lui probablement qu'il faudra retrouver le climat où baigne la poésie de notre temps, à travers lui que passera le lien qui unit non seulement Char à Michaux et Prévert à Ponge, mais encore Fargue à Saint-John Perse et peut-être même Céline à Giraudoux. Malgré la condamnation formelle qu'il a portée contre elle, il aura déterminé pour la poésie de notre temps la plus spécifique des variations spontanées, il aura été la sève de l'arbre et le pigment même de la peau. Personne, ou presque, ne reconnaît plus son appartenance au surréalisme, mais chacun, ou presque, la *trahit* au coin de son œuvre, comme le nègre blanc d'Amérique sa race au cerne imperceptible de l'ongle. Il est vrai que le surréalisme, comme un critique l'a fait remarquer justement, a consisté en partie à dire de tel écrivain ou de tel livre : « il est surréaliste. » Je vous ai cité tout à l'heure quelques exemples de ce petit jeu. La signification n'en est pas négligeable. Je dirais volontiers que l'alluvion surréaliste, avec sa grande densité poétique, *a coulé à fond*, très vite, dans le subconscient de l'époque, et que ce qui en émerge et s'expose à la vue directe n'est qu'une faible partie de ce qui reste immergé et qui *leste* invisiblement une littérature qui refuse consciemment de s'en reconnaître tributaire. « Le surréalisme est à la portée de tous les inconscients », disait autrefois un tract surréaliste. Je crois qu'on tirerait du mot une affirmation d'une vérité saisissante en ajoutant seulement : « le surréalisme est à la portée, est branché sur la longueur d'onde du subconscient collectif de notre temps. » Je suis convaincu qu'il ne saurait prendre sa vraie figure et ses vraies dimensions qu'à la faveur d'un vaste examen *par transparence* — examen pour lequel le recul nous manque — de tout l'ensemble de la littérature actuelle, et spécialement de celle qui refuse de se réclamer de lui. Il apparaîtrait alors pour nous comme son filigrane même, ou encore selon le mot d'Henry James, comme la figure cachée dans le tapis. « Le surréalisme, dit Jules Monnerot, est la poésie de notre époque » et il ajoute : « et il est sa différence même ».

Mais je laisse la poésie et j'en viens maintenant au point où certainement beaucoup d'entre vous m'attendent ; à savoir quelle est la place ou l'influence du surréalisme dans la littérature qui se fait et qui se lit (puisque la poésie, hélas !...), celle où beaucoup d'entre vous vont chercher, j'en suis sûr, la solution de leurs problèmes et leur nourriture même, que ce soit le naturalisme métaphysique de Sartre ou l'humanisme, plein certainement de sincérité, avec lequel Camus se penche sur les problèmes les plus brûlants de notre temps. Cette littérature de l'après-guerre n'a pas été tendre pour le surréalisme et Sartre, en particulier, dans son étude *Qu'est-ce que la littérature ?* a prononcé contre lui un réquisitoire sans indulgence. Absence d'engagement véritable, malgré un révolutionnarisme de parade, parasitisme social, littérature de consommateurs, recherche d'une tour d'ivoire derrière l'ambition affichée de faire faire désormais « la poésie par tous, non par un », ce sont là quelques-uns des griefs les plus durs qui se voient articuler contre lui. « Le surréalisme n'a plus rien à nous dire », conclut Sartre, laissant à notre discrétion le soin de déduire que la parole lui revient donc maintenant de droit, et exclusivement. Il serait tout à fait vain d'ouvrir ici une nouvelle fois une polémique : bornons-nous à constater que les choses sont dans l'ordre, que le surréalisme a traité plus durement encore ses prédécesseurs et que le premier mouvement d'une jeune école est de fonder sa légitimité sur les ruines mêmes de ce qui a régné avant elle. Je voudrais pourtant rappeler que, selon une formule célèbre, « on ne détruit que ce qu'on remplace » et que si quelque chose frappe dans la position littéraire de Sartre, c'est avant tout une étonnante, une édifiante modestie, peut-être à la mesure d'ailleurs des espoirs plus que restreints et plus que menacés qui restent le lot de l'homme de 1949. Incompétent pour la poésie, pour la musique, pour la peinture, il ne nous parle de la prose que pour lui indiquer les limites qu'il lui est strictement enjoint de respecter, les ambitions qu'il lui est interdit de nourrir. Pour l'écrivain pris dans l'étau d'une situation historique datée qui semble pour Sartre une véritable hantise, le nez collé à l'événement, plus de supercherie du genre « valeurs éternelles », plus de tricherie permise, plus d'espoir de durée et d'universalité, plus d'autre activité possible qu'une sorte de journalisme supérieur, avec l'optique même qui est celle du journaliste : préoccupation primordiale du public pour qui on écrit, des réactions des partis, de l'efficacité probable sur l'opinion, des moyens de diffusion extra-littéraires comme la radio, enfin de la situation financière faite à l'écrivain et dont en effet il est hypocrite et malhonnête de prétendre se désintéresser. Je ne suis pas pour ma part insensible à ce qu'a de sincèrement honnête et de responsable l'exposé de Sartre dont la vertu est pour moi d'être un dissipateur d'illusions, mais je me demande s'il ne se laisse pas manœuvrer par l'adversaire, et si l'extrême modestie du rôle qu'il assigne à l'écrivain n'est pas une réaction involontaire contre les ambitions démesurées qu'affichait le surréalisme ; je me demande si le surréalisme, qui n'habite plus guère en apparence la littérature actuelle, ne continue pas à la hanter sous forme de spectre accusateur ; je me demande si, changeant de signe, il n'est pas devenu quelque chose comme la *mauvaise conscience* de l'écrivain d'aujourd'hui.

C'est qu'il y a en effet une chose sur laquelle il n'est plus possible après le surréalisme de revenir. Dans le jeu d'agrément, dans le passe-temps sans risques que représente encore pour presque tout le public, et pour nombre de ceux qui la font, la littérature, le surréalisme a procédé d'un seul coup à une formidable *élévation des enjeux*. Il n'a pas vu dans la littérature ou la poésie une idée à promouvoir ou un témoignage plus ou moins lucide à fournir, mais une vie, *toute la vie*, à jouer pour la gagner ou la perdre, et c'est là le sens qu'il donnait pour sa part à la notion aujourd'hui fameuse d'engagement. Il s'est toujours porté garant du mot de Bachelard dans lequel il se reconnaît, à savoir que « si dans une expérience on ne joue pas sa raison, cette expérience ne vaut pas d'être tentée ». Il a toujours proclamé « qu'on sait maintenant que la poésie doit mener quelque part » et ce quelque part il n'a jamais hésité à le situer dans une zone hautement dangereuse, une zone à haute tension, où Artaud a laissé sa raison, Cravan, Vaché, Rigaut, Crevel, leur vie. Il n'a pas toujours rompu avec la littérature, mais il a toujours rompu avec la littérature considérée comme un art « d'agrémenter, si peu que ce soit, les loisirs d'autrui ». Il y a un certain regard surréaliste jeté sur le monde, un regard de ravage, chargé d'un infini de désir, qui frappe d'insignifiance à peu près totale, il faut bien le dire, ce qui pourra bien se manifester après lui de convoitise modeste et de timide bonne volonté. « Ce fut un magnifique feu de joie, la plus éblouissante des fusées », constate Sartre avec un peu de mélancolie. Il est à craindre qu'il ne laisse après lui un goût de cendre, un grand vide, le ressentiment et le malheur intime de n'avoir pu se maintenir à la hauteur de ce qu'il proposait, et qu'il ne passe la main à ce qui doit le suivre que comme à l'âme épargnante et besogneuse d'un siècle économe une époque de gaspillage royal.

Mais c'est peut-être aller bien vite en besogne que de considérer dès maintenant le surréalisme comme un héritage en liquidation. Sans doute le groupe aujourd'hui s'est désagrégé : il s'est désagrégé dans l'espace, puisque les plus notables de ses peintres, Ernst, Tanguy, Dali, Duchamp, sont fixés aujourd'hui en Amérique. Il s'est désagrégé au fil du temps aussi : les incompatibilités d'humeur, les calculs personnels, les convictions politiques et les soucis de carrière ont joué contre son unité, et tous, c'est certain, n'ont pas entendu la mise en garde que leur adressait Breton dès 1929 : « Que pourraient bien attendre de l'expérience surréaliste ceux qui gardent quelque souci de la place qu'ils occuperont *dans le monde* ? » Un souci de pureté poussé à ses extrêmes limites — celui par exemple qui transparaît dans le *Second Manifeste* — y a rendu l'air irrespirable pour beaucoup ; autour de Breton il ne reste plus guère aujourd'hui, des premiers adeptes, que le seul Benjamin Péret. Et puis, comme tous les mouvements qui durent — et celui-ci dure depuis trente ans déjà, un long espace de temps pour une école littéraire, et que le romantisme lui-même n'a pas atteint — il a évolué malgré lui, il a été victime comme tout autre de la profonde ironie de l'histoire. Ce mouvement qui frappait les rédacteurs des *Nouvelles littéraires* et de l'*Action française* par son aspect blasphématoire et voyou, ce mouvement qui s'est voulu une gifle perpétuelle à tout ce qui fait carrière et profession de sérieux dans la littérature, a obtenu finalement une espèce de consécration ; il est devenu un bien national et presque officiel, mieux encore : un article d'exportation appréciable dont l'Amérique en particulier se montre friande, et que les services culturels français diffusent maintenant avec gravité. Breton lui-même, qui a cru faire plus qu'un autre pour démériter à tout jamais de la littérature, est aujourd'hui un poète célèbre, et même davantage : quelque chose comme le patriarche de la poésie française. Cette espèce de canonisation, que le tournant de la dernière guerre a soulignée d'une façon ironique, le surréalisme ne l'a pas cherchée, mais elle était inscrite dans les choses : elle signifie seulement que la masse du public, ou tout au moins une large fraction, a rattrapé à la fin son retard sur un mouvement précurseur, et qu'elle admet maintenant comme allant de soi des points de vue qui la faisaient sourire il y a vingt-cinq ans. Il y a aujourd'hui une volonté de compréhension du surréalisme, une bonne volonté désarmante, faite pour désorienter plus que toute autre chose une école qui a misé depuis vingt ans sur l'incompréhension éclatante et l'hostilité générale, qui en a tiré sa cohésion et son mordant. Pour le surréalisme est venue l'heure, passablement déprimante, du succès et presque de la reconnaissance officielle. C'est une épreuve plus dure pour lui que pour tout autre. A l'agitation se doit maintenant de succéder l'action, au saccage l'affirmation constructive. Dans cette situation tout à fait nouvelle, que reste-t-il pour lui de perspectives ouvertes ?

Une chose disparaîtra bon gré mal gré, parce que l'époque la condamne, et qui est *le style de vie* qu'avait apporté le surréalisme des années héroïques. Manifestations tapageuses, voies de fait, injures énormes, provocation systématique, goût du scandale pour le scandale dont Aragon en particulier s'était fait une spécialité, tout cela fait partie maintenant, dans l'héritage du surréalisme, des « choses qui, ayant été, aussi vaillamment qu'on voudra, ne peuvent plus être ». Elles avaient leur raison d'être, qui était de déterminer des chocs, des secousses brutales qu'une armature sociale encore rigide à cette époque pouvait transmettre et propager plus loin qu'ailleurs. L'effet obtenu serait aujourd'hui à peu près celui d'une bombe explosant dans un marécage. Il y a dans le public — je parle bien entendu du grand public — dans le public actuel tassé, brassé, rompu dans une avalanche d'événements qui le broient et le dépassent, une espèce d'inertie effrayante, une docilité distraite, qui admet tout avec le libéralisme avachi d'un estomac de ruminant, et qui se sent d'ailleurs à peine effleurée même par ce qu'on peut darder contre lui de plus aiguisé, comme s'il lui était poussé depuis dix ans une peau plus épaisse. Je me rappelle avoir assisté il y a quelques mois à la représentation d'une pièce — disons d'avant-garde — qui visiblement se présentait comme un exercice délibéré de flagellation du public. Or, non seulement le public ne réagissait pas, écoutant le texte dans un parfait silence de bonne compagnie, applaudissant avec bienséance aux baissers de rideau, mais même, à certaines cocasseries voulues où il aurait dû s'esclaffer sans arrière-pensée, il retenait son souffle, il se *tenait bien*, il n'osait pas rire. Il y a eu bien des choses depuis 1925 : Hitler et la bombe atomique, Hiroshima et Buchenwald, et bien d'autres scandales pour l'esprit. Le public, qui sort disloqué comme un pantin, baigné de sueur d'une exténuante leçon de gymnastique, s'endort aujourd'hui comme sur un lit de roses à des picotements aussi inoffensifs. Le scandale pour le scandale, dans une société qui ne croit plus à rien, qui n'est plus assurée ni de ses bases, ni de sa morale, est en 1949 une valeur qui n'a plus cours.

Je ne pense pas qu'il faille non plus attendre grand-chose du prolongement à notre époque des recherches techniques formelles dans lesquelles le surréalisme s'était aventuré. « L'histoire de l'écriture automatique dans le surréalisme a été, je ne crains pas de le dire, écrivait déjà Breton dans *Point du Jour*, celle d'une infortune continue. » Ces recherches pourtant ont été reprises, et même systématisées. On a vu naître après cette guerre le lettrisme, et, plus près de nous encore, la poésie de Pichette se situe sans aucun doute dans le prolongement des poèmes et des pièces de théâtre qu'écrivait déjà vers 1925 Tristan Tzara. Je vois pour ma part dans de tels efforts, abstraction faite du plus ou moins de réussite qui les marque, des tentatives non pas neuves, mais très exactement rétrogrades, qui enjambent en arrière tout le développement graduel du surréalisme, et reprennent les problèmes de l'expression poétique et du langage exactement au point où Dada les avait laissés. Je ne crois pas à l'avenir de l'inarticulé, et j'y crois d'autant moins que l'expérience en a été faite par des écrivains de qualité, qui étaient ceux mêmes du surréalisme, et jugée par eux décidément négative. Malgré leurs déclarations enthousiastes en sa faveur, la part de l'automatisme est extrêmement faible dans l'œuvre de Breton, d'Aragon, d'Éluard. Entre ce qu'ils prêchaient à leurs disciples et ce qu'ils écrivaient eux-mêmes il faut bien convenir qu'il y avait de la marge. L'écriture automatique était pour eux un peu comme les tables de la Loi devant lesquelles on se prosterne, mais qu'il n'est pas souvent question de mettre en pratique. Ils lui ont préféré leur talent, ce qu'Isidore Isou, bien sûr, leur reproche — convenons au moins, et félicitons-nous-en, qu'ils avaient, eux, quelque chose à sacrifier. En réalité, le surréalisme a surtout envisagé l'écriture automatique comme une purge nécessaire, une énorme chasse d'eau seule capable de faire place nette et de nettoyer à fond les écuries d'Augias de la littérature : sur ce plan technique, il a pris soin lui-même de décourager des successeurs éventuels. « Je me hâte de dire, écrivait Breton dans le *Second Manifeste*, que les futures techniques surréalistes ne m'intéressent pas. »

Ce n'est ni dans une agitation aujourd'hui inefficace, ni dans des recherches *techniques* qui ne semblent plus guère guidées aujourd'hui que par un vertige de surenchère mécanique et fatigant, que je vois encore pour ma part au surréalisme un grand rôle à jouer. Ce rôle, je le vois surtout dans la position, dans le témoignage irremplaçable que le surréalisme représente dans le grand débat qui agite la littérature contemporaine et qui est au fond plus que jamais le problème de l'homme : ce qu'est l'homme, ce que sont ses espoirs permis, ses pouvoirs réels, ses limites, ses perspectives et ses définitives dimensions. Ce que je vous ai dit du surréalisme montre que ce problème précisément a toujours été pour lui au centre, et que jamais peut-être le souci de l'époque n'a été mieux accordé à ses propres préoccupations.

Il n'y a pas en effet d'écrivain soucieux d'agir sur le public, que ce soit Malraux, Camus ou Sartre, qui ne proclame aujourd'hui jusqu'à satiété son humanisme. On n'est pas sacré aujourd'hui écrivain si l'on n'a quelque chose à dire sur l'Homme, avec une majuscule, ce qu'à la vérité la littérature a fait de tout temps, seulement elle le faisait à la manière, qui n'est plus la nôtre, de M. Jourdain. Jamais peut-être on ne s'est encore penché sur l'homme avec une inquiétude aussi ostentatoire, seulement ce que l'on voit surtout s'incliner sur ce lit de grand malade, ce sont des médecins de la courte espérance, ce sont autant de visages de docteurs Tant Pis. Cet humanisme, châtié par les terribles défaites des dernières années, je veux bien le croire, se trahit avant tout à ses pâles couleurs et à son extraordinaire manque de santé. Je voudrais attirer votre attention sur ce fait, qui me semble indiscutable : c'est que jamais peut-être la figure de l'homme n'a été plus systématiquement rétrécie, plus soulignée son impuissance, plus condamnée son espérance, plus approfondi son souci, que dans l'image que prétend nous en fournir la littérature de cette après-guerre, la plus *défaitiste* peut-être, sur le front de combat des grandes revendications de l'homme, qui ait encore jamais vu le jour. Malraux — et le problème semble être devenu pour lui un problème essentiel — reprenant à son compte la grande interrogation de Spengler, se demande si l'Homme auquel a cru la philosophie universelle existe bien, s'il ne se désintègre pas sous nos yeux, et s'il n'existe pas plutôt *des* hommes, des types d'hommes imperméables et irréductibles l'un à l'autre, entre lesquels l'empreinte de cultures différentes mettrait des cloisons étanches. L'humanisme de Sartre n'est plus guère, après les cataclysmes de la dernière guerre, qu'une position de repli chagrine et réprouvée : pas d'autre lot pour l'homme que l'angoisse congénitale, le souci, la déréliction, le tête-à-tête interminable avec la mort et l'exercice dérisoire d'une liberté inutile. Quant à Camus, dans *L'Étranger*, il donne de l'homme, en proie à l'absurde, séparé de lui-même, une image qui est au sens propre celle d'une aliénation totale et sans espoir. Rarement, semble-t-il, on aura aussi furieusement piétiné le couvercle d'une tombe, rarement on se sera mieux empressé à donner à l'impuissance et à l'infortune de l'homme son droit de cité, avec Sartre, ses emblèmes, avec Camus, et, avec Malraux, ses lettres de noblesse.

Eh bien, il faut le dire, en face de ces trompettes du désastre, de ces liquidateurs au moindre prix de toutes les espérances, en face de cette soi-disant défense de l'homme qui tend de plus en plus à ressembler à la défense élastique de fameuse mémoire des communiqués, le surréalisme, même s'il apparaît en ce moment anachronique, même si les faits apparents lui donnent tort, même s'il soulève cette espèce de dérision amère qu'on voyait grimacer au bord des routes de 1940, n'en représente pas moins l'affirmation plus que jamais nécessaire, la réserve inentamée d'un formidable optimisme, — d'un optimisme à toute épreuve, il est permis de l'ajouter aujourd'hui. On lui a reproché de ne pas s'être engagé assez : cela lui vaut du moins aujourd'hui de n'avoir abandonné aucune espérance sur des champs de bataille où tout le monde en fin de compte en a perdu. A une époque où il s'agit avant tout de réinvestir l'homme de ses pouvoirs, dont chacun s'emploie à le démunir, où il s'agit de *croire* à ces pouvoirs, ou d'ouvrir les bras au néant, il n'y a guère de voix peut-être qui mérite d'être plus avidement écoutée que la sienne. Oui, comme le dit Sartre, en période de vaches grasses il a prédit et annoncé les vaches maigres, mais c'était peut-être moins nécessaire que de rappeler comme il fait aujourd'hui, dans l'espèce de masochisme qui se donne carrière, les pouvoirs profonds de l'homme et les possibilités indéfinies de l'esprit. Il y a aussi un *pari* surréaliste, où il y a tout, toute la vie et tout l'au-delà de cette vie, à gagner ou à perdre, et dont on a envie de rappeler à quelques déserteurs de l'armée de l'humanisme, de ceux qui se couvrent comme toujours de la défaite inévitable et déjà consommée, qu'il vaudrait peut-être, même maintenant, même encore, la peine de le tenir. En face de l'homme à terre, qui est le thème préféré de la littérature d'aujourd'hui, le surréalisme dresse la figure de l'homme *en expansion*, triomphant un jour de la mort, triomphant du temps, faisant enfin de l'action la sœur même du rêve. En face du monde totalitaire, il dresse l'humanité édénique de Fourier. Il parle follement, exemplairement, dans le siècle de la bombe atomique, d'un âge d'or à reconquérir. Il est l'unique relais accordé aujourd'hui à la voix des grands visionnaires qui n'ont jamais envisagé l'homme que dans son ascension indéfinie — qui ont cru, et bien avant Hegel, eux aussi, que même au milieu des désastres et des carnages ne pouvait être portée de condamnation sans appel sur l'homme et qu'*« on ne saurait rien attendre de trop grand de la force et du pouvoir de l'esprit »*. C'est pourquoi le surréalisme vit toujours ; il vit peut-être à la manière de ces petites lumières que les hommes emportaient dans les cavernes au temps où s'étendait sur la terre la grande embâcle des glaciers, mais l'étincelle qu'il porte est la plus précieuse parce que en cette époque d'oppression et d'angoisse seul il garde et il exprime à de rares intervalles « ce sentiment du "oui" porté au sommet d'instants que traversent frissons, battements d'ailes » où tout le possible est en éclosion, et toute l'espérance enfermée. Au milieu d'une époque qui l'abdique, il est un acte de foi sans retour dans la puissance inconditionnée de l'esprit. Et, pour joindre l'exemple à la parole, et vous donner l'idée d'un certain *ton* dont le manque me paraît mettre la littérature d'aujourd'hui en terrible déséquilibre, et dont j'attends qu'il lui soit rendu, je voudrais, en citant ce passage des *Vases communicants*, montrer qu'il y a, même aujourd'hui, d'autres prophètes à écouter que des prophètes de pauvreté et de malheur.

« Il faut aller voir de bon matin, du haut de la colline du Sacré-Cœur, à Paris, la ville se dégager lentement de ses voiles splendides, avant d'étendre les bras. Toute une foule enfin dispersée, glacée, déprise et sans fièvre, entame comme un navire la grande nuit qui sait ne faire qu'un de l'ordure et de la merveille. Les trophées orgueilleux, que le soleil s'apprête à couronner d'oiseaux ou d'ondes, se relèvent mal de la poussière des capitales enfouies. Vers la périphérie, les usines, premières à tressaillir, s'illuminent de la conscience de jour en jour grandissante des travailleurs. Tous dorment, à l'exception des derniers scorpions à face humaine qui commencent à cuire, à bouillir dans leur or. La beauté féminine se fond une fois de plus dans le creuset de toutes les pierres rares. Elle n'est jamais plus enivrante, plus enthousiasmante, plus folle, qu'à cet instant, où il est possible de la concevoir unanimement détachée du désir de plaire à l'un ou à l'autre, aux uns ou aux autres. Beauté sans destination immédiate, sans destination connue d'elle-même, fleur inouïe faite de tous ces membres épars dans un lit qui peut prétendre aux dimensions de la terre ! La beauté atteint à cette heure à son terme le plus élevé, elle se confond avec l'innocence, elle est le miroir parfait dans lequel tout ce qui a été, tout ce qui est appelé à être, se baigne adorablement en ce qui va être *cette fois*. La puissance absolue de la subjectivité universelle, qui est la royauté de la nuit, étouffe les impatientes déterminations au petit bonheur, le chardon non soufflé demeure sur sa construction fumeuse, parfaite. Va-t-il faire beau, pleuvra-t-il ? Un adoucissement extrême de ses angles fait tout le soin de la pièce inoccupée, belle comme si elle était vide. Les chevelures infiniment lentes sur les oreillers ne laissent rien à glaner des fils par lesquels la vie vécue tient à la vie à vivre. Le détail impétueux, vite dévorant, tourne dans sa cage à belette, brûlant de brouiller de sa course toute la forêt. Entre la sagesse et la folie, qui d'ordinaire réussissent si bien à se limiter l'une l'autre, c'est la trêve. Les intérêts puissants affligent à peine de leur ombre démesurément grêle le haut mur dégradé dans les anfractuosités duquel s'inscrivent pour chacun les figures, toujours autres, de son plaisir et de sa souffrrance. Comme dans un conte de fées cependant, il semble toujours qu'une femme idéale, levée avant l'heure et dans les boucles de qui sera descendue visiblement la dernière étoile, d'une maison obscure va sortir et somnambuliquement faire chanter les fontaines du jour. Paris, tes réserves monstrueuses de beauté, de jeunesse et de vigueur, — comme je voudrais savoir extraire de ta nuit de quelques heures ce qu'elle contient de plus que la nuit polaire ! Comme je voudrais qu'une méditation profonde sur les puissances inconscientes, éternelles que tu recèles soit au pouvoir de tout homme, pour qu'il se garde de reculer et de subir ! La résignation n'est pas écrite sur la pierre mouvante du sommeil. L'immense toile sombre qui chaque jour est filée porte en son centre les yeux médusants d'une victoire claire...

Le poète à venir surmontera l'idée déprimante du divorce irréparable de l'action et du rêve. Il tendra le fruit magnifique de l'arbre aux racines enchevêtrées et saura persuader ceux qui le goûtent qu'il n'a rien d'amer... Au procès universellement intenté par la connaissance rationnelle à la connaissance intuitive, il lui appartiendra de produire la pièce capitale, qui mettra fin au débat. L'opération poétique, dès lors, sera conduite au grand jour. On aura renoncé à chercher querelle à certains hommes, qui tendront à devenir tous les hommes, des manipulations longtemps suspectes pour les autres, longtemps équivoques pour eux-mêmes, auxquelles ils se livrent pour retenir l'éternité dans l'instant, pour fondre le général dans le particulier. Eux-mêmes ils ne crieront plus au miracle chaque fois que le mélange, plus ou moins involontairement dosé, de ces deux substances incolores que sont l'existence soumise à la connexion objective des êtres et l'existence échappant concrètement à cette connexion, ils auront réussi à obtenir un précipité d'une belle couleur durable. Ils seront déjà dehors, mêlés aux autres en plein soleil, et n'auront pas un regard plus complice et plus intime qu'eux pour la vérité, lorsqu'elle viendra secouer sa chevelure ruisselante de lumière à leur fenêtre noire. »

JULIEN GRACQ.

Bibliographie

Tous les ouvrages de Julien Gracq sont publiés aux éditions José Corti (les articles qui n'ont pas été regroupés en volume ne sont pas mentionnés).

RÉCITS

Au Château d'Argol, 1938.
Un beau ténébreux, 1945.
Le Rivage des Syrtes, 1951.
Un balcon en forêt, 1958.
La Presqu'île, 1970.
Les Eaux étroites, 1976.

POÉSIE

Liberté grande, 1947.
Prose pour l'étrangère, 1952.

THÉÂTRE

Le Roi pêcheur, 1948.

Essais, textes critiques

André Breton, quelques aspects de l'écrivain, 1972.
Préférences, 1961.
Lettrines, 1967.
Lettrines 2, 1974.
En lisant, en écrivant, 1981.
La Forme d'une ville, 1985.

Traduction

Heinrich von Kleist, *Penthésilée*, 1954.

Composition réalisée par C.M.L., Montrouge.

IMPRIMÉ EN FRANCE PAR BRODARD ET TAUPIN
Usine de La Flèche (Sarthe).
Librairie Générale Française - 6, rue Pierre-Sarrazin - 75006 Paris.
ISBN : 2 - 253 - 04429 - 6
42/4069/3